现代社会学与公共管理系列教材

社区管理

（第三版）

主　编　张兴杰

华南农业大学社会工作国家级一流本科专业
华南农业大学社会工作省级特色专业、综合改革试点专业　建设成果
华南农业大学行政管理国家级一流本科专业

科学出版社
北　京

内 容 简 介

本书对社区管理的主要内容进行了比较全面系统的阐述，展示了社区管理发生、发展及成熟的过程，并结合中国国情阐明了社区管理在社会转型期所呈现出的特殊性，有助于读者了解中国社区管理的历史背景、社会条件和将来可能的演化方向。本书贯穿“两个紧密结合”：一是把社区管理同社区建设、社区服务等紧密结合起来，二是把社区管理理论同社区管理实践紧密结合起来。在本书中，农村社区管理和城市社区管理同等重要，书中几乎每章都设有专节论述农村社区管理的相关问题。

本书可作为社会工作、社会学、行政管理、公共事业管理、社区管理和城乡规划等专业的教材，也可作为相关社会研究的入门书籍。

图书在版编目（CIP）数据

社区管理/张兴杰主编. —3版. —北京：科学出版社，2021.04

中国科学院规划教材 • 现代社会学与公共管理系列

ISBN 978-7-03-067469-2

Ⅰ. ①社…　Ⅱ. ①张…　Ⅲ. ①社区管理-中国-高等学校-教材
Ⅳ. ①D669.3

中国版本图书馆CIP数据核字（2020）第256014号

责任编辑：王京苏/责任校对：王晓茜
责任印制：霍　兵/封面设计：蓝正设计

科学出版社 出版
北京东黄城根北街16号
邮政编码：100717
http：//www.sciencep.com

保定市中画美凯印刷有限公司印刷

科学出版社发行　各地新华书店经销

*

2007年10月第一版　开本：787×1092　1/16
2015年12月第二版　印张：19 1/4
2021年4月第三版　字数：456 000
2025年11月第二十三次印刷

定价：52.00元

第三版前言

本书第一版于2007年作为“21世纪高等学校社会学与公共管理系列教材”之一出版，第二版于2016年作为“中国科学院规划教材·现代社会学与公共管理系列”之一出版，其间本书先后已被全国数十所大学作为“社区管理”课程的教材使用，出版社已多次加印。鉴于近年来我国城乡社区管理形势发生了很大变化，政府出台了不少与社区管理有关的政策措施，尤其是中共中央、国务院及其相关部门发布或印发了多个与社区管理有关的权威文件，所以我们根据科学出版社王京苏编辑的建议，决定修订本书，并继续由“全国百佳图书出版单位”科学出版社出版。

本版对第二版进行了重大修订，包括增加、删节、修改。具体修订内容包括删改了明显过时或欠妥的观点、表述、概念、数据、图表、附录等，大量增加了2016年后新的资料、数据、图表、附录。各章重点增改内容如下。

第一章：当前中国城乡社区总数；从社会系统角度对社区的界定；传统城市结构理论；新中国城市社区的发展历程；农村社区人口素质较低的相关数据；农村居民收入较低的相关数据；中国农村社区的发展阶段。另外，删除1幅图，替换2幅图，新增1个附录。

第二章：习近平关于社区建设的论述；党对社区建设工作的高度重视；社区建设的相关理论；我国城乡社区建设的目标；20世纪90年代中后期至今我国城市社区建设的发展历程；居民缺乏参与社区建设积极性的实例；社区功能定位方面的实例；城市智慧社区建设及实例；加强和改进农村社区建设的对策；中共中央、国务院关于乡村振兴战略的两个重要文件；乡村振兴与农村社区建设的区别。另外，新增1个表，删除1个表，增加1个图，更新2个图，新增2个附录。

第三章：习近平关于社区管理的论述；民政部对社区管理的重视；笔者对社区管理的界定；社区管理的协调性原则；我国“共建共治共享”的基层社区治理的新体制；社区管理体制的含义；我国社区管理体制的基本框架；境外混合型社区管理模式中日本町内会的含义；沈阳、上海、青海、武汉江汉和深圳莲花北等五种国内社区管理模式及其特点；农村社区管理从“乡政村治”到“县政乡（镇）社”的转换实例；“四位一体”的农村社区新型自治管理模式；半官半民自治式的日本社区管理；充分发挥中介组织作用的德国社区管理。另外，删除1幅图，替换4幅图，新增5幅图。

第四章：国外社区管理组织自治化、法治化的具体案例；2010～2019年中国社区行政管理组织——城市街道办事处、社区居委会和村委会的发展实例；城市社区中介组织类型；2016年修订的《物业管理条例》和2020年《中华人民共和国民法典》有关社区业主委员会职责的规定；中国社区志愿服务的两大发展阶段；2018 年修订的《中国共产党农村基层组织工作条例》有关乡镇党委、村党支部主要职责的规定；2018 年修订的《中华人民共和国村民委员会组织法》有关村委会主要职责的规定；农村互助合作组织农民专业合作社的发展实例。另外，删除 2 幅图，替换 3 幅图，新增 4 幅图和 1 个表。

第五章：关于社区规划的含义；社区规划五个方面的特征；雄安新区社区生活圈规划案例；城市智能化社区规划案例；加强农村社区规划是实施乡村振兴战略的基础性工作；农村社区规划工作的基本要求；农村社区规划工作的基本原则；村镇规划人均建设用地指标及指标分级。另外，删除 1 幅图，新增 2 幅图，更新 1 幅图。

第六章：党的十九大报告中有关社区民主治理的内容；城市社区民主治理的发展阶段；《中华人民共和国城市居民委员会组织法》关于居委会任期的新规定；《中华人民共和国民法典》关于业主和业主委员会的规定；城市社区治理模式的国际经验；农村社区民主治理的发展阶段；《中华人民共和国村民委员会组织法》关于乡镇党委和村党支部、乡镇政府在农村社区民主治理中的作用的规定；农村社区民主治理存在的问题；农村社区民主治理需要完成的重点任务。另外，新增 1 个表格，删除 4 幅图。

第七章：习近平关于社区环境建设的讲话；社区环境保护的特点；社区环境保护的主体；社区环境保护的措施；社区环境管理应当遵守的原则；“微治理”在小区环境管理方面的作用；社区物业管理的重要性；住宅小区环境管理（技术）创新案例；生态环境建设的重要性；影响农村社区生态环境建设滞后的主要因素；加强农村社区生态环境建设的措施；农村社区的资源保护。另外，新增 6 幅图，删除 2 幅图。

第八章：习近平关于社区服务与管理的论述；社区服务的概念；社区服务的主要内容；社区服务的目的；社区服务的特点；我国社区服务迅速发展、不断提高的阶段（1993～2015 年）；我国社区服务城乡统筹的新阶段；发展社区服务是扩大就业容量的有效路径；社区服务两大方面的内容；社区基本公共服务；2019 年后我国农村五保政策的新变化；农村社区服务体系建设的着力点。另外，删除 5 幅图，新增 6 幅图和 1 个附录。

第九章：社区卫生服务的机构和配置；发展社区卫生服务的总体目标和基本原则；我国社区体育的成就与不足；我国城市社区卫生事业的发展；城市社区卫生服务事业的不足与发展建议；城市社区体育的构成要素；我国城市社区体育的发展；进一步发展城市社区体育服务，提高居民健康水平；开展农村社区卫生服务的基本要求及现状；农村社区卫生服务存在的问题及努力方向；当前我国农村社区体育面临的问题。另外，删除 10 幅图、2 个表，替换 1 个表，新增 2 个表和 1 个附录。

第十章：加强社区文化建设的重要性；《关于加快构建现代公共文化服务体系的意见》同城乡社区文化建设息息相关；“营造社区精神”、凝聚社区居民的实例；社区文化促进社区发展的实例；习近平关于城市社区历史文化资源保护的论述；城市社区文化建设中存在的问题；农村社区文化建设取得的初步成就；农村社区文化建设存在的问题；加强农村社区文化建设的途径。另外，删除 5 幅图，替换 1 个表，删除 7 幅图和 1 个附录。

第十一章：教育部颁布《教育部关于推进社区教育工作的若干意见》后我国社区教育所获得的发展；《教育部等九部门关于进一步推进社区教育发展的意见》就新形势下进一步推进社区教育发展作出了新的安排；社区教育提升居民技能水平、促进经济发展的实例；我国城市社区教育的发展历程；我国农村社区教育的发展历程；农村社区教育服务于农民增收致富的实例；农村社区教育服务于农村劳动力转移培训的实例；农村社区教育服务于培养新型农民的实例。另外，删除9幅图，新增9幅图和1个附录。

第十二章：社区治安情况的特点；新时期社区治安管理中的新问题；社区治安管理中的流动人口管理；社区治安管理中如何坚持依法管理；互联网时代社区治安管理的新兴业态；城市社区治安管理多主体性的特征；城市社区治安防范体系的含义；社区治安管理中科技化防控方面的案例；实行社区保安制度方面的数据与案例；农村社区治安问题的特点；农村社区治安管理中的新做法。另外，新增5幅图，删除3幅图，更新1幅图，新增1个表格。

第十三章：习近平有关信息化管理方法在城市管理中的运用的讲话；社区信息化管理方法的上海"社区云"实践案例；社区政务信息化的深圳、广州实践案例；社区管理信息化在疫情防控中发挥作用的案例；社区服务信息化在社区防控互助体系中的实践及其工作模型。另外，替换2幅图，新增3幅图。

党的二十大报告指出："我们要坚持教育优先发展、科技自立自强、人才引领驱动，加快建设教育强国、科技强国、人才强国，坚持为党育人、为国育才，全面提高人才自主培养质量，着力造就拔尖创新人才，聚天下英才而用之。"教材是教学内容的主要载体，是教学的重要依据、培养人才的重要保障。在优秀教材的编写道路上，我们一直在努力。

本版由华南农业大学公共管理学院张兴杰教授联合同院杨慧、张沁洁、何煜、叶涯剑、曲霞五位博士一起修订，其中第一、第三、第四、第十三章由张沁洁修订，第二、第五、第六、第七、第十二章由杨慧修订，第八、第九、第十、第十一章由何煜修订。三位博士本着高度负责的精神，做了大量工作，进行了很好的修订。张兴杰、叶涯剑、曲霞对各章进行了复审，其中第十三章复审时增删修改了6处，第一、第三、第四、第五、第八、第十、第十一章复审时各增删修改了20～80处，第二、第六、第七、第九、第十二章复审时各增删修改了100～170处。

我们制作了与本书配套的、图文并茂的PPT教学课件（第一、第三、第四、第十三章由张沁洁博士制作，第二、第五、第六、第七、第十二章由杨慧博士制作，第八、第九、第十、第十一章由何煜博士制作），且每过两年我们都将更新一次。凡将本书作为学生教材的教师可凭教材订购单及所在学院盖章的证明向185759620@qq.com索取本书课件。

本版各章节的撰写者基本上与第一版一致，主要编写人员及分工如下。

张兴杰：华南农业大学公共管理学院教授、原院长，华南农业大学社会工作与社会政策研究中心主任，广东省本科高校社会工作专业教学指导委员会主任委员，广东省社会工作学会常务副会长，广州市人民政府重大行政决策论证专家，广州市人民政府突发事件应急管理专家（申请立项、拟定编写大纲和编写注意事项、组织编写人员、审改定稿、负责出版事宜）。

张沁洁：华南农业大学公共管理学院社会学系博士、副教授（第一章第一作者）。

黄大乾：广东白云学院教授、董事、校长（第一章第二作者）。

余励斯：深圳市人力资源和社会保障局劳动关系处副处长（第二章第一作者）。
杨　慧：华南农业大学公共管理学院社会学系博士、讲师（第二章第二作者）。
杨学军：西北农林科技大学人文社会发展学院副教授（第三章）。
欧书阳：西南大学国家治理学院副教授（第四章）。
王宇雄：山西农业大学马克思主义学院教授、院长（第五章）。
李文彬：华南理工大学公共管理学院博士、教授（第六章）。
袁定明：重庆三峡医药高等专科学校教授、校党委委员、副校长（第七章）。
李薛嘉：山西医科大学人文社会科学学院讲师、团委书记（第八章）。
王志中：山西医科大学人文社会科学学院教授、院长（第九章）。
周玉萍：太原科技大学人文社会科学学院教授、副院长（第十、十一章）。
郭　涵：福建农林大学公共管理学院讲师（第十二章第一作者）。
许文兴：福建农林大学人文社会科学学院教授、院长（第十二章第二作者）。
黄剑飞：华南农业大学公共管理学院行政管理系讲师（第十三章）。

本书在编写、修订过程中吸收或参考了一些论著的相关内容，谨向原作者致以诚挚的谢意！科学出版社张春贺编辑对本书作了字句、标点、格式等方面的修改，也向其表示衷心的感谢！各章文责由撰写者自负。

本书可能还存在一些不足，诚恳欢迎各位读者批评指正，以便我们将来再版时加以完善。您的意见或建议可发送至 185759620@qq.com，十分感谢！

张兴杰

2020 年 10 月 10 日于广州

目　录

第一章

社　区

要了解社区建设和社区管理，首先需要了解什么是社区。

人类的社会生活，不但在一定的社会关系和社会结构的框架内进行，而且也离不开必需的空间区域。社区就构成了人们生存活动的特定而具体的空间区域。

本章先介绍有关社区的基本问题，然后分别论述我国的城市社区和农村社区。民政部基层政权建设和社区治理司负责人 2020 年 8 月 7 日在国务院新闻办公室举行的国务院政策例行吹风会上介绍，“截止到 2019 年底，全国共有 64.3 万个城乡社区”①。

“社区”已成为老百姓以及党和政府文件常用的一个词语，习近平就曾对社区作出过一系列重要论述（本章末附录）。

第一节　社区概况

一、社区的内涵

（一）德国社会学家滕尼斯最早使用“社区”概念

最早在社会学研究上使用“社区”概念的是德国社会学家滕尼斯（图 1-1）。1887 年，滕尼斯出版社会学名著 *Gemeinschaft Und Gesellschaft*，此书被英译为 *Community and Society*，20 世纪 30 年代初费孝通先生将其译为《社区与社会》。滕尼斯认为，“社区”（gemeinschaft）一词表示一种由具有共同习俗和价值观念的同质人口所组成的关系密切、守望相助、存在一种富有人情味的社会关系的社会团体；人们加入这一团体，并不是根据自己的意志所作出的选择，而是因为他生长在这个团体。与此相对应，他认为“社会”（gesellschaft）一词则表示一个由具有不同价值观念的异质人口所组成的、由分工和契约决定的、重理性而不重人情的社会关系的团体；人们加入这一团体是根据自己的意志进行选择的结

图 1-1　德国社会学家滕尼斯（1855—1936）

① 国务院新闻办公室.国务院政策例行吹风会[EB/OL]. http://www.gov.cn/xinwen/2020zccfh/20/index.htm，2020-8-7.

果。可见，滕尼斯在提出“社区”这一概念时，强调的是社会共同体、团体，并没有特别强调其地域性。

图 1-2 罗伯特·E. 帕克（1864—1944）

美国芝加哥大学社会学系教授罗伯特·E. 帕克（图 1-2）和 E. 伯吉斯在 1925 年的《城市》一书中认为，城市作为一种社区，是一种思想状态，是文化和文明的一种载体。在 1936 年发表的《人类生态学》一文中，帕克认为社区的基本特点可以概括为如下三点：①按区域组织起来的人口；②这些人口不同程度地与他们生存的土地有密切关系；③生活在其中的每个人存在一种相互依赖的互动关系。帕克强调了地域、一定数量的人口和互动关系这三个方面。由此开始，地域成为社区概念中必不可少的要素，围绕社区的讨论都要以一定的空间区域为基础，这可以视为对社区概念最重要的一种完善。

（二）代表性社区定义

自帕克后，有关社区的定义林林总总。杨庆堃 1981 年统计发现关于社区的定义有 140 多种：有的从社会群体、过程的角度界定；有的从社会系统、社会功能的角度界定；有的从地理区划（自然的与人文的）的角度界定；有的从价值观、生活方式的角度界定；还有的从归属感、认同感及社区参与的角度界定。[①]下面列举几种具有代表性的观点。

1. 群体说

该观点主要强调社区是一种群体或组织，是在区分社区中的社会群体与其他社会群体异同的基础上形成的，主要代表人物是希勒和菲利浦·塞尔兹尼克。后者认为社区是一群人，是一种变化着的群体经历，是一类具有相同信念和利益的人所组成的组织，是一系列不同的群体赖以依托的单位。所有的社区都是用契约联系在一起的，社区中的人具有共同的信念和命运，具有个人的同一性、归属感以及支持其行为和关系的结构。社区成员参与的途径越多，其社区经验就越丰富。

希勒（1941）认为社区是一个社会群体，所有的社会群体至少包括四个要素：①一定成员；②获得成员资格的准入标准；③成员间有区别的角色或功能；④调节成员行为的规则。他并不否定社区的区域性，认为所有的社会群体都分布在一定区域，某种程度上他们是由人们生活的特定空间所建构的，但区域并不意味着他们都是社区。事实上，既定的区域是成员居住的地方，并不就意味着这个地方是群体建构的必要事实，也就是说，社区是一个在特定区域的人们建构的体系，给我们一种“社区-群体”（community-group）的印象。[②]希勒通过区分所有的社会群体要素与社区群体要素，来说明社区与一般群体的不同（图 1-3）。

2. 场域说

场域说将地理空间与人的社会活动相结合以形成对社区空间的认识，从而探讨一定

---

① 童星，赵夕荣．“社区”及其相关概念辨析[J]. 南京大学学报（哲学·人文科学·社会科学版），2006（2）：67.

② Hiller E T. The community as a social group[J]. American Sociological Review，1941，6（2）：189-202.

的社会空间中人与人的互动和行为关系，主要代表人物是戈夫曼。

戈夫曼（1959）最先将社区视为一种场域，他认为以前对社区的定义至少有三个要素是一致的：①社区是空间整合部分的一个社会单位，是一个相对小的地方；②社区暗示了一种生活方式，如人们怎样做事和他们需要什么——他们的机构和他们的集体目标；③集体行为，人们不仅应当而且要经常协同处理共同关心的事务。他认为，社区是一个相互影响的场域，包含了人们通过各种协会或群体所从事的组织行为，这是社区场域的核心。有六种标准可以用来区分不同的社区场域：①利益追求和需要满足的综合程度；②与地区的一致程度；③相关的数量、地位和当地居民卷入的程度；④当地社团卷入的数量和重要程度；⑤行为保持或改变社会的程度；⑥组织行为的广度。

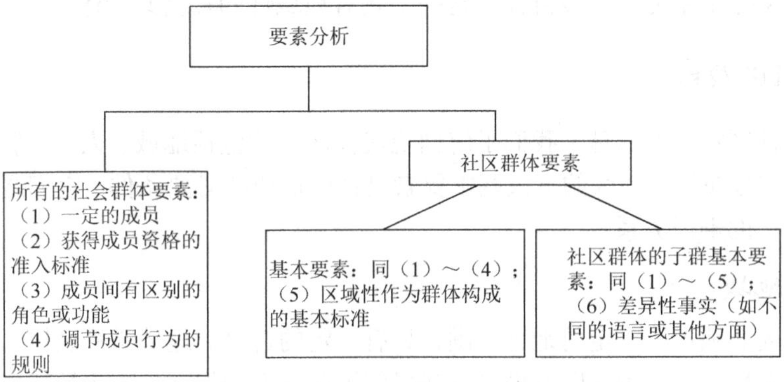

图 1-3 所有的社会群体要素与社区群体要素的关系

资料来源：Hiller E T. The community as a social group[J]. American Sociological Review，1941，6（2）：189-202.

3. 系统说

系统说认为，社区是一个复杂的、结构性的社会行为系统，是社会的一个子系统。贝斯特和鲍恩（1972）认为其必须包括：①构成社区的单位；②这些单位间的相互关系；③这些关系的边界；④联系各边界的系统行为，产生更复杂社会整体的过程机制；⑤结构性区分社区与其他社会系统。该学说的主要代表人物是美国学者罗兰·沃伦。

罗兰·沃伦（1967）对社区的研究主要表现在以下三个方面：①认识社区系统的横向和垂直两个参照体系。横向体系是在地方层次平行联系社区机构的系统；垂直系统是在国家和地区层次跨社区机构的联系系统；②将地方性社区作为社会宏观体系的次体系，他认为社会的大变迁导致了宏观体系对社区次体系起支配作用。发达资本主义国家里的社区几乎完全依存于整个大社会，社区成了大社会的映射，所以人们在同一国家的所有社区里，可以看到相似的价值观和行为。③分析社区功能。此处的社区功能是指生产、分配、消费功能，社会化功能，社会控制功能，社会参与功能，以及互相支持功能。

4. 综合说

综合说主要是用来概括中国学者的社区观。中国学者自 20 世纪 30 年代引入西方的社区概念以来，逐渐形成了自己的定义。费孝通、郑杭生、王康、袁方、何肇发和黎熙元、方明、吴铎等先后对“社区”进行了界定。尽管他们在为社区下定义时各有侧重，但总体上是在地域、人口、关系结构、心理认同、基本物质设施等要素框架下界定的，可以说是一种综合说。例如，费孝通认为，社区是若干社会群体或社会组织聚集在某一地域里形成的一个在生活上相互关联的大集体；[①]郑杭生认为，社区是进行一定社会活动、具有某种互动关系和共同文化维系力的人类生活群体及其活动区域；[②]王康认为，社区是指一定地域内按一定社会制度和一定社会关系组织起来的、具有共同人口特征的地域生活共同体；[③]黎熙元和何肇发认为，社区就是区域性社会，换言之，社区就是人们凭借感官系统感觉到的具体化了的社会。[④]

结合国内外学者的看法，本书认为，社区是聚集在一定地域范围内的具有某种互动关系和共同文化维系力的人类群体，是一个具有地域性的社会共同体。

二、社区要素

通过对社区定义的梳理，我们了解到现代社区一般包括地域、人口、管理机构、文化心理、区位分布等。社区的五大基本要素是社区形成的必要条件，它们之间是相互依赖、有机统一的辩证关系。

（一）地域

社区首先必须占有一定的地域范围，具有一定的边界。地域是社区概念中最基本的因素。社区地域要素，为社区建设与发展提供了两方面的保证：①为社区成员提供了活动场所。社区地域面积在一定程度上影响着人们的生活。②为社区成员提供了生产和生活的一部分资源，如气候、土壤、植物、山脉、水域等自然环境。社区的地理环境、自然条件对社区的发展水平和发展速度有着重要的影响。所以几乎每个社区研究者都首先强调社区的地域特点。如帕克认为，社区是由一群按地域组织起来的人口，这些人口程度不同地深深扎根在他们所生息的那块土地上；哈利（1944）认为，社区是一群人维持自身生存和发展的栖息地；埃雷奥特认为，社区就地理上来说是有共同社会制度的人们所居住的邻里地区；费孝通在《乡土中国　生育制度》一书中，也强调社区的地域空间性。

（二）人口

人口是各种人类组织的行动主体，是社区构成的基本条件之一。人口要素，可以说是社区定义中观点最一致的。人口主要涉及数量、构成和分布等三个静态特点。数量是一个社区内人口的多少；构成指社区内不同类型人口的特点；分布是指人口在社区内的空间分布以及人口密度等。人口数量、分布等因素关系到社区的规模，人口构成关系到社区的同质程度。社区的大小与其居民的互动形态有密切的关系，社区越大，个人熟知的人数比例就越小，而匿名与非个人关系的倾向则越大。另外，社区人口构成越多样，则社区内的各种人际关系也就越复杂。

---

① 韦克难. 社区管理[M]. 2 版. 成都：四川人民出版社，2004.

② 郑杭生. 社会学概论新编[M]. 北京：中国人民大学出版社，1987.

③ 王康. 社会学词典[M]. 济南：山东人民出版社，1988.

④ 何肇发，黎熙元. 社区概论[M]. 广州：中山大学出版社，1991.

人口变动是社区的脉搏。一个社区要生存下去，首先就必须补充新的居民，以维持社区正常生活的足够人数，因为没有一定数量的人口，任何社区都是不可能存在的；没有一定质量的人口，社区建设与发展也将无从谈起。社区人口无论是通过自然增减还是移民，抑或是合并而造成的增减，都是社区变迁的重要原因之一。

（三）管理机构

社区是一个有组织、有秩序的社会实体。其中，许多人际关系和民间纠纷需要调解，许多公共事务需要处理，从而使得或大或小、或多或少的管理机构成了社区不可或缺的组成部分。我国的社区管理机构至少承担着五个方面的主要功能：一是社会控制功能，也就是社区管理机构运用社会力量对社区成员的行为进行制约和限制，使之与既定的社会规范保持一致；二是社会动员功能，也就是社区管理机构发挥着动员、督促社区成员参加各种集体活动的作用；三是根据社区成员的共同愿望和社区发展需要，社区管理机构具有管理、支配社区公共资源和公共财产的功能；四是承担着制定、实施社区规划，以及社区建设、社区服务、社区治理等责任；五是发挥着贯彻执行党和政府的方针政策的作用。由此可见，没有一定的管理机构，任何社区都不可能成为一个有序化的社会生活共同体。

（四）文化心理

一定的文化心理是一个社区得以存在和发展的深层次的内在力量。它是人们在社区这个特定的地域性社会生活共同体中长期从事物质与精神活动的结果。一个社区的风土人情、风俗习惯、管理制度，社区成员的心理特质、行为模式、价值观等都是社区的文化心理的体现。社区文化心理的一种典型体现是：社区居民在长期的共同生活中，在同一行为规范、文化传统和生活方式氛围里，形成了共同意识，在感情或心理上具有共同的地域观念、认同感和归属感。它构成了共同的文化维系力，是维系社区成员关系的强大精神凝聚力。

（五）区位分布

区位分布是人类生态学的主要关注点，包括社区中物质设施的空间分布以及社区成员日常活动的空间分布。社区的物质设施，如居住、娱乐和休闲、消费和购物、工作等的场所基本上是分离的。这种空间上的分离直接影响到社区成员日常活动的空间分布。比如，甲是一个社区中的成员，睡觉时多数在该社区的家中，即在居住空间度过；上班时可能到其他社区的写字楼工作；购物时可能在社区中的商店或超市购买日常用品，也可能去专门的商业区购买衣物和专用工具。

三、社区功能

社区主要有生存发展、社会整合、社会控制、民主建设等功能。

（一）生存发展功能

（1）生活功能。提供各种就业、消费、娱乐和休闲、居住场所。
（2）安全功能。提供人身和财产安全的保障。
（3）学习功能。通过托儿所、幼儿园、中小学校和其他各类学校，提供学习、教育机会。

（4）生命保障功能。通过各种医院、诊所、社区医疗保健机构和药房等，提供生命保障和安全健康保障。

（5）福利功能。通过社区内的福利机构和慈善组织，如残联、妇联等，为老弱病残等弱势人群提供特殊照顾和帮助。

（二）社会整合功能

（1）社会化功能。社区并不单单是人们休养生息的地方，同时也是人们通过人际互动、教育学习以实现人的社会化的大学校。个人接受所居住社区的文化。社区成员间的相互接触，有助于形成共同的行为、生活方式及价值观念等，实现从一个自然人向社会人的逐渐演化。社区的社会化不仅促使个体更好地融入社区，还为社会规范管理提供一定的保障，也有助于逐步完善社会的内在整合。

（2）组织化整合功能。社区将不同数量、构成和分布的人口在一定空间上聚集起来，将社会个体以不同方式进行不同程度的组织化，使社会与个体之间的衔接更加紧凑和连续。

（3）区际整合功能。由于一个社区不能满足其成员所有的需求，社区成员必然会与社区外的相关人员进行交往，通过成员之间的互动，使一个社区与其他社区间建立关系，社区间的基础设施可以共享，以实现资源整合。

（三）社会控制功能

（1）符号控制功能。一个社区的构成在某一向度上，如收入、职业、文化程度等方面具有一定同质性，从而在此向度上为社区赋予了某种符号象征。这种符号象征，在结构位置上使人们对社区中的不同身份群体寄予了不同的角色期待，从而无形中制约了社区成员按照这种符号要求来行动和生活。但是这种符号控制功能有正与负之分。这多多少少与阶层意识和阶层行为有着相似性。

（2）管制纽带功能。以社区作为单位，为国家、政府治理社会提供了更为系统的对应主体，弥补了类似于传统中国家族性质的组织治理中的层级替代的不足，使社区成为衔接家庭与国家之间的社会管制纽带，让个体与社会的联系更为紧密。

（3）安全阀功能。在社区的系统管理下，通过社区，个人与国家之间的沟通得到保障，公民的意愿能够较大程度地得到反映，从而有利于消除矛盾或矛盾产生的温床，在时间和空间上，都对激进思想的产生起到了一定的抑制作用，最终有利于社区的发展和社会的稳定。

（四）民主建设功能

（1）参与感培育功能。社区与其成员的生活密切相关，成员为了保障自身的权益，会自发自愿地组成维护自身利益的组织，如城市居民社区中的业主委员会，来表达诉求和确保权益不受损害。成员通过参与自身权益的事务治理，有利于提高公民参与公共事务治理的意识。

（2）民主建设功能。通过在一定公共空间举办一些公共集会等形式的活动，调动居民参与的积极性，不仅能培育居民“超自我”的集体意识，打破狭隘的“自我”观念，还能纠正公共事务决策过程中的单一权力化倾向，从而使公民素质和民主平等观念都得到提升。

第二节 城市社区

滕尼斯、沃思、雷德菲尔德等依据社区的结构、功能、人口状况、组织程度等综合因素，把社区分为城市社区和农村社区两大基本类型，这也是学术界广为接受的分类方式。本节主要介绍城市社区。城市社区一般按照社区所提供的功能服务类别、存在时间长短、聚集居民的收入水平等标准来划分。比如，按功能可分为商业社区、工业社区和文化社区；按形成方式可分为法定社区与自发形成的社区。本书的城市社区是指街道办事处管辖范围的社区。

一、城市社区研究状况

（一）城市空间和结构研究

1. 传统城市结构理论

芝加哥学派创立了生态学理论，主张关注城市社区的人口、组织、环境、技术等四个基本生态变量，由于关注点不同形成了同心圆、扇形和多中心等三种结构模型（图 1-4）。

（1）同心圆理论。1925 年伯吉斯吸收了生态演替理论与地理经济学的成果，提出城市同心圆理论。该理论认为城市空间的扩展是竞争的结果，城市的发展呈放射状，由中心向边缘发展。该理论兼顾了区域功能与社会阶层分析两个维度，对分析城市的结构形态起到了开创性作用，对大众理解城市扩展的方式有着重要的意义。

（2）扇形理论。1936 年霍伊特（H. Hoyt）在研究美国 64 个中小城市房租资料和若干大城市资料后提出了扇形理论。他根据城市发展由市中心沿主要交通干线或其他较通畅的道路向外扩展的事实，认为同心圆理论将城市由市中心向外均匀发展的观念不能成立。他发现高租金地域是沿放射形道路呈楔形向外延伸的，低收入住宅区的扇形位于高租金住宅区扇形之旁，城市由富裕阶层决定住宅区布局形态，最后连成一个扇形。该模型具有动态性，使城市社会结构易于调整，能够将新增的居民附加于城市周边，不需要有地域上的重新发展。

（3）多中心理论。1945 年哈里斯和乌尔曼提出了城市是由一个以上的多中心构成的，认为中心区往往不是一个圆形；不但一个都市的商业核心是多个的，而且其功能也是多个核心的。这种都市空间结构多核心的形成有四种因素：①有些活动需要特殊的设施或资源；②同样的活动往往聚集在同一个地方；③引起相互冲突的不同性质的活动不宜聚集在同一地方；④有些活动在金钱上无力与某些活动于同一地方争地盘，只能选择都市边际处进行活动。这几种因素相互作用的结果，促使相互协调的职能机构向不同的中心点集结，不相协调的职能机构在空间上彼此隔离，由此出现了同一都市的商业多中心、工业多中心、住宅多中心等现象。

2. 新城市社会学理论

20 世纪 70 年代以来出现的新城市社会学，认为传统城市社会学提出的城市通过竞争与演变可以自动达到和谐、平衡的观点无法解释城市危机，城市现象不只是城市空间所能决定的，城市空间受财富和权力的支配，受国家政治制度和国家经济秩序的支配。

戈特迪纳与哈奇森提出社会空间模型，以便结合城市社会生态和政治经济秩序，来解释多核心大都市的发展。帕尔与雷克斯在 1967 年合著的《种族、社区与冲突》一书中，认为城市资源的分配不平等是造成社会冲突的根本原因。他们提出城市管理者理论：城市资源的分配并不是由生态过程或经济结构所决定的，而是由拥有权力的科层制官僚所决定的，城市是一种社会和空间体系，城市空间资源中不平等现象的存在使城市社会冲突不可避免。戴维·哈维在 1985 年的《资本的城市化》中，关注资本集中与循环在城市变迁中的作用。他根据马克思关于资本主义生产与再生产的周期性原理，提出资本运动三级循环理论：初级循环指资本向产业和消费性生产方面的投入；次级循环指资本向城市基础和物质结构方面的投入；第三级循环指资本向科教、文卫、社会福利事业方面的投入。哈维以此来解释资本运动和城市空间发展之间的关系。

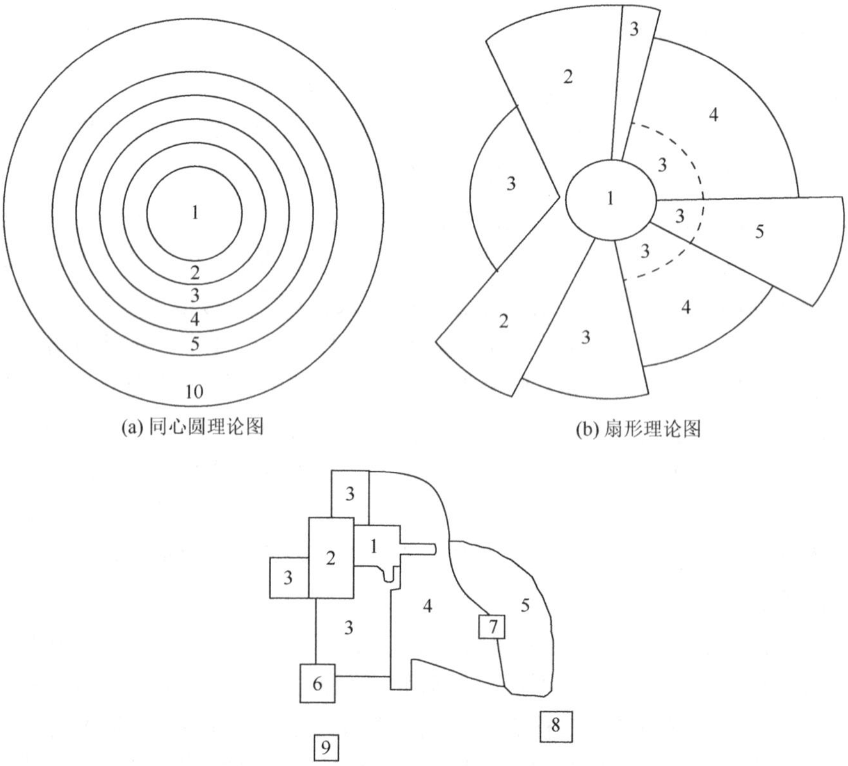

(a) 同心圆理论图　　(b) 扇形理论图

(c) 多中心理论图

图 1-4　传统的城市结构理论图

1. 中心商业区　2. 轻工业区　3. 下层社会住宅区　4. 中层社会住宅区　5.上层社会住宅区
6. 重工业区　7. 公共设施　8. 郊外住宅区　9. 郊外工业区　10. 往返地区

资料来源：何肇发，黎熙元. 社区概论[M]. 广州：中山大学出版社，1991；徐琦，等. 社区社会学[M]. 北京：中国社会出版社，2004；帕克，等. 城市社会学：芝加哥学派城市研究[M]. 宋俊岭，郑也夫译. 北京：商务印书馆，2012.

（二）成员关系研究

这类研究主要是在对城市社区与农村社区比较的基础上，对社区居民归属感、成员共同情感或邻里关系进行的研究。

1903年齐美尔在《大都市与精神生活》一文中，提出农村与城市给予人的影响是不同的，农村生活节奏和感官刺激都比较稳定和平缓，城市则是一种强刺激环境，有时会给居民带来过度的心理负荷。受齐美尔的影响，沃思在1938年发表了《作为一种生活方式的城市性》，认为城市具有三种生态学上的特质，即人口众多、高密度、异质性。这三种特质不可避免地使城市形成不同于农村的生活方式，并带来了许多社会问题。刘易斯在1952年发表《未崩溃的城市化》和甘斯在1962年出版的《城市村民》先后提出城市社区存在的社会问题不取决于人口密度，而取决于人口构成及其文化背景。费舍尔1975年发表了《城市性的亚文化理论》一文，认为城市社会问题与城市人口众多有关，但这并不是由人口众多造成的过度神经刺激、高密度和高度异质化带来的，他提出了“亚文化理论”，探讨了城市社会问题产生的文化根源。

1977年费舍尔出版了《社会网络与场域：城市环境中的社会关系》，阐述了社会网络在城市居民生活中的作用，指出居住在非邻近地域的居民，通过特定关系（如共同兴趣或爱好、共同价值观等）组成一个群体，从而形成自己的社会网络。韦尔曼和雷顿于1979年发表《社会网络、邻里关系和社区》，同样从关系网络角度来研究社区。2001年普特南的《使民主运转起来》，从社会资本理论出发，寻找意大利南北地区经济存在差异的原因，发现公民社区团体数量是其重要影响因素之一。他的分析逻辑是，社区成员间不断的交往参与，有助于产生一种促进人与人之间互信的平等交换规范，而社区团体扮演了促进人际的互动、互信和平等等交换规范的角色，成员之间在社区团体或多或少制度化的持久接触，促使个人获得更多资源，整体经济和社会获得发展。

（三）社区权力结构研究

从1953年开始，社区权力结构问题成为社区研究的中心问题，学界从声望、职位、决策等方面重点开展权力的支配者的研究，主要有精英论和多元主义论。

精英论认为，社区政治权力掌握在少数社会名流手中，地方重大的政治方案的实施通常是由这些精英起决定作用的，而地方各级官员则予以配合来实现少数人的意志。F.亨特是精英论的代表人物，他于1953年出版了《社区权力结构：决策者研究》一书，采用声望法分析亚特兰大市的决策层级和权力运用的过程。亨特发现亚特兰大的权力结构由两部分组成：政策制定者和政策执行者。前者处于权力顶层，多为实业界领袖；后者处于权力结构的第二层，多为政府官员和民间领导人，是政策的推行人；而公众仅仅只是政策的接受者。他由此认为，掌握社区权力的是一小部分身居幕后、不为大众所知的大资产者，而政治家不过是有产者的代言人，公众则处于被支配的地位。

多元主义论认为，社区政治权力分散在多个团体或个人的集合体中，各个群体都有自己的权力中心，地方官员也有自己的独立地位：官员要向选民负责，所以选民也有权力，他们通过投票来控制政治家。多元主义论的代表人物是罗伯特·达尔，1961年他出版了《谁统治：美国城市中的民主和权力》，该书运用决策法来分析谁参与到了纽黑文市的重大城市政策的实际决策中。他选择了地方政府的三个最主要领域，即城市重建、政治任命、公共教育进行分析，发现政治权力很分散，每个团体都有一定的权力，其在特定专属的领域享有发言权。

有关社区权力研究，C. 邦金和D. 奥尔森在1964年将其概括为两种模式，即隐蔽精英模式和合法多元模式（表1-1）。

表1-1 社区权力结构

权力项目	隐蔽精英模式	合法多元模式
合法性	不任公职、不属于任何协会	有公职或属于某一协会
可见性	不为公众所熟悉	多为社区居民所熟悉
决策范围	广泛参与决策事宜	仅参加社区公共决策
团体关系	形成一个团体而非独立行动	代表社区各种不同团体利益

社区权力结构研究与社区参与、社区组织等议题密切相关，社区权力结构研究是当前中国学者关注的重要领域之一。中国学者在此基础上还开辟出社区治理研究新领域，即主要在国家与社会关系分析框架下，运用治理理论来探讨政府、业主、物业管理等多方力量的权力-利益平衡，以及政府如何更好地管理社区、实现社会稳定。

二、城市社区的特点

沃思在1938年的《作为一种生活方式的城市性》一文中，认为人口众多、居住密集和高异质性是城市社区的三个基本特征，城市居民的社会心理特征及生活方式的特点均是由此决定的。他从人口规模、人口密度、人口差异三个变量分析城市社区的特点。

（1）从人口规模、人口密度变量，他提出众多的居民必然产生文化和职业上的分化，必然导致分工很细的职业结构和以特殊利益为基础的、复杂的社会关系的出现，而这将会导致道德的沦丧与社会解体，因而需要在城市生活中建立正式的控制结构。

（2）从人口密度、居住密集变量，他提出居民居住密集使人与人的关系更加复杂化，人们之间的接触带有表面性、短暂性、局部性和匿名性的特点，使城市居民形成功利的价值取向，以及对差异的容忍度降低；居住密集使城市社会问题增多，导致反社会行为增多。

（3）从人口差异、异质性高变量，他提出高异质性的城市居民会使社会流动性增加，阶级、阶层更加复杂；空间流动性增加，使邻里关系较为淡漠；复杂的社会分工使得大家互相依赖，交换成为日常生活的必需，货币在人们心目中地位更高，容易使居民产生拜金主义；高异质性会使社会的传统控制力削弱，滋生许多社会问题。

概括沃思以及后来学者的研究，城市社区的主要特点有：①高密度的人口集聚；②可供选择的生活方式多样；③复杂的社会分工和职业结构；④较大的社会流动性；⑤城市居民在功能上有显著的依赖性；⑥人际接触有较强的匿名性，社会关系复杂；⑦城市社会问题依赖正式的社会控制方式；⑧城市居民的道德观念和道德行为呈现较大的差异性，居民容忍度较强。龙冠海将城市社区与农村社区进行比较，详细地列举了各自的特点（表 1-2）。

表 1-2　城市社区与农村社区的特点比较

项目	城市社区	农村社区
社区规模	相当大	相当小
人口密度	比较高	比较低
人口构成	异质性强（比较复杂）	同质性强（比较单一）
工作环境	室内	室外
职业	非农业、差异很大	务农、差异较小
技能	高度专业化	普遍但差异显著
家庭人口	较少	较多
家庭与工作场所	较远	较近
社会接触	机会较多且以间接为主	机会较少且以直接为主
社会阶层	多	少
社会地位	不稳定、多为“赢得”的	稳定、多为规定的
社会流动性	高	低
生活水平	高	低
机构团体	多且庞大复杂	少而简单
教育娱乐机会	多	少
社会心理	思想较自由、易变化	较为迷信、保守
社会病态	多	少
社会控制	多	少

资料来源：龙冠海. 社会学[M]. 10 版. 台北：三民书局股份有限公司，1986.

二、新中国成立后城市社区的发展历程

单位制是新中国城市社区发展阶段划分的基本标志，据此可将新中国成立后的城市社区分为四个阶段。

（一）1949～1978 年，强化单位制阶段

这段时期单位制力量日益强大，在此基础上国家对社会的行政控制力度也日益增强。行政力量从区一级延伸到街道一级，控制力大大加强，使社区居委会成为基层政权组织及其派出机构的“附属物”，社区组织的行政化倾向也越来越严重，自治性、群众性和民主性都受到了一定程度的抑制；单位制度从党政机关扩展到所有国营和集体性质的基层企事业单位，尤其是单位大院，成为这一时期社区的主要表现形式之一，形成了高度自给自足的社区结构。

（二）1978～1992 年，弱化单位制阶段

这段时期主要在政府的推动和引导下，单位逐渐退出参与社区事务的舞台，社区组织作用日益凸显，社区居民初步参与社区事务。城市中单位制开始弱化，单位中从业人

员发生变化，单位承担的社会职能向社区转移；政府与社会的关系开始发生变化，大量的社会组织开始产生并发挥着越来越重要的作用，政府组织与社区组织的关系由领导、控制向指导、协调与合作的方向发展。

（三）1992～2012 年，新型社区建设阶段

这段时期政府日益重视培育自治型社区，逐步形成以社区居民为主体，社区组织为手段的政府支持型的新型、和谐社区。标志性事件是，1992 年 6 月中共中央、国务院作出《关于加快发展第三产业的决定》。该文件指出，社区服务要向产业化、行业化方向发展；1992 年 10 月，中国基层政权建设研究会在杭州市下城区召开了“全国城市社区建设理论研讨会”；国务院从 1992 年起把社区服务业列入中华人民共和国国家计划委员会（简称国家计委）的年度计划，在资金上通过两种方式扶植和引导社区服务业，一是各级财政给予一定支持，二是开展社会福利有奖募捐活动；1999 年民政部基层政权建设司改名为基层政权和社区建设司；2000 年的《民政部关于在全国推进城市社区建设的意见》，提倡全面推动城市社区建设，遵循的原则之一是扩大民主和居民自治。

（四）2013 年至今，城市基层社区治理阶段

这一时期强调改善社区治理结构、完善社区治理体系和提升社区治理能力，发挥城市社区在国家治理现代化建设中的作用。标志性事件是 2013 年 11 月，党的十八届三中全会将“完善和发展中国特色社会主义制度，推进国家治理体系和治理能力现代化”作为全面深化改革的总目标。2017 年 6 月，《中共中央　国务院关于加强和完善城乡社区治理的意见》颁布，党和政府、社会各界更加重视城市基层社区治理。

第三节　农村社区

农村社区也称乡村社区，指的是主要以农业活动为基础聚集起来的人们生活的共同体。它可以是一个小的村落，也可以是由几个毗邻的村落组成的社会区域。总括学者们的研究，农村社区基本要素有三，即职业是农业、居住密度低、共同的生活方式和价值观念。

一、农村社区的类型

杨开道提出了农村社区的四个分类标准，即住宅聚散标准、历史久远标准、家族派别标准、地理位置标准。[①]何肇发和黎熙元认为可以从三个角度划分农村社区：①按照经济活动性质分为农村社区与非农村社区（主要指集镇社区、工业村和矿业村、旅游社区和宗教社区）；②按形态与规模分为大、中、小村；③按发展水平分为初级社区与次级社区。[②]中国乡村社会学者主要采用居民聚集程度这一标准，将农村社区分为三种，即散村社区、集村社区、集镇社区。

① 杨开道. 农村社会学[M]. 上海：世界书局，1929；吴怀连. 农村社会学[M]. 合肥：安徽人民出版社，1991.

② 何肇发，黎熙元. 社区概论[M]. 广州：中山大学出版社，1991.

（一）散村社区

散村社区（图 1-5）是指因特殊地理环境形成的零散的小村落。该社区的特征是：一般聚居程度不高；居民从事的经济活动单一；居民往来频繁，相知甚深，彼此间关系密切；一般由于交通不便而与外界较隔绝，向外流动的机会很少；社区本身发展较慢，变迁不大；随着外界对这类社区的开发，一般会逐渐向集村社区转变。

（二）集村社区

集村社区的居民居住得较为集中，人数较多，规模较大，一般是几十户甚至几百户聚居在一起；一般是一个或数个大姓宗族共同聚居；有一个或多个商铺中心，方便居民在非赶集时期购买日常生活品。

图 1-5 散村社区——江西遂川大汾镇梯田村庄（笔者实地调研摄影，2019-09-05）

（三）集镇社区

集镇社区的形成一般有三种类型：①从地点适中、交通便利的农村发展起来；②从定期赶集的自然集市发展起来；③在已经成为行政区划的基层政治中心基础上发展起来。集镇的英文为 rurban，是乡村和都市两词的英文缩写，突出体现了该类社区为农村服务但同时具有城市的某些特点（图 1-6）。

图 1-6 集镇社区——四川射洪陈子昂故乡金华镇（笔者实地调研摄影，2017-07-26）

集镇社区的特征是：构成社区的人口长期居住在集镇但不从事农业生产的居民、流动参加集市售卖的行商，以及其他闲时来集镇务工的周边农村居民；集镇中工商、服务、建筑、运输、医疗卫生、教育、乡镇企业等行业性分工机构初步形成，其服务对象主要是集镇周边的农村和集镇中的居民；集镇作为扎根于农村、服务于农村的社区，由于其并不从事农业生产，而具有不同于农村的城市特性，因此它的社区文化具有城乡二重性。

我国有关集镇的社会学研究主要有，20 世纪 30 年代黄迪的《清河：一个乡镇村落社区》和费孝通的《小城镇大问题》(1984 年)、《小城镇新开拓》(1985 年)、《论小城镇及其他》(1986 年)、《乡土重建与乡镇发展》(1994 年)。费孝通在 1982 年四访江村时，看到了农村的发展与小城镇建设的密切关系，所以他决定从农村升上一级，去调查研究作为农村政治、经济、文化中心的集镇。他发现，集镇以不从事农业生产的人口为主，具有与农村不同的特点，但与周边农村又保持密切的联系。因此，对于集镇的城乡归属问题，学者之间存有争议。我们从集镇与周边乡村居民的赶集距离将其纳入农村社区范畴，可分为区级镇、乡级镇和村级镇。

二、农村社区的特点

农村社区在整体上表现出生存受自然环境影响大，人口素质较低，社会关系相对简单，生活方式比较单一，经济发展水平不高、居民收入较低的特点。

(一) 生存受自然环境影响大

农村社区居民的谋生手段主要是从事农业生产，而土地是农业生产最重要的物质基础，土地的肥沃程度和所处的地理位置直接影响居民的粮食收入；农作物的生长具有明显的季节性，受到气温、降水、风力等因素的影响；农业生产的规模化、技术化受到地势的限制，在成都平原、新疆农场、汉中平原等地势平坦的地方，土地面积较大，而山地、盆地、丘陵等地带的土地要么在狭长的谷地，要么在山腰呈梯田状分布，土地面积相对较小。

(二) 人口素质较低

农村占据地域较广，人口密度相对稀疏，居民文化程度低，人口整体文化水平不高。据《中国农村统计年鉴 2003》，2002 年我国农村劳动力文盲、半文盲占 7.59%，小学文化程度的占 30.63%，初中程度的占 49.33%，高中程度的占 9.81%，中专程度的占 2.09%，大专以上的仅占 0.56%。此外地区之间的差异性较大，西部地区以小学以下文化程度为主，其中小学文化程度占 33.10%，文盲、半文盲率超过 16%。随着时代的变迁，情况有所改变。据《中国农村统计年鉴 2019》，2018 年我国农村居民家庭户主未上过学的占 3.9%，小学程度的占 32.8%，初中程度的占 50.3%，高中程度的占 11.1%，大学专科以上的占 1.9%。

(三) 社会关系相对简单

相对于城市社区，农村社区由于是一个或几个姓氏的人们聚居在一定的区域内，居民社会关系相对简单，主要是血缘、地缘关系。传统居民之间的关系融洽、团结和睦、乐于互助。但是中国农村社区的社会关系随着封闭性逐渐被打破，乡村资源的开发力度加大，居民外出的机会和获得外界信息的渠道增加，人际关系变得比以前复杂，居民关系尤其是邻里关系相对疏远。农村邻里关系的恶化使其生产和生活互助、生命安全保障、社会化等功能弱化。

（四）生活方式比较单一

广义的农村生活方式是指农村居民的全部生活方式，包括劳动、消费、闲暇和政治等。狭义的专指消费与闲暇。无论是狭义还是广义，农村社区的生活方式整体上与城市社区相比，都比较单一。生活方式在时间结构上具有季节性差异，有农忙与农闲之分；活动空间主要是家里、农田、邻里庭院、距离较近的集镇等区域；活动方式除了种植农田、饲养家禽和看电视、打麻将等，供学习和发展的活动比较少。整体来讲，可供选择的活动方式较少，空间较小。

（五）经济发展水平不高、居民收入较低

农村社区由于农村土地的分散性阻碍了农业规模化、产业化经营；公路等基础设施建设跟不上，阻碍了对外拓展的空间；单一的农业经济形式阻碍了多元化产品市场的形成，这些使农村社区的整体经济发展水平落后，居民人均收入普遍比城市居民低。2006年《农村经济绿皮书》指出，中国2005年城乡人均收入比例高达3.22∶1；2014年全国城乡居民实际收入比例为2.02∶1；[①]据《农村绿皮书：中国农村经济形势分析与预测（2018—2019）》，中国2018年城乡居民收入比例达2.69∶1。

三、中国农村社区的发展阶段

自秦汉以后，中国一直沿袭乡政村治的体制，村农业经济的基本单位。新中国成立前后的乡村社区发展史是一部农村日益变迁的过程史。市场化发展程度的不同，乡村的生活方式、观念习俗得以延续和改变的程度也会不同。总体来讲，其大致可以分成五个阶段。

（一）1949年以前，是自然经济时期的传统农村社区

这一阶段，农村社区处于超稳定状态。虽然晚清时期的洋务运动对其发展产生了冲击，但我国农村依然保持着传统的乡土性以及宗法秩序。由于交通的限制，国家无暇顾及乡村，而村庄为了抵御外族的侵犯，借助宗法力量形成的宗族系统和乡绅阶层，活动于乡镇、县之间，而成为衔接乡村与国家之间的中坚力量，使乡村社区成为一个封闭、稳定、连续的共同体。

（二）1949～1978年，是乡土性延续期

1949年以后，经过人民公社时期，国家明令取缔乡绅阶层和宗法制度，对人口流动实行严格的控制，从而使国家权力全面深入乡村，农民牢固地扎根于土地。但因为农民的生存来源和生活方式并没有多大改变，其血缘、宗族和乡土观念依旧浓厚。

---

① 吴伟. 我国居民收入差距研究——基于扣除生活成本地区差异的方法[J]. 调研世界，2016（7）：3-7.

（三）1978～1992年，是乡村重组时期

由于人民公社撤销，政府机构设置乡镇一级，农村权力控制出现松动。家庭联产承包责任制的实施，乡镇企业的出现，使农村原有的社会权力结构面临解体的同时，传统的民间礼俗活动和村庙组织重新复活，民间组织的协调管理机制再次被提倡，如1982年宪法规定村委会是村民的自治组织，1987年通过了《中华人民共和国村民委员会组织法（试行）》。

（四）1992～2016年，是村民自治管理时期

这段时期由于市场体系的引入、信息传播技术的提高和交通的日益发达，农村剩余劳动力大规模向城市流动，乡村社区的边界日渐消解，市场力量渗入农村社区，农村社区的认同正在减弱，农村社区进一步发生分化。为了实现农村社会的有效整合，中央、省、市、县等各级政府大力支持村民自治制度的建立和开展相关的自治示范活动，并取得了显著成效。据《2018年民政事业发展统计公报》，截至2018年底，全国共有村委会54.2万个，村民小组449.1万个，村委会成员221.5万人。全年共有27.6万个村（居）委会完成选举，登记选民数为2.8亿人，参与投票人数为2.3亿人。①

（五）2017年至今，特别强调党对乡村基层社区的领导

这段时期的乡村强调治理，强调党在乡村治理中的领导作用。2017年颁布的《中共中央 国务院关于加强和完善城乡社区治理的意见》、2018年新修正的《中华人民共和国村民委员会组织法》和2018年印发的《中国共产党农村基层组织工作条例》，明确了基层党组织的领导核心地位和村党组织书记的产生机制，形成了在基层党组织领导下，以村民自治为基础的社会各界共同参与和共同治理的乡村社区治理格局。

附录

习近平关于社区的重要论述（摘选）②

2002年4月，习近平在福鼎市富民社区调研时，肯定了该社区的“社区在线”服务，他表示，“希望社区工作人员当好‘小巷经理’，为社区群众服务，积极探索社区工作的新路子。事实证明，社区建设是符合社会发展的，是符合广大人民根本利益的，在这条路上，我们不仅要长久地走下去，还要走出一条充满活力的路子，让老百姓的生活越过越顺畅”③。

2013年8月，习近平在沈阳市多福社区看望群众时说，“社区建设光靠钱不行，要与邻为善、以邻为伴。以法治保障社区建设，以党建活动丰富社区服务，以文明和谐营造其乐融融的社区氛围，这一系列的社区工作一步一步踏实、踏牢了，人民的生活状态也就‘无拘无碍’了”③。

2014年3月，习近平在参加第十二届全国人民代表大会二次会议上海代表团审议时

① 民政部. 2018年民政事业发展统计公报[EB/OL]. http://www.mca.gov.cn/article/sj/tjgb/，2019-8-15.

② 本附录由本书主编张兴杰从权威报纸、网站上搜索、摘选而成。

③ 中国青年网. 社区工作，习近平想得深[EB/OL]. http://pinglun.youth.cn/zc/201605/t20160512_7986467.htm，2016-5-12.

强调，“加强和创新社会治理，关键在体制创新，核心是人，只有人与人和谐相处，社会才会安定有序。社会治理的重心必须落到城乡社区，社区服务和管理能力强了，社会治理的基础就实了。要深入调研治理体制问题，深化拓展网格化管理，尽可能把资源、服务、管理放到基层，使基层有职有权有物，更好为群众提供精准有效的服务和管理”①。

2014 年 11 月，习近平在福州市军门社区调研时指出，“社区虽小，但连着千家万户，做好社区工作十分重要。社区的党组织和党员干部天天同居民群众打交道，要多想想如何让群众生活和办事更方便一些，如何让群众表达诉求的渠道更畅通一些，如何让群众感觉更平安、更幸福一些，真正使千家万户切身感受到党和政府的温暖。社区在全面推进依法治国中具有不可或缺的地位和作用，要通过群众喜闻乐见的形式宣传普及宪法法律，发挥市民公约、乡规民约等基层规范在社会治理中的作用，培育社区居民遵守法律、依法办事的意识和习惯，使大家都成为社会主义法治的忠实崇尚者、自觉遵守者、坚定捍卫者”②。

2015 年 2 月，习近平在西安市二〇五所社区视察时说，“社区工作是一门学问，要积极探索创新……提高服务水平，让千家万户切身感受到党和政府的温暖”③。“要结合社区实际，创新工作模式，延伸管理链条，提升服务水平，不断提高社区群众幸福指数。”④

2016 年 2 月，习近平在南昌市光明社区考察时强调，“社区工作很重要，一是要抓好党的建设，使党组织真正成为社区的领头人，把各方面工作带动起来。二是要抓好服务，人民群众的事情就是我们的牵挂，要以问题为导向，力争实现各种服务全覆盖，不断满足百姓提出的新需求”⑤。

2016 年 3 月，习近平参加第十二届全国人民代表大会四次会议上海代表团审议时强调，“上海基层取消了招商引资的职能，心无旁骛，也有了更多精力做好服务。基层是一切工作的落脚点，社会治理的重心必须落实到城乡、社区”⑥。

2016 年 7 月，习近平在唐山市祥富里社区调研时指出，“社区是党和政府联系、服务居民群众的‘最后一公里’，要健全社区管理和服务体制，整合各种资源，增强社区公共服务能力。社区工作要时时处处贯彻党的宗旨，让党的旗帜在社区群众心目中高高飘扬，让社区广大党员在服务群众中充分发挥作用、展示良好形象”⑦。

2018 年 4 月，习近平在武汉市青和居社区调研时指出，“社区是基层基础，只有基础坚固，国家大厦才能稳固。中国共产党坚持以人民为中心发展思想，是为人民服务的

---

① 新华社. 习近平在参加上海代表团审议时强调 推进中国上海自由贸易试验区建设 加强和创新特大城市社会治理[N]. 人民日报，2014-3-6（01）.

② 新华社. 习近平在福建调研时强调 全面深化改革全面推进依法治国 为全面建成小康社会提供动力和保障[N]. 人民日报，2014-11-3（01）.

③ 霍小光. 习近平春节前夕赴陕西看望慰问广大干部群众 向全国人民致以新春祝福[N]. 人民日报，2015-2-17（01）.

④ 肖杨. 让群众幸福指数不断攀升——习近平总书记视察 205 所社区回访[N]. 陕西日报，2017-10-12（04）.

⑤ 新华社. 习近平：人民群众的事情就是我们的牵挂[EB/OL]. http://www.xinhuanet.com/politics/2016-02/03/c_1117985476_3.htm，2016-2-3.

⑥ 杜尚泽. 习近平：社会治理的重心必须落实到城乡、社区[EB/OL]. http://politics.people.com.cn/n1/2016/0305/c1024-28174494.html，2016-3-5.

⑦ 谢环驰. 习近平在河北唐山市考察时强调 落实责任完善体系整合资源统筹力量 全面提高国家综合防灾减灾救灾能力[N]. 人民日报，2016-7-29（01）.

政党。我们抓好工作就是要把人民群众大大小小的事情办好。为民的事无小事，大量工作在基层。党中央高度重视社区工作，我们要改革创新基层治理，提高治理能力，更好服务于人民群众。最关键是要发挥社区党组织的领导、引领作用，把社区建设好，把幼有所育、学有所教、劳有所得、病有所医、老有所养、住有所居、弱有所扶等目标实现好”①。

2018 年 10 月，习近平在深圳市北站社区考察时强调，“社区情况复杂多样，群众需求多种多样”②，“要把更多资源、服务、管理放到社区，为居民提供精准化、精细化服务，切实把群众大大小小的事办好。要坚持依靠居民、依法有序组织居民群众参与社区治理，实现人人参与、人人尽力、人人共享”③。

2020 年 7 月，习近平在考察吉林长春市宽城区团山街道长山花园社区时强调，推进国家治理体系和治理能力现代化，社区治理只能加强、不能削弱。要加强党的领导，推动党组织向最基层延伸，健全基层党组织工作体系，为城乡社区治理提供坚强保证。④“提高社区治理效能，关键是加强党的领导。要推动党组织向基层延伸，把基层的工作做好，这样才能‘任凭风浪起，稳坐钓鱼台’。”⑤

复习思考题

1. 对社区定义作简单归纳。
2. 简要阐释社区的基本要素。
3. 结合实际分析社区的功能。
4. 分别说明城市社区和农村社区的特点。
5. 结合时代特点，尝试理解中国农村社区的发展阶段。
6. 在查阅相关文献的基础上，描述当代中国社区发展的实际情况。
7. 简述习近平关于社区的几点重要论述。

参考文献

包红霏. 2014. 社区发展与管理[M]. 北京：中国建筑工业出版社.

蔡禾. 2011. 城市社会学讲义[M]. 北京：人民出版社.

黎熙元，何肇发. 1998. 现代社区概论[M]. 广州：中山大学出版社.

李守经. 2000. 农村社会学[M]. 北京：高等教育出版社.

---

① 霍小光. 习近平考察武汉，强调要充分发挥人才优势[EB/OL]. http://www.xinhuanet.com/politics/2018-04/26/c_1122748911_3.htm，2018-4-26.

② 刘会民. 习近平：社区工作要为居民提供精准化、精细化服务[EB/OL]. http://china.cnr.cn/gdgg/20181025/t20181025_524395212.shtml?_t=1540641791，2018-10-25.

③ 新华社. 习近平在广东考察[EB/OL]. http://www.gov.cn/xinwen/2018-10/25/content_5334458.htm，2018-10-25.

④ 人民网. 党建评：以党建为引领 夯实社区治理之基[EB/OL]. https://baijiahao.baidu.com/s?id=1673541339087815177&wfr=spider&for=pc，2020-7-29.

⑤ 张晓松，朱基钗. 习近平谈社区治理：提高社区效能的关键是加强党的领导[EB/OL]. http://www.gov.cn/xinwen/2020-07/24/content_5529703.htm，2020-7-24.

帕克，等. 2012. 城市社会学——芝加哥学派城市研究[M]. 宋俊岭，郑也夫译. 北京：商务印书馆.
桑德斯. 1982. 社区论[M]. 徐震译. 台北：黎明文化事业股份有限公司.
奚从清. 1996. 社区研究——社区建设与社区发展[M].北京：华夏出版社.
徐琦，等. 2004. 社区社会学[M]. 北京：中国社会出版社.
徐永祥. 2001. 社区发展论[M]. 上海：华东理工大学出版社.
许英. 2002. 城市社会学[M]. 济南：齐鲁书社.
袁亚愚. 1990. 乡村社会学[M]. 成都：四川大学出版社.
张钟汝，等. 2001. 城市社会学[M]. 上海：上海大学出版社.
郑也夫. 2018. 城市社会学[M]. 3 版. 北京：中信出版集团股份有限公司.
Arensberg C M. 1961. The community as object and as sample[J]. American Anthropologist，63（2）：241-264.
Bates F L，Bacon L. 1972. The community as a social system[J]. Social Forces，50（3）：371-379.
Hollingshead A B. 1948. Community research：Development and present condition[J]. American Sociological Review，13（2）：136-156.
Kaufman H F. 1959. Toward an interactional conception of community[J]. Social Forces，38（1）：8-17.
Wilkinson K P. 1970. The community as a social field[J]. Social Forces，48（3）：311-322.
Wirth L. 1938. Urbanism as a way of life[J]. American Journal of Sociology，44（1）：1-24.

第二章

社区建设

随着我国社会经济成分、组织形式、利益关系和分配方式日益多样化，越来越多的人从“单位人”转变为“社会人”。单位之外的替代性社会资源增多，单位的社会整合能力下降，其承担的社会职能不断被分化出来，并逐渐回归社会。而在社会中，社区是落实和承接社会职能最基本的载体与新型公共空间，承担着重要的社会整合功能。社区建设正是顺应我国社会结构转型这一现实需要而产生的。

习近平曾经多次谈到社区和社区建设问题，他“对社区建设尤为看重，时不时便深入到各个社区看望百姓，了解社区居民的生活实情”①。他曾指出，“社区建设是符合社会发展的，是符合广大人民根本利益的，在这条路上，我们不仅要长久地走下去，还要走出一条充满活力的路子，让老百姓的生活越过越顺畅”①。2018 年 10 月他在深圳市考察龙华区民治街道北站社区时强调，“社区情况复杂多样，群众需求多种多样，要把更多资源、服务、管理放到社区”②，以便把社区建设得更好。

第一节　社区建设概述

一、什么是社区建设

（一）我国社区建设的定义及党对社区建设工作的高度重视

19 世纪的工业化和城市化改变了传统社区里人与人的关系，社区的社会功能弱化，随之带来贫困、犯罪、基础设施破败等社会问题，从 19 世纪末开始，英、法、美等国相继开展了“睦邻运动”“社区组织运动”“回归社区运动”，希望重建具有共同价值取向的、关系亲密的、富有人情味的社会关系或社会团体。回归或重建社区成为当时的一股社会热潮。第二次世界大战结束后，由于西方发达国家出现失业严重、贫困和社会秩序混乱等局面，一些国家便提出用社区建设的理念和思路去解决

---

① 中国青年网. 社区工作，习近平想得深[EB/OL]. http://pinglun.youth.cn/zc/201605/t20160512_7986467.htm，2016-5-12.

② 刘会民. 习近平：社区工作要为居民提供精准化、精细化服务[EB/OL]. http://china.cnr.cn/gdgg/20181025/t20181025_524395212.shtml?_t=1540641791，2018-10-25.

以上种种社会问题。20 世纪 80 年代以来，美国等一些发达国家再次掀起社区建设的思潮，以此来加强社区居民之间的交往，实现互相关怀的目的。应该说，西方社会把社区建设理解为一种强化社区要素、发展社区组织、增强社区活力、提高社区居民生活水平的活动。

“在我国大陆，社区建设这一概念由民政部于 1991 年 5 月首次提出。按照民政部负责人的解释，社区建设是从我国国情出发并借鉴了国外先进经验提出的。”[①]随着我国改革的进一步深入发展，社会问题日益突出，对政府管理机制、管理能力和服务水平提出了更高的要求。在这种情况下，党中央、国务院将城市社区建设提上议事日程。1998 年国务院明确赋予民政部“指导社区服务管理工作，推动社区建设”的职能，并在原基层政权建设司的基础上设立基层政权和社区建设司，进一步推动了社区建设在全国的开展。2000 年中共中央办公厅、国务院办公厅转发的《民政部关于在全国推进城市社区建设的意见》（本章附录 1）对社区建设的含义作出了明确界定：“社区建设是指在党和政府的领导下，依靠社区力量，利用社区资源，强化社区功能，解决社区问题，促进社区政治、经济、文化、环境协调和健康发展，不断提高社区成员生活水平和生活质量的过程。”

2002 年党的十六大报告在两处涉及社区建设。一处强调“加强公共服务设施建设，改善生活环境，发展社区服务，方便群众生活”。另一处强调“完善村民自治，健全村党组织领导的充满活力的村民自治机制。完善城市居民自治，建设管理有序、文明祥和的新型社区”。

2006 年党的十六届六中全会通过的《中共中央关于构建社会主义和谐社会若干重大问题的决定》提出：“全面开展城市社区建设，积极推进农村社区建设，健全新型社区管理和服务体制，把社区建设成为管理有序、服务完善、文明祥和的社会生活共同体。”这标志着社区建设已经成为新时期我国经济和社会全面发展的重要内容。

2007 年党的十七大报告提出，要“把城乡社区建设成为管理有序、服务完善、文明祥和的社会生活共同体”。

2012 年党的十八大报告重点提到了作为社区建设重要内容的社区服务：第一，“完善突发公共卫生事件应急和重大疾病防控机制”，“健全农村三级医疗卫生服务网络和城市社区卫生服务体系”；第二，把城乡社区服务纳入“加强和创新社会管理”体系中，“加强基层社会管理和服务体系建设，增强城乡社区服务功能”。

2017 年党的十九大报告在社区建设方面重点强调了社区治理问题，要求“加强社区治理体系建设，推动社会治理重心向基层下移，发挥社会组织作用，实现政府治理和社会调节、居民自治良性互动”。

（二）社区建设的内容

（1）社区组织建设。社区组织主要是指以兴办、管理一定社区的经济、政治和文化事业为目的建立起来的地域性社会组织，它是社会组织的类型之一，包括社区党组织、社区自治组织和社区中介组织等。

---

① 王思斌. 体制改革中的城市社区建设的理论分析[J]. 北京大学学报（哲学社会科学版），2000（5）：6.

（2）社区服务建设。社区服务是社区建设的出发点和落脚点，是体现政府为百姓谋福利的重要环节。目前我国的社区服务主要是为社区居民和社区单位提供便民利民的设备，为老年人、儿童、残疾人、低收入群体提供社会救助和帮扶，为下岗职工提供再就业和社会保障等。

（3）社区治安建设。社区治安是指社区政府部门及其职能部门，依靠社区力量，强化社区控制手段，促进社区保持安定有序的状态。良好的社区治安是人们安居乐业的保障，是社会稳定发展的前提，是社区建设的一项基本任务。

（4）社区环境建设。由于社区建设是在一定的环境中进行的，社区环境在社区建设中占有重要的地位，是社区建设中不可缺少的内容。因此，必须营建一个适合社区居民工作、学习和生活的良好环境，完善配套设施，为社区的整体规划建设提供硬件保障。

（5）社区卫生建设。社区卫生是指基层卫生部门在党和政府的领导下，依靠社区各种力量，充分利用社区的卫生资源和优势，为社区居民和组织提供便利和高质量的卫生医疗保健服务。社区卫生建设是社区居民健康快乐生活的一个前提条件，具有十分重要的意义。

（6）社区文化建设。社区文化是社会文化的一个重要组成部分，指社区居民在特定区域内、长期活动过程中所创造和形成的，具有群体特点的意识形态、价值观念、行为模式、生活习惯等文化现象的总和，包括社区教育、社区体育等方面。社区文化在加强社区凝聚力、提升居民综合素质方面起着重要作用。

（三）社区建设的基本原则

社区建设的基本原则指在社区建设过程中应当遵循的指导思想、根本宗旨以及基本理念。根据目前我国社区建设的实际情况，我们认为社区建设应遵循以下几个基本原则：

（1）以人为本原则。关注社区居民的实际需要，包括物质层面和精神层面的需要，以提高社区居民的生活水平和综合素质为目标，重视和加强社区服务工作。

（2）大众参与原则。社区内所有的居民群众以及各类组织机构，包括机关、企事业单位、非政府组织、民间团体等，都应该积极参与社区建设事务，这是实现居民自治和社区民主建设的重要条件。

（3）党和政府主导原则。在社区建设工作开展过程中，必须坚持党和政府的领导地位，充分发挥党和政府的指导、组织、协调、监督和控制作用，这是中国特色社会主义的社区建设的重要特征。

（4）因地制宜原则。坚持实事求是、一切从实际出发、具体问题具体分析的工作方法，根据社区的特点，结合资源优势，开展具有自身特色和有利于自身发展的社区建设。

（5）协调有序发展原则。一方面，社区建设的内部要素之间、内部和外部要素之间要相互协调、互相促进，以求共同发展；另一方面，社区建设要有计划、有步骤地进行，不同时期要根据工作重点进行调整。

（四）社区建设的主要特征

（1）社会性。社区建设既不是一种单纯的政府行为，也不是一项纯粹的民间活动，而是各类社区主体、各种社会力量共同参与、共同发挥作用的过程。其中，党和政府发挥着主导性作用，处于领导地位；居民委员会和各种社会团体起着骨干和中介作用，是党和政府联系居民的桥梁和纽带；社区企事业单位对社区建设发挥强有力的支持作用；居民群众则是社区建设的基础力量和参与主体。

（2）群众性。社区建设必须鼓励居民积极参与，居民对社区建设参与热情越高、对社区的归属感和认同感越强，社区的发展就会越快，社区建设工作开展得就会越顺利。另外，社区建设必须坚持以居民的根本利益和实际需要作为出发点和立足点，坚持以人为本原则，这是社区发展的根本目的。

（3）综合性。社区建设无论是内容、方法还是评估标准上，都体现出很强的综合性，需要采用多种方法和多样性的评估标准。

（4）计划性。社区建设实际上是在遵循社会发展规律的基础上，制订社区建设计划，对社区未来的发展目标以及达到这个目标的措施作出决策，以增强自觉性，推动社区整体发展。应根据社区的实际情况，制定科学、全面的发展规划和工作计划，分为长期、中期和短期目标逐步推进，并以此指导实际行动。

二、社区建设的相关理论

自20世纪90年代初我国政府提出城市社区建设以来，有关城市社区的理论建构就一直是社会学及其他相关学科的研究热点之一。社区建设的相关理论主要有行政社区建设论、共同体社区论与脱域社区理论。

（一）行政社区建设论

该理论认为，社区建设理论应根据单位制趋于解体这一变迁趋势来建构，其根本目的在于维持行政权力在城市基层社会生活中的领导地位。由于单位制的解体，城市社区不仅需要社区来承担单位和政府改革剥离出来的各项社会服务职能，而且还需要社区来承担从单位中脱离出来的对社会人的管理职能。为了让社区享有履行上述职能的必要权力，政府应该更多的将权力下放，扩大基层政府特别是街道办事处的权能，或者直接将街道办事处建成一级基层政权，使之能够对整个街区实施管理，而街道则通过强化社区党组织建设、基层行政部门的职能建设，把行政权力渗透到社会中间。在城市社区建设的过程中，坚持党和政府的领导，保证党和政府的核心地位及主导作用是城市社区建设的最高原则，这一理论取向得到了党和政府的支持。

（二）共同体社区论

共同体社区论者认为，20世纪是一个社区社会化的过程，人类社会发展以物的法则为主导的经济理性把人与人之间的关系变成赤裸裸的金钱关系，现代理性的过度发展不仅背叛了它最初的效率目的，而且带来了更大的社会问题。21世纪将是一个社会社区化的过程，是从物的法则回到人的法则，从理性法则回到人文法则，即从社会回到社区的世纪。因此，当代城市社区的理论建构的目的是要通过社区建设消解过度现代性的消极后果。

作为城市社区建设的对象的社区应该是地域共同体，社区重建首先应该恢复社区作为一个完整有机体的组织活力，使其成为一个自给、自足、自在、自为的实体，在地理上、语言上、文化上、心理上和生活习惯上保持最高的同质性和完整性，防止垂直化组织系统对它的人为肢解和分割。

（三）脱域社区理论

除了上述两种主要的社区理论外，另有研究者提出了脱域社区理论。他们认为，地域性社区在现代人的生活中越来越无足轻重，即现代性具有极为突出的脱域机制，摆脱传统地域性限制的职业组织越来越成为现代社会中联系国家和个人的重要途径，因此，与其花费大力气去建设地域性社区，还不如转向职业共同体建设。[①]也有些学者认为，城市社区是“互不相关的邻里”[②]。还有学者认为，工业化进程与国家放权趋势，将把个人从传统或原生的社区共同体中解放出来，并使之进入大的自致共同体。[③]此外，近些年来有关社会网络的研究也表明，城市居民的社会关系网主要是亲属、朋友和职场同事等而不是邻里。上述研究结论为脱域社区理论提供了佐证。

三、我国社区建设与国外社区发展的关系

我国的社区建设是一项具有明显中国特色的社会事业，与国外盛行的社区发展既有相似性，同时也有明显的区别。

“社区发展”一词是由美国社会学家 F. 法林顿于 1915 年在《社区发展：将小城镇建设成更加适宜生活和经营的地方》一书里最早提出的，由此学界把社区研究的视角从农村转向了城镇。20 世纪 50 年代初期，许多国家出现了失业、贫困、社会秩序混乱等一系列社会问题。为了缓解社会矛盾，应该加强政府与人民的沟通联系，动员广大居民共同解决社会问题。20 世纪 60 年代联合国发起了一场旨在促进各国社会进步和经济发展的运动，据联合国 1960 年出版的《社区和有关服务》一书的陈述，该运动旨在促进社区成员参与社会发展，把这些社区与整个国家结合为一体，使社区能够为国家的进步作出应有的贡献，主要提倡两种精神：一是各国人民本着主动自觉的精神，参与到改善自身生活状况的运动之中，二是各国政府发扬自助与互助的精神，制定目标不同的社区改进方案，提供技术和其他各项服务，为社区和国家的发展作出努力。这场运动大都从乡村开始实施，随后逐步扩展到城市。我国的社区建设与国外社区发展在含义、内容和基本原则上都具有相似性，应该说我国社区建设的理论和方法在很大程度上借鉴了国外社区发展的经验和理念。但是，两者之间还是存在很大的差异性的。

---

① 王小章，王志强. 从“社区”到“脱域的共同体”——现代性视野下的社区和社区建设[J]. 学术论坛，2003（6）：40-43.

② 桂勇，黄荣贵. 城市社区：共同体还是“互不相关的邻里”[J]. 华中师范大学学报（人文社会科学版），2006（6）：36-42.

③ 陆丹. 自致的共同体——城市社区发育的新路径[J]. 社会科学战线，2009（2）：201-206.

第一，我国的社区建设产生并发展于社会主义制度下，与社区发展在历史背景和制度约束条件方面存在很大差异。

第二，我国的社区建设产生并发展于社会主义初级阶段，与社区发展有不一样的时代特征，因此，两者的内容并不完全相同。

第三，我国的社区建设是在党和政府的领导与主导下开展的，受国家的方针、政策和相关规定的影响，是建设中国特色社会主义战略目标的重要组成部分，与社区发展具有本质上的区别。

第四，我国的社区建设将街道办事处、居委会等基层政权组织以及一系列群众自治组织作为社区建设的组织架构依托，与社区发展相比具有明显的组织上的保障优势。

四、我国城乡社区建设目标

（一）我国城市社区建设目标

2000 年中共中央办公厅、国务院办公厅转发的《民政部关于在全国推进城市社区建设的意见》明确指出，“今后五到十年城市社区建设的主要目标是：（1）适应城市现代化的要求，加强社区党的组织和社区居民自治组织建设，建立起以地域性为特征、以认同感为纽带的新型社区，构建新的社区组织体系。（2）以拓展社区服务为龙头，不断丰富社区建设的内容，增加服务的发展项目，促进社区服务网络化和产业化，努力提高居民生活质量，不断满足人民群众日益增长的物质文化需求。（3）加强社区管理，理顺社区关系，完善社区功能，改革城市基层管理体制，建立与社会主义市场经济体制相适应的社区管理体制和运行机制。（4）坚持政府指导和社会共同参与相结合，充分发挥社区力量，合理配置社区资源，大力发展社区事业，不断提高居民的素质和整个社区的文明程度，努力建设管理有序、服务完善、环境优美、治安良好、生活便利、人际关系和谐的新型现代化社区”①。正如有学者指出的，“中共中央办公厅、国务院办公厅转发的《民政部关于在全国推进城市社区建设的意见》是我国第一次以中央文件的形式十分具体地提出了中国城市管理中的社区建设问题”，对推进我国的和谐社会建设起到了“不可估量的作用”②。

（二）我国农村社区建设目标

2015 年中共中央办公厅、国务院办公厅印发了《关于深入推进农村社区建设试点工作的指导意见》，规定农村社区建设试点工作的工作目标是：“以全面提高农村居民生活质量和文明素养为根本，完善村民自治与多元主体参与有机结合的农村社区共建共享机制，健全村民自我服务与政府公共服务、社会公益服务有效衔接的农村基层综合

---

① 中共中央办公厅、国务院办公厅转发．《民政部关于在全国推进城市社区建设的意见》[EB/OL]. http://www.cctv.com/news/china/20001212/366.html，2000-12-12.

② 张雷．专家解读：我国社区发展进程中的一座新里程碑[EB/OL]. http://www.mca.gov.cn/article/wh/whbq/jsmlsq/cssqzl/201710/20171015006238.shtml，2017-10-9.

服务管理平台，形成乡土文化和现代文明融合发展的文化纽带，构建生态功能与生产生活功能协调发展的人居环境，打造一批管理有序、服务完善、文明祥和的农村社区建设示范点，为全面推进农村社区建设、统筹城乡发展探索路径、积累经验。”①

（三）我国城乡社区服务体系建设目标和重点任务

2016年民政部等十六部门联合印发《城乡社区服务体系建设规划（2016—2020年）》（民发〔2016〕191号），城乡社区服务体系建设是社区建设的重要内容。该文件指出城乡社区服务体系建设的目标是，到2020年，基本公共服务、便民利民服务、志愿服务有效衔接的城乡社区服务机制更加成熟；社区综合服务设施为主体、专项服务设施为配套、服务网点为补充的城乡社区服务设施布局更加完善；网络联通、应用融合、信息共享、响应迅速的城乡社区服务信息化发展格局基本形成；以社区党组织、社区自治组织成员为骨干，社区社会工作者和其他社区专职工作者为支撑，社区志愿者为补充的城乡社区服务人才队伍更加健全。此外，该文件还确定了城乡社区服务体系建设的重点任务：①加强城乡社区服务机构建设；②扩大城乡社区服务有效供给，着力推进城乡社区公共服务均等化、城乡社区便民利民服务便捷化、城乡社区志愿服务和专业服务常态化；③健全城乡社区服务设施网络，推进城乡社区综合服务设施建设，完善城乡社区综合服务设施功能；④推进城乡社区服务人才队伍建设，拓宽城乡社区服务人才来源渠道，健全城乡社区服务人才培养使用制度；⑤加强城乡社区服务信息化建设，构建城乡社区公共服务综合信息平台，推进智慧社区建设；⑥创新城乡社区服务机制，完善城乡社区自我服务机制，建立政府购买城乡社区服务机制，健全城乡“三社联动”机制。

第二节　城市社区建设

一、城市社区建设的发展历程

我国城市社区建设开始于20世纪80年代中后期，至今大致经历了准备阶段、起步阶段和全面发展阶段三个时期。

（一）准备阶段：80年代中后期

20世纪80年代中期，在改革开放浪潮的推动下，为了适应时代发展的需要，在把中国国情和国外社区发展先进经验相结合的基础上，民政部在全国城市范围内开展社区服务工作。当时民政部把社区服务定义为“社区的福利和服务”，主要包括对老人、儿童、伤残人士等弱势群体的照顾以及开展便民、利民等工作。到1989年底，全国共有3267个街道纷纷开展了社区服务工作，占当时城市街道总数的66.9%。②

---

① 中共中央办公厅、国务院办公厅印发.《关于深入推进农村社区建设试点工作的指导意见》[EB/OL]. http://www.gov.cn/xinwen/2015-05/31/content_2871051.htm，2015-5-31.

② 单菁菁. 社区情感与社区建设[M]. 北京：社会科学文献出版社，2005：276.

（二）起步阶段：90 年代初期

随着我国社会的不断发展和改革开放的进一步深入，城市中出现了社会秩序混乱、下岗失业问题突出、贫富分化严重等一系列社会问题，这对现存的管理体制和运行机制提出了巨大挑战。与此同时，社会服务的概念已经远远不能包含社区作为城市基层组织所应承担的责任与发挥的职能作用。在此情况下，民政部于 1991 年首次提出“社区建设”的概念，并明确提出除社区服务外，社区建设还包括社区文化、社区卫生、社区教育等内容，社区建设需要全社区各个组织机构和居民个体积极参与、共同合作。在民政部的号召下，上海、天津、大连等城市率先开展社区建设工作，纷纷选取部分社区作为全国社区建设的实验基地，并及时把经验教训进行总结进而向全国推广。

（三）全面发展阶段：20 世纪 90 年代中后期至今

党的十四届五中全会（1995 年 9 月召开）以后，党中央将如何开展适应社会主义市场经济体制的城市基层政权和基层组织建设提上了议事日程。在党和政府的高度重视下，北京、上海、天津、山东、重庆、广东、江苏等地纷纷出台政策，将社区建设纳入政府的工作日程，创造出一系列各具特点的社区发展模式，如上海模式、沈阳模式、青岛模式等，为在全国全面开展社区建设提供了宝贵的经验。

2000 年 11 月，中共中央办公厅、国务院办公厅批转了《民政部关于在全国推进城市社区建设的意见》，对城市社区建设的意义、指导思想、基本原则、主要目标、工作内容等都作了详细介绍，为城市社区建设的实践提供了指导和规范。城市社区建设进入了新的发展时期。

在该文件的指导下，2001 年《中华人民共和国国民经济和社会发展第十个五年计划纲要》第一次用完整的章节将社区建设纳入经济社会发展的重要内容和目标，城市社区建设经过政府的推动开始由点到面全面推开。2002 年党的十六大报告提出了完善城市居民自治，建设管理有序、文明祥和的新型社区的目标要求。2003 年，中共中央办公厅、国务院办公厅转发了劳动和社会保障部等部门出台的《关于积极推进企业退休人员社会化管理服务工作的意见》，要求城市社区承接退休人员管理和服务的任务。2004 年，《中共中央组织部关于进一步加强和改进街道社区党的建设工作的意见》重点强调了城市社区党建问题。2006 年，《国务院关于加强和改进社区服务工作的意见》对城市社区服务工作作出了全面部署。

2007～2020 年，党和政府的多次重要会议、多份重要文件（包括政府工作报告）都涉及城市社区建设问题，尤其是，2007 年后政府有关部门出台了十余份城市社区建设方面的政策文件（本章附录 2），这里不再一一介绍。

二、城市社区建设存在的问题

在党和政府的高度重视下，经过多年的努力，我国的社区建设取得了一定的成效。城市基层政权和群众自治组织建设得到加强，社区服务设施大为改善，社区管理水平得到了提高，居民的自主参与意识在不断强化。但是，在取得成绩的同时，社区建设过程中也暴露出许多问题，主要表现在以下几个方面。

（一）社区建设主体单一

社区建设作为我国社会基础结构重组和社会资源整合过程中的重要环节，其建设主体可以区分为宏观决策主体和微观实施主体两部分。宏观决策主体由政府担任，主要负责社区的整体规划、政策制定和组织管理；微观实施主体由社会组织和居民组成，主要是参与具体的工作和活动。社区建设过程是一个由政府、社会和居民互动配合的过程，只有全社会积极广泛地参与才能顺利完成。长期以来，我国社区建设均是由党和政府领导决策，社区内大部分事务均是由政府包办，群众参与往往只是执行性参与，这就严重制约了群众参与社区建设的积极性。

（二）社区建设和管理体制行政性因素过多

目前我国社区建设和社区管理以街道办事处和居委会为基础，政府行政职能过度强化。街道办事处作为政府的派出机构，承担了大量政府职能，从居委会管理人员的产生过程来看，他们实际上也是由政府机构来确定的，即使是选举产生，由于采取的是居民代表选举的方式，而居民代表可以由组织选举者任意确定，所以，选举并非严格意义上的选举。同时，《中华人民共和国城市居民委员会组织法》（简称《居委会组织法》）还规定，居委会有协助政府有关部门做好管理工作的职责，这实际上是把居委会当成城市管理的一个组成部分，社区建设也成为基层政权建设和城市管理工作的重要工具。由于社区建设管理体制中行政性因素过多，居民缺乏参与社区建设的热情，社区建设的民主性、自治性不强。

（三）社会组织和居民缺乏参与社区建设的积极性

社会组织和居民是社区参与的主体力量，引导社会组织和居民积极参与社区建设是社区建设顺利开展的关键。目前总体而言，社会组织和居民缺乏参与社区建设的积极性，社区建设缺乏持久动力。由于我国对社区中的企事业单位实行的是纵向的垂直管理，而单位和社区之间缺乏横向联系，企事业单位参与社区建设的积极性不高。社区中的非政府组织由于其所处地位的局限性，使其在参与社区建设过程中受到多方面的限制。而社区居民对于政府主导社区建设的行为缺乏认同感，对社区缺少归属感，使他们往往对社区事务漠不关心。

例如，在沈阳市的某社区中，问卷调查发现，社区居民参加社区活动的积极性不高，如表 2-1 所示。

表 2-1　社区居民参加活动情况调查

项目	频数/人	百分比
公益类活动	41	15%
文体休闲活动	68	25%
社区事务讨论活动	49	18%
邻里日常沟通	68	25%
基本不参加	95	35%

资料来源：刘柯彤. 优势视角下社区精英带动居民参与城市社区建设研究——以沈阳市 S 社区为例[D]. 沈阳：沈阳师范大学，2018.

（四）居委会干部整体素质低，角色冲突严重

通过换届选举、组织选派和面向社会公开招聘等措施，居委会干部队伍结构得到了进一步优化，但整体素质仍然偏低，存在年龄偏大、学历不高、效率偏低、缺乏威信等问题。居委会干部整体素质不高，加上缺乏工作培训，使其在社区建设过程中，工作方法和方式过于传统守旧，工作思路狭窄，不能有效沟通社区群众以解决社区内部问题，更不能为社区居民提供实质性的服务。因此，他们无法获得居民的信赖，严重影响了社区建设的有效开展。

另外，居委会干部角色冲突严重。本来作为居委会主任，他们是由居民大会选举出来的居民领袖，要代表居民利益、反映居民问题、做好居民管理和教育工作、为居民服务。但同时，他们工作上必须对街道负责，执行街道下派的任务，实际上居委会成为街道办事处的派出机关。这就使居委会干部不能专心致力于社区建设，往往只停留于执行上级命令的层面。

（五）社区功能定位不科学

一直以来，社区功能定位不够科学，社区的各项工作实质上是各主管部门业务工作的简单合并、归类，并没有形成一套系统的社区建设和管理机制，因而不能有效整合社区的人力、物力、财力资源。社区功能定位应该体现以服务为主、以服务带管理的服务理念，而目前社区建设往往强调贯彻执行上级部门的命令、加强对居民的管理，社区服务功能不明显，并没有真正从居民实际需求的角度出发来开展工作。

但是近些年来，部分城市的社区功能定位开始重视“共享”“绿色”“环保”等方面的建设。比如，2020 年 4 月，河北省住房和城乡建设厅在《关于加强城市“口袋公园”建设的通知》中要求，各地城市园林绿化主管部门要把建设“口袋公园”（也称“袖珍公园”，一般指规模较小的城市绿色开敞空间，是城市绿地系统的有机组成部分）作为优化城市绿地布局、拓展绿色公共空间、推进城市绿地共享的有效抓手，提升社区服务功能，让群众享受更多绿色福利。

三、加强城市社区建设的有效途径

随着中国城市化水平的不断提升，城市社区工作面临新的挑战，如流动人口增加、老龄化、贫富分化等问题都给社区建设提出了更高的要求。以下是加强城市社区建设的一些有效途径。

（一）转变政府职能，实现居民自治

目前社区建设有三大主体——政府、经济组织以及非营利组织。其中政府起着主导作用，是社区建设的领导者。过去社区建设的行政色彩过浓，但这并不意味着否定政府在社区建设中的主导作用，而是要求政府要正确发挥作用，实现职能的转变。要实现社区居民自治，就必须使自治制度化，主要包括两方面的工作：一是完善法治建设，用法律保障和规范居民的参与活动；二是规范参与程序，明确居民在

社区建设中所享有的权利和应承担的义务，以及有效行使权力、真正实现居民自治的途径。

（二）调动居民参与社区建设的积极性

国内外社区发展的经验表明，社区居民参与程度是社区发展程度的标志，社区归属感和社区居民参与意识是社区发展的原动力。因此，充分调动居民参与社区建设的热情和积极性，是社区建设顺利开展的关键。要改变目前居民参与不足的局面，应从以下两方面着手。

（1）培育居民参与意识。政府应当引导居民从与其切身利益关系最密切的、最关注的事务入手，围绕这些事务开始参与社区事务。另外，目前居民参与意识存在差异，政府应提供必要的政策和物质支持，鼓励居民根据自身的特点和兴趣爱好，选择不同的形式参与社区建设。

（2）大力发展社会非营利组织。当前，社会非营利组织正日益成为社区建设的主体力量之一，越来越多的社会非营利组织开始管理原来由政府直接经营的社区福利机构，或者直接兴办、经营新的社区福利机构，其地位和作用越来越突出。因此，培育和发展社会非营利组织，是大力推进社区建设的重要环节。一方面，要逐步实现部分政府机构和企事业单位向社会非营利组织的转制；另一方面，培育和发展现有的社会团体，特别是专门从事社区建设的非营利性组织，使他们能制度化、专业化地开展社区建设活动，发挥其在社区建设中的作用。

（三）加强社区工作者队伍建设

社区工作者主要由社区居委会干部和志愿者组成，其中社区居委会干部是社区建设的骨干力量。因此，首先要改革社区居委会干部制度。一方面，采取向社会公开招聘、民主选举、竞争上岗等办法，选聘年轻化、知识化、专业化的优秀人才。特别是经过法定的民主程序，从下岗职工、大中专毕业生以及转业、退伍军人中选聘政治素质好、文化程度高、工作能力强、热心社区工作的优秀人才，把他们充实到社区居委会。另一方面，对现有的居委会干部，要加大培训力度，采取各种有效措施不断提高他们的综合素质和工作能力，使他们适应时代发展的要求，适应社区建设的需要。

同时，充实社区志愿者队伍，社区志愿者的多少往往是衡量社区文明程度高低的重要标志之一。另外，还应加速培育社区中介组织和专业的社区工作者，大力推动职业社工队伍建设，使社区建设朝着专业性更强、职业化程度更高的方向发展。

（四）加强社区服务建设

社区服务是社区建设的基础，社区建设应努力拓宽社区服务领域，建设社区服务体系，最大限度地利用社区资源，开展全方位、多层次的社区服务。这些都要求改革社区服务运行机制，坚持社区服务对象社会化、投资渠道多元化和经营管理市场化，使其逐步走上产业化的发展道路。

（五）打造智慧社区

智慧社区是指通过利用各种智能技术和方式，整合社区现有的各类服务资源，为社区群众提供政务、商务、娱乐、教育、医护及生活互助等多种便捷服务。从应用方向来看，智慧社区应实现“以智慧政务提高办事效率，以智慧民生改善人民生活，以智慧家庭打造智能生活，以智慧小区提升社区品质”的目标。目前，上海、北京、广州等地已就智慧社区开展了有益探索，越来越多的智慧应用逐步走入千家万户（图 2-1 和图 2-2）。[①]

图 2-1 城市智慧社区建设

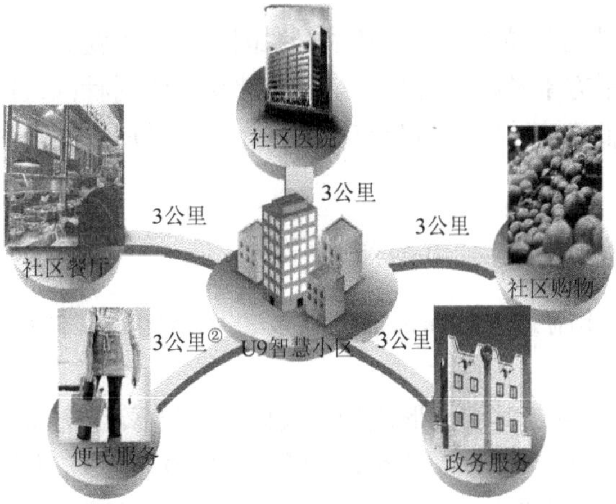

图 2-2 3 公里生活圈

比如，广州市天河区黄村街康城社区的智慧社区建设就已经取得了显著成效。该社区将智慧服务工程纳入到广州市“幸福社区”建设模式中，统一进行规划部署，提出以社区党建为根本，建设社区管理、居民自治和社区服务三个体系，依托广州市“一卡一页”（社保卡、市民网页）系统整合信息资源与服务，通过网上服务、社区服务站、街

① 杨金志，陆文军. 张维华代表：“智慧社区”建设需要顶层设计[EB/OL]. http://www.spcsc.sh.cn/n1939/n1948/n1951/n2435/u1ai158329.html，2018-1-5.

② 1 公里=1 千米。

道服务中心的服务窗口、社区内放置的公众服务自助终端等，努力构建涵盖政务服务、公用事业及公益服务、便民商业服务、社区综合管理、社区自治等内容的智慧社区服务平台。此外，使用二维码开展社区管理和服务、24 小时自助图书馆、自助式“健康驿站”等个性化应用也受到了社区居民的欢迎。康城社区先后荣获广州“十大最幸福社区”等多项荣誉称号。[①]

第三节 农村社区建设

2015 年 5 月 31 日，中共中央办公厅、国务院办公厅印发了《关于深入推进农村社区建设试点工作的指导意见》（本章附录 2），对我国农村社区建设作出全面部署。

一、农村社区建设存在的问题

新中国有关农村社区建设的思想和实践，最早可以追溯到 20 世纪 50 年代末，当时全国农村都在建设“人民公社”。但是真正开展农村社区建设的时间，却是在 20 世纪 90 年代中后期。此后国家对农村社区建设投入了一定资金，农村生产生活设施（如水、电、路、邮等）有所改善，但目前农村社区建设还存在不少问题。

（一）农村社区人口密度低

农村社区由于自然地理位置、地理环境等原因，人口密度低，牧区、半牧区县和陆地边境县的人口密度每平方千米则不到 10 人。整体来讲，农村社区人口密度比城市社区低得多。这种“广地域、低密度”的人口分布特征，无形中增加了农村社区建设的经济、人力甚至制度成本。

（二）城乡二元管理体制的制约

以城乡二元管理体制为基础而形成的城乡二元结构是农村社区发展不足、农村社区建设滞后的重要原因。

户籍管理制度是城乡二元结构形成的首要因素。国家自 1958 年实施《中华人民共和国户口登记条例》以来，以户籍制为基础形成的城乡二元管理体制，使农村社区在资源配置、生产要素和发展机会等方面，与城市社区相比有着明显的差异。在农与非农两种户籍制度下，不少政策都是在城乡分割、以城为主的基础上制定的，如社会保障、医疗保险和公共服务等。农村社区建设虽然也在开展，但在软硬公共服务设施供给等方面仍然远远落后于城市。

（三）建设资金不足

一方面是由城乡二元管理体制带来的国家对农村资金投入不足的问题。就教育事业、

---

① 佚名. 广州智慧社区建设启示录 犹太人智慧启示录[EB/OL]. https://www.hunanhr.cn/gongzuozongjie/2019/0404/398572.html，2019-4-4.

社会保障和医疗服务方面投入的资金来说，与城市差距较大。例如，2019 年全国城市低保每月人均补助 617 元，而农村低保每月人均补助 437.25 元，两者比例约为 1.41∶1。另一方面，乡镇、村领导支持社区建设的意识不强，不愿或很少将集体资金投入到农村社区建设中。这两方面造成农村社区的公共产品供给严重短缺，这是农村社区建设中遇到的一大难题。

（四）农村社区建设整体意识不强

随着农村经济的不断发展，农民主观上渴望过上高质量生活的愿望增强，但由于受到小农经济自给自足意识的影响，“单家独户”“独门独院”的思想短时间难以根除。他们又不愿意参与到社区建设之中，对政府提倡的公共设施建设，如修公路、建学校等事务不太关心，认为建设农村社区是政府的事，跟自己关系不大。这种“搭便车”的心理现象，是阻碍农村社区建设的内在因素之一。

二、加强和改进农村社区建设的对策

（一）完善农村社区运行机制，增强农村社区建设的整体合力

一是建立健全规范高效的工作机制。探索符合发展实际的农村社区建设工作机制，确保农村社区建设健康高效运转。参照城市社区工作经验，完善“费随事转，权随责走”的运转模式，完善农村社区的相关功能，实行管理职能和公共服务重心下移，让医疗、教育、文化等公共服务更多地辐射农村、惠及农民。二是建立健全农村社会管理机制。全面推进农村综合改革，强化政府公共服务职能，构建有利于农村和谐稳定的社会管理机制。同时，加强农村基层组织建设，健全以“民主选举、民主决策、民主管理、民主监督和村务公开、财务公开”为核心的村民自治机制，增强基层组织的凝聚力和战斗力，努力实现政府行政管理与社区居民自治管理的有效对接，政府依法行政和社区依法自治的良性互动。[①]

（二）高度重视农村社区建设人才的培养、引进和使用

人力资源是搞好农村社区建设的关键因素，只有留住本地人才，吸引外来人才，才能为农村社区的发展建设提供源源不断的动能。但现实情况是，农村的社会环境和物质文化丰富程度远弱于城市，使得农村村落的空心化现象严重。因此，农村社区必须重视对人才的培养，给予人才丰厚的条件和自主的发展空间。农村社区建设中最重要的人力资源主要分为两类：一类是从外界聘请的支援农村社区建设的专家学者，另一类是本地的农村社区工作者。应充分发挥相关领域专家的智囊作用，他们可以运用科学的方法和专业技术深入到社区一线考察，获取较为真实的一手资料，进行准确的分析研判。而农村社区精英和人才的成长，主要依靠村落文化的支持，给他们提供发挥价值的空间，农村社区还应进一步吸引新生代农民回乡发展、建设。[②]

① 聂清如. 农村社区建设存在的问题及对策[N]. 中国社会报，2019-1-7（002）.

② 谢杉，贾志杨. 浅析我国新型农村社区建设中存在的问题及改进对策[J]. 河南农业，2020（5）：54-56.

（三）拓宽农村社区建设资金来源渠道

资金不足一直以来都是农村社区建设的重要制约因素，社区建设仅依靠各级政府的投入是远远不够的。因此，要拓宽资金投入渠道，就要构建政府、企业、社会等多渠道资金筹措机制。首先，政府作为农村社区建设的主体，应根据实际需要合理规划。例如，可以设立农村社区建设的专项经费支持农村社区建设。其次，政府可以出台一些优惠政策吸引和动员一些相关的企业进入社区，这样企业在获得利益的同时，也能为社区居民的生活带来便利。最后，政府和当地居民动员一些社会组织，包括一些农村社区志愿者组织、公益性组织等投入到当地的农村社区建设中来，也可以鼓励农民在社区建设中投资或者投劳。这样通过多种渠道拓宽资金来源，不仅可以缓解政府的财政压力，还能避免出现后期资金投入不足带来的社区建设停滞等问题，从而构建社区建设的长效发展机制。①

（四）激发内生动力，鼓励农民积极参与农村社区建设

农村社区建设既是一项系统工程，也是一项持久性的工程，必须激发广大农村社区居民的积极性和创造性，以饱满的热情投入到农村社区建设工作中。应通过对农村社区居民社区意识的培养，增强他们的社区归属感。社区居民对于社区的热爱以及投身建设的基本前提是对农村社区的认同，而对社区认同的基础是对社区建设的了解，并愿意就农村社区建设的问题发声。应加强宣传引导，强化农村社区居民对农村社区的认知，化被动融入为主动参与，通过动员会、走访居民、开展集体活动等措施让所有社区居民都了解农村社区并参与其建设。农村社区居民有持观望态度的情况，可以多以社区的名义组织畅谈会、组织集体性的文体活动，让居民之间互相融入、互相影响，适时宣传农村社区建设，提高其自主参与社区事务的意愿。同时畅通居民表达诉求的渠道，广泛听取意见。应建立农村社区共同利益体，共同利益会让社区居民的凝聚力增强。共同的诉求、共同的需要能够将社区居民紧紧联系在一起，而农村社区建设关乎每一个居民的切身利益。当社区居民的利益与社区的利益挂钩，并且通过参与建设活动可以获得的一定利益时，他们就会有参与建设的意愿，从而成为建设主体。只有社区居民把自己当成社区的主人，树立主人翁意识，才能发自内心地支持、参与农村社区建设。②

三、乡村振兴战略与农村社区建设

（一）中共中央、国务院关于乡村振兴战略的两个重要文件

2018年1月，中共中央、国务院公布了《中共中央 国务院关于实施乡村振兴战略的意见》（简称《意见》）。随后，中共中央、国务院又于2018年9月印发了《乡村振兴战略规划（2018—2022年）》（简称《规划》），并发出通知，要求各地区、各部门结合实际认真贯彻落实。《意见》和《规划》对乡村振兴作了全面的战略部署，阐述了关

---

① 杨婷. 以新乡市石婆固社区为例探究我国农村社区建设问题[J]. 现代农村科技，2019（3）：103-104.

② 张莎莎，冯垠都. 农村社区建设创新路径[J]. 合作经济与科技，2019（22）：164-165.

于乡村振兴的一系列方针政策，提出了乡村振兴的近期目标——到 2020 年，乡村振兴的制度框架和政策体系基本形成，各地区、各部门乡村振兴的思路举措得以确立；到 2022 年，乡村振兴的制度框架和政策体系初步健全，探索形成一批各具特色的乡村振兴模式，乡村振兴取得阶段性成果。《意见》和《规划》还规划了乡村振兴的远期目标——到 2035 年，乡村振兴取得突破性进展，农业农村现代化基本实现；到 2050 年，乡村全面振兴，农业强、农村美、农民富全面实现（图 2-3）。《意见》和《规划》为农村社区建设注入了新的活力。

图 2-3 山东省曲阜市尼山镇西白村实施乡村振兴战略

资料来源：尼山镇西白村建设手绘文化街助推乡村振兴战略[EB/OL]. http://sdqf.wenming.cn/mlqf/201805/t20180524_2893220.html，2018-5-24.

（二）乡村振兴与农村社区建设的区别

乡村振兴的内涵更为广泛，它包括农村社区建设，涉及经济、政治、文化和社会各个方面，是一项十分复杂的系统工程。它是在党中央主动地进行政治和经济、社会制度建设的前提下，以实现坚持农业农村优先发展、建立健全城乡融合发展体制机制和政策体系、加快推进乡村治理体系和治理能力现代化、加快推进农业农村现代化、让农业成为有奔头的产业、让农民成为有吸引力的职业、让农村成为安居乐业的美丽家园等中观和微观的建设与发展目标，即“产业兴旺、生态宜居、乡风文明、治理有效、生活富裕”。

相对于乡村振兴战略的宏观层次，农村社区建设则属于微观层次，即以社区为单位，探讨社区建设的各个方面，包括社区组织建设、社区服务建设、社区治安建设、社区环境建设、社区卫生建设、社区文化建设等。农村社区建设主要立足于如何在社区建设的过程中，整合社区资源，遵循大众参与、社区共建等原则，改善社区环境，增强社区功能，培育社区居民的归属感与认同感，通过构建和谐、文明的社区，更好地满足居民的需求，促进农村的发展和进步。

（三）乡村振兴战略对农村社区建设的推动作用

首先，乡村振兴战略与农村社区建设内容上有交叉。例如，乡村振兴战略中关于建设生态宜居的美丽乡村、健全现代乡村治理体系、保障和改善民生等内容与农村社区建设中的社区环境建设、社区组织建设、社区卫生建设、社区福利性服务等内容有交叉，只不过前者的覆盖面更广，着眼于整个农村社会，后者则专门针对社区，更为具体。

其次，乡村振兴战略为农村社区建设提供了政策指导与制度保障。乡村振兴战略的规划中，涉及农村的经济政策、社会政策等各个方面，并确立了农村综合改革的具体目标，强调了农村地区的保障制度健全与阶段性目标建设方向。这为农村社区各个方面的建设提供了政策与制度保证，并指明了农村社区建设的方向。

最后，乡村振兴战略为开展农村社区建设提供了有利契机。乡村振兴战略对我国长期以来一直存在的“三农”问题等加大了解决力度，中央财政增加了对农村地区的投入，千方百计地发展农村生产力，在经济、政治、文化各个层面都出台了有效措施，以促进农村社区的全面发展。这为农村社区建设创造了一个非常良好的外部环境，带动了农村社区建设的全面开展。

第四节　发达国家社区建设

一、发达国家社区建设的简要历程

18 世纪至 19 世纪中后期，西方发达国家社区建设以社区福利和社区救助为目标。当时工业化发展在快速提高生产力的同时，也造成贫困人口的剧增，同时，传统社区中人与人之间亲密的关系被彻底打破，因此，建立新的社区扶助系统成为当时稳定社会的需要。早期的社区福利和社区救助主要出现在欧洲较早进行工业化的国家，典型代表有英国的慈善组织协会和 19 世纪 80 年代在英、法、美等国出现的社区睦邻组织运动。英国的慈善组织协会是在参考了德国汉堡福利制度后建立的，主要是在伦敦市成立一个慈善管理中心，把全市划分为不同的区域并在各区分别设置志愿委员会，负责对贫困个人及家庭进行调查、登记和救济等工作。后来，这一形式被推广至美国，目前美国各地的家庭服务所就是由这一形式发展而来的。社区睦邻组织运动是由教会及一些慈善组织、基金会发起的，主要通过社会工作者广泛、深入地参与社区生活，调动并利用社区内各种社会资源，组织和教育居民改善自己的环境，培养居民的自助与互助精神。这一运动在美国、英国、法国等国家中广泛开展，后来东南亚及日本等国家和地区也竞相效仿。这些制度或组织都是为了解决工业化所带来的城市贫困问题而出现的，目的是尽可能在社区基础上，提升社区居民的生活条件。

20 世纪初期至 70 年代，社区建设主要是围绕社区组织和社区发展进行的。20 世纪二三十年代欧洲发达国家经历了大规模的城市改造运动，城市出现了环境污染、住房匮乏、交通拥挤等问题以及潜在的社会不稳定因素。面对这些问题，社会学家把社区复兴和发展作为稳定社会的一个重要途径。20 世纪 30 年代美国实施了一系列社区发展计划，如芝加哥计划、阿林斯基的伍德雷尔社区组织、福特基金会的格雷地区计划等。50 年代美国一些城市成立了社会发展部，大力推动社区发展，内容包括社会福利、医疗卫生、预防犯罪、大众教育、廉价住宅建设等。60 年代美国的社区建设目标集中在社区的经济功能上，如办企业、创造就业机会、增加穷人收入等，这在一定程度上在改善穷困社区的生活环境等方面起到了积极的作用。由美国政府启动的“反贫困之战”项目就是当时的一项重要举措。该项目采取了一系列帮助穷人的具体措施，如为低收入家庭购买设备、提供各种服务、为穷人提供职业培训、建设经济住房、设置健康门诊等。

到了20世纪80年代，西方发达国家才进入真正意义上的社区建设时期。80年代，人们认识到调动社区居民参与社区建设的积极性对于培育有真正生命力的社区来说有着重要的意义。因此，当时美国推行了多个城市社区建设的重大项目，以提高社区居民的自我依赖、自我完善、自我发展能力为目标，如旨在促进广泛社区合作的凯西基金会，以反贫困为目的的由福特基金会组织的家庭邻里改革计划，在纽约开展的把社团、志愿者和社区居民联系在一起的社区全面复兴计划等。实践证明，强调社会和居民参与社区建设的思路是正确的，这些措施取得了明显的效果。最典型的一个成功例子是1992年纽约市在南布朗克斯5个社区实施的社区复兴项目。[①]这5个社区共有人口15万，20世纪50～70年代，该区域一直是美国贫困社区的典型代表。由于犯罪率高，1970～1980年有75%的居民逃离了该区域。社区复兴项目在该区域实施后，5年内原来的医疗服务中心得到了较大的改善，学校增加了专门的管理人员，社区建立了工作培训中心和全日制的社区医院，还修建了草地和花园，社区有专门的社区治安人员日夜巡逻。该区目前已建设成了一个环境干净优雅、治安良好、人民安居乐业的社区。

发达国家的农村社区建设虽然因国家不同而有所差别，但都以缩小城乡差距为基本出发点。例如，第二次世界大战后的联邦德国，城乡差距拉大，城乡差别明显，大量人口从农村流入城市谋生，赛德尔基金会提出“城乡等值化”概念，即不通过农村变城市的方式使农村与城市在生活和生产质量上消除差距，使在农村居住和当农民仅仅是职业选择。这一理念得到政府的支持，并在巴伐利亚进行实验，巴伐利亚的城乡等值化实验包括片区规划、土地整合、农业机械化、农村公路和基础设施建设等，其经验和做法成为联邦德国农村社区发展的普遍模式，城乡差距仅有 0.1%，实现了城乡居民生活等值化的目标。日本在工业大发展时期也曾出现城市不堪重负和农村空心化的问题，为此进行了“市町村合并”运动，在鼓励大企业到农村投资的同时，加强农村的基础设施建设和协助农民转向非农产业，到2007年，市町村的总数减少了40%以上。通过合并，消除了城乡之间的不平等，也使町成为农村和城市之间的桥梁，建成了很多城中有乡、乡中有城的田园城市。[②]

二、发达国家社区建设的主要特点

（一）基础设施完备

发达国家社区中与生活配套的各项基础设施都比较完备，社区交通便利，医疗保健设施齐备先进，有不同类型的公共活动设施，社区中还设有幼儿园、教育中心以及老年人活动场所等。例如，美国休斯敦市的伍德兰兹社区，经过多年的建设，目前大约有6

① 胡伟. 美国解决内城贫困问题的新对策[J]. 城市问题，2001（1）：51-54.

② 郭永奇. 国外新型农村社区建设的经验及借鉴——以德国、韩国、日本为例[J]. 世界农业，2013（3）：42-45.

万人，全区拥有15所学校、2家医院、900余家公司，还有购物中心、休闲场所及娱乐场所等。社区自然环境十分宜人，是人们生活、学习、工作的好地方，被美国联邦政府誉为模范社区。澳大利亚的社区无论是穷人区还是富人区，都必定设有免费向公众开放的图书馆和供居民锻炼活动的运动场，是居民特别是老年人和儿童学习与休闲的好去处。

（二）社区组织独立

发达国家政府负责对社区建设进行总体规划和指导，制定相关的法规政策，而社区具体工作的实施和运作则由各国不同的社区委员会或社区中心、居民组织负责。例如，美国就是依靠社区居民自由组合、通过民主选举产生的社团组织来进行社区建设和管理的。这些组织以为居民提供各种服务为宗旨、以实现社区需求为动力。日本在各市设有联合自治会，联合自治会由社区的联合自治体组成，而社区联合自治体由町自治会组成，社区活动以町为单位举行。町虽是社区实际工作的最小单位，但其人员配置完善，并设有老人会、妇女会、学生会等民间团体，这些组织负责在社区开展形形色色的活动，在这种社区中生活基本感觉不到政府功能的存在，而自治会更多的则表现出一种服务功能。政府的宏观指导与自治会的实际操作相结合，既减轻了政府的工作负担，又保证了居民的生活自由，从而使居民确实体会到真正意义上的自治。

（三）建设规划科学

发达国家在社区建设规划方面，制度科学完善。例如，日本东京对房屋等建筑物有严格规定，不许私盖乱建，房子一经建成，一般不再扩建、改建，确实需要扩建的场所都是拆掉重建新房。房屋实行统一装修，全体居民签署严格的协议，确定装修的期限，必须在规定期限内装修完毕。新西兰可持续发展示范村——利特尔里弗规划的村庄居住区包括若干个住宅组团，每个组团都有公共开放空间，同时，每个住宅又有自己的开放空间；每个组团都有农产品生产用地；住宅是多样性的，以满足不同的需要；最大限度地增加每个建筑物接受太阳光照的可能；从屋顶收集的雨水用于浇灌；全村的污水集中到村庄污水处理中心处理后用于种植和养殖；整个村庄布局紧凑，步行10分钟可以到达所有的公共设施，从而减少对汽车的依赖。美国的小城市吉布森市在土地规划上做得十分细致，将城市用地分别划分为独户住宅区域、普通住宅区域、普通商务和有限服务区域、普通服务和大规模销售区域、高速公路商业区域、限制制造业区域、普通制造业区域、公共使用区域、农业区，并按照不同的区域进行产业和生活建设。[①]

（四）重视服务功能

发达国家非常重视社区的服务功能，其中社区志愿者组织是社区建设和发展的中坚力量。有很多热心公益的志愿者自愿组成各种综合性、专业性和自治性的服务团体，他们根据社区发展的需要，利用自己的知识、技能、体能和财产，为有困难的老年人、残疾人、贫困人员等社会弱势群体及个人提供服务。志愿者来自不同的阶层和行业，包括

---

① 李静. 感受美国城市社区建设[J]. 农业发展与金融，2015（1）：86-87.

社区工作者、教师、学生、居民及各专业机构中的专业人员，数量庞大。例如，日本的志愿者活动开始于 1945 年，至今大约有 50%的国民参加过社区志愿服务活动，学历越高，参加志愿服务活动的频次越高。另外，发达国家教会团体在社区服务中也常常扮演重要角色。例如，美国的宣明会通过联络各地方社区协会，在各个社区开发和建立教育、就业、住房等各类服务项目，如“城市连接项目”“儿童需求服务项目”“课余学生管理项目”等，深受居民欢迎。澳大利亚则以社区服务中心为基点，建立了一套完整的社区服务体系，为居民，特别是老人和儿童提供全方位的服务。

（五）居民积极参与

发达国家社区居民对于社区建设和管理的参与热情比较高，他们对自己的权利和义务都有较深刻的认识，具有较强的社区归属感。例如，日本的町自治会，在政府与居民沟通方面发挥着重要作用。他们会根据社区居民的需要，把意见及时向政府反馈，对于社区建设的问题也会充分尊重民意，向政府提出合理的建议。美国居民的民主意识强，对于政府的政策或重大决策，往往会积极关注并主动参与。例如，与社区建设息息相关的城市管理规划、土地的建设使用问题等，居民都会通过听证会反映意见，并通过传媒向公众公布。发达国家社区居民意识到积极参与社区事务的重要性，并善于以合法合理的手段维护自身的权益。

（六）资金来源渠道多

发达国家社区活动的经费来源通常有以下三大类：一是政府拨款，社区内部的公共设施和日常经费基本由政府负责；二是社会捐赠，主要是宗教组织、慈善机构或私人公司的资助；三是自筹经费，由社区组织的成员通过非营利性活动筹集资金。以美国为例，其社区建设的资金来源渠道非常广，具体包括：①联邦政府和州或地方政府的支持。自上而下积极合作，各级政府共同重视社区建设。②基金会、教会的支持。美国的许多基金会都成为模范的社区活动参与机构和慈善事业的先驱，而教会由于其遍布全国各地而具有较强的号召力和影响力。③企业和银行的支持。美国的许多企业和银行都成为社区发展公司的重要合作伙伴。

三、发达国家社区建设的启示

（一）完善社区基础设施建设

我国的社区建设经历了“向阳院—居委会—社区”三个发展阶段，与发达国家先进社区相比，基础设施方面存在较大差距。我国要搞好社区建设，就必须重视完善社区基础设施，把建设现代化社区作为城市整体规划的重要部分，努力建设能够满足居民一般生活、休闲、娱乐、工作、学习需要的现代化社区。积极争取政府财政的支持和投人，同时广泛吸收社会资金，整合社会资源，积极吸引外资，建立政府与社会相结合的多元投资机制。

（二）健全社区组织管理体系

发达国家社区组织在政治上是中立的，它与政府没有必然的联系，主要表现为自然形成的独立居民组织，是一种在政府的行政服务之外的独立服务体系。我国的社区组织与发达国家有明显不同，是在政府领导下建立起来的居民组织，基本活动都围绕着政府来组织，因此，要建立和完善符合中国国情、具有中国特色的社区组织。加强社区党组织建设的同时，应建立健全居委会组织和社区中介组织，协调处理好三者的关系，并进一步健全社区组织管理体系，向自主决定、自我教育、自我管理的自治方向努力。

（三）制定科学的社区建设规划

社区建设规划是社区发展的战略蓝图，社区的各项工作都应该坚持以“以人为本”为原则，在科学的发展观指导下有条不紊地开展。应根据社区的具体情况，结合自身特点制定社区建设和发展的长期、中期、短期规划。规划的制定应体现绝大部分居民的利益，在制定过程中必须充分考虑广大群众的意见和建议，让居民最大限度地参与规划的制定和实施，以实现真正的居民自治。

（四）重视加强社区服务功能

借鉴发达国家社区服务的经验，大力开展志愿者活动，建设一支成熟的志愿者队伍（图 2-4）。同时，鼓励个体、私营、民营等企业积极参与社区服务，就要建立多元化的社区服务设施投入机制，整合社区的一切资源力量，将社区服务的重点放在扶助弱势群体方面，如为低收入的下岗人员、特困家庭提供住房、就业、医疗、子女入学等多方面的照顾，结合国家“星光计划”开展社区老年人服务工作等。

图 2-4　天津市和平社区“党员志愿服务”宣传活动

资料来源：冯娟. 天津和平社区启动“党员先锋”志愿服务项目[EB/OL]. http://www.tj.xinhuanet.com/wangqun/2021-01/18/c_1126992180.htm，2021-01-18.

（五）大力发展社区非营利性组织

发达国家的社区建设经验表明，非营利性组织在协调政府与居民关系、调动居民积极参与社区建设方面发挥了重要的作用。在我国社区建设和发展过程中，应大力培育和发展社区非营利性组织，一方面让其承担大部分的社区管理与服务工作，以减轻政府负担；另一方面可以创造大量的就业岗位，让居民有更多的机会参与社区建设。

（六）整合社区资源

在人力资源整合方面，重点培育社区专职工作者队伍，提高居委会干部的素质和能力，同时建立健全社区居民参加社区志愿服务活动的制度和法规，引导、组织志愿者活动逐渐走向制度化和规范化；环境资源整合方面，充分利用自然和人文历史资源，建立自然与人文历史和谐发展的现代社区；财力资源整合方面，鼓励社会各界捐赠，积极吸引外资，建立政府与社会相结合的多元投资机制，形成政府、企业和慈善机构、民间团体相互协调、共同建设社区的新局面。

附录1

《民政部关于在全国推进城市社区建设的意见》①（节选）
中共中央办公厅、国务院办公厅转发
（中办发〔2000〕23号）

社区是指聚居在一定地域范围内的人们所组成的社会生活共同体。目前城市社区的范围，一般是指经过社区体制改革后作了规模调整的居民委员会辖区。社区建设是指在党和政府的领导下，依靠社区力量，利用社区资源，强化社区功能，解决社区问题，促进社区政治、经济、文化、环境协调和健康发展，不断提高社区成员生活水平和生活质量的过程。社区建设是一项新的工作，大力推进社区建设，是我国城市经济和社会发展到一定阶段的必然要求，是面向新世纪我国城市现代化建设的重要途径。……随着改革开放的不断深入，特别是社会主义市场经济体制的初步确立，包括街道办事处、居民委员会在内的城市基层社会结构面临改革和调整的任务，社区的地位和作用显得十分重要，社区建设的要求非常迫切。因此，很有必要在总结26个城市社区建设实验区一年多来试点经验的基础上，在全国范围内积极推进城市社区建设。为了做好这项工作，现提出以下意见。

一、充分认识推进城市社区建设的重大意义

（一）推进城市社区建设，是改革开放和社会主义现代化建设的迫切要求……

（二）推进城市社区建设，是繁荣基层文化生活，加强社会主义精神文明建设的有效措施……

（三）推进城市社区建设，是巩固城市基层政权和加强社会主义民主政治建设的重要途径……

二、明确城市社区建设的指导思想、基本原则和主要目标

城市社区建设的指导思想是……从我国基本国情出发，改革城市基层管理体制，强化社区功能，巩固党在城市工作的组织基础和群众基础，加强城市基层政权和群众性自

① 中共中央办公厅、国务院办公厅转发. 民政部关于在全国推进城市社区建设的意见[EB/OL]. http://www.cctv.com/news/china/20001212/366.html，2000-12-12.

治组织建设，提高人民群众的生活质量和文明程度，扩大基层民主，密切党群关系，维护社会政治稳定，促进城市经济和社会的协调发展。

城市社区建设的基本原则是：(1) 以人为本、服务居民……(2) 资源共享、共驻共建……(3) 责权统一、管理有序……(4) 扩大民主、居民自治……(5) 因地制宜、循序渐进……

今后五到十年城市社区建设的主要目标是：(1) 适应城市现代化的要求，加强社区党的组织和社区居民自治组织建设，建立起以地域性为特征、以认同感为纽带的新型社区，构建新的社区组织体系。(2) 以拓展社区服务为龙头，不断丰富社区建设的内容，增加服务的发展项目，促进社区服务网络化和产业化，努力提高居民生活质量，不断满足人民群众日益增长的物质文化需求。(3) 加强社区管理，理顺社区关系，完善社区功能，改革城市基层管理体制，建立与社会主义市场经济体制相适应的社区管理体制和运行机制。(4) 坚持政府指导和社会共同参与相结合，充分发挥社区力量，合理配置社区资源，大力发展社区事业，不断提高居民的素质和整个社区的文明程度，努力建设管理有序、服务完善、环境优美、治安良好、生活便利、人际关系和谐的新型现代化社区。

三、促进城市社区建设各项工作的开展

（一）拓展社区服务……

（二）发展社区卫生……

（三）繁荣社区文化……

（四）美化社区环境……

（五）加强社区治安……

（六）因地制宜地确定城市社区建设发展的内容……

四、加强城市社区组织和队伍建设

（一）加强社区党组织建设。要按照《中国共产党章程》的有关规定，结合社区党员的分布情况，及时建立健全社区党的组织，开展党的工作。社区党组织是社区组织的领导核心，在街道党组织的领导下开展工作。其主要职责是：宣传贯彻党的路线、方针、政策和国家的法律法规，团结、组织党支部成员和居民群众完成本社区所担负的各项任务；支持和保证社区居民委员会依法自治，履行职责；加强党组织的自身建设，做好思想政治工作，发挥党员在社区建设中的先锋模范作用。

（二）加强社区居民自治组织建设。加强社区居民自治组织建设的前提是科学合理地划分社区。要以改革创新精神，按照便于服务管理、便于开发社区资源、便于社区居民自治的原则，并考虑地域性、认同感等社区构成要素，对原有街道办事处、居民委员会所辖区域作适当调整，以调整后的居民委员会辖区作为社区地域，并冠名社区。在此基础上，建立社区居民自治组织。社区居民委员会的成员经民主选举产生，负责社区日常事务的管理。社区居民委员会的根本性质是党领导下的社区居民实行自我管理、自我教育、自我服务、自我监督的群众性自治组织。

（三）逐步建立社区工作者队伍。社区建设需要大批专业的社区工作者。要采取向

社会公开招聘、民主选举、竞争上岗等办法，选聘社区居委会干部，努力建设一支专业化、高素质的社区工作者队伍，尤其要从下岗职工和大中专毕业生中选聘政治素质好、文化程度高、工作能力强、热爱社区工作的优秀人才，经过法定程序，充实到社区工作者队伍中去。要切实改善社区党的组织和居民自治组织的工作条件和社区工作人员的生活条件；积极发展志愿者队伍，广泛动员社会力量参与社区建设。

五、制定规划，加强领导，形成推进城市社区建设的整体合力

（一）城市社区建设应纳入当地国民经济与社会发展计划……

（二）各级党委和政府要高度重视社区建设……

附录2

《关于深入推进农村社区建设试点工作的指导意见》[①]（节选）
中共中央办公厅、国务院办公厅印发
（2015年5月31日）

为贯彻落实党的十八大和十八届三中、四中全会精神，创新农村基层社会治理，提升农村公共服务水平，促进城乡一体化建设，现就深入推进农村社区建设试点工作提出如下指导意见。

一、充分认识深化农村社区建设试点的重要意义

农村社区是农村社会服务管理的基本单元。随着中国特色新型工业化、信息化、城镇化、农业现代化进程加快，我国农村社会正在发生深刻变化，农村基层社会治理面临许多新情况新问题：农村人口结构加剧变化，部分地区非户籍居民大幅增加，非户籍居民的社会融入问题凸显，部分地区存在村庄空心化现象，农村“三留守”群体持续扩大；农村利益主体日趋多元，农村居民服务需求更加多样，农村社会事业发展明显滞后，社会管理和公共服务能力难以适应；村民自治机制和法律制度仍需进一步完善等。加强农村社区建设，有利于推动户籍居民和非户籍居民和谐相处，有利于促进政府行政管理、公共服务与农村居民自我管理、自我服务更好地衔接互动，有利于增强农村社区自治和服务功能，为农民幸福安康、农业可持续发展、农村和谐稳定奠定坚实基础。

中央高度重视农村基层社会管理和服务工作，对推进农村社区建设提出明确要求。农村社区建设要在党和政府的领导下，在行政村范围内，依靠全体居民，整合各类资源，强化社区自治和服务功能，促进农村社区经济、政治、文化、社会、生态全面协调可持续发展，不断提升农村居民生活质量和文明素养，努力构建新型乡村治理体制机制。近年来，各地区各有关部门认真贯彻中央决策部署，组织开展农村社区建设试点工作，取得了一定成效。实践证明，农村社区建设是社会主义新农村建设的重要内容，是推进新型城镇化的配套工程，是夯实党的执政基础、巩固基层政权的重要举措。各地区各有关

① 中共中央办公厅、国务院办公厅转发. 关于深入推进农村社区建设试点工作的指导意见[EB/OL]. http://www.gov.cn/xinwen/2015-05/31/content_2871051.htm，2015-5-31.

部门要主动适应农村经济社会发展新要求、顺应农民群众过上更加美好生活的新期待，增强做好农村社区建设工作的责任感和紧迫感，深入推进试点工作。

二、总体要求

（一）工作目标

……以全面提高农村居民生活质量和文明素养为根本，完善村民自治与多元主体参与有机结合的农村社区共建共享机制，健全村民自我服务与政府公共服务、社会公益服务有效衔接的农村基层综合服务管理平台，形成乡土文化和现代文明融合发展的文化纽带，构建生态功能与生产生活功能协调发展的人居环境，打造一批管理有序、服务完善、文明祥和的农村社区建设示范点，为全面推进农村社区建设、统筹城乡发展探索路径、积累经验。

（二）基本原则

——以人为本、完善自治……
——党政主导、社会协同……
——城乡衔接、突出特色……
——科学谋划、分类施策……
——改革创新、依法治理……

三、工作任务

（一）完善在村党组织领导下、以村民自治为基础的农村社区治理机制……

（二）促进流动人口有效参与农村社区服务管理。依法保障符合条件的非本村户籍居民参加村民委员会选举和享有农村社区基本公共服务的权利。吸纳非户籍居民参与农村社区公共事务和公益事业的协商，建立户籍居民和非户籍居民共同参与的农村社区协调议事机制。在保障农村集体经济组织成员合法权益的前提下，探索通过分担筹资筹劳、投资集体经济等方式，引导非户籍居民更广泛地参与民主决策。健全利益相关方参与决策机制，采取会议表决、代表议事、远程咨询等决策方式，维护外出务工居民在户籍所在地农村社区的权利。健全农村“三留守”人员关爱服务体系，重点发展学前教育和养老服务，培育青年志愿组织和妇女互助组织，建立农村社区“三留守”人员动态信息库，扩大呼叫终端、远程监控等信息技术应用，切实提高对农村留守儿童、留守妇女、留守老人的服务能力和服务水平。

（三）畅通多元主体参与农村社区建设渠道。建立县级以上机关党员、干部到农村社区挂职任职、驻点包户制度。建立和完善党代表、人大代表、政协委员联系农村居民、支持农村社区发展机制。鼓励驻村机关、团体、部队、企事业单位支持、参与农村社区建设。拓宽外出发展人员和退休回乡人员参与农村社区建设渠道。依法确定村民委员会和农村集体经济组织以及各类经营主体的关系，保障农村集体经济组织独立开展经济活动的自主权，增强村集体经济组织支持农村社区建设的能力。推动发展新型农村合作金融组织、新型农民合作经济组织和社会组织，通过购买服务、直接资助、以奖代补、公益创投等方式，支持社区社会组织参与社区公共事务和公益事业，支持专业化社会服务组织到农村社区开展服务。

（四）推进农村社区法治建设……

（五）提升农村社区公共服务供给水平。健全农村社区服务设施和服务体系，整合利用村级组织活动场所、文化室、卫生室、计划生育服务室、农民体育健身工程等现有场地、设施和资源，推进农村基层综合性公共服务设施建设，提升农村基层公共服务信息化水平，逐步构建县（市、区）、乡（镇）、村三级联动互补的基本公共服务网络。积极推动基本公共服务项目向农村社区延伸，探索建立公共服务事项全程委托代理机制，促进城乡基本公共服务均等化。加强农村社区教育，鼓励各级各类学校教育资源向周边农村居民开放，用好县级职教中心、乡（镇）成人文化技术学校和农村社区教育教学点。改善农村社区医疗卫生条件，加大对乡（镇）、村卫生和计划生育服务机构设施改造、设备更新、人员培训等方面的支持力度。做好农村社区扶贫、社会救助、社会福利和优抚安置服务，推进农村社区养老、助残服务，组织引导农村居民积极参加城乡居民养老保险，全面实施城乡居民大病保险制度和“救急难”工作试点。

（六）推动农村社区公益性服务、市场化服务创新发展……

（七）强化农村社区文化认同。以培育和践行社会主义核心价值观为根本，发展各具特色的农村社区文化，丰富农村居民文化生活，增强农村居民的归属感和认同感。深入开展和谐社区等精神文明创建活动，树立良好家风，弘扬公序良俗，创新和发展乡贤文化，形成健康向上、开放包容、创新进取的社会风尚。健全农村社区现代公共文化服务体系，整合宣传文化、党员教育、科学普及、体育健身等服务功能，形成综合性文化服务中心，开辟群众文体活动广场，增强农村文化惠民工程实效。引导城市文化机构、团体到农村社区拓展服务，支持农民兴办演出团体和其他文化团体。发现和培养乡土文化能人、民族民间文化传承人等各类文化人才，广泛开展具有浓郁乡土气息的农村社区文化体育活动，凝聚有利于农村社区发展的内在动力和创新活力。

（八）改善农村社区人居环境……

四、工作要求

（一）加强组织领导……

（二）加强分类指导……

（三）落实扶持政策……

（四）强化人才支撑……

（五）及时总结经验……

……

复习思考题

1. 什么是社区建设？它的内容有哪些？

2. 社区建设的相关理论有哪些？结合我国社区建设的实践，谈谈这些理论在实践中有哪些体现？

3. 如何理解社区建设与社区发展的关系？

4. 结合实际，谈谈当前中国城乡社区建设的目标是什么？

5. 当前城市社区建设面临哪些主要问题？应该如何解决？

6. 当前农村社区建设存在什么问题?加强和改进农村社区建设的对策有哪些?

7. 发达国家社区建设有哪些主要特点？对我国社区建设有何启示？

参 考 文 献

郭永奇. 2013. 国外新型农村社区建设的经验及借鉴——以德国、韩国、日本为例[J]. 世界农业，（3）：42-45.

侯钧生，陈钟林. 2004. 发达国家与地区社区发展经验[M]. 北京：机械工业出版社.

侯玉兰. 2000. 城市社区发展国际比较研究[M]. 北京：北京出版社.

黄安心，秦佳楠. 2018. 新型社区治理[M]. 广州：广东高等教育出版社.

蓝宇蕴. 2014. 政府主导型社区建设研究[J]. 城市观察，（1）：129-138.

李静. 2015. 感受美国城市社区建设[J]. 农业发展与金融，（1）：86-87.

聂清如. 2019. 农村社区建设存在的问题及对策[N]. 中国社会报，2019-1-7（002）.

任远. 2001. 农村村级社区发展研究[M]. 上海：百家出版社.

孙其昂，叶方兴，孙旭友. 2013. 发达国家城市社区管理模式及其对我国的启示[J].南京工业大学学报（社会科学版），（1）：104-110.

覃杏花. 2014. 我国农村社区建设缺陷及其完善路径[J]. 江西社会科学，（4）：194-198.

汪大海，魏娜，郇建立. 2005. 社区管理[M]. 3 版. 北京：中国人民大学出版社.

王国华，李克强. 2003. 农村公共产品供给与农民收入问题研究[J]. 财政研究，（1）：46-49.

第三章

社区管理基本理论

本章主要围绕社区管理的基础性理论和我国社区管理的实际进行总体性概述。一方面，要从理论上理解和掌握社区管理的基本含义、内容、特征和原则，在总体上对我国社区管理体制和农村社区管理的基本情况有所掌握；另一方面，要通过学习发达国家和地区社区管理的先进经验和行之有效的方法，来分析和解决我国社区管理实践中的疑难问题。

习近平曾多次论及社区管理问题。2014 年 3 月，他在参加全国两会上海代表团审议时强调，“社会治理的重心必须落到城乡社区，社区服务和管理能力强了，社会治理的基础就实了。要深入调研治理体制问题，深化拓展网格化管理，尽可能把资源、服务、管理放到基层”[①]。2016 年 7 月，他在唐山市祥富里社区调研时指出，“社区是党和政府联系、服务居民群众的‘最后一公里’，要健全社区管理和服务体制，整合各种资源，增强社区公共服务能力”[②]。

第一节　社区管理概述

社区管理的基本含义是在社区范围内，由社区内的基层党政组织、企事业单位和社区群众为维护社区整体利益、推进社区全方位发展而对社区的各项公共事务和公益事业进行的自我管理。它主要涵盖社区民主政治、社区环境、社区服务、社区卫生和体育、社区文化和教育、社区治安六个方面的内容，它具有区域性、群众性、综合性等特征，坚持共同利益、自治和互助、组织和教育等原则。

一、社区管理的历史演进

社区是一个历史范畴，社区管理也经历了一个历史发展过程。从原始社会的萌芽状态的社区管理到现代意义上的形态较完整的社区管理，经历了漫长的过程。

---

① 新华社. 习近平在参加上海代表团审议时强调 推进中国上海自由贸易试验区建设 加强和创新特大城市社会治理[N]. 人民日报，2014-3-6（01）.

② 谢环驰. 习近平在河北唐山市考察时强调 落实责任完善体系整合资源统筹力量 全面提高国家综合防灾减灾救灾能力[N]. 经济日报，2016-7-29（01）.

（一）社区管理的发展历史

在人类社会早期的原始社会阶段，人们聚集在一起生活的部落群体可以说是社区的最初形态。由于当时生产力水平低下，人们只有依靠集体的力量才可能生存和发展。这种状态决定了除部落群体这一组织形态外，其内部并不足以发育出功能独立的社会组织。因此，如果说原始形态的部落群体存在着原始的社区管理活动的话，那么，这也仅仅是一种简单的、具有鲜明原始民主管理性质的活动。

人类历史进入奴隶和封建社会后，生产力的发展导致畜牧业、农业和手工业的分工，由于体力劳动和脑力劳动的分离、国家的形成，以及经济生活和社会生活等领域组织功能的分化与专门化，形成了城镇（城邦）与农村两种不同的社区，国家、地方势力和宗族混合参与社区管理。

当人类社会进入资本主义社会和社会主义社会以后，由于三次科技革命的推动，社会生产力以突飞猛进的速度促进了社会的飞跃式发展。社会分工的程度越细化和严密，人际关系越能摆脱土地和血缘的束缚，人口的迁徙和流动频率越快，同一区域内人口的异质性也越强。由此，人际关系的社会化、组织化程度大大提高，具有整合人们之间经济关系、政治关系、社会关系和文化关系的功能性社会组织大量涌现，社区的重要性日益突出。社区管理的属性越来越体现为社会性管理及与此相关的政治性管理。传统社区管理逐渐演变为现代意义上的社区管理。

（二）现代意义上的社区管理历史

现代意义上的社区管理历史可追溯到 19 世纪初。1809 年，瑞典通过了第一部具有现代意义的宪法，产生了社区管理自治形式的萌芽。19 世纪中叶，北欧各国纷纷通过制定宪法，来明确地方政府在管理地方事务中的自治权力，从而正式产生了社区管理的自治形式，这一时期社区管理的重要目标就是要完善社区福利以及建立社区救助。19 世纪末到 20 世纪初社区管理主要关注城市居民的贫困问题，试图解决进入城市的农民的居住环境、生活设施以及社会治安等方面的社会问题。到 20 世纪 60 年代末，西方国家在城市社区内普遍面临的诸如贫穷、高犯罪率、高离婚率、公共服务匮乏以及种族冲突等社会问题日益突出，联合国提出用建立社区福利中心的办法来推动经济发展和社会发展的思想。到了 20 世纪后半叶，北欧国家广泛进行了以扩大城市化社区版图、加强社区权力、增强社区职能和明确各级政府职责为基本内容的地方政府管理职能改革。至 20 世纪 80 年代，社区发展战略已开始在西方发达国家普遍推行开来。

在我国，随着改革开放的不断深入和计划经济体制向市场经济体制的逐步转变，我国城乡基层管理中出现了一系列新的社会问题和矛盾。这些问题主要表现在：①城乡无业人员和流动人口不断增加，老龄化趋势加快；②单位制逐步瓦解，“单位人”逐步向“社区人”转变；③城乡居民需求多样化，需求内容逐步从数量上的满足转向质量上的提高。这些新问题的出现迫切要求城乡基层管理体制进行改革。1991 年民政部提出了“社区建设”概念，1993 年民政部联合国家计委等 13 部委出台了《关于加快发展社区服务业的意见》，1999 年在全国范围内确立了 26 个城市社区建设实验区，至此，以社区建设为核心内容的社区管理工作在全国范围内全面展开，并在 2005 年第十届全国人民代表大会第三次会议上被提升到全面建设和谐社会的战略高度，2013 年民政部出台《关于加强全国社区管理和服务创新实验区工作的意见》。

二、社区管理的含义

（一）学术界对社区管理的几种界定

社区管理在 20 世纪 90 年代引起中国社会各界的关注。学术界由于理解的角度和选取的社区参照系不同，对诸如由谁来管理、管理什么、如何管理、管理的性质如何等问题的看法不同，因而对社区管理的概念界定也存在一定差异。

张塑和何云峰（2000）认为，社区管理是指在街道范围内，由街道党工委、街道办事处主导的，社区职能部门、社区单位和社区居民积极参与的区域性、全方位的自我服务和自我管理。这个定义没有表明社区管理的对象是什么，以及将社区管理的范围仅界定为城镇社区，而忽视了广大农村社区。

娄成武和孙萍（2003）指出，所谓社区管理，就是在一定的社会环境下，社区基层政权组织与社区居民、住区单位等，为维护社区整体利益、推进社区全方位发展，采取一定的方式，对社区的各项事务进行有效调控的过程。这个定义表明了社区管理的主体是社区基层政权组织与社区居民、住区单位等，指明了管理的内容是社区的各项事务，阐述了如何进行管理，但却缺少对社区管理性质的界定。

韦克难（2004）指出，社区管理也可称为社区行政，主要是指社区内部各种组织，为了维护社区的正常秩序，满足社区居民物质生活、精神生活等特定需要而进行的一系列的自我管理或行政管理的活动。这个定义虽然在一定程度上表明了社区管理的一些基本要素，但却过于强调社区管理的行政性。

汪大海等（2005）指出，社区管理是指在政府的指导下，社区职能部门、社区单位、社区居民对社区的各项公共事务和公益事业进行的自我管理。这个定义从管理的主体、对象和性质方面进行了界定，但未顾及管理的目的。

（二）本书的界定

综合上述的典型界定，本书认为，社区管理是指在社区范围内，由社区内的基层党政组织、企事业单位和社区群众为维护社区整体利益、推进社区全方位发展而对社区的各项公共事务和公益事业进行的自我管理。这一界定包含着以下基本内涵。

（1）社区管理的范围是社区。社区的区域性特点决定了社区管理必须是针对社区范围内事务的管理。对于城镇社区的范围，《民政部关于在全国推进城市社区建设的意见》明确指出，“目前城市社区的范围，一般是指经过社区体制改革后作了规模调整的居民委员会辖区”。随着我国城镇建设加快推进，城市社区管理的范围可能会向住宅小区层面发展；对于农村社区管理，根据我国广大农村社区的发展现状，其范围应该局限在农村的行政村和自然村层面。

（2）社区管理的主体，是社区内的基层党政组织、企事业单位和社区群众等。社区的党政组织包括基层党组织，城镇社区的街道办事处、居委会，农村社区的村委会等。2017年,《中共中央 国务院关于加强和完善城乡社区治理的意见》明确提出要发挥基层党组织的领导核心作用，街道办（乡镇政府）的主导作用，居委会（村委会）基层群众性自治组织的基础作用。[①]社区内的企事业单位，如学校、党政机关、商店、企业等，它们的存在与社区发展密切相关，是参与社区管理的重要力量。社区群众包括社区居民、村民和其他住户等，他们既是社区管理的主体，也是社区管理的服务对象，随着社区群众民主参与意识和参与手段的提高和改进以及社区管理模式的转变，社区群众的主体性作用将会日益增强。

（3）社区管理的客体，即社区管理的对象，是社区内的各项公共事务和公益事业。主要包括：整体性事务，即社区中对所有成员或绝大多数成员而言具有共性的事务；社会性事务，即涉及各成员间相互关系的事务；群众性事务，即涉及群众利益，需要社区群众广泛参与的事务；公益性事务，即有利于整个社会发展，而又不限于任何特定社区成员的事务等。

（4）社区管理的目标是，维护社区的整体利益，推进社区的全方位发展，为社区发展提供全面和整体的服务。主要目的是营造良好的社区氛围，促进社区健康有序发展，满足社区群众的物质和精神文化生活需要，全面提高生活质量和社区群众的素质。

（5）社区管理的性质是，社区群众的自我管理。社区作为群众自己的家园，无论是从其本质还是从其发展实践来看，走向自治都应该成为社区管理体制建设的基本方向。我国目前的社区管理采取半行政性与自治性相结合的模式，是以政府管理为主、群众自我管理为辅的模式。因而需要政府采取诸如培育社区群众的参与意识和责任意识，提高社区群众的自我管理、自我服务能力等措施，引导居民逐步走向自我管理。

三、社区管理的内容

社区管理的内容总的来讲是“四性”工作，即地区性、社会性、群众性、公益性的事务，涉及科、教、文、卫、体等诸多社区公共事业方面的内容。就具体内容而言，主要包括以下几个方面。

（1）社区民主政治管理。社区民主政治管理基本内容包括发展社区的各类民主政治组织与健全民主政治制度。比如，组织和指导社区群众进行社区选举，公开、公正、公平地进行民主管理，健全党组织的各级网络，组织和发挥社区党员与在职党员的模范带头作用，强化对党员的管理和考评，积极推动社区群众进行参与式管理等。

（2）社区环境管理。社区环境管理基本内容包括环境卫生管理、路政管理、建筑和住宅管理、防汛防洪管理等。社区环境包括居住的人文环境和生态环境。加强社区环境管理的目的是，要保护好环境，做到社区的可持续发展，整治好社区群众的居住环境，为社区群众创建一个优美、整洁、舒适的生活环境。

（3）社区服务管理。社区服务管理的主要职能是，建立健全社区服务网络，完善社

① 中共中央 国务院关于加强和完善城乡社区治理的意见[EB/OL]. http://www.gov.cn/zhengce/2017-06/12/content_5201910.htm，2017-6-12.

区服务体系，广泛开展社区服务，并对服务质量进行监督，以提高社区群众对社区的满意度，提高社区群众的生活质量。主要内容有：①提供便民利民服务，提高群众的生活质量；②提供社会福利服务，主要是为社区中的弱势群体，如老年人、残疾人、鳏寡孤独者、失业人员、生活有困难的低收入人群等，提供无偿或低偿的社会服务。

（4）社区卫生和体育管理。社区卫生和体育管理的主要职能是贯彻我国体育卫生工作方针，建立适应现代社会的以社区和家庭为基础的服务体系。主要内容包括：①规范社区卫生和体育服务的主要内容，除基本医疗服务外，预防、保健、康复、健康教育、健身、美体等都是社区卫生和体育管理的重要内容；②规范社区卫生和体育管理的职责，并非单纯地提供医疗保健和健身美体服务，而是为社区群众的健康生活服务；③制定社区卫生、康体服务人员的职业规范，作为社区卫生和体育服务人员必须履行的职责。

（5）社区文化和教育管理。社区文化管理是对文化娱乐设施进行规划和建设，组织健全各类文化、教育活动组织，帮助和指导这些组织开展社区文化娱乐活动、群众性文体活动，引导社区居民参与全民性群众文化活动。社区教育管理是要建设和完善社区学院、继续教育中心、文化和职业培训中心等教育机构，组织和发动社区群众广泛参与，进行普法、科普、时事政治、实用技能、兴趣爱好、思想政治、道德伦理、人文素养等多种内容和形式的教育活动。

（6）社区治安管理。社区治安是社区安全和安定的重要保证。安居才能乐业，没有安全感，社区居民对社区就不可能有认同感和归属感。社区治安工作必须运用打击、防范、教育、管理、建设、改善等手段齐抓共管，明确治安管理责任主体，建立和完善治安管理机构，调动和协调社区内各方面的力量，确定各自的工作职责，制定巡逻、联防等多种社区治安综合治理制度，确保社区治安状况良好，让广大社区群众安心生活、让社区单位安心工作。

四、社区管理的特征

通过分析社区管理的含义和内容，可以看出社区管理具有区域性、群众性和综合性等鲜明的特征。

（一）区域性

社区是具有一定地理界限的区域性社会，是一定的社会关系空间与地域空间的结合体。社区管理的具体内容基本上都局限于社区之内，管理的方式也是发动社区内的各类主体，进行自我组织、自我服务和自我管理。这种管理主体和管理对象的同一性，使社区管理的区域性特征更加明显。如果社区外的管理机构延伸至社区内来实行管理，那么社区的自我管理机制将无法正常运行；如果本社区管理机构的管理对象超出了社区的范围，那么社区管理主体和管理对象的一致性将不复存在。因此，以街道办事处和居委会为主导的城镇社区管理组织和以乡镇政府、村委会为主导的农村社区管理组织一定要将社区管理工作指向本社区，为本社区内成员、社区组织提供全方位、多样化的服务。

（二）群众性

社区管理是社区群众进行自我管理的管理行为，因而是一项群众性工作，社区工作一定要本着以人为本的原则，维护社区群众的根本利益；社区群众的参与是提高社区管理水平的坚实基础，社区群众的参与热情越高，社区管理工作越易于开展；社区群众对其生活的社区所形成的认同感、归属感的强弱，是社区管理工作好坏的重要标志。只有密切社区群众之间的关系，才能增强社区群众对社区的向心力和凝聚力；解决社区管理难题所应采取的基本方法，就是依靠社区群众力量，发挥社区成员的互助作用。

（三）综合性

社区管理工作涉及面广，包括社区服务管理、环境管理、治安管理、文化管理、卫生管理等多项工作。由于社区成员数量众多，成员之间的异质化程度很高，因此各自之间的需求存在着很大的差异性甚至是相矛盾的需求，加之社区管理主体的多元化，这就要求社区管理主体运用多学科知识、多种手段和方法，综合利用各方面的力量以及多种资源和功能，去满足和平衡不同的需求，只有这样才能实现社区管理的预期目标。

五、社区管理的原则

（一）共同利益原则

共同利益强调的是社区管理的目标，就是社区管理必须以社区内的全体群众、组织、团体、单位的共同需要和利益为根本目标。一切手段、方法都必须紧紧围绕着这个根本目标，而不能偏离，它是衡量社区管理有效与否的最直接的标准。按照共同利益的要求，以街道办事处、居委会和村委会为主导的各方面管理主体，必须以满足社区全体成员的合理需求为工作目标，以为社区全体成员服务为突破口，协调社区各方力量，全面推进社区的各项工作。

（二）自治和互助原则

社区管理的自治和互助原则是通过社区群众自我管理、自我教育、自我服务、自我监督、互帮互助等方式，来控制和影响社区管理行为的一切程序、计划与决策，以实现社区管理的整体目标。在社区管理中必须克服一切由政府决定的弊端，要按照自治和互助原则，通过政府向社区的放权和授权，通过各职能部门向社区延伸的机构，通过社区群众和单位的共同参与，明确社区各管理主体的职责、权力，明确各社区管理主体既是管理者，又是被管理者的重要地位，明确社区自我组织、互助组织和自我管理的方式，充分调动社区成员参与社区管理的主动性、积极性和创造性，以自动、自发、自助、自治、互助的精神，实现社区管理的良性运转。

（三）组织和教育原则

组织和教育原则着重强调实现社区管理目的的方法，社区管理的最终目的是社区的发展以及社区群众生活质量和综合素质的提高。人的综合素质包括身体素质、文化素质和品德素质等，主要包括生活态度、价值观、行为准则、文化程度、艺术修养、品格修行、健康状况方面的内容，其中有相当一部分可通过教育的途径来改善和提高。

组织原则是为了统一社区群众的认识、看法，认清共同的需要，形成一致的行动，解决社区面临的共同问题，以推动社区的发展。运用组织原则，通过组织和管理，利用约束性要素，来建立健全并理顺社区成员之间的关系，统一认识，培养社区意识，从而形成共同遵守的规章制度和行为准则，在此基础上，实现社区管理工作的自我组织、自我服务和自我发展。

（四）协调性原则

协调性有两方面的含义，一方面是社区管理要注重社区内组织机构与其功能之间的协调，以保证社区管理的及时、有效和全面。社区内组织机构的设置和功能的定位如果不协调，就会造成机构的职能错位，即该做的不做，不该做的却做。另一方面是社区管理不能仅仅局限于社区之内，还要注重社区与整个外部大环境的协调。社区的地域性并不意味着封闭性，社区和外界之间有着千丝万缕的联系，社区只是城镇或农村的一个局部，社区住户的所有需求仅靠社区不可能全部解决，社区管理者要与社区群众加强交流，社区的发展要符合整体规划和融入整体发展，封闭的社区是没有出路的和行不通的。但在 2020 年新冠肺炎疫情暴发的特殊时期，社区封闭管理成为中国防控疫情的一种高度有效的举措（图 3-1）。

图 3-1　2020 年新冠肺炎疫情防控下北京市社区的封闭管理

资料来源：新华网. 北京：严格社区封闭式管理[EB/OL]. http://m.xinhuanet.com/bj/2020-06/18/c_1126127970.htm，2020-6-18.

第二节　社区管理体制

社区管理体制是实施社区管理的组织体系及运转模式。我国社区管理体制改革的方向是管理重心下移，形成“共建共治共享”的基层社区治理新格局，通过完善群众参与的制度化渠道，运用科学化、现代化的手段和方法，健全社区管理运作体系，实现政府治理和社会调节、群众自治的良性互动。习近平 2017 年 10 月在党的十九大报告中，2019 年 1 月在中央政法工作会议上，都明确要求“打造共建共治共享的社会治理格局”①。

一、社区管理体制的内涵

社区管理体制是指社区管理机构为了实现一定的社区发展目标和社区工作规划，根据特定历史阶段的国家意志和管理原则实施管理的组织体系及运转模式，它以社区管理的基本内容为基础，与社区外在环境和社区发展的方向相适应，是社区管理实施的组织结构、权能权限划分和管理方式、工作方法的总和。

狭义的社区管理模式，是社区管理体系的一种表现形式，主要是指由各社区管理机构及其特定管理职能组成的社区管理活动得以有效开展的物质载体和运作方式。与之相近的是狭义的社区管理机制，主要是指可以使各管理和执行的主体之间，相互促进、激励又彼此制约，从而保证各自职能得以充分发挥的社区管理运行机制，它通常要通过各方面的规章、制度、措施等来体现。

广义的社区管理模式，就是特定的社区管理模式与相应的管理机制紧密联系在一起，共同构成一套完整的管理模式，这一模式必须包括相应的管理机构及其特定的职能，以及这些机构发挥其特定职能所需要的基本运行保障机制（即狭义的机制）。

社区管理体制是一个历史范畴。一定的社区管理体制，总是特定的历史环境和时代条件的产物。计划体制下的社区管理体制主要是行政性的，组织结构为行政直线型，即市—区（县）—街道（乡镇）—居（村）委会，管理职能的执行以政府为主，运作方式是行政命令式。市场经济条件下的社区管理体制是社会职能型的，组织形式为多层次、多系统的网格化自治型结构，依法规范政府的角色定位和确立政府与社区组织之间的职责权限，管理职能主要通过相对独立的、充分体现居民自治原则的管理机构去实现。管理主体运用行政、法律和经济等手段，以及引进责任考评机制、法律机制、市场机制和监督机制等，处理社区内存在的问题，解决矛盾，服务群众，对社区进行综合管理。

二、中国社区管理体制的基本框架

社区管理要把服务居民、造福居民作为出发点和落脚点，依靠居民并依法有序组织居民群众参与社区治理，努力把社区建设成为“共建共治共享”的幸福家园。

（一）社区管理重心下移至社区

要促使社区管理重心下移，实现政府治理和社会调节、居民自治的良性互动，关键在于分解和“限制”政府的职能，按照精简、统一、效能的原则，实行政企分开、政事分开、政社分开，同时，加快社区等中介性和社会性组织的培育。在建构社区管理体制的过程中，要本着以政府为主导、以社区为主体、社区群众广泛参与的原则，有偿介入

① 华宁．人民网评：打造共建共治共享的社会治理格局[EB/OL]．http://opinion.people.com.cn/n1/2019/0118/c1003-30575279.html，2019-1-18.

的原则，联动的原则，将政府的行政管理职能和企业的经营职能、社区组织与社会团体的服务职能有效区分和结合。

管理重心下移，就是政府只承担宏观监控职能，进行政策引导和法律规范，将社区的管理职能下移至社区，增强社区自身的管理职能，其核心是政府向社区放权。但同时也要注重社区管理的规范化，要逐步建立起基层群众性自治组织的规范化制度体系和长效机制，从根本上改变“社区万能章”“社区成为证明大本营”等现象。①

（二）“三治”融合的管理运作体系

社区管理要注重发挥基层群众性自治组织的作用，促进基层群众组织自治与网格化服务管理有效衔接，促进法治、德治和自治有机融合，增强其服务社区居民的能力和建设社区的能力。

（1）完善社区居（村）民大会制度建设。社区居（村）民委员会必须在政策法规的指引和规范下组建和提供社区服务，它是由社区内具有民事、政治能力的居（村）民和业主组成的，具有代表社区全体群众与业主权益的自治组织；在充分民主的前提下商讨、决定社区内的一切重大事务（图 3-2）。参与社区管理，不仅是本地居民的事，也正在成为不少外来务工人员的自觉行动。

图 3-2　南宁市隆安县震东社区选举社区居委会成员

资料来源：震东社区第一届居民委员会选举大会召开[OL]. https://www.sohu.com/a/318764216_694307，2019-6-5.

（2）组建强有力的社区管理委员会。社区管理委员会作为代表社区居（村）民代表大会行使权力的常设性日常领导管理机构，其人员必须由社区居（村）民大会选举产生或邀请聘用，其职责岗位必须较为固定并由专业人士担任。社区管理委员会的组成人员一般应由社区群众代表、法人代表、业主代表、人大代表、政府代表、专业人士和社区内外知识人士组成。社区管理委员会可以分设数个专业委员会，如教科文卫委员会、业主委员会、治安联防委员会、医疗保健与计划生育委员会、财经委员会、社区救助委员会等，对社区事务进行分门别类的管理。

① 民政部等. 关于改进和规范基层群众性自治组织出具证明工作的指导意见[EB/OL]. http://zjjcmspublic.oss-cn-hangzhou-zwynet-d01-a.internet.cloud.zj.gov.cn//jcms_files/jcms1/web2762/site/attach/0/6814e8cc2bfe4c74a7003b93ddcb6c1d.pdf，2020-3-2.

(3)构建社区管理执行委员会。社区管理执行委员会解决的是“有人来做”的问题，其职责是根据社区管理委员会及各专门委员会所提出的社区建设与管理方案，具体负责社区管理的各项专门性业务。

(4)建立社区协调委员会和社区议事委员会，完善社区管理体制的协调和咨询功能。目的是加强条块之间的沟通与协调，解决由条块关系不顺而导致的摩擦问题；协调好政府管理主体与社区群众、社区组织之间的关系，以了解群众的呼声和意见，保证社区群众全面参与社区管理、社区各项管理目标顺利实现。

（三）科学的管理手段和方法

社区管理要具有科学性，无论是机构设置、制度程序，还是管理过程和手段方法都要科学，要符合社区发展的客观实际，符合人、财、物的要求，在密切关心社区居民群众切身利益的基础上，注重国家利益与人民利益相结合的可行性。在计划经济体制下，社区管理普遍采用的是单一的行政方法。随着社区功能的增强，社区管理的对象、内容和手段逐渐向社会化过渡，有效的社区管理机制，必须是综合运用行政、经济和思想教育等一切可能手段，协调运用组织、动员等具体社区工作方法，改善社区管理的方式，提高社区管理效能。

三、境外社区管理体制的几种模式

在建构适合我国社区管理的管理机制和运行机制过程中，我们可以参考海外行之有效的管理模式。在国内外的社区管理实践中，任何一种社区管理模式的运行都离不开两种基本社区管理主体（即政府和社区自治组织）的具体管理行为，因此在理论上常常根据政府与社区自治组织的相互关系来对社区管理模式进行分类，大体分为自治型、政府主导型和混合型三种模式。

（一）自治型管理模式

自治型管理模式的特点是政府行为和社区行为分离，政府的社区发展规划由有关部门专项拨款，通过社区的配合予以实施，而社区的工作则是自主自治，经费的筹措通过各类团体、基金会捐赠。这种社区管理模式与政府也有一定的联系，但主要是在业务和争取政府支持方面的联系。德国、美国、加拿大等国属于这种模式。

自治型管理模式下的社区具有非常鲜明的自主性，社区自治组织是社区建设和发展的主角，而政府起间接作用，对社区的建设和运行主要采用法律或经济手段来调节、倡导和规范。比如，德国社区具有双重地位，它作为联邦、州和社区三级行政中的基层单位，除了自治任务外，还在社区内具体执行联邦和州委托的行政任务；社区的法定地位，使社区在开展社区建设、组织社区管理过程中，拥有相应的权力并向社会募捐社区发展所需资金；社区的双重地位和法定地位，使社区机构在社区建设和发展中具有主动性和创造性，在自主和自治的前提下，担当社区建设的组织者和管理者。

（二）政府主导型管理模式

政府主导型管理模式的特点是在政府部门中设立专门的社区管理机构，作为政府组织体系的重要组成部分，具有专门负责社区规划、管理的职能。政府通过对专门机构进行指导，在社区的管理中体现政府意志及其所倡导的社会价值观；通过对社会组织的物资支持和行为引导，把握社区活动的方向；通过政府对社区活动的领导和资助，以及对社区领袖及社团组织领导人的培训，用政府的要求统一协调社区活动，使社区发展有意识地朝着政府制定的目标推进。

新加坡属于这种模式，设立专门的社区管理机构（新加坡设有国家发展局），来具体执行政府对社区建设的各项政策和措施，政府成为社区建设和管理的主角。

（三）混合型管理模式

混合型管理模式的特点是，政府对社区工作和社区建设加以规划、指导，并拨给相当的经费，但政府对社区的干预比较宽松，社区建设和管理以自治为主。

日本的社区管理体制属于典型的混合型管理模式。混合型管理模式下的政府角色介于自治型和行政型之间，对社区发展起着指导和支持作用，指导是指对社区建设和管理的规划与指导，支持是指经费上的支持。

在混合型管理体制下，社区组织具有明显的自治性。在日本，构成社区工作基础的是原有的自治组织——町内会。町内会是“原则上在一定的地域范围内，致力于将区域内的所有的家庭户和事业所（营业机构）组织起来，通过解决发生在该区域内的各种问题以获得地域代表性，进而承担起地域共同管理职能的居民自治组织”①。社区组织拥有固定的办公地点，设正副会长、参事若干名，会计、审计若干名，以及顾问、咨询若干名等；干部由居民推举产生，任期二年，可以连任，没有报酬；作为行政末端组织的补充，没有财政经费，活动经费主要来自会费、活动收益和捐款赠款；宗旨是团结会员，提高文化生活水准，履行公民义务，协同地区其他团体创造良好的居住环境。具体工作大致有：向政府反映会员的要求，代表居民向交通、电力、煤气等公共部门反映情况，联系有关事宜；为居民的婚丧事宜、安全保卫、教育、卫生、娱乐等活动出力，增强和睦，促进福利事业的发展。

四、国内社区管理体制的几种模式

1999 年 2 月，民政部开展了“全国社区建设实验区”工作，确定北京市东城区等 26 个社区为国家级社区建设实验区。此后，各省相继设立了 100 多个省级社区建设实验区。2014 年 1 月，民政部同意将北京市东城区等 31 个社区确认为“全国社区治理和服务创新试验区”。各实验区经过实践与探索，创造出了多种社区建设的思路、做法，逐渐形成了各具特色的社区建设管理体制模式。以下列五种模式较具代表性。

① 俞祖成. 日本的“町内会”[N]. 中国妇女报，2019-11-2（004）.

（一）沈阳模式：组织构建＋自治原则

1997 年，沈阳市委、市政府印发了《关于加强和改善居民委员会建设的工作意见》，第一次提出社区建设的命题。1999 年，沈阳市委、市政府印发了《关于加强社区建设的意见》，明确提出普遍建立基层社区组织机构、构建社区建设框架的目标，社区建设沈阳模式正式启动。随后，沈阳市进一步健全社区组织体系，理顺社区工作关系，完善社区运行机制，建立社区工作者队伍。1999 年 10 月 16 日至 17 日，民政部基层政权和社区建设司在沈阳市召开体制改革沈阳模式专家论证会，会议认为社区建设沈阳模式体现了“社区自治、议行分离”的原则，对社区进行了重新定位，将社区明确定位在小于街道办事处、大于原有居委会管辖范围的层面，在国内首次赋予社区“不合理摊派的拒绝权”。

沈阳模式的最大特点在于借鉴我国国家政权机构设置的经验，创造性地在社区设立了社区居民代表大会、社区协商议事委员会和社区居民委员会，作为社区自治的主体组织；同时借鉴国家层面政权机构之间的权利、义务关系，通过建章建制，明确了三个自治主体组织的职责及其三者之间的关系、社区党支部的地位与作用。沈阳模式在组织构建和机制再造方面的创新体现在以下几个方面：①社区居民代表大会与社区居委会之间的关系得到了明确，补充了《中华人民共和国城市居民委员会组织法》对二者关系不明确的界定；②在社区内初步架设起自治组织的整体性结构框架，为社区居委员会向自治方向迈进提供了组织载体；③增设社区协商议事委员会作为监督层，使得监督议事机制健全起来并正常化、规范化（图 3-3）。

图 3-3　沈阳市大东区小东街道民强社区商圈自治理事会代表大会

资料来源：中国文明网地方联播. 沈阳市：创新社区服务模式共建文明和谐家园[EB/OL]. http://www.wenming.cn/syjj/dfcz/ln/201706/t20170606_4281300.shtml，2017-6-6.

（二）上海模式：行政推进＋一体化建设

上海的社区建设和 1995 年 5 月在上海市 10 个区的 10 个街道开始的“两级政府、三级管理、四级网络”的城市管理体制改革试点工作密切结合在一起。上海市民政局课题组曾经提出上海社区建设管理体制的基本模式是以政府为主导、以社区为支点、以居民参与为核心的一体化管理体系。这种模式的价值在于能够有效地利用政府部门的主导优势，统一各方面的力量，形成合力，搞好协调，减少纠纷。

上海社区建设的最大特点是将社区定位于街道，即所谓的街道社区，在实际的社区建设中，存在着街居一体化的倾向，要依靠行政力量，在街居联动过程中发展社区各项事业。上海将社区建设视为巩固城市基层政权的重要基础，并使之成为四级网络中的重要一环。1996 年，上海街道办事处被授予城区规划的参与权、分级管理权、综合协调权、属地管理权等四项权限。此外上海又对街道内部机构设置作了重大调整，设立了市政管理、社会治安综合治理、财政经济和社会发展四个委员会，使得街区行政权力初步形成了一个完整的网络，从而以街道为中心，完成了行政权力的整合。整体来说，上海社区建设在行政主导下逐步形成了“三层结构”“四大系统”的社区发展新格局，即街道、街坊、居民区三层结构和行政管理、社会服务、自治参与、党的工作四大系统，其中党的工作强调“党建引领”作用（图 3-4）。

图 3-4 上海市虹口区 2019 年“党建引领聚力创治——全岗通 3.0”擂台赛现场

资料来源：新华网. 上海虹口：“全岗通 3.0”打通“最后一公里”让社区治理更贴民意[EB/OL]. http://k.sina.com.cn/article_2810373291_a782e4ab02001h3gc.html?from=news& subch=onews，2019-12-6.

（三）青岛模式：社区服务 + 组织建设[①]

青岛社区建设模式特点可以简单地用“实施一把手工程、抓住两个重点、推进三项改革、坚持四个结合”来概括。1998 年青岛市的社区建设工作座谈会上，正式确定将社区建设作为“一把手工程”，并将社区建设的成就作为考核干部的重要指标之一。

青岛社区建设强调两个重点。①提供服务为重点。明确提出要搞好五个方面的服务，即面向社会特殊群体的社会福利服务；面向社区居民的便民利民服务；面向社区企事业单位的、以劳动就业为重点的社会性事务服务；面向暂住人口提供生活、工作便利的社会服务；以医疗、妇幼保健、健康教育、卫生防疫和计划生育为主要内容的社区卫生服务。②抓社区组织建设，主要从进行社区规模调整、加强社区党组织建设、抓社区自治组织建设和培育发展社区民间组织四个方面实施。

① 窦泽秀. 青岛市社区建设模式的形成及特点分析[J]. 中共青岛市委党校 青岛行政学院学报，2004（4）：44-47.

在推进改革创新街道体制、改革社区居委会干部制度、改革社区服务运行机制的基础上，坚持社区建设与党的建设、经济建设、基层民主政治建设和精神文明建设相结合（图 3-5）。以青少年教育、社会公德、家庭美德、法治教育为重点，搞好社区教育。对于社区环境，深入持久地开展“人人动手，美化家园”的活动，抓好居民区的环境综合整治、绿化美化、硬化亮化和清洁卫生工作。

图 3-5　青岛市海伦路街道公共文明引导志愿者在学雷锋服务月启动仪式

资料来源：新华网. 青岛：三月学雷锋　社区在行动[EB/OL]. http://www.xinhuanet.com/photo/2019-03/01/c_1210070872_3.htm，2019-03-01.

（四）武汉江汉模式：转变政府职能＋体制创新

武汉市江汉区的社区建设从 2000 年 2 月正式开始，在同年 9 月底的经验总结会上，被论证为江汉模式。它包括以下几个方面。

（1）明确提出转变政府职能，提升社区自治功能，建立新型的政府行政调控机制与社区自治机制结合、政府管理功能与社区自治功能互补的城市基层管理体制（图 3-6）。

（2）以体制创新为重点，推进政府职能转变，其内容包括理顺居委会与街道办事处、居委会与政府职能部门的关系；明确政府职能部门、居委会各自的职能。

（3）政府部门面向社区、转变职能、工作重心下移。江汉区推行“五个到社区”，即人员配置到社区、工作重心到社区、服务承诺到社区、考评监督到社区、工作经费到社区。

（4）费随事转，责权利配套。对于确需社区配合的工作，在与社区协商后按照“权随责走，费随事转”的原则，由职能部门与社区共同完成。

（5）建立评议考核监督机制。通过一整套评议指标体系，由社区工作者和社区成员仿照选举的基本程序，对政府部门和工作人员进行评议，不合格者将受到相应处理。

（五）深圳莲花北的企业化模式：物业管理＋社区综合服务

深圳市莲花北是一个特殊的社区，它在全国首先提出“以精神文明促进物业管理”的理念，物业几乎承担了社区所有的管理服务。在这里，文体活动、邻里关系、小狗打疫苗、妇女免费体检全由物业管理处张罗。

图 3-6 武汉市江汉区建立线上＋线下“江汉管家”队伍

资料来源：湖北省司法厅. 在武汉市江汉区，1.5 万“江汉管家”为平安社区注入“活水”[EB/OL]. http://www.124.gov.cn/2019/1127/811545.shtml，2019-11-27.

截至 2019 年 4 月，莲花北是一个拥有 6288 户、28 600 名居民的大社区。居民交费不多，但可享受 24 小时护卫服务；有事务助理上门咨询，随时为住户排忧解难；保安、保洁、绿化、维修、社区文化等各专业队伍随时待命。管理处的口号是“为业主提供零缺陷的服务”。

近 20 个群众性文艺队伍轮流“比拼”才艺，社区老人站、残疾人康复站、社区义务联防队、邻里互助队、便民服务站大大方便了居民的生活。管理处有个社区文化部，它开论坛、出村报、搞升旗仪式、办科普展览，还组建了社区离退休人员党支部和社区团委（图 3-7）。

图 3-7 深圳市莲花北社区老协庆五一展风采表演活动

资料来源：徐俊. 莲花北社区老协庆五一展风采表演活动[EB/OL]. http://www.szshequ.org/lianhuabei/detail_shequzjsq_36968ecebbde4ca2bb2e8aafabd2368e.html，2019-4-26.

这种由物业管理公司牵头，组织居民共同承担社区综合管理与服务职能的做法，使居委会的作用日益减弱，居委会除计划生育、征兵及办理新生儿出生手续等行政职能外，几乎不再承担社区的其他管理任务。

深圳市莲花北实现了社区管理从行政化管理为主，向市场化经营为主的转变，既发挥了企业在市场发育日益充分的条件下运用市场配置社会资源的优势，又克服了政府负担社区管理经费的缺陷，但企业行使政府职能缺乏法律依据。在莲花北，社区物业管理公司客观上充当了社区公共事务管理者的角色，其企业化的运作，有效提高了基层社区的管理水平。这是一种政府主导、居民自治与物业管理公司牵头的社区管理模式。[①]

深圳市莲花北的创新过程暗含了一个共性的目标，即社区管理从“政府本位”向“社会本位”过渡，这代表着公共管理社会化背景下，居民享有更多的参与、合作、服务与互动。

第三节　农村社区管理

在我国广大农村社区，目前实行的是“乡政村治”的管理模式，但中国农村地区之间的差异性较大，各地结合具体情况不断进行调整和完善，形成了“村治”管理的多样化模式。

一、农村社区管理概述

农村社区是一个共同享有明显界限的领土空间，具有同样的语言和文化、相似的资源利用模式，是遵守达成共识的、有形的与无形的制度的农户群体的组合。实际上，我国行政上的乡镇可以看作一个功能较为完整的社区。社区的一些特性，如地域范围小、社会结构较为单一以及社区居民遵守共同的规范等，使得乡镇社区成为非常有效的推动农村发展的载体。

在同一个农村社区里，所有居民由于拥有类似的资源和产品以及共同的民族性、信仰、等级观念、语言等，有利于他们开展良好的合作。农村社区整体上是松散的，其关键的特征是遵守共同规范，成员之间存在直接的和复杂的互惠性关系，对个人的约束力比较弱。农村社区具备费孝通在 1947 年出版的《生育制度》一书中所归纳的“礼治秩序”“差序格局”“熟人社会”“归属感”等特征。

我国农村社区实行的“乡政村治”管理模式，最初自发地产生于 20 世纪 80 年代初期，人民公社体制解体后，农村基层开始实行政社分离，政治权力归乡镇政府行使，社会事务转交村委会，“乡政村治”的格局由此形成。所谓“乡政村治”，是指乡镇按照国家行政权力的运作方式组成农村最基层的一级政权，设立人民代表大会和人民政府，乡镇以下则按居民居住地区设立基层群众性自治组织——村委会，处理居住地区的公共事务和公益事业，调解民事纠纷，协助维护社会治安，并向人民政府反映群众的意见、要求和提出建议。

村治，即村民自治。可以从以下几个维度来理解村民自治。

（1）村民自治是一项民主制度。尽管从其现实的运行及推行的部门来看，还是把它作为一项政策来操作的，但它应该属于政治制度，是国家推行发展农村社区基层民主的一项政治制度。

① 胡谋，王伟．耐人寻味的“莲花北样本”[N]．人民日报，2005-6-7（10）．

（2）村民自治又是国家对农村社区进行管理的一种治理模式。它实现了国家由先前对农村社区的直接管理向村民自我管理的转变，村民依法行使自治权利，这种社区管理模式也是一种民主治理模式。

（3）村民自治也是一种群众性的活动方式。它不是地方自治，更不是文化自主、法律自主、政治自主等方面的自治，而是一种自己管理自身事务的社区群众自治。村民自治的主体——村民通过民主选举、民主决策、民主管理、民主监督等自治方式达到自我管理、自我教育、自我服务的目的，从而实现社区成员依法办理自己的事情，发挥农村基层民主，促进农村社会主义物质文明和精神文明建设的治理目标。

二、农村社区管理的几种模式

中国的农村太大，各地区的差异性太强，中国农村的生态环境、民族构成太复杂，因此，对中国农村的社区管理而言，其模式是多样的。诸多学者对农村社区的良性管理这一问题进行了深入思考。

（一）党国英：以乡村高度自治建立一种公共品供需平衡的乡村治理结构

党国英认为，要以乡村高度自治为基本思路来建立农村社区的治理结构，以下几点非常重要。

（1）要把村民自治制度逐步推行到乡镇一级。没有自治就无法形成真正意义上的社区合作。在村级社区走向衰落的背景下，乡镇一级社区将是农民进行公共品交易的基本平台，如果自治停留在村一级，其意义会大打折扣。

（2）大力推动农村民间组织的发展，开拓农村公共事务方面志愿者活动的空间，使大量的公共事务在民间组织那里就可以得到处理。

（3）要压缩乃至取消现有的传统集体经济形态，代之以农民自愿组成的各种专业合作社。为此，首先要改革土地制度，剥夺村、乡镇两级干部对土地的控制权，同时，把农民的土地财产权归还给农民；其次要逐步将现有集体经济通过改制转变为股份制经济或其他形式的私营经济，从根本上解决乡村干部集经济控制权和公共管理权于一身的弊端。

（4）广泛实行委托服务制，大量减少县级政府在乡镇一级所设立的垂直控制、上下对应的机构，把县政府服务农业、农村和农民的公共活动通过委托的办法交给乡镇政府和民间组织办理。

（二）甘信奎：农村社区要实现从乡政村治向县政乡（镇）社的转变

县政乡（镇）社是指国家对农村社会的管理主要由县级政府、乡级大社区、村级小社区三个层次组成。其中，县级政府是国家政权的最基层单位，担负管理农村的各种行政职责；乡级大社区只设一些县级政府的派出机构，由专职部门处理日常的行政工作；村级小社区完全自治，一些法定的上级任务可以通过雇佣的方式加以解决。当然，这种治理结构还会随着社会发展进一步演化，直至村级小社区消亡，真正意义上的县政乡（镇）社才能完全形成。

县政乡（镇）社管理有以下几个意义：①有利于解决宗族势力负面影响的问题。乡镇社区扩大了农民杂居的范围，使宗族势力难以操纵选举。②有利于解决农业现代化问题。有利于农业资源的综合开发和利用，加快农业现代化进程。③有利于解决乡镇企业“二次创业”问题。向基础设施条件好、交通便利的城镇聚集，成了乡镇企业发展的内在要求。④有利于解决国家民主和社会民主的对接问题。⑤有利于解决农民减负问题。乡镇成为社区后可以大大减少行政性开支，进而从根本上减轻农民负担。⑥有利于解决城镇化问题。乡镇成为社区，有利于农村资源向乡镇社区流动，从而在农村社区内部自行解决城镇化面临的一些问题。

从国家统计局数据可知，中国农村的乡数自 2010 年的 14 571 个，下降到 2019 年的 9222 个，下降率为 36.7%；镇数的波动相对较小（图 3-8）。这与 20 世纪 90 年代开展的撤乡建镇活动有关，虽然国务院下发了《国务院办公厅关于暂停撤乡设镇工作的通知》，但该文件根据国发〔2015〕68 号文，已宣布失效。在《行政区划管理条例》（2019 年 1 月 1 日起施行）的制度保障下，撤乡设镇或合乡设镇目前正在各地大力推行，这将有利于强化小城镇的带动作用。

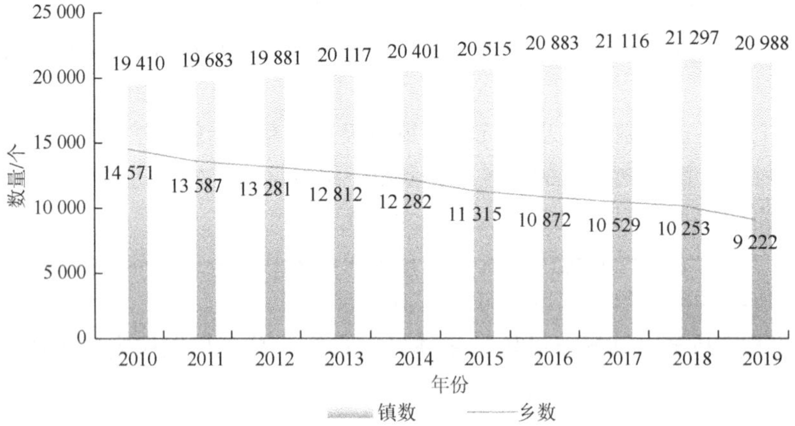

图 3-8 2010～2019 年中国农村的乡/镇数量

资料来源：笔者根据国家统计局网站相关数据制作。

（三）王金荣：“四位一体”的农村社区新型自治管理模式

中国农村社区新型自治管理模式是以维护农民利益和满足农民需求为共同圆心，形成以基层党组织为督导、乡镇政府行政管理为协助、农村社区居民自治管理为主导和村民自治管理为辅助的四位一体管理模式。这种管理模式汲取自治型社区管理模式和混合型管理模式的优点，符合中国农村社区管理的实践现状，具有较强的适应性和时代特征，但是也表现出一定的局限性，需要在实践中不断完善和发展，主要包括以下五个要点。

（1）维护农村社区居民利益和满足农民生活需求是管理模式的核心，所有管理行为围绕这个核心实施“同心圆式”管理。

（2）基层党组织的监督和领导贯穿农村社区管理全过程，通过严格的监督和引导，确保农村社区自治管理的规范化和民主化。

（3）乡镇政府部门行使国家行政管理职权，统筹城乡一体化发展和整合农村社会资源，提供足够的政策扶植和经费支持，以农村社区为平台完善农村社会公共产品服务和社会保障体系，为农村社区发展创造良好的发展条件。

（4）农村社区管理以社区自治管理为主导，由社区全体居民民主选举出自治组织，对农村社区各项事务实施民主自治管理，促进社区全面发展，为农民市民化转换提供良好的生产和生活条件。

（5）村民自治管理是指在延续原村落熟人社会的基础上，基于农村社会文化、乡缘、民约的村民自我管理，运用优良的乡风民约实施软性管理，化解农村社区内部冲突，引导农民实现价值观念和生活方式的转换，增强农民的社区归属感，为农民提供共享的精神家园（图 3-9）。

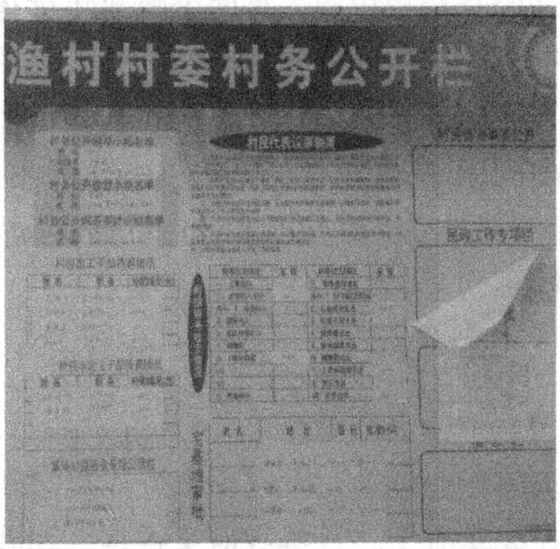

图 3-9　广西阳朔县渔村村委村务公开栏信息（实地调研摄影，2017-01-30）

第四节　国外社区管理

中国社区管理的发展需要借鉴和吸收其他国家和地区的实践经验，如美国社区管理体现了社会化，日本社区管理是半官半民的自治，德国社区管理充分发挥了中介组织的作用，新加坡的社区管理有章可循。

一、社会化的美国社区管理

在社区管理中，美国地方政府、社区委员会、非营利组织、社区居民四大要素，定位合理，职责明确，运作规范有序，成效明显，已形成了比较完备的社会化社区管理模式，为我国社区管理提供了可资借鉴的经验。①

与华盛顿特区隔河相望的美国弗吉尼亚州阿灵顿县，其社区管理是整个美国社区管理一个缩影。该县大约有 50 个社区，社区有居民协会。在社区建设过程中，当地政府起到了重要作用。为了建设居民满意的社区，县政府社区管理部发起了“社区管理计划”，

① 陈泽水. 美国社会化社区管理模式探析与思考[J]. 江西行政学院学报，2005（3）：24-26.

迄今已有 40 余年的历史。社区管理计划的重点包括街灯设置和铺设人行道等在内的交通安全、街道维修绿化以及社区公园建设等。

社区管理计划的制订都基于社区居民的意见，反映居民日常生活的实际需要。从计划制订到工程实施，整个过程充分体现基层民主。社区选出的社区管理计划事务代表下面还有居民选出的楼区代表，楼区代表每年会把问题单分发到各家各户，上面列出一些具体事项，让居民选择他们认为社区最需要改进的事项。而居民临时想到什么有利于增加社区福利的点子或者有什么意见，也可通过楼区代表向县政府反映。社区管理部和各社区负责社区管理计划事务代表每月开一次会，讨论社区居民的建议和工程项目。社区管理部根据居民意见进行实地调查，确定社区建设优先事项后，找专业人员进行工程设计，接下来是征求居民对设计方案的意见，如果设计方案得到社区 60%居民的支持，工程就开始实施。

社区管理计划的资金来源是当地税收，每两个财政年度得到一笔预算。社区管理部充分考虑各社区利益并根据实际需要作出安排，在规模不等的社区之间取得平衡。阿灵顿县政府对社区建设的介入还体现在对社区地产开发阶段的管控。县政府在审核社区地产开发计划时最优先考虑的问题是，必须保证要有一定面积的公共用地——孩子们得有安全的地方玩，居民出门要有地方去。另外还要考虑社区必须要有一定比例的廉价住房，让那些低于平均收入者能够买得起。

二、半官半民自治式的日本社区管理

日本政府本着“和魂汉才”的理念，学习中国近代社区管理制度，对其中不符合日本国情之处进行了改造。在此基础上，日本政府又根据“和魂洋才”的理念，引进了西方的民主选举制度，探索出了半官半民自治式的社区管理模式，创造出了具有日本特色的社区管理模式，促进了社区和谐、安定和健康发展。①

日本人比较强调自律，许多大城市的市中心都热闹非凡，但在日本的许多社区，“热闹”和“喧嚣”都销声匿迹，有时让人感到静得出奇。比如，在东京涩谷区的惠比寿居民区，附近有繁华的购物中心、热闹的城铁车站，但这里却一点也没有市中心的吵闹，非常宁静。

日本的《环境基本法》对噪声有明文限制：疗养部门和社会福利设施集中的地方，噪声白天在 50 分贝以下，夜里不能超过 40 分贝；市民居住区白天 55 分贝以下，夜里 45 分贝以下；住宅和商业、工业混合区域白天 60 分贝以下，夜里 50 分贝以下。达不到标准的，有关部门会加以治理。

日本人在生活中处处都小心翼翼，生怕给别人添麻烦。白天很少见人影，也几乎看不到他们在院子里聊天。晚上一扇扇的窗户里亮着灯光，隐约可以看见一家人在看电视，但却很少能听见电视声或者说话的声音。城铁车站非常热闹，但从未听到过电车鸣笛。电车穿过小区，只有邻近铁路的人能听到，并没有达到吵闹的地步。高速公路上平时汽车川流不息，但声音并不算大，很少听到汽车司机摁喇叭的声音。

---

① 米彦军，胡蓉. 从和魂汉才、和魂洋才角度论日本社区管理模式[J]. 中北大学学报（社会科学版），2016（6）：45-48.

三、充分发挥中介组织作用的德国社区管理

德国没有建立官方的社区组织，而是采取了区政府直接面对市民的组织管理形式。政府充分发挥中介组织（市民协会、志愿者组织和市民基金会）的作用，让公民参与决策，增加政府决策的透明度。①

德国很少有那种封闭或半封闭形式的居民小区。即使是同一建筑商开发的集中成片的楼盘，也与邻近楼盘没有围墙之类的明显界线。柏林市的房屋建筑法规对新建住宅中绿地等配套设施有专门的规定。比如，根据地理位置不同，绿地在整个地皮中占的比例也不同，越靠近市中心，绿地所占比例也越小。

为减少道路交通噪声对居民楼的干扰，居民区限制行车速度。在柏林的城市网状主干道之间，每小时 30 千米限速区的标志随处可见。在一些穿过居民密集区的中小干道上，还实行晚上 10 点至早晨 6 点每小时限速 30 千米的分时限速规定，尽量避免交通噪音对居民的影响。另外，在居民区，建筑施工作业严格限定时段，小区露天运动场也明示开放时间，一般都禁止在中午和晚上开展活动。这些措施有效地解决了噪音扰民问题。

德国没有类似我国城市街道委员会这样的具有社会意义的管理机构。德国小区物业管理公司的职责分为两大块，一是接洽房屋买卖和租赁业务，二是负责小区常规的检查和管理工作。如果受业主委托，物业管理公司还负责业主的水电暖等设施的检查和维护工作。

四、有章可循的新加坡社区管理②

在新加坡，很少有人对小区内部的环境表示不满，这主要得益于小区严格完善的规章制度。政府立法引导、社区高度自治相结合的独特方式，构成了新加坡高效的城市社区公共管理模式。

政府通过对社区组织的物质支持和行为引导，把握社区活动的方向。新加坡在政府中设有国家住宅发展局，作为负责实施政府建屋计划和统筹物业管理的职能部门，对社区工作进行指导和管理。该局配有全日制的联络官员负责与各居委会的沟通，它为居委会提供办公场所和设施。它还通过一系列培训计划加强对社区、社团组织领导人的培训，用政府的要求来统一社区活动组织者的思想。另外，社区的相当一部分活动本身就是政府发起的，其中某些环节还受到政府的资助。

在新加坡的社区内主要有三个组织，即居民顾问委员会、社区中心管理委员会和居民委员会。社区三个委员会的工作者承担的工作完全是兼职的、义务的，这样也节省了大量的费用。

新加坡的公寓楼房，当地称为“共管式公寓”。在一天 24 小时中，总会有服务人员在为社区忙碌着。

由于新加坡地小人多，人口密度比较大，因此无论是政府兴建的组屋还是开发商兴建的公寓，大多数都是临街而建，已建成约 10 年的共管式公寓“东陵丽晶园”也不例

---

① 张永英，武银祥. 德国、瑞典的社区管理和服务及其启示[J]. 中国民政，2007（2）：35-36.

② 张捷岩. 新加坡社区管理模式[J]. 中国经济周刊，2005（9）：39.

外。这个公寓小区西面和南面是两条繁忙嘈杂的公路，东面和北面则是比较安静的社区公园。为了减少公路噪声对居民的影响，小区的西南两侧除了栽植花草，还特别种了许多高大的树木。

根据新加坡建屋发展局有关共管式公寓房屋建筑与相关设施比例的规定，开发商必须将不少于40%的土地用作花园、风景区以及其他娱乐健身设施，从而保证小区居民拥有一个结构合理、温馨舒适的居住环境。

在“东陵丽晶园”居住的每一户居民都有一本《居住守则》，涉及日常生活、娱乐健身设施的使用、停车管理以及公共设施维修等多个方面，详细规定了住户在小区内可以进行的活动以及被严格禁止的行为。一旦有人违反了规定，保安人员会及时予以制止，物业管理处也会向各家各户发出书面通知进行提醒。如果违规者无视警告，没有在限定的时间内纠正错误或者给他人造成了损失，那么他除了要赔偿，还有可能“吃官司”。

复习思考题

1. 简要阐释社区管理的含义及其特征。
2. 基于某一社区管理者角色，理解社区管理的基本内容。
3. 试述社区管理的基本原则。
4. 理解社区管理体制的含义。
5. 结合现实，讨论“四位一体”的农村社区新型自治管理模式。
6. 结合时代特征，试述我国农村现行社区管理的模式及其发展趋势。
7. 试列举几个国外社区管理体制的基本状况。

参考文献

党国英. 2006. 论村民自治与社区管理[J]. 农业经济问题，（2）：20-26.
费孝通. 1947. 生育制度[M]. 上海：商务印书馆.
甘信奎. 2011. 改革开放以来我国农村基层民主政治建设的理论与实践述论[J]. 理论导刊，（5）：17-20.
娄成武，孙萍. 2003. 社区管理[M]. 北京：高等教育出版社.
马仲良. 2012. 社区建设概论[M]. 北京：中国社会出版社.
汪大海，魏娜，郇建立. 2005. 社区管理[M]. 3版. 北京：中国人民大学出版社.
王金荣. 2012. 中国农村社区新型管理模式研究[D]. 青岛：中国海洋大学.
王青山，刘继同. 2004. 中国社区建设模式研究[M]. 北京：中国社会科学出版社.
韦克难. 2004. 社区管理[M]. 2版. 成都：四川人民出版社.
尹保华. 2012. 社区建设创新与社会管理[M]. 北京：知识产权出版社.
于燕燕，卓思廉，陈漭. 2011. 社区管理[M]. 北京：北京邮电大学出版社.
张堃，何云峰. 2000. 社区管理概论[M]. 上海：上海三联书店.
张艳国，聂平平. 2013. 社区管理[M]. 武汉：武汉大学出版社.

第四章

社区管理组织

作为社区管理主体的社区管理组织是维系社区成员联系及社区运转的基本保证，也是全体社区成员共享秩序良好、环境优美、友好和谐社区的必要条件。本章对社区管理组织的基本概念、特点和类型进行归纳，简要介绍国外社区管理组织的特点，着重对我国城市社区管理组织和农村社区管理组织相关理论及实践现状进行分析论述。

第一节　社区管理组织概述

一、组织和社区管理组织

（一）组织的一般定义

对于组织概念，可以从两个最基本的层面理解，即动态的组织活动过程（即作为动词理解的组织）和相对静态的社会实体单位（即作为名词理解的组织）。动态的组织活动过程就是通过分工合作，把分散的人、财、物和信息等资源，在一定的时间、空间内进行有效配置的过程；静态的社会实体单位就是把动态组织活动过程中有效合理的配置关系相对地固定下来，从而形成的责、权、利相结合的组织结构模式。

本书认为，组织是为了达到某些特定的共同目标，经由分工与合作及各种权责制度而构成的人群集合。这一定义至少包含以下三个最基本的要素。

（1）共同的目标。共同的目标是组织赖以产生和发展的基础和前提，它规定、制约着组织的其他要素。组织目标包括社会目标、组织自身目标、组织成员个人目标三个层面，是三者的统一。

（2）协调与沟通。任何组织一经诞生，就必然处于一个开放的、互相交织的、复杂多变的组织环境系统中，这一系统包括内部环境系统和外部环境系统。一个组织要生存并求得发展，就必须不断地与组织环境进行交互，在交互过程中达到动态平衡与和谐。因此，组织与内外成员之间、组织与内外能量之间、组织与内外信息之间的协调与沟通是实现组织目标的必然途径。

（3）结构与制度。社区管理组织由不同的成员组成，组织功能作用也要通过一定的组织结构体系来实现。组织结构体系就是组织这一系统的构成形式，即目标、协同、人员、职位、职责、相互关系、信息等要素的有效排列组合。为此，必须建立一个有效的组织指挥系统，即组织结构和制度设计，根据组织分工的不同，明确规定各组织机构及人员的职位、职责、权力。这一过程，也就是把组织的目标任务分解为职位，再把职位综合为部门，由众多的部门组成垂直的权力系统和水平的分工协作系统的一个整体机构，并制定相应的管理制度。

（二）社区管理组织的内涵

社区管理组织有广义和狭义的理解。广义的社区管理组织不但包括社区基层党政组织，也包括为了社区的发展以及社区成员的共同利益，而有序形成的在社区范围内的各类社会共同体，即在社区范围内所有为了社区成员共同目标而进行协调服务的各类组织。狭义的社区管理组织仅指政府行政管理系统的基层管理组织。本书从广义角度来理解社区管理组织。

社区管理组织就是执行一定的社会功能，完成特定的社会目标，并能通过各自不同的关系相互联结成的社会系统。这里所说的社会功能指的是在满足社区成员的需求方面所发挥的作用。特定的社会目标指的是全体社区成员的共同需要和利益诉求。

社区管理组织作为一种组织形式，具有组织的一般共性，与其他任何组织一样由若干要素构成。

（1）人员。这是组织构成的最基本要素。社区管理组织应该以该社区的居民为主体，社区管理组织的领导以及组织构成人员都应体现以该社区居民为主的原则。这样做，有利于发挥社区成员的主动性和创造性。社区具体管理过程中要做到一切依靠社区成员、一切为了社区成员、社区成员共享管理成果。

（2）目标。社区管理组织必须以改善和提高社区全体成员的福利为最高宗旨，社区管理组织通过动员和运用全社区的资源，预防和解决社区内存在的各种问题，开展公共服务，协调各方利益和关系，从而达到提高社区居民政治、经济、文化生活质量的目的。

（3）机构。社区管理组织的目标需要相应的机构作为载体来实现。社区管理组织机构的产生和运转同样要体现社区居民自我管理、自我服务、自我教育和自我约束的原则。

（4）制度。社区管理组织的制度包括三大类：①保障和规定社区管理组织权力、职责、活动范围等的相关制度，包括国家有关法律法规、社区管理组织章程、社区管理组织议事规则等；②对社区管理组织成员的制度约束，如社区管理组织办事人员守则、社区管理组织办事制度、社区管理组织财务管理制度等；③保障和约束社区居民的制度规范，如社区居民公约、社区居民行为守则等。所有这些都构成了社区管理的完整的制度体系，是维持和确保社区管理组织正常运转的基本保证。

二、社区管理组织的特征和类型

（一）社区管理组织的特征

虽然不同时期，社区管理组织表现出不同的特征，但通过社区发展的历史进程，还是可以综合归纳出社区管理组织共有的特征。

（1）区域性。从空间概念来理解，社区首先表现为一个区域性社会或社会区域共同体。社区管理组织以社区作为立足点，它不是一种具有血缘关系、业缘关系性质的管理组织，而是一种具有地缘关系性质的组织。也就是说，社区管理组织的管理主体、服务对象、活动范围和组织目标等都以社区作为基本平台，社区管理组织因社区而产生，为社区发展服务，是社区存在的内在要求和具体体现。

（2）自治性。产生于社区和服务于社区的社区管理组织，具有自治属性。国家宪法和相关法律为这一特性提供了法理基础，具体表现在以下四个方面。①法律规定社区管理组织的性质是居民自我管理、自我服务、自我教育、自我监督的基层群众性自治组织。②法律规定社区管理组织是社区居民直接选举产生的。从选举权和被选举权的规定来看，社区管理组织成员都必须从本社区居民中选举产生。③法律规定社区管理组织的权力是本社区全体居民通过直接选举赋予的，是社区居民利益的代表以及社区居民意志的表达。④法律规定社区管理组织是一个维护社区居民利益、民主管理社区居民公共事务和组织本社区公益事业的居民自治组织。

（3）公益性。社区管理组织有别于政府和企业组织，它既不具有政府管理组织的强制性和权威性，也不同于企业管理组织的营利性。促进社区全体成员福利的最大化是社区管理组织的最高宗旨。这一宗旨决定了社区管理组织的公益性质。社区管理组织就是一个代表社区全体居民利益的共同体。因此，社区管理组织的目标宗旨、机构模式、管理方式及管理内容都必须体现这一性质。

（4）双重性。社区管理组织的双重性指社区管理组织的职能具有双重性。一方面，社区管理组织以向社区居民提供日常生活必需的各类服务为主要职责，拥有为全体社区成员提供公共服务的职能，具有服务性的特征；另一方面，社区管理组织同时拥有对社区居民和公共事务组织与管理的职能，具有管理性特征。需要强调的是，社区管理组织的这种双重性，并不是平行的，两者中服务性第一，管理性从属于服务性，通过服务来实现管理，寓管理于服务之中。

（二）社区管理组织的类型

社区管理组织不是单一形态，而是一个组织系统，在一个社区内可能存在着诸多相互联系、相互依存、相互作用、相互补充的社区管理组织，各种管理组织承担着不同的社区管理功能，共同维护社区的稳定运转，共同促进社区的协调发展。社区管理组织可从以下不同角度进行类型划分。

（1）从基本形态上来看，社区管理组织可划分为社区政治管理组织、社区经济管理组织、社区自治管理组织和社区中介管理组织。这是最重要的一种划分方式，本书后面对社区管理组织的论述都是根据此划分类型来展开的。

社区政治管理组织其活动范围仅限于社区政治管理组织体系之内，它的功能主要体现在社区的政治建设方面，即通过社区政治管理组织自身的活动，在政治思想方面影响社区成员，以确保国家法律法规、政策方针在社区获得贯彻实施。这一类组织包括社区政党管理组织、社区行政管理组织等。

社区经济管理组织是围绕社区建立的、专门为社区成员提供各项有偿服务的营利性组织，其功能主要体现在社区经济建设方面，通过向社区成员提供优质的服务获取合理合法的经济报酬。另外，在我国社区建设实践中，一些社区除了为本社区提供产品和服务外，同时还向社会提供产品和服务，为改善和提高社区成员福利积累资金。这一类组织包括社区物业管理公司以及社区自己兴办的各种类型的企业组织。

社区自治管理组织是社区建设和治理中的重要力量，其自治地位由宪法和法律确定，是社区居民在不需要外部力量的强制性干预，特别是政府行政干预下，社区内各种利益相关者通过民主协商合作处理社区内公共事务，以实现自我教育、自我管理、自我服务、自我监督的社区居民自我管理组织。这一类组织包括社区居民代表大会、社区居委会、村委会等。

社区中介管理组织是指以社区居民为成员、以社区地域为活动范围、以满足社区居民的不同需求为目的、由居民自主成立或参加、结构松散的社区自我服务性组织。社区中介管理组织不等同于社会中介组织。社区中介管理组织成员必须是本社区居民，活动范围一般情况下也是以本社区为主的，其产生依据社区居民的需要，社区居民自愿加入或退出。这一类组织包括社区志愿者组织、老年协会、社区秧歌队、摄影协会、书法协会、钓鱼协会等。

（2）从不同区域上来看，社区管理组织可划分为城市社区管理组织和农村社区管理组织。

城市社区管理组织是以城市社区为管理范围的社区管理组织。与农村社区相比，城市社区大多数居民从事的是工商业及服务业，生产生活设施现代化程度高；城市社区人口密度大，居住集中，异质性强，流动性大；城市社区人际关系相对疏远，交互性弱；城市社区受传统文化影响较小，受多元文化的冲击较大；城市社区社会分工复杂、社会分化程度高、阶层结构复杂多样。

农村社区管理组织是以农村社区为管理范围的社区管理组织。与城市社区相比，农村社区以农业生产为主，职业种类单一，生产生活设施相对落后；农村社区人口密度较低，居住分散、流动性较小；农村社区人际交往较为密切，血缘及地域观念较强；农村社区受传统文化影响较大，受其他文化及思想观念冲击很小；农村社区分工简单，社会分化程度低，阶层构成单一。这些特点也同样会影响农村社区管理组织的构建及管理运作。

（3）从规范上来看，社区管理组织可划分为正式社区管理组织和非正式社区管理组织。

正式社区管理组织是社区管理的主体组织，具备明确的组织管理目标、比较完善的组织结构和制度、明确的成员分工与协作机制、需要正常开展组织管理活动等基本要求，这一类组织包括社区政治管理组织、社区自治管理组织、社区经济管理组织等。

非正式社区管理组织是社区管理的辅助组织，不具备正式社区管理组织的基本要求，它主要根据社区居民的意愿要求，以自愿的原则、松散的组织结构、随意进入和退出的方式运转，不需要开展正常的管理活动。它在融洽社区成员关系、丰富社区成员生活、增强社区成员聚集力、推动优美和谐社区的建设等方面起着重大作用。这一类组织包括社区内联谊团体、兴趣小组等。

（4）从法理上来看，社区管理组织可划分为法人社区管理组织和非法人社区管理组织。

法人社区管理组织是指经过政府管理机构审批登记注册，具有法人地位且具体承担社区某些方面的管理职责和任务的社区管理组织，类似于正式社区管理组织。

非法人社区管理组织是那些不需要经政府管理部门审批登记，不具有法人地位且不用承担社区任何管理职责和任务的社区管理组织，类似于非正式社区管理组织。

三、国外社区管理组织的特点

（一）自治化

国外社区管理组织最突出的一个特点是高度自治化。欧美的许多国家没有在社区建立政府基层组织或派出机构，社区管理高度自治，依靠社区居民自由组合、民主选举产生的社团组织，如社区管理协会、社区管理委员会、社区管理服务中心等来行使社区管理职能。

德国人戏称“3个德国人在一起就要组织协会”。[①]各类非政府组织和非营利性机构的管理活动，涉及本地居民生活的方方面面，如德国柏林就有大大小小数千个协会组织，其中有一般的社区居民自治组织，如房东协会、租户协会、厨师协会、律师协会、家政服务者协会、志愿者协会等，在社会各个层面发挥着重要作用。这些社会组织的责任是维护会员的共同利益，在必要时会出面与政府或其他组织谈判协商，以解决纠纷、确保社区居民的合法权益。更多的则是提供政府公共服务之外的服务，以保证本社区的有效、良性运转。[②]

美国奥克兰市亚洲东方华人社区，依靠居民民主选举产生的社区管理协会进行管理，管理协会向上和州、市政府联系，向下为社区全体居民服务。柏莱梅市中产阶级山庄社区通过民主选举成立社区管理委员会，5个委员每月开会一次，主要研究如聘用社区管理公司、监察事项、处理邻里矛盾、和警方联络合作、参与政府活动、组织民主选举等事务。社团组织管理社区，能很好地做到与居民心理沟通、行为互动。

（二）法治化

国外社区管理组织另一个突出的特点是高度法治化，这是确保社区公共服务供给有效运行的重要保障。比如，在加拿大多伦多市的社区服务中心，在各种公共服务重大项目的制定、审核及实施中都要遵循上级政府政策和法律的相关规定。如遇到社区服务问题，首先要向居民征求相关意见，然后将建议上报给上级政府，再制定出相关解决措施并将之反馈给本社区居民，从而使公共服务的问题能够在体现居民需求最大化的基础上得到有效解决。[③]

---

① 龚维斌．德国社会治理经验及其启示[N]．学习时报，2019-4-12（002）．

② 郑子青．德国社区治理及其对中国的启示[J]．中国民政，2019（16）：52-54．

③ 徐金燕．社区公共服务治理机制创新：西方国家改革的经验借鉴[J]．当代教育理论与实践，2013（7）：182-184．

为了推进社区服务发展，早在1973年，美国就颁发了《国内志愿服务法案》，从而保障了社区服务的组织基础。1990年，布什政府签署了《国家和社区服务法案》，从法律上明确了学校开设社区服务课程的权利和义务，确立了社区服务的义务性与合理性。1993年，总统克林顿签署了《国家和社区服务信托法案》，并建立了全国社区服务协会，标志着国内所有的社区服务项目都被纳入到统一的管理网络。1948年，英国《儿童法案》的出台标志着政府致力于儿童照料服务的系统供给——建立儿童精神病医疗中心、集体宿舍、儿童指导中心等。1990年英国颁布了《全国健康服务及社区照顾法案》，在立法层面确立了社区照顾的合法性。1991年英国通过《儿童支持法案》，进一步保障了儿童享有福利的权利。2003年英国又出台了《八岁以下儿童日间照顾与托幼的国家标准》，对儿童获得照顾的各方面提供了统一标准。整体性法案和针对特殊人群法规制度的出台有效保障并推动了社区服务的发展。

（三）社会化

国外社区管理组织的高度社会化，包括两方面的含义：①社区管理组织主要由社会中介组织构成，凡是涉及专业性、技术性的社区服务事务全部交由社会中介组织来完成。在西方国家，社会中介组织极其发达，服务网络极其完善，遍布所有行业领域。比如在美国，各类社会中介组织就达到100多万个，承担了大量在我国由政府负责的事务；②社区管理组织的社区居民参与度很高。在国外，社区自治管理组织主要不是具体的“做事”机构，具体“做事”交由社会中介组织处理，社区自治管理组织主要是居民权益的表达者和维护者，属于居民权益的保护机构，并对社会中介组织进行监督，社区全体成员非常热情地参与社区自治管理组织的相关活动。

（四）服务性

国外社区管理组织特别强调对社区成员的服务性。西方国家将社区管理完全交给社区自治管理组织和社会中介组织，但是这并不意味着政府对社区事务完全撒手不管，政府为社区提供公共安全服务、法律服务和资金扶持等。社区管理组织面向全体社区居民提供十分完善、方便的事务性服务，如社区青少年社会化教育、社区弱势群体救助、社区文化艺术活动、社区园林绿化、社区垃圾处理、社区医疗保健、失业人口技能培训、便民商业及维修服务等技术性、专业性的服务，尤其强调社区服务理念。例如，在美国每年大约有9000万人次的志愿服务者从事社区服务工作。社区志愿服务的内容包罗万象，涉及社区居民生活的方方面面，如养老、助残、扶幼、帮孤、济贫、环保、教育、卫生、治安等，主要目的在于满足社区居民日常生活需求，特别是保护弱势群体，满足他们的各种需要。

第二节 城市社区管理组织

城市是人类社会文明进步的标志和象征。20世纪90年代以后，我国的城市化进程加快，城市人口占比不断提升。据《中华人民共和国2019年国民经济和社会发展统计公报》，截至2019年底，我国常住人口城镇化率已达60.60%。[①]随着我国城市经济、政治和文化的迅猛发展，改革不断深化，地区间人口流动加剧，这些对城市基层社会管理带来较大的冲击，迫切要求对以构建城市社区为目标的城市基层社会管理进行变革。这一变革过程虽然时间不长，但在社区管理组织的理论探索以及实践改革上却取得了丰硕成果。

一、城市社区政治管理组织

（一）社区政党管理组织

我国的宪法明确规定，中国共产党领导是中国特色社会主义最本质的特征。我国法律以及党章规定要求，必须在城市基层社区建立党的基层管理组织。社区政党管理组织的名称，各城市因具体情况不同而有所不同，如街道党工委、社区党委或社区党支部等（图4-1）。

图4-1 中共东港市新城街道工作委员会揭牌仪式

资料来源：新城街道宣传办. 中共东港市新城街道工作委员会揭牌成立[EB/OL]. http://www.donggang.gov.cn/mshtml/2020-1/107194.html，2020-1-2.

社区政党管理组织的功能作用主要体现在以下三个方面。

（1）政治导向作用。所谓政治导向，主要是指共产党作为执政党对城市社区在政治原则、政治方向和重大决策方面的导向作用。对社区自治组织的这种政治导向作用主要是通过上级党组织和上级行政体系来实现的，社区党组织并不是社区自治组织的直接领导者，对社区群众的公共服务必须由社区自治组织来管理和运作。

（2）思想导向作用。城市社区党组织在思想导向上可以发挥更大的作用，但是，这种作用的发挥绝不是传统式强制性的思想领导。基层党组织思想导向作用的实现需要通过党的凝聚力、渗透力和影响力来巩固和扩大党的执政基础；通过党组织及其成员的价值观念、行为道德、精神示范对社区民众进行引导和施加影响；通过党组织直接融入社

① 国家统计局. 中华人民共和国2019年国民经济和社会发展统计公报[N]. 经济日报，2020-2-29（005）.

区生活，直接联系广大社区群众，通过全心全意为社区群众解决实际问题来获得群众的认可，成为社区群众思想的楷模。

（3）组织保证作用。党对社区的组织保证不是对社区自治组织的领导，而是党通过自己的各级组织以及干部、党员参加社区自治管理组织，来实现党的主张。党对社区的组织保证还体现在社区党组织在上一级党组织的领导下，对社区各类管理组织，尤其是社区自治管理组织的人员构成、活动规则、领导人员施加必要的影响，确保党的方针政策在社区的顺利贯彻执行。

（二）社区行政管理组织

1954 年 12 月 31 日第一届全国人民代表大会常务委员会第四次会议通过的《城市街道办事处组织条例》（简称《条例》），对街道办事处的设置、性质、任务、作用以法律形式加以确定。《条例》规定 10 万人口以上的市辖区和不设区的市，应当设立街道办事处。国家统计局年度统计数据显示，2019 年全国共有 8515 个街道办事处，比 2010 年的 6923 个增加了 23%。街道办事处不是一级城市基层政权机构，而是市辖区和市人民委员会的派出机关，其内部结构大致如图 4-2 所示。

（1）街道办事处的职责。作为城市人民政府派驻基层的办事机关，街道办事处具有行政执行性、派出代表性和区域综合性特征，承担着以下五种基本职能。

其一，沟通的职能。街道办事处是联系政府与社区居民的纽带和桥梁，一方面向社区居民宣传国家的各项政策、法规，另一方面向上反映社区群众意愿要求以及对党和政府工作的意见。

其二，管理的职能。街道办事处根据政府授权行使有关行政管理职能，包括对社区市政、社区福利、社区人口、社区经济等方面进行管理。

其三，服务的职能。街道办事处要为社区居民生活和区内企事业单位生产创造良好的社区环境，为社区内居民提供各种服务。

其四，协调的职能。街道办事处一方面要协调好辖区内各行各业各部门的工作及利益关系，另一方面要协调好辖区内各单位与上级部门以及辖区外其他相关部门之间的工作及利益关系。

其五，指导的职能。街道办事处承担着对辖区内的各居委会的日常工作进行指导的职责。

（2）街道办事处的任务。任务是对职责的具体分解落实。《条例》规定街道办事处的任务有三项：①办理由市、市辖区的人民委员会交办的有关居民工作的具体事项；②指导居委会的工作；③反映居民的意见和要求。

但是，随着城市经济社会的发展，在执行过程中，街道办事处的任务也在不断地增加，实际上承担了部分一级行政管理的职责，具体实践来看，可归纳为如下几点。

其一，发展街道经济，主要是为街道企业提供社区营商环境。

其二，市政管理，包括辖区市容、环境卫生、市政设施和园林绿化管理。

其三，民政工作，包括开展社区公共福利事业，做好优抚救济、拥军优属、婚姻登记等工作。

其四，社区服务，包括开展老年人服务、残疾人服务、精神卫生服务、便民利民服务、民俗改革服务等工作。

其五，人口管理，包括辖区内居民计划生育、劳动人口就业、暂住人口管理等事务。

其六，社区治安管理，包括普法宣传、人民调解、治安保卫、协助维护社会秩序等工作。

其七，精神文明建设，包括发展社区文化、社区教育、社区科技、社区体育、社区卫生保健、帮扶“问题人员”等工作。

其八，办理上级政府交办的有关事项。

其九，指导居民委员会工作，反映居民的意见和要求。

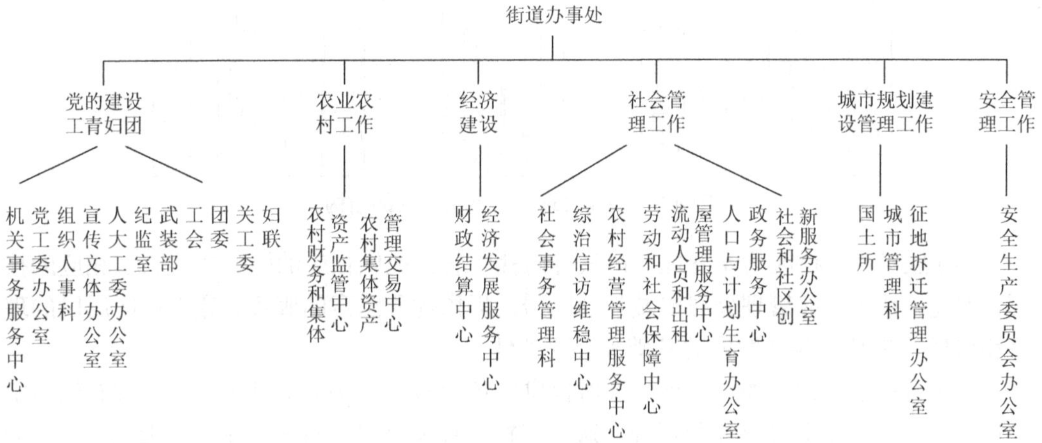

图 4-2　广州市花都区花城街道办事处组织架构

资料来源：广州市花都区人民政府花城街道办事处. 花城街党工委、街道办事处部门架构图[EB/OL]. http://www.huadu.gov.cn/gzhdhcj/gkmlpt/content/5/5102/post_5102675.html#5967,2017-6-18.

二、城市社区经济管理组织

（一）社区物业管理公司

社区物业管理公司是在市场经济管理模式下，以社区为主要服务范围，以满足社区居民的基本生活需求为经营内容的具有法人资格的专业企业，这种经营型的企业管理，可以使社区居民得到全方位、多层次的优质服务。在我国基本上每一个社区都在政府相关政策的指导下，建立了社区物业管理公司，其常见的内部结构如图 4-3 所示。

1. 特点

（1）微利性。社区物业管理公司既是一个经济组织，又是一个经营实体，这决定了其经营目标就是通过为社区居民提供各种便利的服务收取相应的报酬来维持公司的基本运转。但是，社区物业又有其特殊性，其服务对象主要是本社区的居民，要接受社区自治组织的监督，如社区自治组织不满意其服务，随时可依据相关法规解除其服务的资格。因此社区物业管理公司的服务收费必须保持在一个微利的水平，才能赢得社区居民的支持。

（2）区域性。社区物业管理公司只限于为本社区提供物业管理服务，虽然物业管理集团可以同时管理多个社区物业，甚至可以跨城市经营，但其针对某一个特定社区提供服务时必须设立独立的子公司，只为该社区提供物业管理服务。

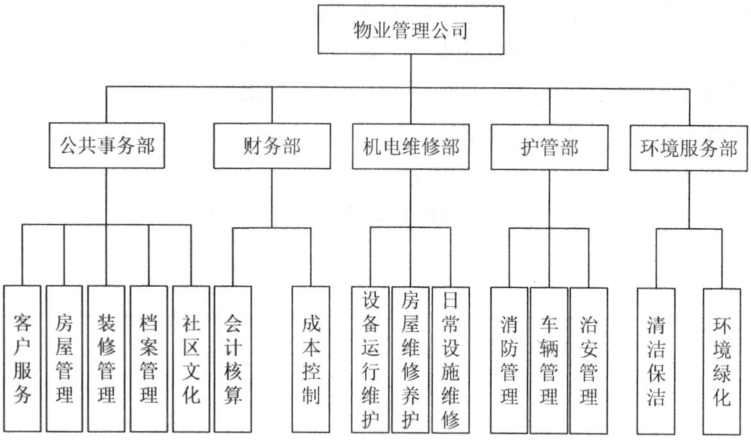

图 4-3　物业管理公司常见的内部结构

（3）服务性。社区物业管理公司只有向社区居民提供相应的服务才能收取相应的报酬，因此，社区物业管理公司竭诚为社区居民提供优质满意的服务，赢得社区居民的理解和信任，是其生存和发展的基础和必要条件。

（4）直接性。社区物业管理公司所提供的各项服务直接面对社区居民，没有任何中间环节，每一项服务都具体而琐碎，这要求物业管理公司只有提供耐心、细致、周到的服务，才能赢得社区居民的信任。

2. 服务内容

所谓社区物业管理，一般是指根据社区业主、业主委员会或者其他组织的委托，物业管理机构对社区物业进行维护、修缮、管理，对社区内的公共秩序、交通、消防、环境、卫生、绿化等事项提供协助管理或者服务的活动。服务内容主要包括：①社区居民住户的水电维修；②社区环境卫生的清洁维护；③社区园林绿化的养护；④社区公共设施的管理维护；⑤必备的便民服务，如理发、干洗、日常副食等的提供；⑥社区居民所需要的其他服务。

（二）社区企业

社区企业属于社区集体经济组织。这里所说的社区企业主要是指街道组织所兴办的各类企业组织。社区企业的形式多种多样，如社区股份合作联社、社区便民服务中心以及兴办的各种生产贸易企业等。

1. 社区企业的特点

（1）以服务业为主。社区企业直接面对社区居民，为社区居民提供各种家居服务、环境综合服务、医疗卫生保健服务、儿童服务、文化娱乐服务、特殊群体服务。

（2）以小型企业为主。社区企业一般规模都比较小，雇佣工人数量较少、经营规模较小，其经营活动也与社区居民生活密切相关。当然，社区企业中也有少数大型企业，如广州的南华西企业集团，但这类大型企业，其经营活动基本上与该社区没有直接关系。

（3）以利用社区资源为主。企业生产经营必须依赖于一定的资源。社区企业生产经营活动所能运用的资源是以社区资源为主的。有两类可利用的社区资源：一类是物的资源，即社区所拥有的配套设备；另一类是人的资源，即社区居民。

（4）以非市场化为主。社区企业经营活动多发生在本社区内，与社区居民的生活息息相关，经营服务对象及内容几乎天天一样，不可避免地受地域、文化、感情等因素影响，大多数经营活动不可能采取完全市场化模式，而更注重人本化、感情纽带的维系。

2. 社区企业的作用

（1）增强社区财力。社区兴办企业可以为社区提供相对稳定的收入来源，为改善社区环境条件积累一定的资金。

（2）便利居民生活。社区企业针对本社区居民的需要，建立专门为本社区居民服务的小型商贸企业，使社区居民能就近满足居家生活的需要，方便社区群众。

（3）创造就业机会。社区企业一般对就业技能要求不高，这为大量低技术劳动力包括下岗职工提供了就业机会。

（4）促进社区繁荣。社区兴办的各类小型企业，提供文化生活娱乐设施和场所，方便本社区居民的同时，还可吸引社区外的人流，提升社区的人气，起到丰富社区生活、繁荣社区经济的作用。

三、城市社区自治管理组织

有学者围绕着“什么是社区自治以及怎样推进社区自治”，在分析社区与国家、市场之间的关系，社区自治的内涵，社区自治的基本形式与条件的情况下，绘制了城市社区自治网络结构（图 4-4）。

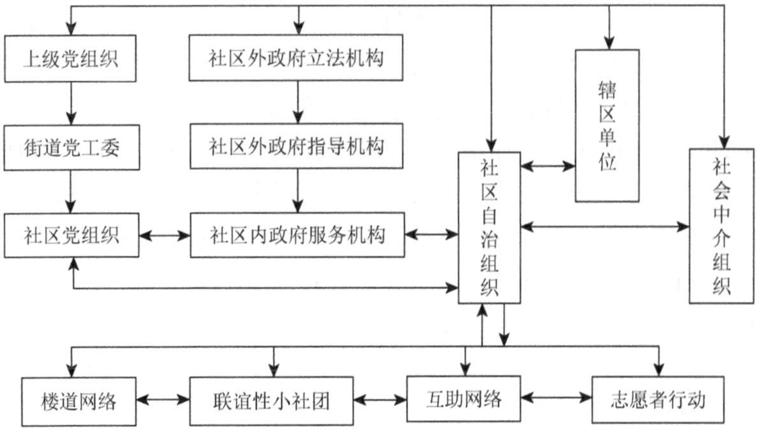

图 4-4　城市社区自治网络结构

注：单向箭头表示二者之间存在非对称关系；双向箭头表示二者之间存在相互影响的对称关系。
资料来源：陈伟东. 社区自治：自组织网络与制度设置[M]. 北京：中国社会科学出版社，2004.

（一）社区居委会

《中华人民共和国城市居民委员会组织法》（2018 年 12 月 29 日修正）对居委会的设置、性质、任务、作用，以法律形式加以确定。它明确规定，城市居委会是居民自我管理、自我教育、自我服务的群众自治组织。国家统计局相关年度数据显示，社区居委会从 2010 年的 87 057 个增长到 2018 年的 107 869 个，增长率为 23.9%（图 4-5）。

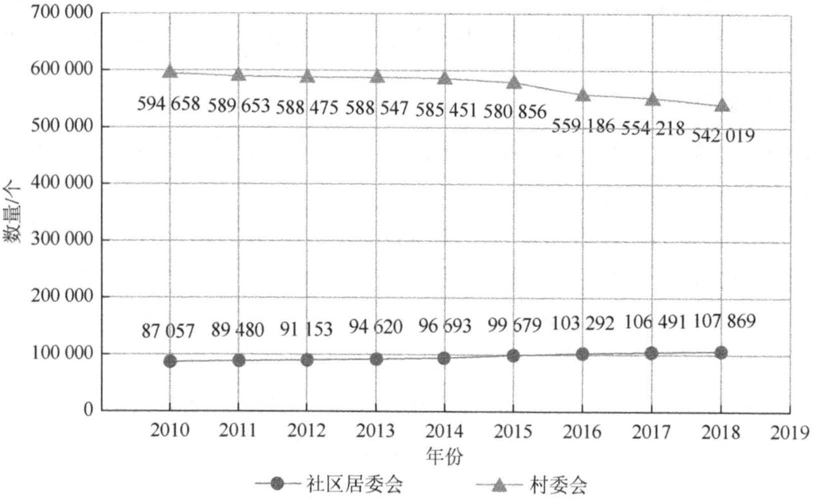

图 4-5　2010～2018 年中国社区居委会个数和村委会个数

注：笔者根据国家统计局相关数据整理而成。

社区居委会是社区自治管理组织的主体性机构，也是社区居民代表大会的常设执行机构，在社区居民代表大会和社区协商议事委员会的授权和监督下，具体组织实施社区的管理服务。社区居委会的主要工作职责包括以下几个方面。

（1）教育职责。在社区内积极宣传贯彻党的路线、方针、政策和国家的法律、法规，使群众增强依法办事的意识，组织引导社区成员开展法治教育、公民道德教育、青少年教育和无业人员的职业培训等，并开展文化娱乐和体育活动。

（2）服务职责。为社区居民办理公共事务和开展公益事业，组织社区居民并提供便民服务（包括网点服务、家政服务、保洁服务、治安服务、医疗服务等），开展以劳动就业为重点的社区事务性活动，做好优抚对象、帮扶对象的服务和照顾工作，为社区特殊群体提供社会福利性服务，增强社区成员的认同感和凝聚力。

（3）管理职责。在政府有关部门指导下，组织社区成员进行自治管理，制定居民公约，促进邻里团结，搞好社区的卫生、文化、计生和治安管理，完成社区居民代表大会确定的社区管理目标。

（4）监督职责。对政府有关部门和其他社会中介组织在社区管理上履行其工作职责的情况进行必要的监督，并将监督意见及时向上级有关部门进行反馈。

（5）配合、协助政府完成有关工作。

（二）社区居民代表大会

社区居民代表大会是社区的最高权力机构，其主要职责是选举产生社区协商议事委员会和社区居委会，审议和决定有关社区建设和发展的重大事项。社区居民代表大会是社区成员表达自己意愿的渠道，它行使民主选举、民主监督、民主决策和民主监督的职能，对其他社区自治管理组织具有选举、聘用、监督等控制权，是社区全体居民切身利益的忠实代表。社区居民代表大会由全体社区居民自愿参加，定期开会（图 4-6）。

图 4-6　杭州市下城区三塘社区召开 2019 年度居民代表大会

资料来源：下城新闻网. 三塘社区召开 2019 年度居民代表大会[EB/OL]. http://www.hzxcnews.com/content/2019-12/16/content_8987688.htm，2019-12-16.

（三）社区协商议事委员会

社区协商议事委员会是在社区居民代表大会闭会期间的常设机构，在社区居民代表大会闭会期间代表社区居民委员会行使议事、决策和监督权，负责对社区建设与管理的重大问题提出意见和建议，对社区建设和发展的相关事项行使协商和监督的职能。社区协商议事委员会组成人员由社区居民代表大会推选产生，对社区居民代表大会负责。

四、城市社区中介管理组织

（一）社区中介组织

社区中介组织是指以社区居民为成员、以社区地域为活动范围、以满足社区居民的不同需求为目的、由居民自主成立与参加、结构松散的社区自我服务性组织。目前，我国城市社区中介组织大致可以分为三类：一是活动类，如养花协会、钓鱼协会、读书会等，其特点是以休闲或文化娱乐为主；二是权益类，如业主委员会、老年人协会、妇女协会、残疾人协会、外来务工者协会等，目的在于合法权益的表达和维护；三是服务类，其功能是为社区居民提供服务，如社区志愿者组织、社区互助组等。

社区中介组织不同于社会中介组织，二者类似于社区与社会的关系。社会中介组织是指那些介于政府与企业之间、商品生产与经营之间、个人与单位之间，为市场主体提供信息咨询、培训、经纪、法律等服务，并且从事协调、评价、评估、检验、仲裁等活动的机构或组织。具体来讲，二者的区别主要表现在以下几个方面。

（1）活动范围不同。社会中介组织的活动范围比社区中介组织活动范围大，前者的活动范围可以是城区、城市乃至全国，它可以包括社区，但又不限于社区，而社区中介组织的活动范围只限于社区。

（2）专业水平不同。社会中介组织大多由专业人士组成，如研究类的各种学会、协会，市场类的项目代理机构、资产评估机构，公益类的慈善组织、环境保护组织等。这些组织都是由专家、学者或者由经过专门训练的人士组成的。而社区中介组织则不同，其个别或部分成员虽然有可能是专业人士，但能否成为社区中介组织的一员与此无关，这一点不是必要条件。

（3）法人地位不同。社会中介组织有法人地位，是其合法存在的前提，而参照《社会团体登记管理条例》，社区中介组织可以不用登记，不是法人。

（4）组织成立的目的或动机不同。自发型社区中介组织成立的目的主要是有利于社区居民表达自己的诉求、维护自己的合法权益、为居民提供志愿服务等。这些组织不存在生存压力或压力很小。而社会中介组织，是人们就业、谋求个人发展的一个重要领域，虽然不以营利为主要目的，但依然面临着较大的生存压力。

（二）社区业主委员会

社区业主委员会是在物业管理区域内代表全体业主对物业实施自治管理的组织。《物业管理条例》（2016年2月6日第二次修订版）规定房屋的所有权人为业主。同一个物业管理区域内的业主，应当在物业所在地的区、县人民政府房地产行政主管部门或者街道办事处、乡镇人民政府的指导下成立业主大会，并选举产生业主委员会。从地域范围上看，物业比社区要小，一个社区内会有多个物业区域，也就有多个业主委员会。

社区业主委员会执行业主大会的决定事项，履行下列职责：①召开业主大会，报告物业管理的实施情况；②代表业主与业主大会和选聘的物业服务企业签订物业服务合同；③及时了解业主、物业使用人的意见和建议，监督和协助物业服务企业履行物业服务合同；④监督管理规约的实施；⑤业主大会赋予的其他职责。

业主委员会代表着该物业的全体业主，有一定的社区管理权利，房屋的所有权人为业主。业主委员会最基本的权利是对该物业有关的重大事项拥有决定权。这种权利通过业主公约和业主委员会章程予以保证。

业主大会由物业管理区域内全体业主组成，物业区域较大、业主人数较多时，可以按比例推选业主代表，组成业主代表大会。业主大会或者业主代表大会有以下职权：选举、罢免业主委员会委员；审议并通过业主委员会章程和业主公约；听取和审议物业管理服务工作报告；决定物业管理的其他重大事项。业主大会作出的决定物业管理的相关事项，应当经物业管理区域内专有部分占建筑物总面积过半数的业主且占总人数过半数的业主同意，部分事项要求面积和人数均超过2/3。

2020年5月28日，第十三届全国人民代表大会第三次会议通过的《中华人民共和国民法典》第二编第二分编第六章，也对社区业主、业主委员会、业主大会作出了明确规定。

（三）社区志愿者组织

志愿者组织在国际上被称为非营利组织、非营利志愿服务组织和非政府组织。志愿者组织具备以下特征：①正规性。志愿者组织应该具有法律注册的合法地位，能对组织承诺承担经济责任，并具有一定的组织机构和资金来源。②非政府性。可以受政府支持和引导，但它强调民主参与和自治管理，不受政府直接领导。③非利润分配性。不以营利为目标，不为组织的拥有者和成员积累或分配利润。活动所产生的收益必须返回组织宗旨所规定的工作中去，即返回社会。④自我治理性。强调自治性，不受外部控制。⑤志愿服务性。组织管理和成员的主要活动均具有显著和持续的志愿服务特征。⑥公益性。志愿者组织的目标是服务于公共需求与利益。

志愿者组织及其开展的服务在社区建设中发挥的作用越来越大，具体包括以下内容：①政府行政组织和市场经济组织原来承担的大量社会事务和功能，将由志愿者组织来承接。志愿者组织在文化、教育、体育等各项社会事务中发挥着重要的作用。②志愿者组织开展的社会服务，是社区组织发展的新形式。众多的各类专业服务组织和民间互助团体，以横向分布和横向联系的网络结构，把社会上、社区内分散、孤立的个人联系起来，形成一种新型的社会化的自我服务、自我管理的组织结构和机制。③志愿者组织具有自愿、自主、自我服务等特点，有利于吸引和调动除行政资源、市场资源外的各类社会化资源。

中国社区志愿服务的发展大体经历了两个阶段：①兴起推广阶段（1988～2009 年），1988 年，天津市和平区新兴街朝阳里社区的 13 名党员、入党积极分子与 13 个困难家庭开展义务包户服务，成立了为民服务志愿者小组。[①]2009 年，经民政部正式确认，天津市和平区新兴街 1989 年 3 月 18 日成立的社区服务志愿者协会为“全国第一个社区志愿者组织”，和平区新兴街为“全国第一个社区志愿者组织发祥地”。[②]全国社区志愿者工作委员会筹建于 2004 年 6 月，经民政部批准，于 2005 年 3 月 18 日在北京正式成立，它是指导社区志愿服务活动的全国性的社团组织。它以社区为平台、以服务为纽带、以倡导社会新风尚为宗旨。主要任务是：整合社区志愿者资源、规范社区志愿者行为、加强社区志愿者管理、维护社区志愿者权益、发挥社区志愿者作用。②普及盛行阶段（2010 年至今），社区志愿服务经历多年的发展取得良好的社会效果，理念和活动越来越被社会大众所接受。据不完全统计，2010 年底，全国社区志愿者组织已经达到 28.9 万个[③]，2020 年 7 月底全国志愿服务团体数量达到 66.41 万个，志愿项目总数达到 408.55 万个，实名志愿者总数达到 1.75 亿人（表 4-1），志愿服务内容不断扩展，涉及居民生活各个方面，包括养老助残、助孤扶幼、配餐送餐、日间照料、家电维修、心理咨询等多个领域。

---

① 新华社天津分社，中共天津市和平区委. 都市社区文明之路——天津市和平区精神文明建设纪实[M]. 北京：新华出版社，1996.

② 朝阳里社区：全国第一个社区志愿者组织在这里诞生[EB/OL]. http://ylxf.1237125.cn/NewsView.aspx?NewsID=%20302515，2019-10-31.

③ 袁媛，谭建光. 中国志愿服务：从社区到社会[M]. 北京：人民出版社，2011.

表 4-1　2020 年 7 月底全国社区志愿服务数据统计表

实名志愿者总数/亿人	志愿团体总数/万个	志愿项目总数/万个	服务时间总数/亿小时	记录时间人数/万人
1.75	66.41	408.55	23.04	3650.14

第三节　农村社区管理组织

农村是与城市相对应的空间区域。农村社区的建设与发展对我国整体社会经济的发展有着举足轻重的意义。在传统农业社会向现代工业社会变迁过程中，我国农村社区管理组织也正在发生着巨大的转变。我国农村社区组织结构现状，如图 4-7 所示。

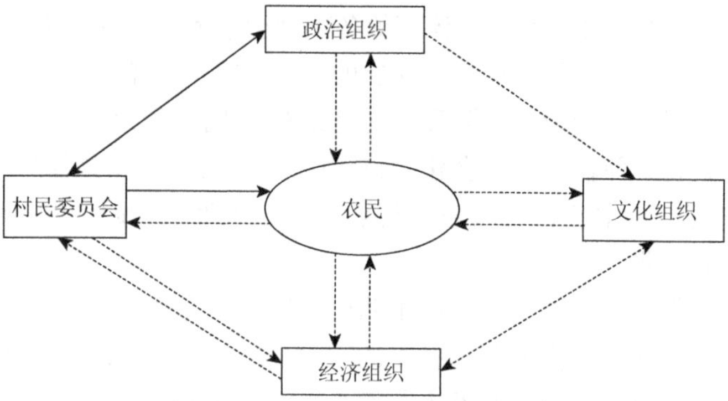

图 4-7　我国农村社区组织结构现状

虚线箭头表示二者存在形式联系，是弱相关关系；实线箭头表示二者存在实际联系，是强相关关系。
资料来源：鲁可荣，朱启臻. 农村社区组织的社会学分析[A]//詹成付. 农村社区文选[C]. 北京：中国社会出版社，2008.

一、农村社区政治管理组织

（一）农村社区政治管理组织——乡镇党委和村党支部

1. 乡镇党委

在我国目前行政管理体制下，乡镇是农村基层管理组织。一般而言，农村社区从区域范围上来看是指村一级的建制范围。乡镇一级管理组织作为农村基层管理组织，是执政党和政府意志在农村社区的直接执行者和体现者，对农村社区的建设和发展具有直接而重大的影响。

乡镇党委和村党组织全面领导乡镇、村的各类组织和各项工作，现行的领导体制是“议行合一”的党委制，既管党内的决策，又管党内各项工作的执行，同时，党内监督机关也在其领导下，集党内三权于一身。根据党章规定，乡镇党委领导本乡镇的工作，支持和保证本乡镇行政组织、经济组织和群众自治组织充分行使职权。

《中国共产党农村基层组织工作条例》（2018 年 12 月 28 日修订实施）规定，乡镇党委的主要职责是：①宣传和贯彻执行党的路线方针政策和党中央、上级党组织及本乡镇党员代表大会（党员大会）的决议。②讨论和决定本乡镇经济建设、政治建设、文化建设、社会建设、生态文明建设和党的建设以及乡村振兴中的重大问题。需由乡镇政权机关或者集体经济组织决定的重要事项，经乡镇党委研究讨论后，由乡镇政权机关或者集体经济组织依照法律和有关规定作出决定。③领导乡镇政权机关、群团组织和其他各类组织，加强指导和规范，支持和保证这些机关和组织依照国家法律法规以及各自章程履行职责。④加强乡镇党委自身建设和村党组织建设，以及其他隶属乡镇党委的党组织建设，抓好发展党员工作，加强党员队伍建设。维护和执行党的纪律，监督党员干部和其他任何工作人员严格遵守国家法律法规。⑤按照干部管理权限，负责对干部的教育、培训、选拔、考核和监督工作。协助管理上级有关部门驻乡镇单位的干部。做好人才服务和引进工作。⑥领导本乡镇的基层治理，加强社会主义民主法治建设和精神文明建设，加强社会治安综合治理，做好生态环保、美丽乡村建设、民生保障、脱贫致富、民族宗教等工作。

2. 村党支部

村党支部是执政党在农村中最基层的管理组织（图 4-8）。根据党章规定，在村一级设立村党支部，村党支部领导本村的工作，支持和保证本村行政组织、经济组织和群众自治组织充分行使职权。

图 4-8 广东饶平县旧楼村党群服务中心（实地调研摄影，2019-10-26）

《中国共产党农村基层组织工作条例》（2018 年 12 月 28 日修订实施）规定，村党支部的主要职责是：①宣传和贯彻执行党的路线方针政策和党中央、上级党组织及本村党员大会（党员代表大会）的决议。②讨论和决定本村经济建设、政治建设、文化建设、社会建设、生态文明建设和党的建设以及乡村振兴中的重要问题并及时向乡镇党委报告。需由村民委员会提请村民会议、村民代表会议决定的事情或者集体经济组织决定的重要事项，经村党组织研究讨论后，由村民会议、村民代表会议或者集体经济组织依照法律和有关规定作出决定。③领导和推进村级民主选举、民主决策、民主管理、民主监督，推进农村基层协商，支持和保障村民依法开展自治活动。领导村民委员会以及村务监督委员会、村集体经济组织、群团组织和其他经济组织、社会组织，加强指导和规范，支持和保证这些组织依照国家法律法规以及各自章程履行职责。④加强村党组织自身建设，严格组织生活，对党员进行教育、管理、监督和服务。负责对要求入党的积极分子进行教育和培养，做好发展党员工作。维护和执行党的纪律。加强对村、组干部和经济组织、社会组织负责人的教育、管理和监督，培养村级后备力量。做好本村招才引智等工作。⑤组织群众、宣传群众、凝聚群众、服务群众，经常了解群众的批评和意见，维护群众正当权利，加强对群众的教育引导，做好群众思想政治工作。⑥领导本村的社会治理，做好本村的社会主义精神文明建设、法治宣传教育、社会治安综合治理、生态环保、美丽村庄建设、民生保障、脱贫致富、民族宗教等工作。

（二）农村社区行政管理组织——乡镇政府

在我国现行的行政管理体制中，乡镇政府被定位为县级政府的下级政府，乡镇是处于县级政府与乡村社区之间的中间组织，在管理过程中，几乎所有县级政府的农村管理职能都必须通过乡镇来履行。乡镇作为政府管理农村社区的最末端，其主要职能是全面而具体的，总体可归纳为以下几个方面。

（1）社会管理职能。乡镇政府是国家最基层的政权机关和最基本的独立行政单元，具有执行国家意志的义务和保一方平安的责任。对乡村社区进行管理，是乡镇政府的首要职能，包括：①贯彻执行上级的各项方针政策，保障公民享有宪法规定的经济、政治和文化权利；②综合治理，维护社会稳定，妥善处理突发性、群体性事件，调节和处理好各种利益矛盾和纠纷；③根据乡村社区的需要，组织制定和推动落实经农民认可的乡规民约，构建和谐的乡村社区等。

（2）发展经济职能。发展农村经济是农民摆脱困境、走向富裕的唯一出路。乡镇政府担负着发展乡镇经济、带领乡镇村民致富的重任。主要包括：①组织制定本乡镇产业发展规划，指导产业结构调整，形成地域产业特色；②组织营造良好的投资环境，包括政策环境、硬件环境、社会环境，加大招商引资力度；③通过推动和引导农村经济合作组织的发展，指导农村生产，提高农村生产组织化程度；④信息服务，为本地农产品的市场衔接提供充分的市场信息，促进农业新技术的推广。

（3）公共服务职能。乡镇政府公共服务的职能主要是管好用好国家转移到农村的各种资金，为乡村提供必要的公共保障：①生产保障，包括提供水利灌溉、道路运输、电力供应、农技推广、病虫害防治等生产性公共产品；②教育保障，包括协助教育部门普及九年义务教育，提高农民的科学文化素质；③医疗保障，包括农村医疗设施、医疗手段的完善和提高，农村医疗保险制度的建立和落实；④养老保障，包括福利院、敬老院的建设，农村养老保险制度的推行；⑤生活保障，包括建设乡村社会各种生活基础设施，建立农村特困户的救助制度和救助体系；⑥生育保障，为控制人口数量、提高人口质量提供各种优质服务；等等。

（4）农村基层建设职能。内容包括：①抓好村委会班子建设，依法指导乡村基层组织和社区自治，为落实公民在选举、决策、管理和监督等方面的民主权利创造条件；②农村人力素质建设，加强农村思想政治工作和社会主义精神文明建设，倡导乡村社会文明新风尚；③农村文化设施建设；④农村民主法治建设，使群众表达意愿的渠道通畅，建立民主决策、科学决策的程序和机制。

二、农村社区自治管理组织

（一）村委会

农村村委会是与城市社区居委会相对应的农村村民自治管理组织。1980 年 2 月 5 日，广西河池市宜州区屏南乡合寨村果作屯村民韦焕能召集生产队村民，在大樟树下召开大会，让村民以无记名投票的形式，直接差额选举产生村民委员会，从 6 个生产小队队长中选出 5 人，成为第一届村委会委员，实行村民自治。果作屯被视为“中国村民委员会发源地”（图 4-9）。上文图 4-5 的数据显示，截至 2019 年底，村委会数量有 542 019 个。《中华人民共和国村民委员会组织法》（2018 年 12 月 29 日修正）规定，村委会是村民自我管理、自我教育、自我服务的基层群众性自治组织，实行民主选举、民主决策、民主管理、民主监督。村委会的主要职责有以下几个方面。

图 4-9 广西河池市宜州区屏南乡合寨村果作屯村民韦焕能和“中国村民委员会发源地”碑石

资料来源：河池日报. 泥腿子趟出中国村民自治路——记“全国 100 名改革开放杰出贡献人物”韦焕能[EB/OL]. http://mzzt.mca.gov.cn/article/zt_cxsqzlly/rwsj/whn/201902/20190200014821.shtml，2018-12-18.

（1）村委会应当宣传宪法、法律、法规和国家政策，教育和推动村民履行法律规定的义务，爱护公共财产，维护村民的合法权益，发展文化教育，普及科技知识，促进男女平等，做好计划生育工作，促进村与村之间的团结、互助，开展多种形式的社会主义精神文明建设活动。

（2）应当支持服务性、公益性、互助性社会组织依法开展活动，推动农村社区建设。多民族村民居住的村，村委会应当教育和引导各民族村民增进团结、互相尊重、互相帮助。

（3）应当支持和组织村民依法发展各种形式的合作经济和其他经济，承担本村生产的服务和协调工作，促进农村生产建设和经济发展。

（4）依照法律规定，管理本村属于村农民集体所有的土地和其他财产，引导村民合理利用自然资源，保护和改善生态环境。

（5）应当尊重并支持集体经济组织依法独立进行经济活动的自主权，维护以家庭承包经营为基础、统分结合的双层经营体制，保障集体经济组织和村民、承包经营户、联户或者合伙的合法财产权和其他合法权益。

（6）村委会办理本村的公共事务和公益事业，调解民间纠纷，协助维护社会治安，向人民政府反映村民的意见、要求和提出建议。村委会向村民会议、村民代表会议负责并报告工作。

（二）农村互助合作组织

农村互助合作组织主要体现在经济合作方面，因此也可以称为农村经济合作组织，是指以家庭经营为主的农业小生产者为了维护和改善各自的生产和生活条件，在自愿互助和平等互利的基础上，联合起来在技术、资金、购买、销售、加工、储运等环节开展互助合作的经济和技术组织。它的本质特征是农村劳动者在经济上的联合。

虽然农村互助合作组织与村集体经济组织都是农民群众的群体经济组织，但两者有着根本区别。主要表现在村集体经济组织是政府基层政权所属的经济组织，要受到行政区划的地区限制，在同一行政区域管辖范围内的所有农民都自然而然地成为组织内的成员；而农村互助合作组织则不受行政区划的限制，可以在更大范围内组建，且是在自愿互利基础上自由加入的。

农村互助合作组织的主要特征如下：①自愿性。农民加入和退出农村互助合作组织都完全遵循自愿原则。②广泛性。农村互助合作组织以生活在农村中的农民为主体，但也不限于农民，机关企事业单位及其他职业职工也可自愿参加。③民主性。农村互助合作组织的所有成员权利和义务平等，组织内的重大事项必须经由全体成员认可通过，组织领导形式是成员代表大会下的理事长（或秘书长）负责制，实行“一人一票制”。④自主性。农村互助合作组织依照国家法律法规和章程规定，独立自主地组织和开展各种活动。⑤服务性。成立农村互助合作组织的根本目的在于为组织成员的生产和经营提供服务。

最初的农村互助合作组织是以亲缘为主的简单的农业生产中的互助合作形式。随着农村经济与社会的发展，在全国各地农村的实践中，农村互助合作组织形式类型呈现出多样性，且数量发展迅猛。主要类型有：①从互助合作的领域看，可分为种植、养殖、加工、运输、金融和农产品营销等合作组织类型。②从互助合作的组建方式看，可分为各类“能人”牵头兴办型、龙头企业带动型或专业市场带动型、政府涉农部门牵头兴办型、村级集体经济组织创办型等合作组织类型。③从互助合作类型看，可分为紧密的股份制型和松散的会员制型两种。

发展数量方面，以农民专业合作社为例，在 2017 年 9 月 4 日的《中华人民共和国农民专业合作社法》实施十周年座谈会上，全国人民代表大会常务委员会副委员长张宝文介绍，全国农民专业合作社数量达 193 万多家，入社农户占全国农户的 46.8%，农民专业合作社在 2020 年的疫情防控和扶贫工作中都作出了一定的贡献（图 4-10）。

图 4-10　“齐心战疫，八方助农”活动主题海报

资料来源：《中国农民合作社》编辑部. 农业农村部管理干部学院携手字节跳动等单位上线“战疫助农”专区[EB/OL]. http://www.zgnmhzs.cn/yw/202002/t20200219_7300876.htm，2020-2-19.

（三）农村宗族组织

1. 概念

宗族，就其原生意义而言，是以血缘家族为纽带的一种社会基层组织。宗族是由拥有共同祖先的人们构成的亲缘组织。宗族现象在中国历史上源远流长，形成了按血缘辈分划分等级，由族长、家长利用强制遵守的族规、家规对宗族内成员进行控制的较为有效的管理方式。宗族组织在中国乡村产生了深刻的影响。

从理论上说，宗族组织的形成，应当具备以下必要条件：①以男性血缘关系为纽带；②有族长等组织约束机构；③有族规家法等组织规则。其中后面两条尤为关键，是否设立族长、房长等组织约束机构，是否确立成文或不成文的族规家法等组织规则，可以作为判断其是否为宗族组织的基本标志。一些聚居的有男性血缘关系的人们，只要一经设立族长等组织机构，制定有关规范和规则，就会产生族权。宗族组织依靠族权管理族内公共事务，协调族际关系，维护本族共同利益，这样，一个实体化的宗族组织就自然而然地产生了。

宗族组织在现阶段的中国农村中仍然广泛地存在且仍起着相当重要的影响。它的存在与现阶段农村的生产力发展水平、经济发展现状与文化历史有着极为密切的关系，从根本上说仍然是由现阶段农村的生产力水平与生活方式所决定的。

2. 特征

根据国内专家学者的研究，农村宗族组织的特征大致可归纳为血缘性、聚居性、等级性、礼俗性、农耕性、自给性、封闭性等方面。

（1）血缘性是宗族组织的最基本特征。宗族组织是以血缘为纽带而形成的，特别是以男性姓氏血亲为基础，脱离了这点就失去了宗族组织存在的基础。

（2）聚居性所指的是同一姓氏宗族组织在居住地上具有紧密的地缘关系。但随着农村社会经济的发展，今天农村宗族组织的地缘关系已经被大大削弱，农村人口的地域流动性增加，很多农村人口进入城镇居住。

（3）等级性指宗族组织遵循着严格的辈分等级，以辈分而不是以年龄来排列在族内的尊卑地位。但在现代农村宗族组织内地位的区分也加入了很多现代成分，如文化水平、知识技能以及职位等都会对其产生重大影响。

（4）礼俗性指传统礼俗是约束宗族组织成员行为的基本规范。随着农村社会的发展，传统的礼俗已经降低到较次要的地位，法理因素在农村宗族组织中的作用明显得到加强。

（5）农耕性是指宗族组织成员的生存生活方式以农耕为主。随着农村经济的发展，农村生产方式发生了很大改变，传统宗族单一的农耕方式已被打破，宗族组织成员生产方式呈多元化趋势。

（6）自给性指传统宗族组织在以农耕为主的生产方式下基本生活所需的自给自足性。这一生产方式在现代农村宗族组织中也发生了很大改变，家族群体对社会的需要越来越多。

（7）封闭性是指传统农村宗族组织具有很强的自组织色彩。这一特征也随着农村社会的发展而改变，封闭性也被打破，与社会的交互性增强。

3. 活动方式和作用

宗族组织作为农村中的一种农民群众自发性的管理组织，其主要的组织活动方式有：①全宗族层面的联系活动，如修宗族族谱、建宗族祠堂、修祖坟、祭祖等。②聚居地村落社区内的活动。主要表现在经济活动中的帮扶，文化生活中的互娱互乐，婚丧喜庆等日常生活中的互助，等等。③农村社区的管理活动。一些组织性较强的宗族组织，还可能行使农村社区管理的全部或部分职能。④协调活动。主要表现为对宗族与族外关系的协调，如协调族人与族外其他人员之间的关系等。

对于农村宗族组织对农村经济社会的运行和发展所起的作用，我们要采取实事求是的态度，不要一味地否定，更不能全盘肯定。农村宗族组织的作用可以大致归纳为正负两个方面。

农村宗族组织的正面作用主要体现在：①对保存和发扬我国传统文化价值理念作出贡献，为中华民族优良的“寻根”精神和归属感追求奠定基础；②便于农村生产，为丰富农村社会文化生活发挥作用，农村宗族组织为成员在交往、沟通和互助等方面提供了良好的组织形式；③对稳定农村社会发挥积极作用，将农村宗族组织纳入农村社会管理组织轨道，可以为农村群众寻求保护及调解邻里纠纷提供一个重要的解决渠道，起到协助农村基层政权稳定农村社会的作用。

农村宗族组织毕竟是中国封建社会发展的产物，与小农经济意识紧密相关，如果任其自行发展，其负面作用也是显而易见的：①农村宗族组织是滋生落后意识和行为的温床和土壤；②农村宗族组织也抑制了创新精神，特别是宗族组织内青年的创新精神；③容易使宗族之间产生矛盾，在农村酿成重大群体冲突事件。

复习思考题

1. 尝试理解社区管理组织的特征和类型。
2. 结合某一社区物业管理公司案例，谈谈其特点。
3. 简要阐释街道办事处在社区管理中的功能。
4. 联系实际，谈谈社区中介组织的类型。
5. 结合某一农村社区案例，理解村民委员会的自治性质。
6. 结合某一农村社区案例，谈谈农村宗族组织在社区自治管理中的活动方式和作用。

参考文献

布莱尔. 2003. 社区权力与公民参与——美国的基层政府[M]. 伊佩庄，张雅竹译. 北京：中国社会出版社.
陈伟东. 2004. 社区自治：自组织网络与制度设置[M]. 北京：中国社会科学出版社.
陈志卫，等. 2015. 现代社会组织与社区社工实践研究[M]. 杭州：浙江大学出版社.
董文琪. 2014. 社区志愿组织管理[M]. 北京：中国社会出版社.
韩子荣，连玉明. 2005. 服务型社区[M]. 北京：中国时代经济出版社.
江大海，魏娜，郇建立. 2012. 社区管理[M]. 3 版. 北京：中国人民大学出版社.
李学举. 2003. 社区建设工作谈[M]. 北京：中国社会出版社.
特韦尔威特里. 2001. 社区工作[M]. 陈树强译. 北京：中国社会出版社.
韦克难. 2012. 社区组织管理[M]. 北京：中国社会出版社.
魏娜. 2013. 社区管理原理与案例[M]. 北京：中国人民大学出版社.
杨鸿台，吴志华，申海平. 2004. 城市社区体制改革与法制建设研究[M]. 上海：上海交通大学出版社.
尹维真. 2003. 中国城市基层管理体制创新：以武汉市江汉区社区建设实验为例[M]. 北京：中国社会科学出版社.
张俊芳. 2004. 中国城市社区的组织与管理[M]. 南京：东南大学出版社.
赵军，张志勤，陈志卫. 2010. 城乡社区社会组织实用工作手册[M]. 北京：中国社会出版社.
赵勤，周良才. 2015. 社区管理[M]. 2 版. 北京：中国劳动社会保障出版社.
赵帅通. 2014. 社区活动组织完全手册[M]. 南宁：广西人民出版社.
郑也夫. 2018. 城市社会学[M]. 3 版. 北京：中信出版集团.

第五章

社区规划

现代科学意义上的社区规划，是由20世纪50年代联合国组织推进的社区发展运动直接促成的。第二次世界大战结束后，贫穷、疾病、失业、经济发展缓慢等一系列问题困扰着许多新兴的发展中国家。仅仅依靠政府的力量去解决这些问题是远远不够的，于是一种运用社区民间资源、发挥社区自助力量的构想便应运而生。为此，联合国于1948年提出落后地区经济发展需与社会发展同步的方针，提出了用建立社区福利中心的方式来推动整体经济和社会发展的设想，并于1952年正式成立"联合国社区组织与社区发展小组"，具体负责推动全球特别是落后地区的社区发展运动。这样，社区规划随着社区建设的发展而被广泛地列入各国政府合作的日程中，成为一项世界性运动。

我国的社区规划起步较晚，从20世纪90年代开始我国才有了社区规划，一些富有战略眼光的社区根据自身的任务，制定出各具特色的社区建设规划和工作规划。例如，上海的有些街道就在1992年制定了本社区的发展规划，如《瑞金街道社区综合发展规划》《曹杨新村街道社区综合发展规划》等，可称为我国最早的社区规划。

第一节　社区规划概述

促进社区有序发展是社区管理的重要目的，即社区管理要有组织、有目标、有计划地引导社区发展，而这又有赖于科学的社区规划。社区规划既是社区发展本身的要求，也是社区各项事业顺利开展的实际需要。制定科学的社区规划是实现社区良性发展的一种有效方法。

一、社区规划的含义

社区规划（community planning），也称为社区发展（community development）规划或社区设计，是指以社区为单位作出的规划，是对社区建设的整体部署与设计。"具体而言，社区规划是为了有效地利用社区资源，合理配置生产力和城乡居民点，提高社会经济效益，保持良好生态环境，促进社区开发与建设，从而制定比较全面的发展计划。"[①]社区规划是社区组织、社区发展和社区工作的重要内容与方法，分为全社区的总规划和各部

① 赵勤，周良才. 社区管理（第二版）[M]. 北京：中国劳动社会保障出版社，2015.

门的规划。前者是将整个社区的经济、教育、卫生、福利、交通等方面综合起来拟定的发展规划。后者是指社区各业务机构按社区总规划的分工拟订的具体工作方案。社区规划的总目标是全面提高居民的生活水平，促进社区发展，实现社区总体发展目标。分目标是根据社区当前需要，解决社区面临的各种问题，逐步改善社区的生活条件和生存环境等。

社区规划作为一个复杂的系统，内容是多方面的，而其基本内容一般由四个方面组成，即社区现状分析、社区发展目标、社区发展要素、社区发展条件。

（1）社区现状分析。只有认清社区现状，才能使制定的社区规划真正符合社区实际情况。社区现状分析是从实际出发制定社区发展规划的必要条件，也是社区发展规划的构成部分。

（2）社区发展目标。社区发展目标是社区规划的总纲，对整个规划起着关键性的作用。

（3）社区发展要素。社区发展要素包括社区人口、经济、环境、保障、服务、教育、科学、文化、生活质量、共同意识等方面。

（4）社区发展条件。社区发展条件主要是指社区的运行机制和管理体制，大致可分为行政调控管理系统、经费运筹和价值管理系统、经营服务系统和公益服务系统等。它是社区规划的支持和保障系统。

二、社区规划的目标

社区规划的目标是维系社区赖以生存和发展的物质体系、精神文化体系以及社区内部和外部各方面的相互关系。社区规划的目标可分为长远目标、短期目标，总体目标、具体目标，最终目标、阶段目标等。

从内容上讲，社区规划的目标涉及社区内的方方面面，有社区的硬件设施建设和软件建设，有社区居民福利水平的改善和提高，有社区及社区居民具体问题的解决，有社区问题的防范等。具体而言，包括五个方面。

（1）制定本社区经济社会发展的目标和经济社会发展的各项政策。

（2）根据社区人口群体对社区各种设施的要求，确定本社区的规模、性质，保护和治理生态环境、改善和美化生活环境。

（3）对社区商业网点、文化娱乐场所、绿化地点进行合理布局，对各种生活服务基础设施的分布进行合理规划。

（4）引领与社区发展总目标一致的舆论导向、促进精神文明建设，拟定社区规划中完成各项指标所需的政策措施。

（5）协调好社区内各组织、群体、个人之间的关系，以及本社区与其他社区在经济、社会发展等方面的关系。这就需要社区管理主体依照对社区资料的分析和研究，系统地制定出适合本社区发展的目标。

三、社区规划的基本原则

科学的社区规划需要在一定原则的指导之下进行，社区规划的基本原则有以下几点。

（1）实事求是的原则。规划的制定要充分考虑到社区资源所能够提供的条件以及社区的整体发展水平，要做到实事求是。规划的实施要有社区资源在物质和精神上的支持，要以整个社会的外部条件作保证。

（2）可操作性原则。社区规划制定的目标，一方面表述要清楚、准确，不能含糊不清或在理解上产生歧义；另一方面指标要尽可能量化。这样，不仅可以使得社区建设有据可依，而且可以为以后的社区建设工作评估提供依据。

（3）详尽、具体的原则。详尽、具体的社区规划能够给社区管理主体和社区工作对象提供具体的行动步骤和依据，使工作的实施有计划性和目标性。

（4）系统性原则。目标是一个由多层次、多类型的子目标构成的系统。因此，在设计目标时，应使各子目标、阶段性目标服从总目标，保持目标方向的一致性，以及各子目标之间的协调性，避免目标间的对立和冲突。

（5）广泛参与的原则。社区规划要充分调动社区居民参与规划制定的热情，充分听取他们的意见。

四、社区规划的主要方法

社区规划常用的方法主要有以下几种。

（1）社会调查和统计法。通过社会调查获取社区的基础资料和了解社区的基本情况，这是作好社区规划的基本前提条件。调查要有系统性、连续性，以获得比较全面、完整的材料，统计要注重准确性和科学分类，以保证统计结果的可靠性。

（2）指标法。指标法包括设置指标并形成指标体系，分析指标数据，作出解释和结论。这一方法所用的社会指标是指，反映社会发展状况及其特征的统计指标。它是测量社会现象特征的有力工具，可说明社会的状态、发展水平和发展趋势。

（3）定量和定性相结合的方法。规划目标要做到明确、思路清晰、内容具体、操作性强，就要采用定量和定性分析相结合的方法，做到既从宏观上把握方向，又从微观上使其具有可操作性。

（4）社会发展数学模型法。建立在一定理论基础之上的数学模型法，能够揭示出指标与变量之间的深层次关系，其选择的指标与数据的余地较大，可以避免繁杂信息的干扰。

（5）社会心态分析法。社区规划促进社区发展从根本上来说是为了满足社区居民生存和发展的需求。因此，在规划时关注他们的心态十分重要。

（6）社区发展比较法。在对某一社区进行规划时，可以把其他社区作为参照系。当然在确定比较对象时，应注意对象的可比性。只有运用具有可比性的社区进行比较，才具有实际价值。

总之，制定社区规划需要多种方法配合使用。在实际社区规划当中，往往需要综合运用诸多方法，而且在采用常用方法的同时，常常还需要根据某些特殊要求，采用诸如文献资料法、社会个案法等方法。无论采取什么方法，关键在于选择适当、运用合理，能够增强社区规划的科学性和可操作性。

五、社区规划的功能

社区规划在现实生活中发挥的功能日益明显，对社区发展具有指导意义。综合来看，社区规划在现实中的功能和意义是多方面的，但就社区发展本身而言，其功能和意义可概括为以下几个方面。

（1）定位社区建设和发展目标。社区规划反映社区的历史和现实，并能勾画出社区的未来。制定规划的首要作用，就是在复杂的社区工作中，确定社区发展目标，并为实现社区发展目标，统筹社区各项工作。

（2）推动社区综合协调发展。在社区建设和发展中，有无社区规划，情况大不一样。没有规划，社区发展就是盲目的；有了规划，社区发展才会是自觉的、能动的。社区规划反映的是人们对社区发展的规律性认识，它是社区综合协调发展、形成良性运行机制和实现社会全面进步的关键条件。

（3）促使社区结构优化。社区结构是一个综合性概念，它包括经济结构、组织结构、文化结构、阶级结构、阶层结构等许多不同的子结构，这些不同的子结构交织在一起就构成了立体的、现实的社区结构。社区结构的合理与否是影响社区能否协调发展的一个重要因素。科学的社区规划可以促成合理的社区结构，使社区建设着眼于未来，推进社区建设整体格局的形成，为社区的协调发展打下坚实基础。

（4）创造社区经济发展的良好环境。社区规划可以为社区经济发展创造良好环境。社区规划能够促进社区在教育、文化、体育、卫生、社会保障等方面的投入，使人才和劳动力得到有效使用，这些应被看作巨大的直接经济效益。此外，社区规划还可以产生间接经济效益和潜在经济效益。

（5）促进社区居民的全面发展。社区规划归根结底在于，为社区居民的全面发展创造最佳的社区条件，在于使社区居民的物质生活和精神生活需要得到合理的满足，从而增强居民的归属感和认同感，调动和发挥居民参与社区活动的积极性和能动性，促进社区居民的全面发展，提高社区居民的生活和生存质量。

六、社区规划的特征

社区规划是以社区为单位的规划，是对社区的整体部署与设计，这就决定了它具有以下五个方面的特征。

（一）规划结构的整体性

社区规划并非社区某一方面的发展部署和安排，而是对社区全方位建设作出的结构上具有整体性特征的战略部署，是一个完整的社区发展计划体系。它区别于社区单项发展规划和社区建设计划的地方还在于，社区规划并非社区各主要部分发展规划或社区建设各项计划的简单相加，而是具有自身的结构性和系统性的整体规划结构。社区规划结构的整体性特征是社区规划功能的集中体现，也是社区作为相对完整的社会实体的一种反映。①

① 赵勤，周良才. 社区管理（第二版）[M]. 北京：中国劳动社会保障出版社，2015.

（二）规划地域的特殊性

如果说社区建设具有突出的地域性特征、具有明显的地方性色彩的话，那么这个特征反映在社区规划中，就使得社区规划具有了明显的地域性特征，不同社区具有不同的地域性特征和资源条件，不同社区的社区规划当然也就具有各自不同的目标定位、各自不同的重点内容和各自不同的实施方案。例如，一个城市社区规划与一个农村社区规划显然有所不同，一个北方农村社区规划与一个南方农村社区规划也会存在某些差异。

（三）规划体系的开放性

规划体系的开放性是指社区规划的体系应是一个开放的体系，而不是一个封闭的体系。这是因为：第一，社区规划所涉及的各项社区要素均处于动态发展之中，在社会快速转型时期更是如此；第二，社区规划需要吸收各种外部资源和外部力量，才能使规划更加科学、合理、适用。正因为如此，在社区规划中，一方面要注意对影响社区发展的各种因素进行考虑；另一方面应广泛吸收社会力量，利用各种外部资源，全面提升社区规划的品位。

（四）规划方案的预设性

社区规划是对社区未来发展的一种设想、设计和设定，因此社区规划方案具有预设性的特征。社区规划方案的预设性告诉我们：第一，社区规划是在对社区未来发展进行预测的基础上而预设的一种发展目标，它的实现需要以规划的落实为保障；第二，社区规划方案分为社区规划方案和规划实施成效两种，不能以规划方案本身代替规划实施成效；第三，社区规划必须为社区的未来发展指明方向，要预见到可能影响社区发展的有利条件和不利因素。

（五）规划过程的动态性

规划过程的动态性是指，社区规划“与时俱进”的特征。社区发展一日千里，任何社区规划想“一劳永逸”并不现实。只有把握社会发展的脉搏，紧跟社会发展的步伐，不断更新社区规划，才是社区工作者的正确做法。为此，在社区规划中，不仅要编制整体性规划，而且要编制阶段性规划。阶段性规划得到落实后，还要编制下一阶段的社区规划。同时，对于某阶段的社区规划，还要根据社会发展的要求和社区发展的需要适时进行修编。例如在 2020 年，由于新型冠状病毒肺炎疫情的发生，城乡规划学科与行业开始注意到，新型冠状病毒肺炎的暴发全面检验了我国改革开放 40 余年以来形成的城乡规划与地方发展模式，并提出了一个重大的亟须研究的新议题：‘三高’（高流动、高密度、高强度）背景下兼容极端条件的社区空间治理。[①]由于时代和现实情况的不断变化，社区规划要根据现实情况的需要，对兼容极端条件的社区规划实践与理论进行积极探索。

---

① 李志刚，肖扬，陈宏胜. 加强兼容极端条件的社区规划实践与理论探索——应对 2020 新型冠状病毒肺炎突发事件笔谈会[EB/OL]. 城市规划. http://kns.cnki.net/kcms/detail/11.2378.TU.20200212.1135.008.html，2020-2-13.

第二节 城市社区规划

现代城市规划是随着工业化、城市化的发展而出现的。工业革命以来，近代工业的发展使人们越来越聚居到城市中，而大工厂生产又产生了大量的废水、废气等污染物，迫使城市居住区与工业区分离。工业化、城市化所带来的人口密集、住房拥挤、交通堵塞、环境恶化等问题，迫使人们思考如何改良城市，为人类提供更好的生存空间，随之而出现了有关城市社区规划的探索和实践。

一、城市社区规划基本理论的发展

现代城市规划理论形成于19世纪末，其中有很多关于社区思想的表达，但社区规划理论的真正提出却是在20世纪20年代末。1929年，美国建筑师佩里（C. A. Perry）在向纽约区域规划委员会提交的报告中第一次明确提出和阐述了“邻里单位”（neighborhood unit）的思想（图5-1）。这以后，城市社区的规划和建设主要经历了“邻里—小区—可持续社区”的发展过程。①

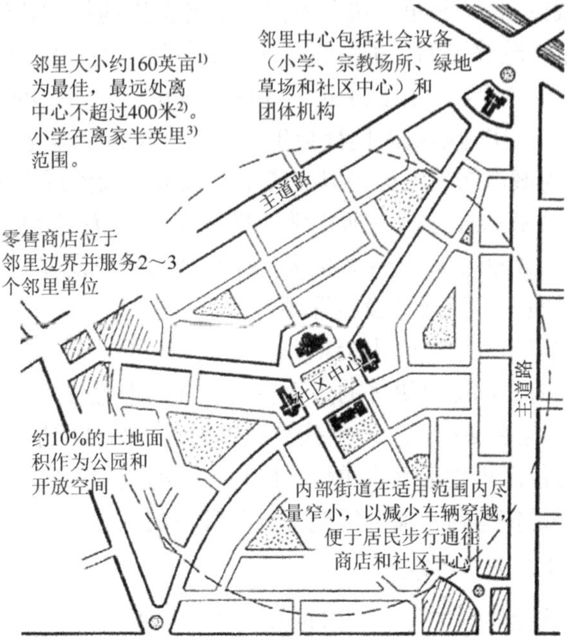

图5-1 美国建筑师佩里在1929年为纽约及近郊设计的社区规划图

1）1英亩≈4046.86平方米。2）400米是最舒适的步行距离。圆圈的半径即为400米。3）1英里≈1.61千米。
资料来源：陈诗悦. 为什么说生活半径400米最舒适[EB/OL]. https://www.thepaper.cn/newsDetail_forward_1325319，2015-4-28.

（一）“邻里单位”理论

随着科学技术的发展、生产力的提高和生产方式的改变，古代城市布局越来越不适

① 单菁菁. 社区情感与社区建设[M]. 北京：社会科学文献出版社，2005.

应现代生产与生活。20世纪20年代后，西方发达国家交通迅速发展，对每天频繁穿越道路的城市居民，特别是老人和孩子造成了极大的威胁，恶性事故不断发生。“邻里单位”思想正是在这种社会背景下产生的。

“邻里单位”理论的核心是要求在较大的范围内统一规划居民社区，使每一个“邻里单位”成为构建社区的细胞。“邻里单位”最开始的出发点是考虑避免让孩子们在上学时穿越城市交通干道，以减少危险，因此要求在居住区内设置小学，并以此计算和控制“邻里单位”的人口及用地规模，进行城市居民居住生活基本规划单元的设计。随后，“邻里单位”也考虑到在居住区内的公共设施设置及住宅的朝向、间距等问题，以使社区居民有一个舒适、方便、安静、优美的居住环境。“邻里单位”理论还提出了让不同阶层居民混居在一起的建议，希望以此弱化社会隔离，这反映出当时社会改良主义进行阶级调和的主观意图。

“邻里单位”思想顺应了现代城市由于现代化交通（主要指机动车）的发展而在城市结构方面产生的变化，优先考虑人们在居住区生活中的安全、卫生、舒适等感受，因而在20世纪前半期影响甚广。1933年，勒·柯布西耶（Le Corbusier）主持国际现代建筑协会制定通过的《城市规划大纲》（即《雅典宪章》），将之作为居住区规划的基本思想。

（二）“小区”理论

第二次世界大战以后，“邻里单位”思想在世界范围内得到普遍推广。但人们在居住区建设实践中也越来越感受到，居民的日常生活与活动绝不仅限于邻里，于是“邻里单位”理论逐渐演变为具有更广泛区域的“小区”理论，并于1956年由苏联首先提出。“小区”理论希望把小区作为承载人们社会生活的基本单位加以全面规划。

“小区”理论认为城市居住区应当以交通干道及其他天然或人工的界限（如河流、铁路等）来划分，而不仅仅限于以一所小学的规模或用城市一般道路来界定。它希望把小区作为组成居住区的细胞，将其规模扩大，提高公共服务设施的标准，综合考虑诸如住宅、绿地、公共空间、生活服务设施等要素。

“小区”理论着眼于在更大范围内综合处理各种社区构成要素，意欲建立起一套完善的生活服务设施，为人们提供更好的生活空间。规划理念较之“邻里单位”思想又前进了一步。“小区”理论在20世纪50年代被我国引进，结合国情加以不断完善与改进，几十年来作为我国居住区规划的基本单位，得到广泛的应用和实践。当前我国城市大量的住宅建设，基本上是依据这一概念实施开发和管理的。

（三）“可持续社区”理论

“可持续社区”理论的产生与第二次世界大战以后城市开发所带来的众多城市问题密切相关。第二次世界大战后，以美国为代表的西方发达国家相继出现大规模城市郊区化现象。这种郊区化开发模式虽然给一部分人创造了优美的生活环境，但同时也产生了一系列较为严重的社会问题，如城市中心区的衰败、环境恶化、犯罪率升高、郊外社区人情冷漠、社区意识丧失、过分依赖小汽车而带来能源浪费、社会阶层隔离等。“可持续社区”理论体现了对上述问题的普遍思考，它第一次从城市规划学的角度明确提出创造和维护社区情感应该成为社区规划与建设的基本原则，体现了规划思想由“居住区”向“社区”概念的根本性转变，这在很大程度上是人们对以往城市发展模式进行反思的结果。

“可持续社区”理论最初的主张是通过减少废弃物、防治污染以最大限度地进行环境保护，并开发地方资源以振兴地方经济，来为所有居民提供更高水平的公共健康和更优质的生活。环境在其理论中占有核心地位，因为最能代表和反映社区的是人工环境。而人工环境却变得越来越混乱和失控，人们不能安全地行走和玩耍，邻居们缺乏沟通，建筑物与周围环境不协调，人与人之间不信任，自然环境被过度使用并遭到污染。为此需要改变对“社区”概念的认知，以便对社区进行重新规划、发展和重组。目的是使社区的社会、环境、经济和技术协同进步。

二、城市社区规划的基本前提、基本思路和根本目的

建立一个兼顾宏观与微观的社区规划体系是作好城市社区规划的基本前提。在城市社区规划中，地方政府处于中心环节。在规划社区发展时，地方政府要做到以下几点。

（1）地方性的社会、经济规划要与全国的发展规划互相结合、协调实行。

（2）社区规划要和城市总体规划保持协调。社区规划与建设实际上是对城市居住空间的再造，而城市居住空间的再造往往会带动其他城市用地的扩张。因此，无论是老城区改造还是新城区开发，城市社区规划都要在城市总体规划指导下，综合考虑居住、生产、生活、工作、交通等因素，合理有序引导城市发展。

（3）社区统一规划要对下属各个社区的建设与发展进行宏观指导与协调，保持各社区规划之间、社区规划所涉及的各部门之间协调一致，保证城市社会发展的整体性与协调性。尤其是在新建居住区项目上，居住区规划要符合城市发展的整体安排，而不能把它变成房地产商的“圈地运动”。

城市社区规划的总体思路是：根据城市的性质、服务功能和建设现代化城市的需要，以街道、居委会为依托，以发展社区服务为龙头，以提高居民生活质量、素质和整个社区文明程度为宗旨，改革城市基层管理体制，强化社区服务管理功能，建设环境优美、治安良好、生活便利、经济发达、文化繁荣、人际关系和谐的文明社区，实现社区经济和社会的协调发展。

城市社区规划的根本目的是建设和谐社区。它至少要包含三个方面的和谐：第一是人与自然环境的和谐，也就是生态的和谐；第二是人与人之间的和谐，即我们通常说的社会和谐；第三是人工环境的和谐，或者称之为空间关系的和谐。可以说这三大和谐才是构建和谐社区的重中之重。上述三种和谐的形成，很明显要依赖于良好规划的编制和实施。

三、城市社区规划的基本要求

第一，城市社区规划要在城市总体规划的指导下进行编制。城市社区规划要加强社区基础设施建设，健全社区居住、公共服务等功能，以创造良好的社区人居环境为中心，加强社区生态建设和污染综合治理，改善社区环境。要切实加强社区规划、建设及管理，全面提高社区综合管理水平。

第二，城市社区规划要注重社区公共空间的规划。社区公共空间是指诸如文体健身场所、交通设施等一些为居民提供服务的环境空间。在对社区公共空间进行规划时，要根据不同人群的不同要求，分类规划设计，既要有适合儿童的，也要有适合老人的，而

且公共空间应该具有通透性，减少暗处死角。这样既能提供更人性化、更有生态效应的活动空间，也会增加人群活动的安全性，从客观上降低犯罪的可能。

第三，要搞好社区环境规划。环境规划是社区规划的重要内容，而社区环境规划要与社区发展的长远规划和发展有机结合起来，以使环境发展与社区发展产生互动效应。制定科学的社区环境规划，除了要遵循社区规划的一般程序和原则外，还要根据生态学理论，对社区的自然资源、环境状况和社会经济发展状况进行科学分析，确立一个经济与生态环境协调发展的战略目标，确保社区环境规划的科学性和权威性。

第四，要搞好社区公共绿地规划。社区公共绿地的布局应根据城市规划结构和总体布局，按功能与等级要求，结合社区条件，采用“点”“线”“面”相结合的原则，形成总量适宜、分布合理、植物多样、景观优美的社区绿地系统。“点”是指小型草坪，“线”是指林荫道，“面”是指专用绿地、小型公园等。对于建筑密集、质量低劣、卫生条件差、居住水平低、人口密度高的社区，应结合旧城改造、新居住区规划留出适当的绿化保留用地，到时机成熟时，即可迁出居民，拆迁建筑，将之开辟为公共绿地。

第五，要搞好社区用地规划。在城市社区规划中，在综合考虑上述因素的基础上，要详细确定社区各类用地，如住宅用地、公共设施（幼儿园、小学、中学、服务性建筑）用地、公园绿地、道路用地界线和适用范围，提出建筑高度、建筑密度、容积率的控制指标等。

第六，要搞好社区住宅的规划。1996 年，联合国“第二次人类住区大会”提出了“人人享有适当的住房”的目标，而“适当的住房”指的不仅是住宅本身，而且指完善的居住环境。[①]在社区规划居住用地时，应当考虑日照、采光、通风、防灾、配套设施及管理的要求，创造区位好、居住环境好、教育文化卫生及商业服务设施齐全、交通便利、景色优美等方便、舒适、安全、优美的居住生活环境（图 5-2）。雄安新区社区生活圈规划就是城市社区住宅规划的样板。

图 5-2 城市宜居小区规划图（笔者实地调研摄影）

① 中国城市规划学会，全国市长培训中心. 城市规划读本[M]. 北京：中国建筑工业出版社，2002.

雄安新区出台的《雄安新区社区生活圈规划建设指南（2020年）》（简称《建设指南》），着眼于构建最贴近人民生活的5分钟生活圈。所谓5分钟生活圈，指的是以居民的住宅为起点，正常成年人步行5分钟所及的范围，对应600米×600米的空间尺度。5分钟生活圈是社区生活品质保证的关键环节，与居民每天的生活密切相关。雄安的5分钟生活圈，将以居民的多层次需求为导向，以创造历史、追求艺术为精神追求，重点聚焦儿童与老人需求，进一步提升公共资源的精细化配置与全生命过程的人性关怀，让人民群众拥有更多的获得感、幸福感、安全感。《建设指南》提出，雄安新区要建设品质为先、重老重幼、全时导向、动态成长的全龄友好型人文社区，实现宜居、宜业、宜游、宜养、宜学的"五宜"目标要求。①

四、城市社区智能化建设规划

在社会信息化进程日益加快的今天，人们对居住条件追求的传统观念正在发生变化，已不再仅仅局限于居室面积、周边环境、交通等方面，而是更加关注社区的数字化。城市社区居民，特别是青年人越来越把更多的兴趣和注意力放在社区的智能化上，社区的智能化会给居民提供更多的便利条件。在社区智能化实践方面，我国已有一定的尝试。1997年，厦门市建坤实业公司开发了WDJ-6住宅智能管理系统，1998年，深圳市住宅局对总建筑面积为80万平方米的梅林一村按智能化社区的概念进行规划建设，长沙市地税局的社区采用了智能化社区布线系统。②进入21世纪之后，社区智能化的核心是建立社区的信息业务接入平台，对各种信息实行全面、实时、有效的接收、采集、传递和监控，为居民提供全方位的宽带信息网络服务。近年来，参与式感知与计算模型的理念也开始用到智能化社区的规划中，该理念主要是基于感知数据的量化计算来进行规划应用的（图5-3和图5-4）。

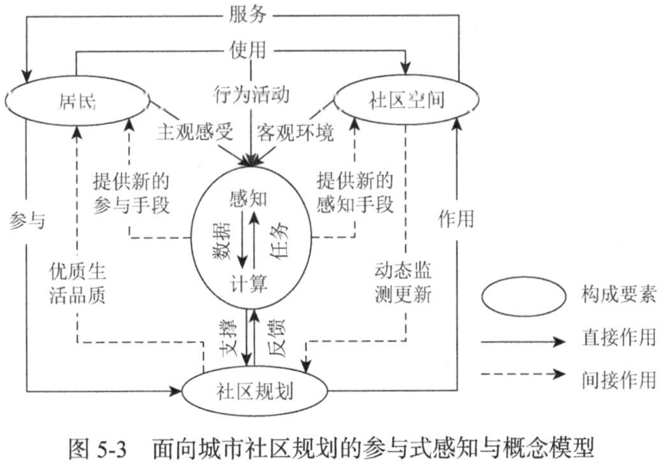

图5-3 面向城市社区规划的参与式感知与概念模型

资料来源：张姗琪，甄峰，秦萧，等. 面向城市社区规划的参与式感知与计算——概念模型与技术框架[J]. 地理研究，2020（7）：1582.

① 吴安宁. 5分钟生活圈：以人为本 全龄友好——《雄安新区社区生活圈规划建设指南（2020年）》解读[N]. 河北日报，2020-4-14（005）.

② 娄成武，孙萍. 社区管理[M]. 北京：高等教育出版社，2003.

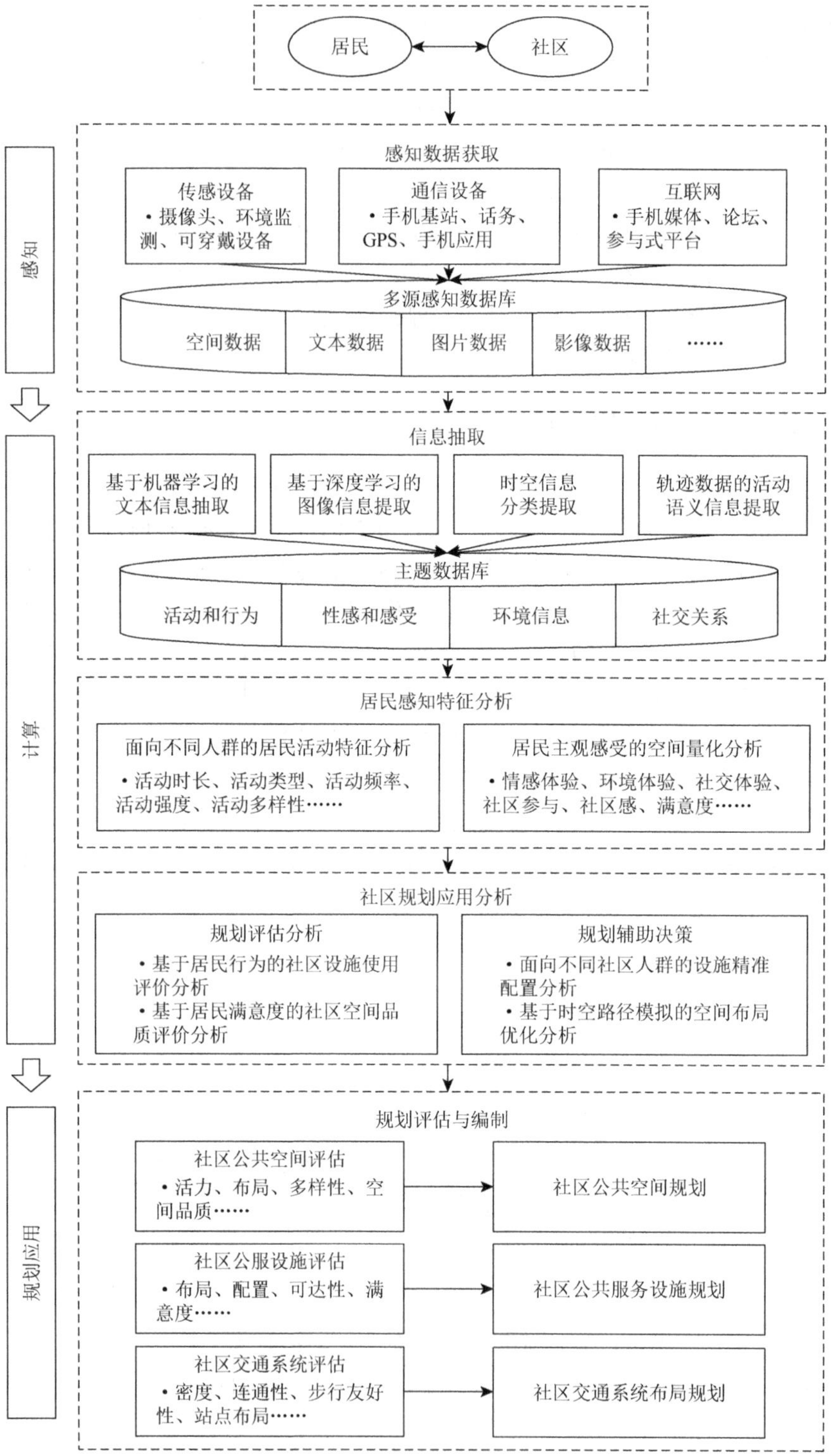

图 5-4 面向城市社区规划的参与式感知与技术框架

资料来源：张姗琪，甄峰，秦萧，等. 面向城市社区规划的参与式感知与计算——概念模型与技术框架[J]. 地理研究，2020（7）：1580-1591.

城市社区智能化建设规划是一项复杂的系统工程，涉及通信、电力、监测、控制、信息处理等诸多子系统，这些系统虽然相对独立，但最终都要统一到社区数字化平台上来。为了适应社区业务的不断发展，规划要使整个社区的数字化设施具备良好的可扩充性和兼容性。

总之，城市社区作为城市社会体系的重要组成部分，是在城市一定的空间范围内建立起来的居民之间具有认同意识的地缘组织。我们应当通过科学的规划，促进城市社区的功能完善和科学发展，使其成为城市居民共同的生活空间，成为化解经济领域矛盾、避免社会冲突的社会整合空间，成为维持社会活动规范的文化空间，成为居民温馨的家园，让城市居民能够在充满激烈竞争的市场经济领域之外，在社区中过上舒适的生活。

第三节　农村社区规划

改革开放以来，随着农村经济的发展，我国农村社会发生了巨大的变化，但在农村社区的建设和综合发展方面存在着诸多问题，这严重地制约了农村的进一步发展和农村居民生存质量的提高。因此，需要搞好农村社区规划，逐步改善村容村貌，促进农村社区的全面发展。在乡村振兴中，农村社区规划应当更加受到重视。[①]

一、加强农村社区规划是实施乡村振兴战略的基础性工作

2017 年，党的十九大报告指出：农业农村农民问题是关系国计民生的根本性问题，必须始终把解决好“三农”问题作为全党工作重中之重。要坚持农业农村优先发展，按照产业兴旺、生态宜居、乡风文明、治理有效、生活富裕的总要求，建立健全城乡融合发展体制机制和政策体系，加快推进农业农村现代化。巩固和完善农村基本经营制度，深化农村土地制度改革，完善承包地“三权”分置制度。保持土地承包关系稳定并长久不变，第二轮土地承包到期后再延长 30 年。深化农村集体产权制度改革，保障农民财产权益，壮大集体经济。确保国家粮食安全，把中国人的饭碗牢牢端在自己手中。构建现代农业产业体系、生产体系、经营体系，完善农业支持保护制度，发展多种形式适度规模经营，培育新型农业经营主体，健全农业社会化服务体系，实现小农户和现代农业发展有机衔接。促进农村一二三产业融合发展，支持和鼓励农民就业创业，拓宽增收渠道。加强农村基层基础工作，健全自治、法治、德治相结合的乡村治理体系。培养造就一支懂农业、爱农村、爱农民的“三农”工作队伍。这是党的十九大提出的实施乡村振兴战略。它既要求发展农村生产力，又要求调整完善农村生产关系；既要求加快农村经济发展，又要求加快农村社会事业发展；既鲜明而具体地指出了社会主义乡村振兴的基本特征，又为社会主义乡村振兴规划指明了方向，是进行农村社区规划与建设的基本依据。

2018 年，《中共中央国务院关于实施乡村振兴战略的意见》又指出：农业农村农民问题是关系国计民生的根本性问题。……实施乡村振兴战略，是解决人民日益增长的美

① 新农村社区规划的出发点[EB/OL]. http://www.sohu.com/a/296356968_120044278，2019-2-22.

好生活需要和不平衡不充分的发展之间矛盾的必然要求，是实现“两个一百年”奋斗目标的必然要求，是实现全体人民共同富裕的必然要求。……全面贯彻党的十九大精神，以习近平新时代中国特色社会主义思想为指导，加强党对“三农”工作的领导，坚持稳中求进工作总基调，牢固树立新发展理念，落实高质量发展的要求，紧紧围绕统筹推进“五位一体”总体布局和协调推进“四个全面”战略布局，坚持把解决好“三农”问题作为全党工作重中之重，坚持农业农村优先发展，按照产业兴旺、生态宜居、乡风文明、治理有效、生活富裕的总要求，建立健全城乡融合发展体制机制和政策体系，统筹推进农村经济建设、政治建设、文化建设、社会建设、生态文明建设和党的建设，加快推进乡村治理体系和治理能力现代化，加快推进农业农村现代化，走中国特色社会主义乡村振兴道路，让农业成为有奔头的产业，让农民成为有吸引力的职业，让农村成为安居乐业的美丽家园。①

2018 年，习近平对实施乡村振兴战略作出重要指示强调，振兴乡村要“规划先行，分类推进”②。为了贯彻习近平的指示精神，为了推动各地加强对村庄规划工作的领导，科学有序引导村庄规划建设，2019 年，《中央农办 农业农村部 自然资源部 国家发展改革委 财政部关于统筹推进村庄规划工作的意见》要求“切实提高村庄规划工作重要性的认识”。该文件指出：浙江省从启动“千村示范、万村整治”工程到建设美丽乡村，基本经验是以科学规划为先导，一张蓝图绘到底，久久为功搞建设。目前，各地农村人居环境整治等乡村建设工作正渐次展开，但一些村庄缺少规划，无序建设；一些地方急于求成，盲目大拆大建。实施乡村振兴战略，首先要做好法定的村庄规划，这有利于理清村庄发展思路，明确乡村振兴各项任务优先序，做到发展有遵循、建设有抓手；有利于统筹安排各类资源，集中力量、突出重点，加快补齐乡村发展短板；有利于通过科学设计和合理布局，优化乡村生产生活生态空间；有利于引导城镇基础设施和公共服务向农村延伸，促进城乡融合发展。各地各有关部门要切实提高思想认识，把加强村庄规划作为实施乡村振兴战略的基础性工作。③

二、农村社区规划工作的基本要求

总体来说，要按照“产业兴旺、生态宜居、乡风文明、治理有效、生活富裕”的总要求，深入学习浙江实施“千村示范、万村整治”工程以规划先行的经验，坚持县域一盘棋，推动各类规划在村域层面“多规合一”；以多样化为美，突出地方特点、文化特色和时代特征，保留村庄特有的民居风貌、农业景观、乡土文化，防止“千村一面”；因地制宜、详略得当规划村庄发展，做到与当地经济水平和群众需要相适应；坚持保护建设并重，防止调减耕地和永久基本农田面积、破坏乡村生态环境、毁坏历史文化景观；发挥农民主体作用，充分尊重村民的知情权、决策权、监督权，打造各具特色、不同风

① 本书编委会. 中共中央国务院关于实施乡村振兴战略的意见[M]. 北京：人民出版社，2018.

② 新华社. 习近平：把实施乡村振兴战略摆在优先位置 让乡村振兴成为全党全社会的共同行动[EB/OL]. http://www.xinhuanet.com/politics/2018-07/05/c_1123085019.htm，2018-7-5.

③ 农业农村部新闻办公室. 中央农办 农业农村部 自然资源部 国家发展改革委 财政部关于统筹推进村庄规划工作的意见[EB/OL]. http://www.moa.gov.cn/ztzl/xczx/zccs_24715/201901/t20190118_6170350.htm，2019-1-4.

格的美丽村庄……结合国土空间规划编制在县域层面基本完成村庄布局工作，有条件的村可结合实际单独编制村庄规划，做到应编尽编，实现村庄建设发展有目标、重要建设项目有安排、生态环境有管控、自然景观和文化遗产有保护、农村人居环境改善有措施。①

具体地说，村镇规划应贯彻以下基本要求。

（1）有利生产，方便生活。对村镇的各项建设规划应使其布局合理，协调发展，促进生产与方便生活统筹兼顾，进行配套建设（图 5-5）。

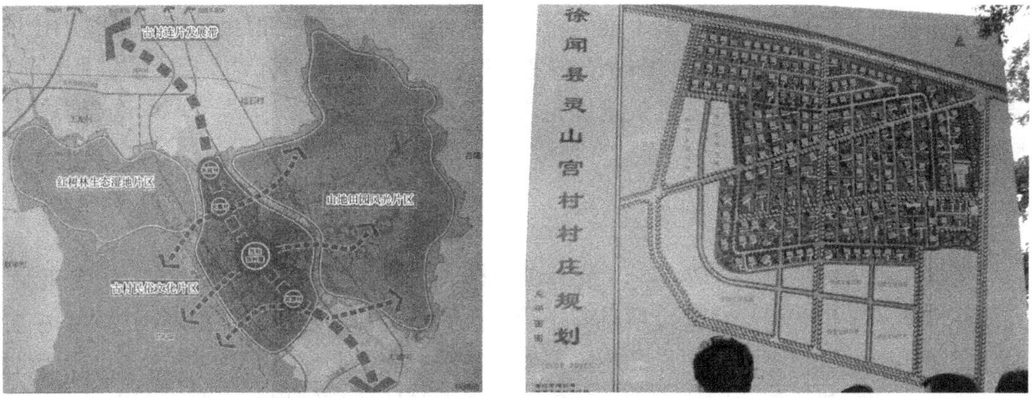

(a) 惠东县省级新农村示范片总体规划　　(b) 徐闻县灵山宫村村庄规划

图 5-5　广东省的部分村庄规划

资料来源：图片为本书主编张兴杰教授分别于 2020 年、2006 年实地考察惠东县、徐闻县农村社区规划时拍摄的。

（2）节约用地，充分挖掘原有村镇用地的潜力。我国是一个人多地少的国家，节约用地是我国的基本国策。规划农村社区各类建设用地均应按有关标准、法规执行，严格控制用地规模，既要满足生产、生活的需要，又要保护耕地、节约土地。村镇建设区与基本农田保护区要协调，统一规划。

（3）因地制宜，灵活多样。由于各地农村社区自然条件、经济条件、社会条件的差异，规划时要从本地的地理优势、人文优势、资源优势、物产优势和传统特色出发，因地制宜、灵活多样、扬长避短、继承传统，注意保持地方和民族特色。

（4）高起点规划。村镇规划要坚持布局合理、功能齐全、交通方便、设施配套、居住合适、环境优美、具有特色的标准，符合社会主义新农村建设的要求。

（5）可持续发展。生态环境的建设与保护应当被作为村镇规划的重要内容，并且在规划中要体现科教兴镇（村）的战略，促进村镇的可持续发展。

三、农村社区规划工作的基本原则

根据 2019 年发布的《中央农办 农业农村部 自然资源部 国家发展改革委 财政部关于统筹推进村庄规划工作的意见》，我国村庄规划工作要遵循以下原则。①

① 农业农村部新闻办公室.中央农办 农业农村部 自然资源部 国家发展改革委 财政部关于统筹推进村庄规划工作的意见[EB/OL]. http://www.moa.gov.cn/ztzl/xczx/zccs_24715/201901/t20190118_6170350.htm，2019-1-4.

（一）合理划分县域村庄类型

村庄规划工作与村庄类型紧密相关。要结合乡村振兴战略规划编制实施，逐村研究村庄人口变化、区位条件和发展趋势，明确县域村庄分类，将现有规模较大的中心村，确定为集聚提升类村庄；将城市近郊区以及县城城关镇所在地村庄，确定为城郊融合类村庄；将历史文化名村、传统村落、少数民族特色村寨、特色景观旅游名村等特色资源丰富的村庄，确定为特色保护类村庄；将位于生存条件恶劣、生态环境脆弱、自然灾害频发等地区的村庄，因重大项目建设需要搬迁的村庄，以及人口流失特别严重的村庄，确定为搬迁撤并类村庄。对于看不准的村庄，可暂时不作分类，留出足够的观察和论证时间。统筹考虑县域产业发展、基础设施建设和公共服务配置，引导人口向乡镇所在地、产业发展集聚区集中，引导公共设施优先向集聚提升类、特色保护类、城郊融合类村庄配套。

（二）统筹谋划村庄发展

要加快推进村庄规划编制实施，统筹谋划村庄发展定位、主导产业选择、用地布局、人居环境整治、生态保护、建设项目安排等，做到不规划不建设、不规划不投入。结合村庄资源禀赋和区位条件，引导产业集聚发展，尽可能把产业链留在乡村，让农民就近就业增收。按照节约集约用地原则，村庄居民点宅基地要控制规模，严格落实“一户一宅”的法律规定。依据群众接受、经济适用、维护方便的原则，有序推进村庄垃圾治理、污水处理和厕所改造。按照硬化、绿化、亮化、美化的要求，规划村内道路，合理布局村庄绿化、照明等设施，有效提升村容村貌。依据人口规模和服务半径，合理规划供水排水、电力电信等基础设施，统筹安排村委会、综合服务站、基层综合性文化服务中心、卫生室、养老和教育等公共服务设施。按照传承保护、突出特色的要求，提出村庄景观风貌控制性要求和历史文化景观保护措施。

（三）充分发挥村民主体作用

要紧紧依托村党组织和村委会开展村庄规划编制工作。由乡镇党委政府、县（市）政府有关部门、规划设计单位、村民代表共同组成村庄规划编制工作组，深入开展驻村调研、逐户走访工作，详细了解村庄发展历史脉络、文化背景和人文风情，充分听取村民诉求，获取村民支持。规划文本形成后，应组织村民充分发表意见，参与集体决策。规划报送审批前，应经村民会议或者村民代表会议审议，并在村庄内公示，确保规划符合村民意愿。只有这样，农村建设、乡村振兴才能在符合农民意愿、带给农民实惠、得到农民拥护的基础上扎实稳步地向前推进。农村社区规划既要着眼于改善村容村貌，又要从当地实际出发，充分考虑农民的承受能力；既要坚持节约和集约使用土地的原则，又要便于农民生产生活，体现地方特色。

（四）组织动员社会力量开展规划服务

搭建乡村规划综合服务平台，引导大专院校、规划设计单位下乡开展村庄规划编制服务。支持优秀规划师、建筑师、工程师下乡服务，提供驻村技术指导。引导投资乡村建设的企业积极参与村庄规划工作，探索规划、建设、运营一体化。鼓励各地结合实际开展示范创建，树立一批可复制、可推广的典型范例，发挥示范引领作用。

四、农村基本建设用地规划

提高农村民生保障水平，塑造美丽乡村新风貌，是当前建设规划社会主义乡村振兴战略的一项重要任务。但是目前农村的散居方式不仅浪费土地，也阻碍农业机械化进程，影响农业劳动生产力的提高；从保护环境的角度看，农村居住分散，污染点数量大，脏乱差现象较为突出，严重制约农村社区生态环境和投资环境的根本性改善，影响经济和社会的可持续发展；从建设经济成本的角度看，农村居住分散，必然会增加道路、供水、通信、电力等基础设施建设成本，增加农民改善居住环境的难度；从协调发展的角度看，随着农村经济的快速发展，农民生活质量水平的提高，他们对改善居住环境、丰富精神文化生活的要求尤为迫切，解决这些问题都有赖于居住方式的变更。因此需要对农村社区基本建设用地进行合理规划。

（1）自然资源部等部门对农村建设用地规划的宏观指导。农村建设用地规划的核心是从农村社会经济协调发展、保护耕地、村容整洁、方便生活等目标出发，通过仔细盘算，统筹城乡区域发展、经济社会发展、人与自然和谐发展，对农村将来用地数量与类型进行科学预测。发挥规划的约束和控制作用，促进节约、集约利用，提高利用效率，避免土地闲置浪费。在确保耕地总量不减少、质量不降低的前提下，使乡镇建设规划、工业布局规划等与土地利用规划相衔接。

（2）农村社区建设规划的编制工作。规划的重点在于建设中心村，逐步取消零星分散的农民居住点，使乡村布局规划与中心城市、中心镇、建制镇的规划相衔接，提高农村与城市、城镇的关联度。对人口聚集度高的乡村，应当合理划分一些功能区块，使居住、商贸、文教、工业等功能区有机结合，大力提倡农户住宅与畜、禽、养殖等生产用房相分离，改变目前农村居住与生产用房混杂的局面。

（3）严格控制宅基地，有条件的地区可以让农民住进小区。关于村镇规划人均建设用地规模问题，建设部（现为住户和城乡建设部）制定的《村镇规划标准》（GB50188—2007）已有明文规定（表 5-1 和表 5-2）。

表 5-1 村镇规划人均建设用地指标分级 单位：平方米/人

级别	一	二	三	四
人均建设用地指标	>60～≤80	>80～≤100	>100～≤120	>120～≤140

资料来源：中国建筑设计研究院.《镇规划标准》GB50188-2007[S]. 北京：中国建筑工业出版社，2007.

表 5-2 村镇规划人均建设用地指标 单位：平方米/人

现状人均建设用地水平	规划调整幅度
≤60	增 0～15
61～80	增 0～10
81～100	增、减 0～10

续表

现状人均建设用地水平	规划调整幅度
101～120	减 0～10
121～140	减 0～15
>140	减至≤140

资料来源：本书编委会. 中共中央国务院关于实施乡村振兴战略的意见[M]. 北京：人民出版社，2018.

农村村民一户只能拥有一处宅基地，即实行一户一宅制，目的是避免出现一户村民拥有多处住宅的现象，防止浪费土地。农村村民建住宅，其宅基地的面积不得超过省（自治区、直辖市）规定的标准。宅基地的面积应当包括居住用房和附属用房居住用地、庭院、房前屋后少量绿化地等。农村村民建住宅，应当符合乡（镇）土地利用总体规划，即应当符合乡（镇）土地利用总体规划中确定的土地用途，不得随便占地盖房。农村村民建住宅，应当尽量使用原有的宅基地和村内空闲地，即鼓励在原址上翻建和利用空闲地建房，以减少农村村民建住宅占用新地，有条件的地方可以鼓励农民住进小区。

总之，农村社区规划工作要尊重农村社区发展的客观规律，尊重农民意愿，以满足农民的实际需要为前提，坚决防止盲目照抄照搬城市社区发展模式，而应突出地方特色，体现农村风貌。完善农村社区最基本的公共设施，满足农业现代化建设和农民生活水平逐步提高的需要，以改变农村落后面貌，促进农村经济社会全面进步。

附录

社区规划调查表[①]

本社区规划调查表是美国社区规划专家在进行社区设计时进行实地调研的主要工具之一。它作为规划小组重要的行动研究指南，一般包括自然环境、社会环境、经济环境和文化环境四个方面的问题。目的是：①为进行卓有成效的社区设计提供所需要的环境评价；②帮助社区提高规划能力，使社区居民能更充分地了解自身优势，并在此基础上采取行动。

一、自然环境

1. 什么地理力量形成了你们的社区？
2. 什么水文力量形成了你们的社区？
3. 描写你们地区地形的特征。
4. 你们地区野生动物的特征是什么？
5. 确定和描述你们区域的湿地情况。
6. 你们地区的气候特征是什么样的？
7. 确定和描述你们区域的主要植被种类。
8. 确定和描述你们区域主要的污染物来源。

① 单菁菁. 社区情感与社区建设[M]. 北京：社会科学文献出版社，2005.

9. 你们社区主要的土地用途有哪些？

10. 确定和描述你所在社区的主要的环境组织。

二、社会环境

1. 在过去的历次人口普查中，你们社区的人口是如何变化的？

2. 在你们社区，每一个年龄段（从 0 岁开始，每 10 岁为一个年龄段）有多少个男性和女性？

3. 你们社区的家庭结构有哪些类型？

4. 描述你们社区主要的民族和种族状况。

5. 你们社区的教育水平如何？

6. 描述你们社区的收入水平。

7. 你们社区信奉的主要宗教是什么？

8. 描述你们社区的住房状况。

9. 你们社区什么类型的住房不够用？

10. 确定和描述主要的社区服务机构有哪些。

三、经济环境

1. 你们社区的贸易区在区位上有什么特点？

2. 描述你们社区的工业构成情况。

3. 描述你们社区的雇工情况。

4. 确定和描述你们社区主要的交通设施。

5. 确定和描述你们社区主要的公共设施。

6. 你们社区的就业率是多少？

7. 对所在社区的购物者作一次抽样调查。

8. 描述你们社区的劳动力构成。

9. 你们社区在促进本社区经济发展方面采取了哪些措施？

10. 确定和描述你们社区的经济发展组织。

四、文化环境

1. 描述你们社区历史上发生的重大事件。

2. 是什么关键人物形成了你们社区？

3. 确定和描述有趣的当地习惯和传统。

4. 描述当地有名的社区民歌和传说。

5. 你们主要的社区节日是什么？

6. 描述当地的历史发展概况。

7. 确定和描述当地的历史建筑。

8. 确定和描述你们社区或离你们社区不远的最好的风景。

9. 确定和描述你们社区特别的地方。

10. 确定和描述当地的文化组织有哪些。

复习思考题

1. 社区规划的含义。
2. 社区规划的基本原则。
3. 社区规划的主要方法。
4. 社区规划的基本功能。
5. 城市社区规划的基本理论。
6. 城市社区规划的基本前提、基本思路和根本目的。
7. 城市社区规划的基本要求。
8. 农村社区规划工作的基本要求和基本原则。
9. 如何搞好农村基本建设用地规划。

参考文献

陈明泉. 2011. 村庄社区规划与管理[M]. 北京：高等教育出版社.

农业农村部新闻办公室. 2019. 中央农办 农业农村部 自然资源部 国家发展改革委 财政部关于统筹推进村庄规划工作的意见[EB/OL]. http://www.moa.gov.cn/ztzl/xczx/zccs_24715/ 201901/t20190118_6170350.htm，2019-1-4.

人民日报理论部. 2006. 新农村建设简明读本[M]. 北京：红旗出版社.

单菁菁. 2005. 社区情感与社区建设[M]. 北京：社会科学文献出版社.

王祥荣. 2004. 生态建设论：中外城市生态建设比较分析[M]. 南京：东南大学出版社.

王兴中，等. 2012. 城市社区体系规划原理[M]. 北京：科学出版社.

吴安宁. 2020. 5 分钟生活圈：以人为本全龄友好——《雄安新区社区生活圈规划建设指南（2020 年）》解读[N]. 河北日报，2020-4-14（5）.

谢守红. 2008. 城市社区发展与社区规划[M]. 北京：中国物资出版社.

于文波. 2014. 城市社区规划理论与方法[M]. 北京：国家行政学院出版社.

张姗琪，甄峰，秦萧，等. 2020. 面向城市社区规划的参与式感知与计算——概念模型与技术框架[J]. 地理研究，（7）：1580-1591.

赵勤，周良才. 2015. 社区管理[M]. 2 版. 北京：中国劳动社会保障出版社.

周广生，渠丽萍. 2003. 农村区域规划与设计[M]. 北京：中国农业出版社.

第六章

社区民主治理

20世纪80年代以来，随着我国城市单位制与农村人民公社制的式微与瓦解，在行政力量与社会发育双重动力的推进下，社区民主治理在我国城乡广泛而深入地开展。社区民主治理是社区利益相关者遵循“议行分设”的制度设计原则与民主协商的治理精神，对社区公共事务与公益事业进行合作共治。社区民主治理的基本形式是“民主选举、民主决策、民主管理、民主监督”，目标是实现社区的“自我教育、自我管理、自我服务、自我约束”。各地社区据此因地制宜创造出各具特色的具体实现方式。自改革开放以来，我国社区民主治理取得了举世瞩目的成就，但毋庸讳言，也出现不少问题，有待今后加以探索与完善。

2017年10月，习近平在党的十九大报告中强调，要“加强社区治理体系建设，推动社会治理重心向基层下移，发挥社会组织作用，实现政府治理和社会调节、居民自治良性互动”。城乡社区治理、城乡居民自治，离不开民主治理。2017年，《中共中央　国务院关于加强和完善城乡社区治理的意见》（部分节选内容见本章末附录1）颁布，2019年，中共中央办公厅、国务院办公厅印发《关于加强和改进乡村治理的指导意见》（部分节选内容见本章末附录2），这两个权威文件同城乡社区民主治理紧密相关。

第一节　社区民主治理概述

一、社区民主治理的背景

我国社区民主治理的兴起有着深刻的国内与国际背景，是欧美新公共管理运动、全球化运动、协商民主理论与实践以及我国改革开放伟大实践综合作用的结果。

（一）新公共管理运动的兴起

第二次世界大战结束以来，凯恩斯主义盛行，政府全面干预与包揽社会、经济事务，这既导致政府机构臃肿，负担沉重，支出庞大，效率低下，又削弱了公民的社会责任感与社会参与的效能感。为消除政府越俎代庖的负面影响，重塑公民精神，自20世纪

80年代以来，西方公共行政学界以及政府兴起了以公共服务社会化、政府-公民关系伙伴化、公共服务顾客导向和政府再造为内容的新公共管理思潮与运动。这股思潮与运动使人们以新的眼光审视与分析政府-市场-社会-社区的相互关系，社区的独立与自治开始凸显其在政府治理中的重要角色与地位。因此，社区民主治理是促进社会和谐的重要手段与基础。

（二）全球化的影响

自20世纪90年代以来，全球化浪潮对政府治理产生了深刻而全面的影响。在其冲击下，催生了政府治理分权化、地方化、社区化的新趋势，地方的自主性不断增加。吉登斯认为，全球化进程的推进使得以社区为重点不仅成为可能，而且变得非常必要，这是因为这一进程产生的向下的压力。“社区”不仅意味着重新找回已经失去的地方团结的形式，它还是一种促进街道、城镇和更大范围的地方区域的社会和物质复苏的可行办法。[①]全球化的影响提升了地方社区及其成员民主参与的效能，使其不断参与相关的公共事务，由公民参与和自主管理而形成的多元管理网络体系日渐成型。

（三）我国的社会化、市场化改革

自20世纪70年代以来，我国以社会化、市场化为导向对行政体制、经济体制与社会管理体制进行了全面改革，塑造了国家-市场-社会的合理结构，改“全能型政府”为“效能型政府”，政府逐渐放权松绑，着力提高企事业单位、社区与家庭的自治性。在城市，大量的国家或集体单位在此过程中进行调整，数量庞大的“单位人”失去单位身份，成为“社会人”或“社区人”，人们转而向社区寻求利益与情感认同，社区取代单位成为人们的利益与情感归属。在农村，随着人民公社制的瓦解，各地农村的公共品供应不足，个别地方甚至陷入无序状态。农村社区自主创造了新型民主治理模式，并获得国家的支持。社区生活日渐成为人们公共生活的重要组成部分，社区的政治地位日益提升。“加强社区建设，是新形势下坚持党的群众路线，做好群众工作和加强基层政权建设的重要内容。”[②]

（四）协商民主

自20世纪60年代以来，西方民主遭逢社会分裂、精英操纵、民粹化倾向、政治肥大、赤字高涨、治理能力低下等严峻危机，一批学者纷纷探讨超越自由主义民主与共和主义民主的新模式，重新思考西方民主的未来。其中具有代表性的是，从平等主义民主回归古典自由主义民主的呼吁与协商民主模式的出炉。综合西方协商民主理论家的主要观点，协商民主是指公民、法人在平等、自由的机制与氛围中就公共事务与公共问题展开理性商讨与公开审议，各抒己见，充分表达，权衡私人利益与公共利益，达成共识，实现决策的科学化、民主化与合法化的公共决策与公共治理模式。如古特曼和汤普逊认为，所谓协商民主，指的是这样一种民主政治形态，即公民通过广泛的讨论，各方意见

---

① 安东尼·吉登斯. 第三条道路——社会民主主义的复兴[M]. 郑戈译. 北京：北京大学出版社，2000.

② 中共中央文献研究室. 江泽民论有中国特色社会主义（专题摘编）[M]. 北京：中央文献出版社，2002.

在公共论坛中互相交流，使各方了解彼此的立场和观点，并在追求公共利益的前提下，寻求并达成各方可以接受的可行性方案。[①]

西方发达国家的社区率先实践协商民主理念，发展出社区民意测验、社区公民大会、社区公民专题委员会甚至大规模的协商大会（亦称 21 世纪城镇大会）等形式，充分动员社区公民与组织参与社区民主治理，对社区公共事务与公益事业进行民主决策，最大限度地实现社区民主治理。

二、社区民主治理的内涵

（一）社区民主治理的含义

民主是一种集体决策方式。在民主的发源地古希腊，雅典公民通过公民大会直接进行公共决策，决定城邦的重大事项。民主体现为一种进行大规模公共决策的制度。而现代民主则是一种公民间接决定公共事务的民主，更多地体现在选民通过选票行使选择执政者的决策权，由民意代表代理行使公共事务的决定权。因而，现代民主是“为了达到政治——立法的和行政的——决定而作出的某种形式的制度安排”，“在这种安排中，某些人通过竞取人民选票而得到作出决定的权力”[②]，也是“一种社会机制，该机制允许尽可能多的人通过在政治职位竞争者中作出选择，以影响重大决策”[③]。但这种选举式民主使公共利益沦为政治精英与利益集团的盛宴，普通公民被排除在公共决策过程之外，公共政策合法性受到普遍质疑，公共治理成为政府的独角戏，公民参与对于公共治理的巨大正向效应未能得到有效的发挥。

随着社群主义、共和主义、协商民主理念以及治理理论的兴起，民主作为公民参与公共事务决策的制度化形式的古典内涵重回人们的视野。特别是世界银行（1992 年）首提“治理与发展”的新观念后，人们对公民、民间组织等非政府因素对公共产品供给的作用有了全新的认识。从“统治”到“治理”是政府观念的一次革命性变化。统治是政府主导的线性管治，而治理则是政府与各种非政府力量的网络共治。全球治理委员会在 1995 年发表的《我们的全球伙伴关系》的研究报告中，对治理作出了具有权威性和代表性的定义：治理是各种公共的或私人的机构管理其共同事务的诸多方式的总和。治理理论的创始人之一罗西瑙认为，治理的主体未必是政府，也无须依靠国家的强制力量来实现。[④]而良好的治理，亦即善治，就是使公共利益最大化的社会管理过程。善治的本质特征就在于，它是政府与公民对公共生活的合作管理。[④]善治有赖于政府与公民对公共事务的合作共治，任何一方的“越位”或“缺位”都会削弱善治的根基。善治是公民认同政府权威而又不依附其权威，公民通过有序的行使政治权利参与选举、决策、管理与监督；同时，政府激发公民参与积极性而又不转嫁责任，坚守自身在公共物品供给方面的责任。因此，善治是

① Gutman A，Thompson D. Deliberative democracy beyond process[J]. The Journal of Political Philosophy，2002（2）：153-174.

② 熊彼特. 资本主义、社会主义和民主主义[M]. 绛枫译. 北京：商务印书馆，1979.

③ 西摩·马丁·李普塞特. 政治人——政治的社会基础[M]. 张绍宗译. 上海：上海人民出版社，1997.

④ 俞可平. 治理与善治[M]. 北京：社会科学文献出版社，2000.

公民（组织）与政府的合唱与伴奏，是一种多主体的混合治理。这种治理方式超越了传统政治理念与制度安排，消弭了传统政治学理论中政府-市场-社会-社区的明显边界，使大到国际社会或国家、小到社区或公司，都必须构建善治网络。

借鉴当前民主与治理的前沿理论，参照国内外社区治理的实践，社区的民主治理是对政府行政功能的延伸与社区成员自治的“冲突”的超越。它致力于构建行政延伸与社区自治共存共生的治理生态，寻求合作共治，直至社区善治。

（二）社区民主治理的主体

社区民主治理的主体是社区利益相关者。社区利益相关者指的是，社区的综合治理状态（社区公共产品的供给、政府行政职能在社区的实现和社区内成员的认同与参与以及社区对政治与公共政策的认同与参与）及其利益直接相关的个人和组织的总称，包括社区居民、社区内外政府机构、社区内公共服务者、社区内外非政府组织、社区内单位以及社区内非正式群体网络。

社区内外政府机构包括社区外政府机构与社区内公共服务者。社区外政府机构是指，中央和地方的立法、行政和司法机关，其立法、政策和判决对社区治理产生直接的效力。社区外政府机构为社区民主治理提供宪法规则的支持与约束，决定社区公共事务民主治理的主客体资格并协助其建构协商机制。社区内公共服务者是指直接在社区行使公共权力、供给公共产品的政府公共服务机构及其人员，其主要职能是在社区进行公共管理与提供优质公共服务，以及与社区内组织和居民协商建立规则，促进社区民主共治。

社区内外非政府组织，是指根据国家法律法规建立的旨在维护公益、促进交流的不包含政府职能的正式组织，包括社区党组织、居委会、村委会、业委会、社区成员全体大会或社区居民代表大会、社区协商议事委员会、志愿者服务组织、各种协会与学会、红十字会等。按功能分工的不同，相应承担社区公共事务与议题的协商或表决，或代理行使公共权力并提供公共服务，或建立社区事务的操作性规则，或构建社区内“物质共荣”与“精神共融”的互助交流平台等事项。社区内外非政府组织是社区民主治理的主导力量。社区民主治理的质量主要取决于各非政府组织的责任感、参与度以及合作水平。

社区内单位，是指地处社区内与社区利益相关的企事业单位和机关团体等组织。

社区内非正式群体网络包括，楼道网络、邻里网络、互助与志愿网络，以及地缘、业缘与趣缘等联谊性网络。社区内非正式群体网络的功能是参与建立、健全与落实社区的操作性规则，使社区民主治理的细节与精神渗透到日常生活的点滴中去，是社区民主治理良性运转的重要基础。①

需要指出的是，除了特殊的经法律明确确认地承担公共管理职责或章程规定的主体关系为命令-服从的关系结构外，其余的均为协商-讨论的关系结构。其关系与网络见图 6-1。

① 埃莉诺·奥斯特罗姆. 公共事物的治理之道——集体行动制度的演进[M]. 余逊达，陈旭东译. 上海：上海三联书店，2000.

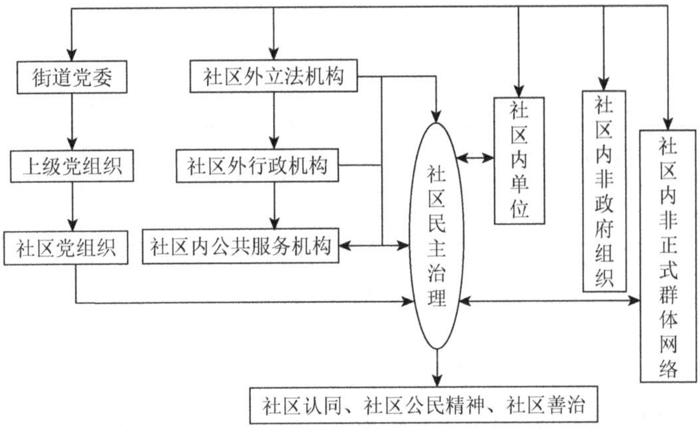

图 6-1　社区民主治理主体网络结构

资料来源：陈伟东. 社区自治：自组织网络与制度设置[M]. 北京：中国社会科学出版社，2004.

因此，我国的社区民主治理是一种上下互动、左右联动的复合治理。一方面，广大社区居民通过民主选举、民主决策、民主管理和民主监督的微观机制，直接地参与社区公共事务的治理和公共产品的供给。另一方面，基层政府机关通过宏观的法定程序支持、协助、参与社区民主治理。

（三）社区民主治理的客体

社区民主治理的客体，是指引起主体关注的社区公共问题、公益事业以及由主体专门负责的社区公共事务，包括社区政府机构的公共管理与公共服务以及与社区高质量人居环境密切相关的社区公共事务或公益事业。社区的民主治理针对国家公共管理职责的要求以及社区公共需求而展开，因此，社区民主治理客体的来源是公共管理职责、社区公共需求和社区公共问题，包括与社区成员的生命、健康、安全等权利的实现息息相关的需求与问题，社区认同、社区和谐、社区参与、社区交流、社区发展等方面的需求与问题，见表 6-1。可见，社区民主治理的客体包括物质性与精神性两方面的内容。

表 6-1　社区民主治理的客体

权利	社区民主治理客体	社区民主治理主体
公民权利	与社区成员生命权、健康权、安全权相关的社区问题及其事务	社区居民、社区内外政府机构、社区内公共服务者、社区内外非政府组织、社区内单位以及社区内非正式群体网络
政治权利	与社区成员的选举权与被选举权、社区内结社的自由、社区内言论自由等相关的社区问题及其事务	社区居民、社区内外政府机构、社区内公共服务者、社区内外非政府组织、社区内单位以及社区内非正式群体网络
社会权利	与社区成员的社会经济权利相关的就业、救济、社会保障等问题及其事务	社区居民、社区内外政府机构、社区内公共服务者、社区内外非政府组织、社区内单位以及社区内非正式群体网络

续表

权利	社区民主治理客体	社区民主治理主体
共和权利*	与平等参与社区公共事务的权利与自由、维护社区的公共利益，以及保护社区环境权、公共财产权、历史文化遗产权相关的问题及其事务	社区居民、社区内外政府机构、社区内公共服务者、社区内外非政府组织、社区内单位以及社区内非正式群体网络

*20 世纪末，继公民权利、政治权利和社会权利的界定之后，第四种公民的权利——共和权利（republican rights）——被承认并加以实施。共和权利指维护公共利益的权利，包括保护社区环境权、历史文化遗产权以及公共财产权等。

（四）社区民主治理的方式

社区民主治理以民主与协商为主要形式。民主由民主选举、民主决策、民主管理、民主监督构成。协商是一种尊重、对话、理性与参与的精神，贯穿社区民主的全过程。

公开、公平、公正的民主选举是社区民主治理的基础。我国相关法律要求社区治理的居委会和村委会等社区治理主体应由社区成员选举产生。社区成员有权选举和被选举为居（村）民代表、居（村）民小组长以及社区居民代表大会成员、社区协商议事委员会成员和社区居（村）委会成员。民主选举遵循"选民登记—公布条件—报名—资格审查—正式选举"的程序，实行差额选举、匿名投票、公开计票。

民主决策是指社区的重大事项由社区居民大会或社区成员代表大会决定（必要时需由全体社区成员公决），由居（村）委会负责执行。日常事务的民主决策先由社区居（村）委会和社区党组织讨论形成初步意见，再交社区协商议事委员会讨论通过。在民主决策的过程中要充分发扬民主精神，激发居民参与的积极性，切实做到听民意、鼓民力、重民智。

民主管理是指由居民选举产生的社区居（村）委会代表社区居民管理社区日常公共事务，维护社区公共利益。社区民主管理应以"管理即服务"为理念，以人为本，依靠居民，团结居民，以民主对话与激发居民主动参与为手段，以居民的"自我管理"与社区公共事务的"无为而治"为目标，以社区服务、社区文化、社区教育、社区治安、社区环境、社区卫生为主要内容，创造上下一心、多元参与、良性互动的自动运转的管理模式。

民主监督是指社区的利益相关者对所让渡的权力的行使与责任履行实施监察和督促。社区民主监督的主体包括社区成员、社区内外政府机构、社区内公共服务者、社区内外非政府组织、社区内单位以及社区内非正式群体网络等利益相关者。社区居（村）民民主选举产生常设的监督机构。有的社区通过选举产生社区协商议事委员会作为常设的监督机构，承担日常监督职能。民主监督的对象主要是社区成员授权其供给社区公共产品的机构及其工作人员，包括社区居（村）委会、物业管理公司、社区内政府机构及其成员等。社区公共服务过程的公开和民主评议是社区民主监督的主要形式，如图 6-2 所示。

为提高社区民主治理的活力、效力与吸引力，必须培育社区协商文化，使其成为社区生活的一部分。所谓协商，指社区各利益相关者的利益与价值得以在社区中自由而又充分的表达，彼此展开理性、平等的对话与讨论，进行公开、理性、公平的博弈，寻找利益与价值的交集，逐渐扩大共识，减少"零和"，促成双赢。

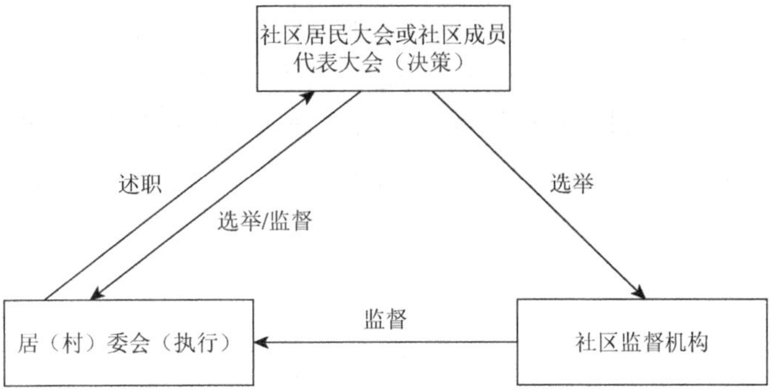

图 6-2　民主决策、民主管理、民主监督的关系

（五）社区民主治理的目的

社区民主治理的目的是通过民主与协商机制实现社区成员、社区公共事务与公益事业的自我管理、自我教育、自我服务、自我监督。

（1）自我管理。社区利益相关者不需外力强制，便可自动启动民主协商机制管理社区公共事务与公益事业，尊重、关心、参与、合作、信任、协商的价值和行为与社区生活融为一体，民主治理处于自动运转的状态。

（2）自我教育。社区居民与组织自主学习知识文化，满足社区居民文化教育需求，建立传播科学与文化知识的组织与网络，共享社区知识，缔造知识型、学习型社区。

（3）自我服务。与政府行政职能无关的社区公共需求、社区公共问题，通过调动社区自身的资源，建立社区服务中介组织，提高其专业化、社会化水平，以自组织的方式予以解决。

（4）自我监督。社区成员以自组织、自生自发的方式完成社区秩序与制度的建立、维系与变迁，以内部协商、谈判的方式解决分歧与冲突，不需外部强制。

三、影响社区民主治理的因素

社区民主治理属于多主体、多对象的复合治理，受其主体与对象的公共属性的影响，其治理绩效受以下因素的制约。

（一）集体行动的困境与社区参与度

居民对社区事务的参与可能是被动员起来的，也可能是自发的，不管是哪一种方式，参与者的利益决定其参与的积极性，由于志愿投身参与社区公共事务的成本基本上由社区成员个人承担，而受益则由全体成员共享，社区参与便陷入集体行动的困境——“搭便车”。奥尔森指出，如果一个集团中的所有个人在实现了集团目标后都能获利……有理性的、寻求自我利益的个人不会采取行动以实现他们共同的或集团的利益。[①]只要人们可以坐收渔利，就会选择做一名“搭便车者”。换句话说，即使一个集体中所有个人都是理性的，作为一个共同体，他们采取行动实现集体的共同目标或利益后都能从中获

① 曼瑟尔·奥尔森. 集体行动的逻辑[M]. 陈郁，郭宇峰，李崇新译. 上海：上海三联书店，上海人民出版社，1995.

益，他们仍然不会自愿采取行动以实现共同利益或目标。正因为如此，亚里士多德才指出，“凡是属于最多数人的公共事物常常是最少受人照顾的事物”[①]。陈万灵于 2003 年在广州市海珠区南华西街社区所作的问卷调查也表明，在关心社区建设的居民中，仍有40.29%的居民并不向街道办事处和居委会反映意见。[②]所以居民有较高的社区参与度成为民主治理正常运转的首要条件。

（二）委托-代理问题

在社区民主治理中，社区居民在大多数情况下依靠选举产生的民意代表代理行使治理权，社区居民与社区公共事务的日常治理者是委托与代理的关系。这种关系隐藏着社区公共事务的代理机构或代理者的短期行为、滥用代理权、不作为甚至背叛等道德风险。这是因为：①委托人与代理人的目标与意愿不一定一致；②委托人对代理人的实际工作绩效难以确定或确定成本过高。因此，委托人不能确定代理人是否适当地实施了行动。[③]

（三）基层政府的错位与越位

政府的角色定位深刻影响社区民主治理的成效。基于传统垂直型的管理模式，基层政府的角色是“决策者”，居委会或村委会是“管理者”，居民或村民是“被管理者”。如果政府动辄以行政命令干预社区事务，控制所有社区组织与社区资源，包揽社区公共事务，这会扼杀社区居民对社区公共事务参与的热情，造成“社区冷漠症”，将会严重削弱社区治理的绩效。

四、提高社区民主治理绩效的对策

（一）造就社区积极公民

社区民主治理的良好运转需要社区利益相关者的公民精神与积极公民行为的支撑。罗伯特·D. 帕特南的实证研究显示，公民精神发达的地区，公共管理的质量与效率均高于那些公民精神不发达的地区。一个地区的公民程度越高，地区政府就越有效率。[④]公民精神（civic-ness），是指公民间的信任、团结、合作、互助以及对公共事务的责任、参与的心理状态与行为表现。积极公民（active citizenship）意味着公民从政府服务的被动消费者变为社区治理的主动参与者，关心社区发展，希望自己在社区中产生积极、持续影响。[⑤]造就社区积极公民，首先，要确立社区公民在社区民主治理中的主导地位，变政府治理为公民治理；其次，建设社区公民文化，培育社区的社会资本；最后，提高公民参与社区民主治理的受益-成本比率。

---

① 亚里士多德. 政治学[M]. 吴寿彭译. 北京：商务印书馆，1965.

② 陈万灵. “社区参与”的微观机制研究[J]. 学术研究，2004（4）：77-81.

③ 理查德·C. 博克斯. 公民治理：引领 21 世纪的美国社区[M]. 孙柏瑛，等译. 北京：中国人民大学出版社，2005.

④ 罗伯特·D. 帕特南. 使民主运转起来：现代意大利的公民传统[M]. 王列，赖海榕译. 南昌：江西人民出版社，2001.

⑤ 理查德·C. 博克斯. 公民治理：引领 21 世纪的美国社区[M]. 孙柏瑛，等译. 北京：中国人民大学出版社，2005.

（二）完善参与机制

社区参与是社区民主治理的灵魂，必须调动社区内各利益相关者的力量参与社区建设。首先，积极推进参与体制创新。积极创新组织、教育、投入、保障等体制，扩大参与空间，保障参与者的权力。其次，积极培育各种社区服务组织介入社区服务工作，使居民参与组织化，社区服务专业化。开放科技、教育、文化、卫生、体育等方面的社区服务，坚持社区服务社会化、市场化的发展方向。最后，强化社区居民的共同体意识与归属感，使其积极参与社区公共事务。加强居民与社区的利益联系，完成从住户到利益相关者的身份转变，使其在维护自我利益的过程中促进社区公共事业的发展。

（三）转变政府角色定位

政府在社区中应扮演行政性公共产品的供给者与社区各利益相关者的协调者的角色。在目前的社区治理阶段，无论在城市还是在农村，社区的安全、计生、消防、教育、文化、体育、医疗、卫生、养老、安居、救济等公共产品的供给，都离不开政府的行政职能。但政府供给应该局限在某些法定必须由政府供给或政府供给更有效率的公共产品上，按照“政事分离”原则把所包揽的技术性或专业性公共产品外包给社区的专业服务组织，政府从这些组织中购买公共产品来供应社区。

第二节　城市社区民主治理

城市社区民主治理是指城市社区的利益相关者以民主协商的方式供给社区公共产品，自组织管理公共事务与公益事业。具体来说，是在社区内外的政府机构与公共服务机构的支持与协助下，建立以社区成员代表大会或社区居民大会为决策机构、以居委会为执行机构、以社区协商议事委员会为常设监督机构的治理架构，以社区居民、社区内外非政府组织与非正式群体网络等为参与主体的合作自组织治理。

一、城市社区民主治理的发展阶段

我国城市社区民主治理经历了萌芽、探索、趋于成熟、进一步完善四个发展阶段。

（一）萌芽阶段

从新中国成立到改革开放前，是城市社区民主治理的萌芽阶段。这一阶段经历了草创、建设、取代、恢复、破坏五个阶段。[①]虽然作为城市社区民主治理的主体，居委会早在20世纪50年代就已存在，并被1954年的《城市居民委员会组织条例》（1990年废止）确认为“群众自治性的居民组织”，但是，在单位体制之下，居委会蜕变为只管辖那些

① 刘祖云. 中国都市居民委员会的历史沿革及其特点——中国都市社会基层居民组织的结构与功能研究之一[J]. 社会学研究，1987（6）：64-72.

“没有单位或暂时不在单位的人”的政府机构，而绝大多数有单位的人依附于单位的庇护，“群众自治”难以落实。

（二）探索阶段

从改革开放到1998年，是城市社区民主治理“摸着石头过河”的探索阶段。这个过程大致经历了20世纪80年代的酝酿阶段、90年代前期的产生阶段，以及90年代后期以来的成长阶段。[①]1982年新修订的宪法确立了居委会在城市基层民主治理中的主体地位，并将其定性为“基层群众性自治组织”。1987年，民政部在武汉召开全国社区服务工作会议，“社区”一词被官方予以正式认可。自1991年开始，民政部在全国各大城市开展社区建设工作。

到20世纪90年代后期，随着市场与社会领域日益扩大，单位体制日渐瓦解，社区凸显出其对社会整合与公共治理的重要影响，原有社区运行机制已不再适应新形势的需要，社区治理方式酝酿新的变革，城市基层民主自治制度呼之欲出。

（三）趋于成熟阶段

1999年，民政部制定了《全国社区建设试验区工作方案》，第一次以政府文件的形式，明确提出了“社区自治”概念，并强调城市基层管理体制要由行政化管理体制向法制保障下的社区自治体制转变。为实施该方案，民政部陆续在沈阳、南京、武汉等城市的26个城区，建立了国家级社区建设实验区，并着手社区自治的试点工作，形成了诸如“沈阳模式”“江汉模式”“上海模式”“温州模式”等各具特色的新形式。

进入21世纪，居委会的“海选”影响了我国的政治生活。2000年底开始，广西进行居委会直选，实现了我国社区自治发展进程中的一次重大突破。2002年，广州首届直选居委会产生。同年，北京市东城区九道湾社区首次通过直接、差额选举的方式产生了新一届社区居委会成员和社区居民代表大会代表。2003年，上海市第一次大范围地采用由居民代表提名，通过差额选举的方式进行居委会换届，其中浦东新区浦兴街道的金桥湾居委会还进行了直选。2005年，深圳盐田区通过全区直选选举出居委会主任。

（四）进一步完善阶段

2017年6月，《中共中央 国务院关于加强和完善城乡社区治理的意见》的发布，标志着我国城市社区民主治理开始步入进一步完善阶段。该文件指出，社区是社会治理的基本单元，城乡社区治理事关党和国家大政方针贯彻落实，事关居民群众切身利益，事关基层和谐稳定；坚持以基层党组织建设为关键、政府治理为主导、居民需求为导向、改革创新为动力，健全体系、整合资源、增强能力，完善社区治理体制，努力把社区建设成为和谐有序、绿色文明、创新包容、共建共享的幸福家园。该文件还强调，要健全完善城乡社区治理体系，一是要充分发挥基层党组织领导核心作用，二是要有效发挥基

---

① 胡位钧. 20世纪90年代后期以来城市基层自治制度的变革与反思[J]. 武汉大学学报（哲学社会科学版），2005(3)：352-356.

层政府主导作用，三是要注重发挥基层群众性自治组织基础作用，四是要统筹发挥社会力量协同作用。[①]

同年 10 月，党的十九大报告也专门论及社区民主治理，要求加强社区治理体系建设，推动社会治理重心向基层下移，发挥社会组织作用，实现政府治理和社会调节、居民自治良性互动。

二、城市社区民主治理的模式

（一）城市社区民主治理的主体

我国城市社区民主治理以街道党委、社区党组织、街道办事处、社区居民大会或社区居民代表大会、业主委员会或业主大会、社区居委会、社区协商议事委员会为主要治理主体，以社区居民、社区内外非政府组织与非正式群体网络等为参与治理主体，见图 6-3。

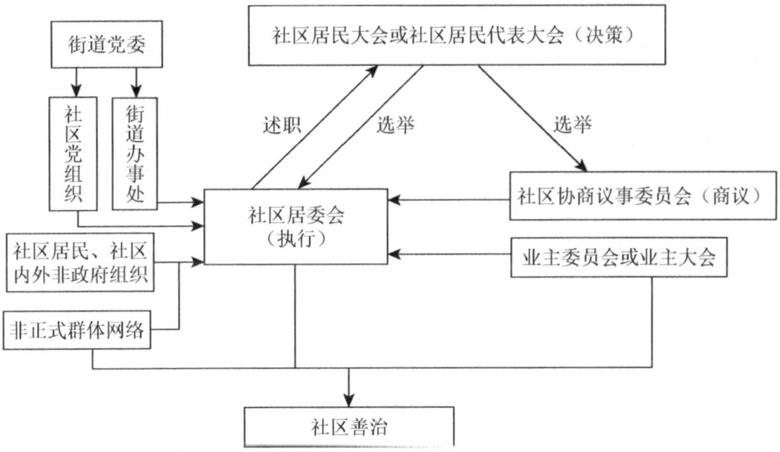

图 6-3 城市社区民主治理主体示意图

（1）街道党委和社区党组织。街道党委和社区党组织在城市社区民主治理中扮演双重角色。首先，它们是社区建设的领导核心，主要体现在对社区内各类组织的协调和带动社区其他居民参与社区建设上。其次，它们是社区民主治理过程中的重要参与力量。街道党委和社区党组织在社区民主治理中领导与参与的双重角色是实现社区善治的需要。

（2）街道办事处。根据我国《城市街道办事处组织条例》的规定，街道办事处的任务包括：办理市、市辖区的人民委员会有关居民工作的交办事项；指导社区居委会的工作；反映居民的意见和要求。但随着社会的变迁，现在的街道办事处的角色已经演变为上级政府的办事机构，承担着职能部门下派的，如治安、劳动、环卫、计生、城市管理、工商、税务、物价等工作职责。正所谓“上面千条线，下面一根针”，街道办事处成为

① 中共中央 国务院关于加强和完善城乡社区治理的意见[EB/OL]. http://www.gov.cn/zhengce/2017-06/12/content_5201910.htm，2017-6-12.

职能部门的一条"腿"。为完成上级布置的任务，街道办事处将社区居委会作为其办事机构，居委会的行政化倾向较为严重，削弱了其自治功能。

（3）社区居民大会或社区居民代表大会。社区居民大会或社区居民代表大会是社区公共事务的最高权力机构，拥有最高决策权。社区居民大会或社区居民代表大会选举产生社区居委会，听取和审议居委会年度工作报告和工作计划，研究、决定本辖区的重大问题，选举产生社区协商议事委员会，讨论和评价社区建设相关事项，反馈居民意见和建议。召开社区居民代表大会每年不少于两次，由居委会主持召开，其成员一般由30～50人组成，由居民民主选举产生，代表任期为3年。

（4）业主委员会或业主大会。在一些由新建商品房形成的社区中，业主大会或业主委员会是社区民主治理网络的重要组成部分。根据《物业管理条例》（国务院2007年8月颁布、2018年3月修改），作为房屋所有权人的业主，有权组成业主大会。业主大会有权制定、修改管理公约和业主大会议事规则，选举、更换业主委员会委员，监督业主委员会的工作，选聘、解聘物业管理企业，并对其工作进行监督，制定、修改物业管理区域内物业共用部位和共用设施设备的使用、公共秩序和环境卫生的维护等方面的规章制度。业主委员会是业主大会的执行机构，有权召开业主大会会议，报告物业管理的实施情况，代表业主与业主大会选聘的物业服务企业签订物业服务合同，及时了解业主、物业使用人的意见和建议，监督和协助物业服务企业履行物业服务合同，监督服务公约的实施。同时，业主大会、业主委员会应当积极配合相关居民委员会依法履行自治管理职责。

（5）社区居委会。我国宪法与《中华人民共和国城市居民委员会组织法》以及其他相关的通则和条例，对居委会的地位、性质、职责与任务作了明确的界定，见表6-2。

表6-2 居委会的地位、性质、职责与任务

<table>
<tr><th>项目</th><th>特点</th><th colspan="2">内容</th></tr>
<tr><td>地位</td><td>双重</td><td colspan="2">政府的跑腿和社区的首脑</td></tr>
<tr><td>性质</td><td>双重</td><td colspan="2">自治组织与基层行政事务的承担者</td></tr>
<tr><td rowspan="2">职责</td><td rowspan="2">双重</td><td colspan="2">自组织社区事务</td></tr>
<tr><td colspan="2">协助不设区的市、市辖区的政府或者它的派出机关开展工作</td></tr>
<tr><td rowspan="2">任务</td><td rowspan="2">双重</td><td>自治</td><td>（1）提供社会和社区公共产品，即办理社区公益事业、调解民间纠纷、维护社会治安
（2）表达民意民情，即向人民政府或者它的派出机关反映居民的意见、要求和提出建议</td></tr>
<tr><td>政治与行政</td><td>（1）宣传宪法、法律、法规和国家的政策，维护居民的合法权益，教育居民依法履行应尽的义务，爱护公共财产，开展多种形式的社会主义精神文明活动
（2）协助人民政府或者它的派出机关做好与居民利益有关的公共卫生、计划生育、优抚救济、青少年教育等工作</td></tr>
</table>

居委会由居民选举产生，由主任、副主任和委员共5～9人组成，其成员可以连选连任。1989年12月，第七届全国人民代表大会常务委员会通过的《中华人民共和国城市居民委员会组织法》规定，居委会每届任期3年；2018年12月第十三届全国人大常委会修改通过的《中华人民共和国城市居民委员会组织法》规定，居委会每届任期5年。居委会可以设立人民调解、治安保卫、公共卫生等下属委员会。目前，大多数居委会成为街道办事处的下属机构。

（6）社区协商议事委员会。在以居委会为社区事务的执行者的治理模式中，一般设立社区协商议事委员会作为议事与监督机构，主要由在社区内有一定影响、在群众中享有较高威望、热心社会公益事业的辖区内主要单位领导和知名人士、居民代表组成，由社区居民大会或社区居民代表大会选举产生，在社区居民大会或社区居民代表大会闭会期间行使对社区的协商、议事职能和民主监督职能。社区协商议事委员会不定期召开工作会议，对辖区内需要解决的重要问题进行民主议事和民主监督。

（7）物业管理公司。物业管理公司是具备相应资格并按照法定程序成立的从事物业管理服务的经营性企业法人。新建商品房住宅小区一般都由物业管理公司提供社区内的物业维护、治安、卫生、绿化、车辆道路管理等有偿服务。物业管理公司的服务质量直接影响到居民的居住环境与生活质量。物业管理公司也是社区民主治理的重要组成部分。

（8）居民小组。每一栋楼的居民组成居民小组，自主管理楼内的公共事务，又称门栋自治。形式包括：①推选门栋代表。同一楼群的居民通过户代表会议，民主推选门栋代表。各门栋代表通过各种途径听取本栋楼居民的意见和建议，定期开会研究和解决本栋楼的实际问题。②订立门栋公约。③不定期举行“户主会”，商讨解决本栋楼共同关心的问题。④设立门栋自治基金，用于本栋楼公益事务。⑤开展丰富多样的公益活动。

（9）居民论坛。社区居民定期召开大会，讨论社区内部的公共问题或公共事务，或者创建网上社区论坛，网议社区公共事务。

（10）居民公决。以全体居民共同表决的形式，来解决社区内部公共问题或开展公益事业。

（11）居民专门委员会。居民就社区的专项事项建立相应的机构，参与、讨论、监督或执行相关事务，行使民主管理、民主监督的权力。如沈阳市沈河区山东堡社区居民自发组织“社区文明建设督导委员会”，参与对社区公共设施、绿化、治安、卫生、环境等的综合管理，维护“居民公约”。

（12）业主委员会。第十三届全国人民代表大会第三次会议通过的《中华人民共和国民法典》、国务院颁布的《物业管理条例》、住房和城乡建设部制定的《业主大会和业主委员会指导规则》等法律法规，都涉及业主和业主委员会。比如，2020 年 5 月第十三届全国人民代表大会第三次会议表决通过的《中华人民共和国民法典》第二百七十七条规定，“业主可以设立业主大会，选举业主委员会。业主大会、业主委员会成立的具体条件和程序，依照法律、法规的规定。地方人民政府有关部门、居民委员会应当对设立业主大会和选举业主委员会给予指导和协助”。第二百七十八条规定，“下列事项由业主共同决定：（一）制定和修改业主大会议事规则；（二）制定和修改管理规约；（三）选举业主委员会或者更换业主委员会成员；（四）选聘和解聘物业服务企业或者其他管理人；（五）使用建筑物及其附属设施的维修资金；（六）筹集建筑物及其附属设施的维修资金；（七）改建、重建建筑物及其附属设施；（八）改变共有部分的用途或者利用共有部分从事经营活动；（九）有关共有和共同管理权利的其他重大事项”。业主委员会是业主行使共同管理权的一种组织形式，是业主大会的执行机构，由业主大会选举产生，委员通常由 5～11 人单数组成，也可以根据小区情况在议事规则或管理规约中对委员人数进行约定。业主委员会对业主大会负责，具体负责执行业主大会交办的各项物业管理事项，向社会各方反映业主意愿和要求，尤其是监督和协助物业服务企业或其他管理人履行物业服务合同。

（二）城市社区民主治理模式的探索

在城市社区民主治理的实践探索中，出现了两种不同的探索路径。第一种是行政整合导向，即强化基层政府的功能，以基层政府为主导，依靠政府的行政资源进行社区治理，形成从市政府到社区的逐级垂直治理模式。最为典型的是20世纪90年代初上海提出的“两级政府、三级管理、四级网络”模式。这一做法为北京、石家庄、青岛等地所借鉴和引用。其二是社区民主治理导向，即强化基层社区的功能，重新界定社区与政府的关系，建立社区治理组织，确立其在社区的主导地位，动员、整合社会力量参与社区治理，促进社区的自组织治理。最典型的是“沈阳模式”和以此为基础的“江汉模式”。

1. 上海模式

上海社区管理模式可以归纳为“两级政府、三级管理、四级网络”，“两级政府”是指市政府和区政府，“三级管理”是指市政府、区政府和街道办事处对社区建设所实施的管理，“四级网络”是指在全市各社区内推行网格化管理。街道形成“一个功能、三个中心”的格局。“一个功能”是指社会综合管理功能；“三个中心”包括社区事务受理服务中心、社区医疗服务中心和社区文化中心。在社区居委会层面，实现“居站分设”的管理模式，成立社区工作站。通过政府购买服务，逐步承接从政府、自治组织中剥离出来的社会职能，承办社区的各类服务项目，满足社区成员的多层次需求，参见图6-4。

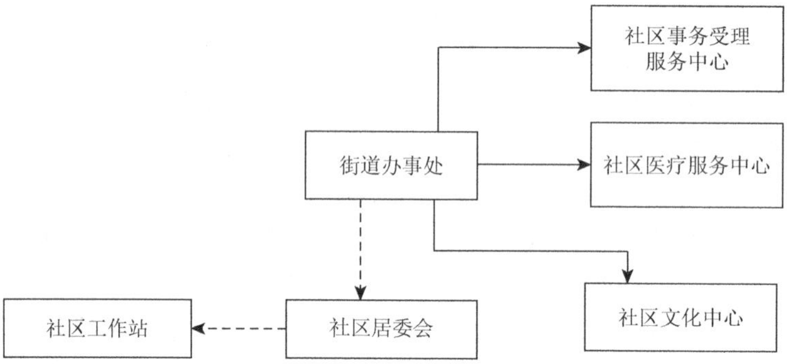

图6-4 上海社区管理模式图

注：实线箭头表示领导与被领导关系，虚线箭头表示指导与被指导关系。

上海社区管理模式是政府管理与社区自治管理并重，政府一次性投入，以政策资金为导向，通过培育、扶持社会民间组织，引入市场机制，注重发挥各类社会中介机构和各类社区服务组织的作用，探索以街坊地域为依托，形成政府、市场、社会、居民各方共同参与协作的、多样化的社会生活服务系统。

2. 青岛模式

青岛的社区管理主要体现在“社区管理、社区自治、社区文化、社区服务、社区文明、社会安全”等六个方面。区、街道、居委会各成社区，并建立区、街道、居委会三级组织机构（区成立社区建设指导委员会，街道成立社区建设协调委员会，居委会成立社区建设管理委员会），参见表6-3。

表6-3 青岛社区管理机构、人员与职责

机构	组成人员	职责
区社区建设指导委员会	区委、区政府的领导及相关部门	负责全区范围的社区建设领导职责
街道社区建设协调委员会	街道党政领导及相关部门、社区内企事业单位负责人	综合协调社区建设事务
社区建设管理委员会	居委会干部、社区内企事业单位代表及居民代表	负责组织本辖区内的社区建设工作

青岛建立了区、街、居三级社区服务中心，形成了便民利民、为老年人服务、为残疾人服务等九大服务系列。它赋予社区更多的管理职能和服务内容，大大强化了社区服务功能，寓社区管理于社区服务之中。在青岛市浮山后新区的工作实践中，通过社区居民代表大会选举出社区委员会，自己管理社区事务，区委和区政府不再在新区设立街道办事处，而是由社区委员会指导社区内居委会的工作，并承担街道办事处的绝大部分职责。浮山后模式管理体制可以概括为“一个核心，三套工作体系”。“一个核心”是，社区党工委。“三套工作体系”分别是：社区代表会议制度，社区代表由社区党工委、社区事务受理中心、驻社区单位代表和居民代表及驻社区各级人大代表、政协委员等组成，每届3年；社区事务受理中心，由区政府职能部门的派出人员组成，承担浮山后社区的行政管理职能；社区服务工作体系，是指成立浮山后社区服务中心，并在各社区居委会成立社区服务站，引导社区单位和居民群众开展便民利民服务活动。

3. 沈阳模式

沈阳市自1999年上半年起，按照“社区自治、议行分设”的原则制定了相应的规章制度，探索社区民主治理之路。一是重新划分社区的区域范围。为了促进社区成员认同感与提高社区民主治理绩效，沈阳将社区定位于“大于居委会、小于街道”。沈阳把2～3个原居委会合并为一个新的社区。二是重建社区民主治理的架构。按照“议行分设”和“自治权利相互制衡”的原则，在每个社区组建“一个大会、两个机构”，建立以社区议事会、管委会为主导，以居民组长和社区居民代表大会代表为主体的社区民主治理网络，构建各司其职的治理体系。

4. 江汉模式

武汉市的江汉模式是江汉区探索出的一条社区管理与建设的新路径，参见表6-4。

表6-4 江汉模式的内容

措施	内容	
界定政府、社区的关系	指导与服务	区、街政府部门应指导居委会管理社区公共事务，并向社区居民提供公共服务
	协助、服务与监督	居委会应按《中华人民共和国城市居民委员会组织法》的规定协助政府开展工作，并对区、街政府部门的服务予以监督
强化居委会权力	社区工作者选免权、内部事务决定权、财务自主权、民主管理监督权和不合理摊派拒绝权	

续表

措施	内容
五个“到社区”	工作人员配置到社区，工作任务落实到社区，工作经费划拨到社区，服务承诺到社区，考评监督到社区
权随责走、费随事转	区、街政府部门需要社区居委会协助时，区、街政府部门必须同时为社区组织提供协助所需的权力和经费
	政府部门的社会性职能向社区转移时，必须同时转移权力和经费
社区民主考核	一是居民代表对社区组织及社区工作者进行考评
	二是社区组织、居民代表对政府工作人员进行考评
	三是社区组织、居民代表对区政府有关职能部门和街道办事处及其相关科室进行考评

值得一提的是，在武汉市还有一个典型的社会共建的新型居民社区——百步亭社区。在这个新兴城市社区，开发企业以实现安居需要和提高居民生活质量为目标，将社区开发、社区管理、社区服务和社区建设融为一体，采取社区管理委员会、物业管理公司、居委会三位一体的新型管理模式。社区管理委员会是一个半行政、半自治的组织。所谓半行政是指，武汉市江岸区政府授权社区管理委员会直接履行基层政府的部分职能，领导、组织和协调社区组织及其各项活动。所谓半自治是指，社区管理委员会由百步亭社区各自治组织负责人、各管理机构负责人和业主代表组成。由于百步亭社区是企业办社区，所以除社区管理委员会议、物业管理公司和居委会外，该社区还设有一个社区服务中心，该中心是在区政府指导下，履行政府各部门职能，为社区居民提供政策性服务的机构，相当于一个政务服务中心；物业管理公司是全方位承担社区服务的主体；居委会按照“自我完善、自我教育、自我服务、自我监督”的原则，经居民民主选举产生。

5. 南京模式

南京的社区治理体制比较灵活，市委、市政府将权力下放到区，由各个区开展社区管理模式的探索与创新。白下区（2013 年已撤销，设立为新的秦淮区）在淮海路街道进行了社区组织和管理体制改革的新探索。强化街道党工委的职能，下设工委办公室、社会治安综合治理办公室和武装部，加强基层党组织的领导和指导，支持和监督行政部门与自治组织的工作；撤销街道办事处内部机构，设立社区行政事务受理中心，作为区政府各职能部门直接服务群众的窗口，从而缩减政府行政管理层级、提高行政管理效率；在社区居委会层面设立社会工作站，其性质是民办的非营利性组织，为社区提供专业化的社会福利服务，并引入市场机制，走社会化、产业化的发展道路，如图 6-5 所示。

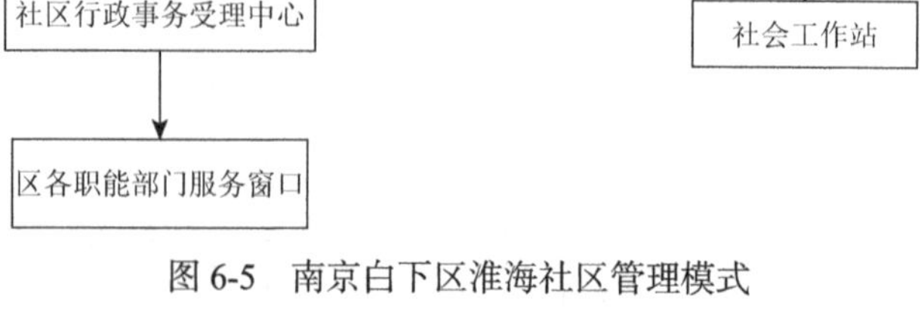

图 6-5 南京白下区淮海社区管理模式

注：实线箭头表示领导与被领导关系，虚线箭头表示指导与被指导关系

6. 深圳模式

深圳的社区治理模式包括罗湖模式和盐田模式，分别是深圳罗湖区和盐田区探索社区管理与建设的成果。罗湖模式概括起来，即以居住小区为基础，居委会与物业管理公司紧密结合的社区服务市场化模式。在政府的统一规划指导下，在一些可以实行市场化的社区服务领域中引入市场运作机制，以建设安全文明小区为切入点，化整为零，分散管理，将居委会的社会性职能与物业管理公司的商业性运营较好地结合在一起，形成一种高度市场化的社区建设和管理模式。凡是涉及社区公共服务的项目一律由社区居民通过招投标聘请物业管理公司进行专业化、市场化管理。社区居委会不从事以营利为目的的经济活动，而主要从事社会性工作，如民政、计生、调解等。而盐田模式被评价为一种成功的多赢模式。指导思想是“强政府，强社会”，采取“议行分设”的组织形式，在社区创立“一会两站”的社区新型管理体制，如图 6-6 所示。

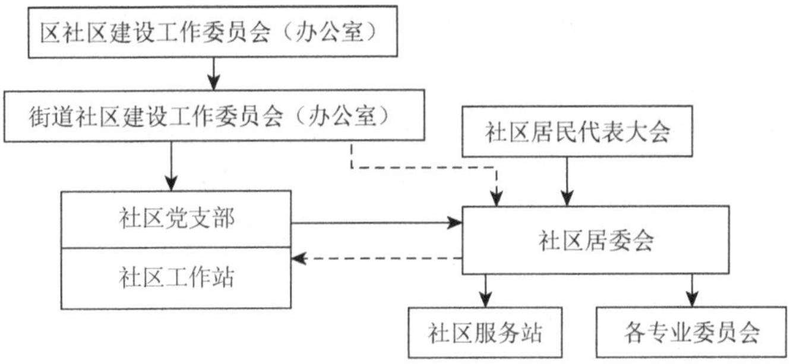

图 6-6　深圳社区管理模式

注：实线箭头表示领导与被领导关系，虚线箭头表示指导与被指导关系

（三）城市社区治理模式的国际经验

各国城市社区治理模式产生于不同的文化传统和政治、经济背景下，并在社区治理过程中形成了不同的政府与社会关系，产生了不同的管理模式和运行机制。不同的社区治理模式并没有绝对的优劣之分，关键是适应本国的实际情况，有利于促进社区发展。

社区发展在西方国家已经有 100 多年的历史，并已经达到很高的水平，借鉴国外城市社区治理的理论和实践经验，对我国方兴未艾的城市社区建设、社区治理具有积极的意义。国外社区治理模式具有一些共同的特点。

（1）构建“行政、自治、社区”三位一体的社区治理结构。美国纽约、日本东京和新加坡社区治理皆有的共同特征就是，形成了一种“政府指导、社区自治、民众参与”的社区治理体制。这种三位一体的社区治理结构体现了当今时代社区治理的一般规则，并不是少数国家或城市社区治理的特色，因此在某种程度上具有普遍性。国外比较成熟的社区体制，都是由政府、自治、社会这三种力量共同介入或者彼此相互中和，相应形成了行政主导模式、自治主导模式或者混合/合作模式（表 6-5）。

表 6-5 国外三种社区治理模式的简要对比

国家/地区	类型	主要特点
美国纽约	自治主导模式	政府通过政策调节、法律制定、财政支持对社区进行宏观管理。具体社区事务由非政府组织负责实施，中介组织的参与减轻了政府的财政压力
日本东京	混合/合作型	政府资助官办的行政性社区组织、官民合办（民办为主）的半行政性社区组织、居民自治组织等共同负责社区管理
新加坡	行政主导模式	政府制定社区发展规划，为社区提供物质支持与行为指导，承担社区公共设施的费用与日常支出

（2）多元主体合作共事。美国纽约、日本东京和新加坡的社区治理都是从政府单独负责转变为政府、社区自治组织、第三方组织共同负责的。不过，责任的分担并不表明政府减轻了对社区公共事务的治理责任，更不意味着政府可以放弃责任。这要求政府必须以指导者和监督者的身份，通过制定公共政策和公共服务的目标、标准、原则去规范、监督其他主体作出的承诺及其工作的运行状况，审查社区公共事务管理的质量和效益，促进社区公共利益和福利的扩大，并致力于整合一切力量，为社区提供有效的、经济的、高质量的公共产品和公共服务。

（3）治理机制有所创新。国外社区治理最突出的制度创新就是市场化和民营化。市场化包括两个层次：一是社区公共事务服务者参与的市场化，二是社区公共产品提供的市场化，即公私部门所提供的公共产品必须接受市场和公众的检验，并按照市场竞争规律优胜劣汰。

（4）依法管理社区。西方发达国家的城市管理比较成功，主要是通过各种法律法规协调处理社区中各单位、各集团、各家庭以及个人在城市中发生的各种关系及其相互间的矛盾和冲突，社区内的公民行为受到法律的约束和保护，社区内的工作严格按照法律法规运行，这与西方发达国家整个社会具有较强的法治观念有直接联系。

（5）社区活动经费来源渠道多。国外社区活动经费来源大致可以分为三种情况：一是由政府拨款，社区内部的公共设施等日常经费由政府提供；二是来源于个人和组织捐款，如宗教组织和慈善机构的资助；三是来源于自筹经费，完全自治性组织的活动经费一般由组织成员自筹，社区组织的领袖基本是志愿者，这些志愿者的工作是兼职的、义务的，因而可以节省一些经费。

三、城市社区民主治理存在的问题及展望

（一）城市社区民主治理存在的问题

首先，社区民主选举中选民的“政治冷漠”。近年来，我国社区逐渐实行由社区居民直接选举产生社区居委会的选举方式，但效果却不甚理想。其中最主要的问题是，社区选民对居委会选举的态度冷漠，选举沦为“走过场”。社区居民对于选举没有兴趣，也不积极参加，以致出现了南京白下区在选举中参选的人全部是外来人口，选举出现了居民们用选举的方式雇用社区居委会成员的尴尬局面。[①]居民对居委会选举的消极态

① 林尚立. 社区民主与治理：案例研究[M]. 北京：社会科学文献出版社，2003.

度，既削弱了居委会的合法性，也打击了居委会维护社区利益的积极性。

其次，居委会与物业管理公司的关系不清。目前，居委会与物业管理公司的关系并未理顺，两者存在着直接的矛盾。我国的有关法律并没有明确界定居委会与物业管理公司的关系，但两者又在服务内容上存在着交集，如都有义务维护社区治安、环境绿化美化，有的物业管理公司排斥居委会插手社区公共事务，甚至百般阻挠。此外，由于双方的职责不明，在具体服务项目上有时会出现互相推诿、扯皮的现象。

最后，居委会与街道的关系不顺。居委会与街道的法定关系问题至今未得到完全理顺，由于居委会的经费待遇及政治前途都来源于政府，居委会的行政化倾向严重，容易出现奔命于行政事务而忽略社区具体事务的情况。

（二）城市社区民主治理的展望

（1）社区民主治理的主体间的法律关系需要进一步明晰。随着社会转型、企业转制和政府转变职能，居民委员会的工作内容发生了深刻变化，社会管理任务日趋繁重。随着新《中华人民共和国城市居民委员会组织法》（2018 年 12 月 29 日修正）的贯彻与实施，我国对社区服务和社区民主的相关法规和制度都将作出相应的修改。

（2）社区民主治理将向纵深发展，其规模和水平将会进一步提高。首先，直选社区居委会将作为长期稳定的社区民主治理核心机制确定下来。社区居委会直选将不再是试点社区的经验，而是所有社区居民社区生活的组成部分。其次，民主选举的民主化程度会逐步提高。基层政府的影响力逐步淡出居委会选举，选举真正体现民主原则，居民自主选出社区的“公仆”。最后，社区民主治理的协商与参与规模进一步扩大。一是社区居民对社区公共事务与公益事业的参与日趋活跃。二是社区居民参与的形式更具组织性，各种各样的社区内外非政府组织、非正式群体网络将大量涌现并广泛参与社区事务。

第三节 农村社区民主治理

人民公社制瓦解后，在国家与农民的双向互动下，中国农村诞生了以乡镇党委及政府、农村党支部、村民会议、村民代表会议、村委会、村民小组、村务公开监督小组、村民民主理财小组等为治理主体，以村中公共事务与公益事业为对象，以“民主选举、民主决策、民主监督、民主管理”为方式的农村民主治理。农村社区民主治理作为一种新型乡村治理机制，具有多重利益整合功能，在乡村振兴战略的新时代背景下，对解决现有治理问题、推动乡村社区治理体系和治理能力现代化建设具有重要意义。农村民主治理在农村基层治理中发挥至关重要的作用，但也出现了新的问题，还有待完善。

一、农村社区民主治理的兴起与发展

（一）农村社区民主治理兴起的背景

我国农村社区的民主治理，是农民基于个体理性而自发形成的集体行为，是与国家

进行理性互动的结果，其兴起与发展有着深刻的历史背景。

一是人民公社的解体引致的农村公共产品短缺。20世纪70年代末80年代初，随着人民公社制的式微，国家对农村的公共产品的供给弱化，农村社区的公共服务体系名存实亡，农村社会出现了一定的无序状态。为满足农村社区对公共产品的需要，某些地方的村民自发组织起来，自主管理农村公共事务与公益事业，维持公共秩序，创造公共福利。

二是国家在农村的治理能力与权威受到挑战。20世纪80年代初，虽然国家建立了乡镇政府以弥补人民公社解体后出现的权力真空，但国家对农村的治理能力与合法性受到严峻挑战。一方面，随着联产承包责任制的推行，大部分行政村的集体经济沦为“空壳”，村级行政组织陷于瘫痪。国家面临的突出问题之一是，以何种形式将分散化的农民重新整合到国家体系中来，实现对乡村的有效治理。另一方面，随着国家权威在农村的减弱，国家与农民之间的垂直行政联系出现断裂，各种传统的权威形式，如宗族势力等，在农村地区再度兴起并意图取代国家法理权威，干群关系日趋紧张。

三是农民与国家的互动催生了农村民主治理模式。为应对上述挑战，国家曾试图重组村一级政府，强化其在农村的垂直治理，但这不利于激发农民的积极性与创造性，而且会增加国家财政负担。故此，国家鼓励农民参与农村治理，支持构建以农民为主体的农村民主治理模式，实现村级治理单位非行政化。同时，各地农民自主探索的民主治理模式所产生的良好绩效强化了农民的民主意志与政府的信心，使自下而上的制度创新与自上而下的制度确认的制度变迁路径得以确立，形成了我国农村公共事务的民主治理新局面。

（二）农村社区民主治理的发展阶段

自20世纪80年代以来，我国农村社区民主治理经历了创始、探索与创新、趋于成熟和进一步完善四个阶段。

一是创始阶段（1980～1986年）。20世纪80年代初，人民公社解体，但相应的农村治理机构并未同时建立，农村的公共设施、治安、集体福利、土地、水利管理等公共产品的供给短缺，一些地区的农民开始自发探索新时期农村公共治理的组织形式。最早的农村民主治理组织出现在广西宜山（现为广西河池宜州区）、罗城两县的部分农村。方式是村民以无记名投票的方式选举产生供给农村公共产品的组织——村委会。村委会建立后，召集村民共同制定村规民约和管理章程，组织农民修路建桥，植树造林，安装电视转播器，维护社会治安，为当地村民营造了一个安定的生产生活环境，实现了公共产品的自我供给。到1982年底，全国不少地区都出现了类似的村委会自治组织。1982年12月，新宪法正式确认了村委会的法律地位，全国农村掀起建立村委会的热潮。1986年9月，中共中央和国务院发布了《关于加强农村基层政权建设工作的通知》，强调要进一步发挥群众自治组织自我教育、自我管理、自我服务的作用，同时将民政部确定为村委会的主管机构。这意味着农村的民主治理已正式进入中央政府的工作日程。

二是探索与创新阶段（1987～1997年）。1987年11月，第六届全国人民代表大会常务委员会第二十三次会议通过了《中华人民共和国村民委员会组织法（试行）》，村民自治被以法律形式确定下来。1988年6月，民政部开始在全国范围内组织乡村选举，村民自治开始进入制度化运作阶段。1990年以来，全国广泛开展了村级选举活动。1992年底，各省都实行了农村基层选举。截止到 1997 年底，全国绝大多数省份都已进行了两届选举，福建、黑龙江、河北、内蒙古等已进行了四届选举。全国 60%以上的村庄建立了以村委会为主要载体的“民主选举、民主决策、民主管理、民主监督”制度。实践中，各地涌现出许多有益的制度创新，重要的有“村民代表会议”“村民公决”“海选”“两票制”“预选”“三上三下三公布”等。

三是趋于成熟阶段（1998～2016 年）。1998 年，是中国农村民主治理走向成熟的转折年。这一年，第九届全国人民代表大会常务委员会第五次会议通过了新的《中华人民共和国村民委员会组织法》，并于同年 11 月 4 日正式颁布实施。各省级行政区的地方立法机构陆续依据《中华人民共和国村民委员会组织法》制定了本行政区域内的《村民委员会组织法实施办法》和《村民委员会选举办法》两个地方性法规，从而基本形成了中央立法与地方立法相结合的民主治理的法律框架。这标志着我国农村的民主治理正逐步走向以制度化、规范化、程序化为特征的成熟阶段。在民主治理的制度完善方面，新法有了突破性的进展。如村民直接提名候选人、实行差额选举、设立秘密写票处、公开计票、增加了对“破坏选举”的处理、设定了罢免程序，民主选举技术日臻成熟。选举产生的村委会干部，在年龄结构、文化程度、性别比例诸方面得到优化。村民参选率高达 90%[①]，村民们把选举当作基层民主政治生活的一个自然的组成部分。

在民主决策、民主管理、民主监督方面，2003 年 6 月，中央成立了全国村务公开协调小组，督促、指导村务公开制度的建立健全。2004 年 6 月中共中央办公厅和国务院办公厅发布了《关于健全和完善村务公开和民主管理制度的意见》。该文件专门就村务民主决策的程序问题、村务公开问题、财务公开问题等作了详细规定。

四是进一步完善阶段（2017 年至今）。2017 年 6 月，《中共中央 国务院关于加强和完善城乡社区治理的意见》的发布，既标志着我国城市社区民主治理开始步入进一步完善阶段，也标志着我国农村社区民主治理开始步入进一步完善阶段。尤其重要的是，2019 年 6 月，中共中央办公厅、国务院办公厅印发了《关于加强和改进乡村治理的指导意见》，这是农村民主治理发展史上具有里程碑意义的文件。该文件指明了乡村治理的总体目标。一是近期目标：“到 2020 年，现代乡村治理的制度框架和政策体系基本形成，农村基层党组织更好发挥战斗堡垒作用，以党组织为领导的农村基层组织建设明显加强，村民自治实践进一步深化，村级议事协商制度进一步健全，乡村治理体系进一步完善。”二是远期目标：“到 2035 年，乡村公共服务、公共管理、公共安全保障水平显著提高，党组织领导的自治、法治、德治相结合的乡村治理体系更加完善，乡村社会治理有效、充满活力、和谐有序，乡村治理体系和治理能力基本实现现代化。”[②]

二、农村社区民主治理的模式

农村民主治理的基本模式是，在乡镇党委、乡镇政府的支持下，以农村社区党支部

---

① 何包钢. 乡村选举实证研究的四个问题及其分析[J]. 浙江社会科学，2000（1）：104-107.

② 新华社. 中共中央办公厅 国务院办公厅印发《关于加强和改进乡村治理的指导意见》[EB/OL]. http://www.gov.cn/xinwen/2019-06/23/content_5402625.htm，2019-6-23.

作为民主治理的领导核心；以村民会议为最高权力机关，以村民代表会议为常设机关，代行村民会议的职权；以村民委员会作为村民会议的执行机关，履行法律赋予的职权和职责；以各个专门委员会作为具体的职能机关，协助村民委员会开展村务管理；以村民民主理财小组和村务公开监督小组作为监督机关，代表村民行使村务监督权和村务管理、村务决策的参与权；以“民主选举、民主决策、民主管理、民主监督”为形式，对农村公共事务与公益事业进行民主治理。

（一）农村社区民主治理的主体

农村社区民主治理的主体包括，乡镇党委和村党支部、乡镇政府、村民会议、村民代表会议、村委会、村民小组、村务公开监督小组、村民民主理财小组等。

（1）乡镇党委和村党支部。2018 年 12 月，第十三届全国人民代表大会常务委员会第七次会议修改通过的《中华人民共和国村民委员会组织法》第四条规定，中国共产党在农村的基层组织，按照中国共产党章程进行工作，发挥领导核心作用，领导和支持村民委员会行使职权；依照宪法和法律，支持和保障村民开展自治活动、直接行使民主权利。

（2）乡镇政府。《中华人民共和国村民委员会组织法》第五条规定，乡、民族乡、镇的人民政府对村民委员会的工作给予指导、支持和帮助，但是不得干预依法属于村民自治范围内的事项。

（3）村民会议。村民会议是村的最高权力机构。职权是每年审议村委会的工作报告，并评议村委会成员的工作，制定和修改村民自治章程、村规民约，并报乡、民族乡、镇人民政府备案。涉及《中华人民共和国村民委员会组织法》规定的事关村民利益事项，村民委员会必须提请村民会议讨论决定，方可办理。

（4）村民代表会议。村民代表会议是村民会议的代表机构。村民会议闭会期间，由村民代表会议代行村民会议职权。村民会议和村民代表会议，是村民直接行使民主权利或代表村民行使民主权利的决策、监督组织，对村级重大事务具有决策权和管理权。

（5）村委会。村委会是村民自我管理、自我教育、自我服务的基层群众自治组织，执行村民会议或村民代表会议的决定，对其负责，受其监督。村委会由村主任、副主任、人民调解员、治安保卫委员、妇女委员、公共卫生委员、村民小组组长等成员组成，所有村委会成员都必须经过民主选举产生。村委会成员的权力来自村民的授予，村民有权撤换或罢免不称职的村委会成员。

（6）村民小组。村民小组是村委会内的一个自治单位，是联系村民与村委会的桥梁和纽带。

（7）村务公开监督小组。村务公开监督小组成员由村民会议或村民代表会议在村民代表中推选产生，负责监督村务公开制度的落实。

（8）村民民主理财小组。村民民主理财小组成员由村民会议或村民代表会议从村务公开监督小组成员中推选产生，负责对本村集体财务活动进行民主监督，参与制定本村集体的财务计划和各项财务管理制度，有权检查、审核财务账目及相关的经济活动事项，有权否决不合理开支。

（二）农村社区民主治理的方式

农村社区民主治理方式包括村民依民主程序选举、罢免村委会，监督村委会的运作，对村内公共事务与公益事业进行民主选举、民主决策、民主管理与民主监督。

1. 民主选举

民主选举是指村委会的成员由有选举权和被选举权的村民选举产生或罢免，任何组织和个人不得指定、委派或者撤换村委会干部。

在具体的选举过程中，如何确定候选人是一大难题，我国农村选举中出现了“海选”“两票制”“预选”“三上三下三公布”等制度，创造性地解决了这一问题。

“海选”是20世纪90年代由吉林省梨树县创造的一种村委会选举方式，其特点是不设候选人，由选民直接选举村委会成员，“提名权、投票权、决定权”三权合一。具体做法是每位选民领取一张空白选票，然后进入秘密划票间，将自己心目中的村委会成员人选的姓名填写在空白票上，再将票投进投票箱，选民投票完成。村委会成员经村民投票产生，过半数票而得票多者当选。如在一次性投票中无人得票过半数或出现缺额，则对得票多的被选人进行再次投票。

“两票制”是山西省河曲县创造的选举模式。整个选举过程分两个阶段，投两次票：第一个阶段是确定正式候选人，由党支部、村民代表会议和村民提名候选人，组织提名和村民提名具有同等的权利，然后由有选举权的村民进行预选，投票确定正式候选人。第二阶段是正式选举，召开选举大会，无记名投票，直接选举村委会成员。“两票制”选举村委会的方式，也被移植到村支书选举上。具体做法是，在村支部的选举中，先让村民对候选人投“信任票”，票数过半才能成为正式的候选人，再由全体党员投“选举票”。

“预选”是福建全省统一实行的确定候选人的方式。为保证正式候选人能够代表选民的意愿，在初步候选人到正式候选人的筛选过程中，采用由村民代表会议组成人员和有关人员投票决定正式候选人的方式。

“三上三下三公布”是河南省汝南县创造性地通过民主协商确定正式候选人的方式。该县规定：提名推荐候选人应按3∶1或5∶1的比例确定，以便实行差额选举。推荐方法采用“三上三下三公布”程序，即选民自下而上地提名候选人（一上）；村选举领导小组公布所有提名人选（一下）；然后，各村民小组再就候选人名单进行讨论，重新提出一份名单（二上）；接着，村选举领导小组邀请村民小组组长和村民代表召开协商会议，而后再自上而下地公布协商后的名单（二下）；同样的协商程序再重复一次（三上三下）。这样三榜定案，确定候选人。①

2. 民主决策

民主决策是指，凡是与农民群众切身利益密切相关的事项，如村集体的土地承包和租赁、集体企业改制、集体举债、集体资产处置、村干部报酬、村公益事业的经费筹集方案以及建设承包方案等，都要实行民主决策，不能由个人或少数人决定。民主决策的

① 叶富春. 村民自治的历程、意义与问题[J]. 哈尔滨学院学报（社会科学），2003（5）：28-35.

机构是村民会议或村民代表会议。有 1/10 以上的村民提议，就应当召开村民会议。村民会议应有本村 18 周岁以上村民的过半数参加，或者有本村 2/3 以上户的代表参加。会议决定遵循到会人员的过半数通过原则。人数较多或者居住较分散的村，或者经常召开村民会议有困难的，可以推选产生村民代表，由村民委员会召集村民代表开会，协商决定有关事项，具体见图 6-7。

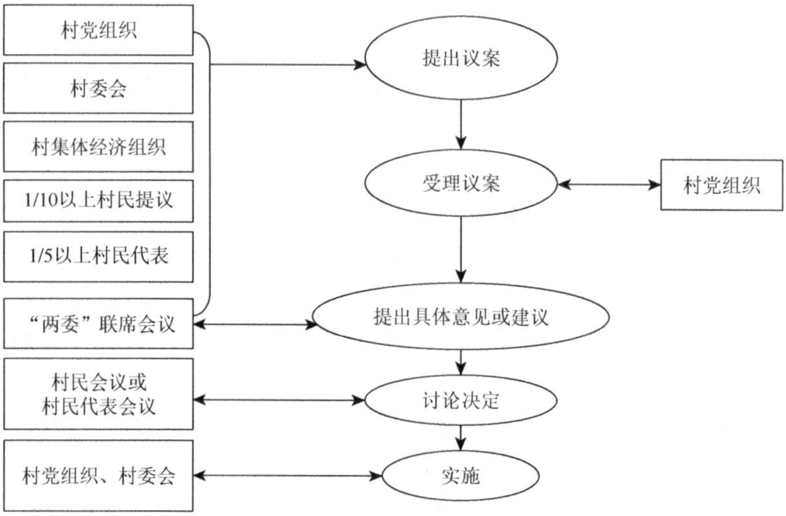

图 6-7 民主决策程序示意图

资料来源：尹田，任自力. 中国村民自治典范模版评析：来自北京等四省区的实证研究[M]. 北京：法律出版社，2005.

3. 民主管理

民主管理是指村民依法拟定村规民约，直接参与村庄公共事务与公益事业的日常管理。具体结构过程见图 6-8。

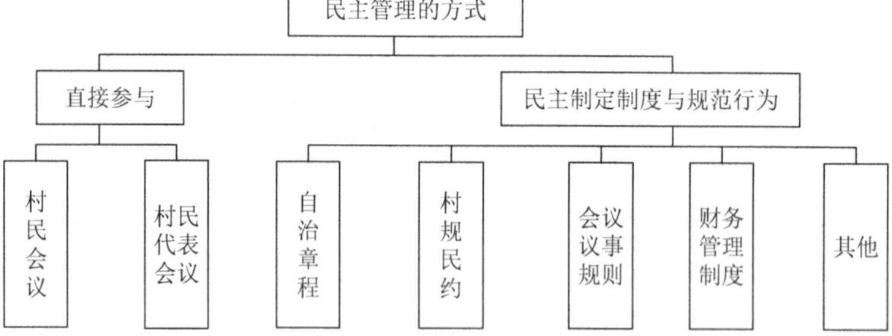

图 6-8 民主管理结构示意图

资料来源：尹田，任自力.中国村民自治典范模版评析：来自北京等四省区的实证研究[M]. 北京：法律出版社，2005.

依据我国现行法律与政策规定，农村的民主管理水平可以从六个方面判断(图 6-9)。

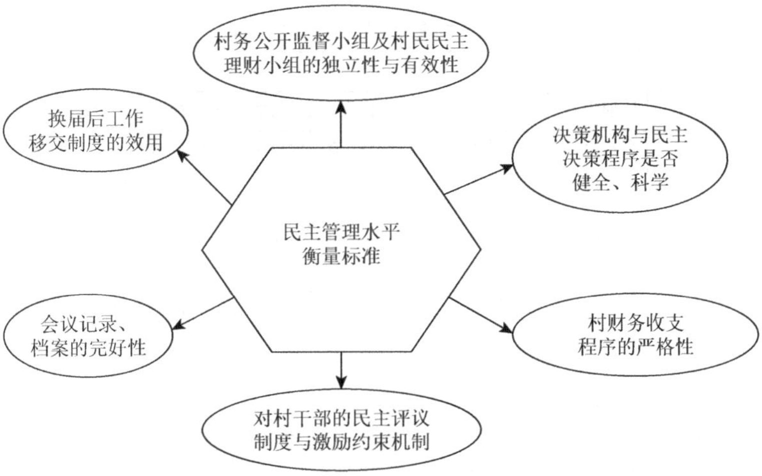

图 6-9　民主管理水平衡量标准示意图

资料来源：尹田，任自力.中国村民自治典范模版评析：来自北京等四省区的实证研究[M]. 北京：法律出版社，2005.（有改动）

4. 民主监督

民主监督是指村民有权对村委会的工作和村内公共事务进行监督。民主监督的主体包括村民、村民会议、村民代表会议、村民民主理财小组、村务公开监督小组，主要对象是村务的实施者——村委会与村支部。同时，村民也对村民代表、村民民主理财小组、村务公开监督小组的成员进行直接监督，并有权罢免其中不称职的成员。其关系见图 6-10。

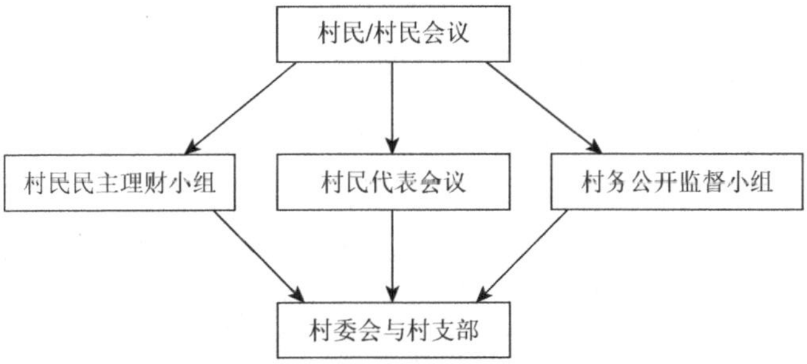

图 6-10　农村民主监督结构示意图

资料来源：尹田，任自力. 中国村民自治典范模版评析：来自北京等四省区的实证研究[M]. 北京：法律出版社，2005.

民主监督制度主要包括民主评审制度与村务公开制度。第一，民主评审制度。村民委员会每年都要向村民代表会议报告工作，接受村民的评议。村民民主评议出不称职的村委会成员，可以对其撤换和罢免。1/5 以上有选举权的村民联名提起，即可要求罢免村委会成员。第二，村务公开制度。村务公开包括村政务、自治事务与财务向全体村民公开。村民委员会要将村中各项重要事务和涉及村民利益以及村民关心的事务，向村民公开，并接受村民的监督（表 6-6）。

表 6-6 村务公开的种类与内容

村务公开	公开内容
政务公开	计划生育、宅基地审批、土地征用补偿、救灾救济款物发放、税费改革等
自治事务公开	合作医疗、集体采购、农村社会保险、村民福利、村集体经济项目经营、村集体土地利用、村干部误工补贴等
财务公开	财务计划、财务收入、财务支出、债权债务、集体收益及其分配等

其中财务公开是重点，也是矛盾的聚焦点，应严格遵循以下程序，至少每 6 个月公布一次，见图 6-11。

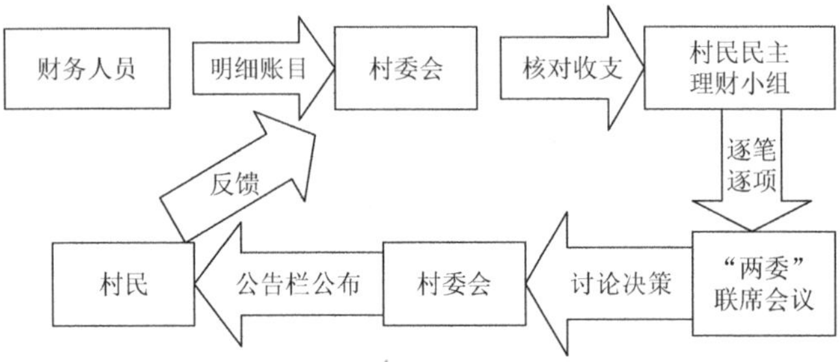

图 6-11 村财务公开流程图

资料来源：尹田，任自力. 中国村民自治典范模版评析：来自北京等四省区的实证研究[M]. 北京：法律出版社，2005.（有改动）

三、我国农村社区民主治理存在的问题及展望

（一）农村社区民主治理存在的问题

随着新型工业化、信息化、城镇化、农业现代化的推进，农村经济社会获得快速发展的同时，农村社区民主治理不同程度上存在诸多问题。

（1）某些农村的宗族势力非法干预甚至控制村委会和村党支部的选举或运作。宗族在农村民主治理中发挥着一定作用。但随着农村民主治理的深入发展及其效用的提升，一些地方农村的宗族势力开始非法干预甚至控制村庄政治。首先，干扰村民委员会的选举。有的候选人请本家族有影响的头面人物为自己争取选票，或者用承诺许愿等方式干扰投票人的意愿。有的地方甚至出现了所谓的“族长令”，强令本族村民只能选本族的人或本族认定的人，否则将会被驱出本族，等等。或者组织本族人员控制选举会场，一旦发现选举结果达不到本族的目的，或撕毁选票，或抢走票箱，或大打出手，致使选举无法正常进行。其次，干预、控制村党支部的选举或运作。比如，在党员发展上，长期不发展党员或只发展家族党员；在党支部组成上，出现了“家族党支部”或“亲戚党支部”等现象，经常把家族事情作为党内事务来处理，在党内也按在宗族的地位来分享权力；“有的村党支部被家族势力控制，干扰基层政权”。[①]这些虽然并不普遍，但值得引

① 佚名. “家族支部”问题透视：有的村党支部被家族势力控制，干扰基层政权[EB/OL]. https://www.sohu.com/a/409403063_120743296，2020-7-24.

起各级党政部门的高度警惕。[①]2020 年 7 月，中共中央印发《中国共产党基层组织选举工作条例》，其中第三十五条专门强调，落实全面从严治党责任……严防黑恶势力、宗族势力、宗教势力干扰破坏选举，强化监督检查和责任追究，确保选举工作风清气正。

（2）乡镇党政对农村民主治理的越权干预。根据《中华人民共和国村民委员会组织法》的规定，乡镇政府只是指导、支持和帮助村委会的工作，但由于国家宏观治理的制度安排与基层政府的治理机制未能与农村民主治理微观机制的变革相配套，乡村治理体制仍然是行政命令式的治理体制。乡镇政府需要村委会落实许多行政任务。而经村民民主选举产生的村委会干部，一般只对村民负责，对于乡镇下达的为村民所反对或拒绝的行政任务往往采取消极懈怠甚至积极对抗的措施，乡镇党政的权威在一定程度上被村干部消解。于是，为了政令的贯通，一些乡镇党政采取各种行政措施控制村委会干部和干涉村的公共治理，将村委会行政化为自身的执行机构，村干部成为主要完成乡镇任务的“准行政干部”。村委会行政化的必然后果是，村民的民主权利被“悬空”和“虚置”，村民满腔热情地参与村委会选举，但村委会并不能按照村民的意志开展工作。[②]这严重削弱了村庄治理的民主性。

（3）村党支部与村委会的关系不协调。1998 年全国农村普遍实行村委会直选以后，不少地方村党支部与村委会的关系出现不协调现象，主要表现在：一是领导关系错位，二是相互对立争位，三是包办代替，四是互相推诿。“两委”关系不协调的成因是多方面的，其中之一是认识偏差导致行为极端化。从村委会方面看，有的片面强调自治而不要党支部的领导，认为村委会是全体村民选出来的，是村里的当家人，应该负责村里一切事务的管理和决策，村党支部无权过问，党支部的领导核心作用是抓党建、管党务，除此之外的权限都属于村委会，排斥党支部的领导。从党支部方面看，有的代替村委会，干预属于村民自治范围的事务，少数村党支部书记不适应民主政治建设的要求，不尊重村委会的法律地位，习惯于沿用传统的领导模式，工作上大包大揽，搞“一言堂”，伤害了村委会干部的工作积极性，影响了干群之间、村级组织之间的关系。有的村党支部认为，实行村民自治是一切由村民自己说了算，党支部没有必要再干预，主动或被动放弃了农村工作的领导权。[③]

除了上述问题外，我国农村民主治理还存在着贿选、村民参与民主治理的积极性不高、基层党建薄弱、农民组织化程度不高、社会组织发育不充分、农民利益诉求不畅及“民主选举、民主决策、民主管理、民主监督”的程序存在瑕疵等问题，有待在实践中不断完善。

（二）农村社区民主治理需要完成的重点任务

2019 年 6 月，中共中央办公厅、国务院办公厅印发的《关于加强和改进乡村治理的

① 于建嵘. 要警惕宗族势力对农村基层政权的影响[J]. 江苏社会科学，2004（4）：7-8.

② 徐勇. 村民自治的深化：权利保障与社区重建——新世纪以来中国村民自治发展的走向[J]. 学习与探索，2005（4）：61-67.

③ 孙志平. 强化“核心”凝聚“合力”——农村党支部与村委会关系不协调的成因及对策[EB/OL]. http://www.doc88.com/p-1857430388139.html，2017-2-5.

指导意见》，明确了2035年前加强和改进乡村治理的17项主要任务，下面5项与农村民主治理息息相关。

一是完善村党组织领导乡村治理的体制机制。建立以基层党组织为领导、村民自治组织和村务监督组织为基础、集体经济组织和农民合作组织为纽带、其他经济社会组织为补充的村级组织体系。村党组织全面领导村民委员会及村务监督委员会、村集体经济组织、农民合作组织和其他经济社会组织。村民委员会要履行基层群众性自治组织功能，增强村民自我管理、自我教育、自我服务能力。村务监督委员会要发挥在村务决策和公开、财产管理、工程项目建设、惠农政策措施落实等事项上的监督作用。集体经济组织要发挥在管理集体资产、合理开发集体资源、服务集体成员等方面的作用。农民合作组织和其他经济社会组织要依照国家法律和各自章程充分行使职权。村党组织书记应当通过法定程序担任村民委员会主任和村级集体经济组织、合作经济组织负责人，村"两委"班子成员应当交叉任职。

二是增强村民自治组织能力。健全党组织领导的村民自治机制，完善村民（代表）会议制度，推进民主选举、民主协商、民主决策、民主管理、民主监督实践。进一步加强自治组织规范化建设，拓展村民参与村级公共事务平台，发展壮大治保会等群防群治力量，充分发挥村民委员会、群防群治力量在公共事务和公益事业办理、民间纠纷调解、治安维护协助、社情民意通达等方面的作用。

三是丰富村民议事协商形式。健全村级议事协商制度，形成民事民议、民事民办、民事民管的多层次基层协商格局。创新协商议事形式和活动载体，依托村民会议、村民代表会议、村民议事会、村民理事会、村民监事会等，鼓励农村开展村民说事、民情恳谈、百姓议事、妇女议事等各类协商活动。

四是全面实施村级事务阳光工程。完善党务、村务、财务"三公开"制度，实现公开经常化、制度化和规范化。梳理村级事务公开清单，及时公开组织建设、公共服务、脱贫攻坚、工程项目等重大事项。

五是支持多方主体参与乡村治理。加强妇联、团支部、残协等组织建设，充分发挥其联系群众、团结群众、组织群众参与民主管理和民主监督的作用。积极发挥服务性、公益性、互助性社区社会组织作用。①

附录1

《中共中央 国务院关于加强和完善城乡社区治理的意见》（节选）②

城乡社区是社会治理的基本单元。城乡社区治理事关党和国家大政方针贯彻落实，事关居民群众切身利益，事关城乡基层和谐稳定。为实现党领导下的政府治理和社会调节、居民自治良性互动，全面提升城乡社区治理法治化、科学化、精细化水平和组织化

① 新华社. 中共中央办公厅 国务院办公厅印发《关于加强和改进乡村治理的指导意见》[EB/OL]. http://www.gov.cn/xinwen/2019-06/23/content_5402625.htm，2019-6-23.

② 中共中央 国务院关于加强和完善城乡社区治理的意见[EB/OL]. http://www.gov.cn/zhengce/2017-06/12/content_5201910.htm，2017-6-12.

程度，促进城乡社区治理体系和治理能力现代化，现就加强和完善城乡社区治理提出以下意见。

一、总体要求

（一）指导思想……

（二）基本原则……

（三）总体目标。到2020年，基本形成基层党组织领导、基层政府主导的多方参与、共同治理的城乡社区治理体系，城乡社区治理体制更加完善，城乡社区治理能力显著提升，城乡社区公共服务、公共管理、公共安全得到有效保障。再过5到10年，城乡社区治理体制更加成熟定型，城乡社区治理能力更为精准全面，为夯实党的执政根基、巩固基层政权提供有力支撑，为推进国家治理体系和治理能力现代化奠定坚实基础。

二、健全完善城乡社区治理体系

（一）充分发挥基层党组织领导核心作用……

（二）有效发挥基层政府主导作用……

（三）注重发挥基层群众性自治组织基础作用。进一步加强基层群众性自治组织规范化建设，合理确定其管辖范围和规模。促进基层群众自治与网格化服务管理有效衔接。加快工矿企业所在地、国有农（林）场、城市新建住宅区、流动人口聚居地的社区居民委员会组建工作。完善城乡社区民主选举制度，进一步规范民主选举程序，通过依法选举稳步提高城市社区居民委员会成员中本社区居民比例，切实保障外出务工农民民主选举权利。进一步增强基层群众性自治组织开展社区协商、服务社区居民的能力。建立健全居务监督委员会，推进居务公开和民主管理。充分发挥自治章程、村规民约、居民公约在城乡社区治理中的积极作用，弘扬公序良俗，促进法治、德治、自治有机融合。

（四）统筹发挥社会力量协同作用。制定完善孵化培育、人才引进、资金支持等扶持政策，落实税费优惠政策，大力发展在城乡社区开展纠纷调解、健康养老、教育培训、公益慈善、防灾减灾、文体娱乐、邻里互助、居民融入及农村生产技术服务等活动的社区社会组织和其他社会组织。推进社区、社会组织、社会工作“三社联动”，完善社区组织发现居民需求、统筹设计服务项目、支持社会组织承接、引导专业社会工作团队参与的工作体系。鼓励和支持建立社区老年协会，搭建老年人参与社区治理的平台。增强农村集体经济组织支持农村社区建设能力。积极引导驻社区机关企事业单位、其他社会力量和市场主体参与社区治理。

三、不断提升城乡社区治理水平

（一）增强社区居民参与能力。提高社区居民议事协商能力，凡涉及城乡社区公共利益的重大决策事项、关乎居民群众切身利益的实际困难问题和矛盾纠纷，原则上由社区党组织、基层群众性自治组织牵头，组织居民群众协商解决。支持和帮助居民群众养成协商意识、掌握协商方法、提高协商能力，推动形成既有民主又有集中、既尊重多数人意愿又保护少数人合法权益的城乡社区协商机制。探索将居民群众参与社区治理、维护公共利益情况纳入社会信用体系。推动学校普及社区知识，参与社区治理。拓展流动人口有序参与居住地社区治理渠道，丰富流动人口社区生活，促进流动人口社区融入。

（二）提高社区服务供给能力……

（三）强化社区文化引领能力……

（四）增强社区依法办事能力……

（五）提升社区矛盾预防化解能力……

（六）增强社区信息化应用能力……

四、着力补齐城乡社区治理短板

（一）改善社区人居环境……

（二）加快社区综合服务设施建设……

（三）优化社区资源配置……

（四）推进社区减负增效……

（五）改进社区物业服务管理……

五、强化组织保障

（一）完善领导体制和工作机制……

（二）加大资金投入力度……

（三）加强社区工作者队伍建设……

（四）完善政策标准体系和激励宣传机制……

各省（自治区、直辖市）要按照本意见精神，结合实际制定加强城乡社区治理工作的具体实施意见。各有关部门要根据本意见要求和职责分工，制定贯彻落实的具体措施。

附录2

《关于加强和改进乡村治理的指导意见》（节选）[①]
中共中央办公厅、国务院办公厅印发

实现乡村有效治理是乡村振兴的重要内容。为深入贯彻落实党的十九大精神和《中共中央、国务院关于实施乡村振兴战略的意见》部署要求，推进乡村治理体系和治理能力现代化，夯实乡村振兴基层基础，现就加强和改进乡村治理提出如下意见。

一、总体要求

（一）指导思想……

（二）总体目标。到2020年，现代乡村治理的制度框架和政策体系基本形成，农村基层党组织更好发挥战斗堡垒作用，以党组织为领导的农村基层组织建设明显加强，村民自治实践进一步深化，村级议事协商制度进一步健全，乡村治理体系进一步完善。到

① 新华社. 中共中央办公厅 国务院办公厅印发《关于加强和改进乡村治理的指导意见》[EB/OL]. http://www.gov.cn/xinwen/2019-06/23/content_5402625.htm，2019-6-23.

2035年，乡村公共服务、公共管理、公共安全保障水平显著提高，党组织领导的自治、法治、德治相结合的乡村治理体系更加完善，乡村社会治理有效、充满活力、和谐有序，乡村治理体系和治理能力基本实现现代化。

二、主要任务

（一）完善村党组织领导乡村治理的体制机制。建立以基层党组织为领导、村民自治组织和村务监督组织为基础、集体经济组织和农民合作组织为纽带、其他经济社会组织为补充的村级组织体系。村党组织全面领导村民委员会及村务监督委员会、村集体经济组织、农民合作组织和其他经济社会组织。村民委员会要履行基层群众性自治组织功能，增强村民自我管理、自我教育、自我服务能力。村务监督委员会要发挥在村务决策和公开、财产管理、工程项目建设、惠农政策措施落实等事项上的监督作用。集体经济组织要发挥在管理集体资产、合理开发集体资源、服务集体成员等方面的作用。农民合作组织和其他经济社会组织要依照国家法律和各自章程充分行使职权。村党组织书记应当通过法定程序担任村民委员会主任和村级集体经济组织、合作经济组织负责人，村“两委”班子成员应当交叉任职……

（二）发挥党员在乡村治理中的先锋模范作用……

（三）规范村级组织工作事务……

（四）增强村民自治组织能力。健全党组织领导的村民自治机制，完善村民（代表）会议制度，推进民主选举、民主协商、民主决策、民主管理、民主监督实践。进一步加强自治组织规范化建设，拓展村民参与村级公共事务平台，发展壮大治保会等群防群治力量，充分发挥村民委员会、群防群治力量在公共事务和公益事业办理、民间纠纷调解、治安维护协助、社情民意通达等方面的作用。

（五）丰富村民议事协商形式。健全村级议事协商制度，形成民事民议、民事民办、民事民管的多层次基层协商格局。创新协商议事形式和活动载体，依托村民会议、村民代表会议、村民议事会、村民理事会、村民监事会等，鼓励农村开展村民说事、民情恳谈、百姓议事、妇女议事等各类协商活动。

（六）全面实施村级事务阳光工程。完善党务、村务、财务“三公开”制度，实现公开经常化、制度化和规范化。梳理村级事务公开清单，及时公开组织建设、公共服务、脱贫攻坚、工程项目等重大事项。健全村务档案管理制度。推广村级事务“阳光公开”监管平台，支持建立“村民微信群”、“乡村公众号”等，推进村级事务即时公开，加强群众对村级权力有效监督。规范村级会计委托代理制，加强农村集体经济组织审计监督，开展村干部任期和离任经济责任审计。

（七）积极培育和践行社会主义核心价值观……

（八）实施乡风文明培育行动……

（九）发挥道德模范引领作用……

（十）加强农村文化引领……

（十一）推进法治乡村建设……

（十二）加强平安乡村建设……

（十三）健全乡村矛盾纠纷调处化解机制……

（十四）加大基层小微权力腐败惩治力度……

（十五）加强农村法律服务供给……

（十六）支持多方主体参与乡村治理。加强妇联、团支部、残协等组织建设，充分发挥其联系群众、团结群众、组织群众参与民主管理和民主监督的作用。积极发挥服务性、公益性、互助性社区社会组织作用……

（十七）提升乡镇和村为农服务能力……

三、组织实施

（一）加强组织领导……

（二）建立协同推进机制……

（三）强化各项保障……

（四）加强分类指导……

复习思考题

1. 社区民主治理的主体有哪些？
2. 社区民主治理的客体是什么？
3. 社区民主治理的方式有哪些？
4. 社区民主治理的目的是什么？
5. 城市社区民主治理经历了哪些发展阶段？
6. 城市社区民主治理的主体有哪些？
7. 国外城市社区治理具有哪些共同特点？
8. 城市社区民主治理存在哪些问题？
9. 农村社区民主治理经历了哪些发展阶段？
10. 农村社区民主治理主体有哪些？
11. 农村社区民主治理存在哪些问题？
12. 农村社区民主治理需要完成的重点任务有哪些？
13. 简述《中共中央 国务院关于加强和完善城乡社区治理的意见》的主要内容。
14. 简述中共中央办公厅、国务院办公厅印发的《关于加强和改进乡村治理的指导意见》的主要内容。

参考文献

博克斯 R C. 2005. 公民治理：引领 21 世纪的美国社区[M]. 孙柏瑛，等译. 北京：中国人民大学出版社.

郭小建. 2018. 社区治理[M]. 成都：西南交通大学出版社.

何包钢. 2000. 乡村选举实证研究的四个问题及其分析[J]. 浙江社会科学，（1）：104-107.

贺雪峰. 2005. 论村治模式[J]. 江西师范大学学报（哲学社会科学版），（2）：3-8.

胡位钧. 2005. 20 世纪 90 年代后期以来城市基层自治制度的变革与反思[J]. 武汉大学学报（哲学社会科学版），（3）：352-356.
吉登斯 A. 2000. 第三条道路——社会民主主义的复兴[M]. 郑戈译. 北京：北京大学出版社.
李腊生，李金红. 2010. 社区民主与社会和谐[M]. 北京：社会科学文献出版社.
刘晔. 2003. 公共参与、社区自治与协商民主——对一个城市社区公共交往行为的分析[J]. 复旦学报(社会科学版)，(5)：39-48.
刘玉琳. 2017. 新型城镇化背景下农村新型社区治理存在的问题与对策研究——以山东省莱芜市为例[D]. 济南：山东大学.
刘祖云. 1987. 中国都市居民委员会的历史沿革及其特点——中国都市社会基层居民组织的结构与功能研究之一[J]. 社会学研究，（6）：64-72.
民政部基层政权和社区建设司. 2017. 社区治理现代化视野下的创新实践：第一批全国社区治理和服务创新实验区成果汇编[M]. 北京：中国社会出版社.
乔新生. 2015. 把准社区自治与民主决策的逻辑关系[J]. 国家治理，（9）：24-28.
唐亚林，陈先书. 2003. 社区自治：城市社会基层民主的复归与张扬[J]. 学术界，（6）：7-22.
谢庆奎，商红日. 2011. 基层民主与社区治理[M]. 北京：北京大学出版社.
徐勇. 2005. 村民自治的深化：权利保障与社区重建——新世纪以来中国村民自治发展的走向[J]. 学习与探索，（4）：61-67.
尹田，任自力. 2005. 中国村民自治典范模版评析：来自北京等四省区的实证研究[M]. 北京：法律出版社.
于建嵘. 2004. 要警惕宗族势力对农村基层政权的影响[J]. 江苏社会科学，（4）：7-8.
袁方成，李爱燕，吴理财，等. 2014. 从村民自治到社区自治：基层民主的新发展：温州村级组织转制与新型社区建设调查研究[M]. 北京：中国社会科学出版社.
张锋. 2019. 乡村振兴背景下农村社区协商治理机制研究[J]. 上海行政学院学报，（6）：82-90.
中共中央文献研究室. 2002. 江泽民论有中国特色社会主义（专题摘编）[M]. 北京：中央文献出版社.

第七章

社区环境建设与管理

社区环境状况直接或间接地制约着社区的建设和发展，决定着人民生活质量的高低，所以习近平讲“环境就是民生”①。2018 年 10 月，他在深圳市考察龙华区民治街道北站社区时，同社区工作者和社区居民深入交谈，特别询问“对社区环境满意吗？”，要求“把更多资源、服务、管理放到社区”②。加强社区环境建设与管理，对于促进社区建设，强化社区管理，实现社区经济与社会的协调发展，促进社区全面进步，提高人民生活水平有着重要的现实意义。

第一节　社区环境概述

社区居民总是生活在特定的环境之中。任何社区首先要有一个适宜于社区居民进行劳动、学习和生活的环境，并设置必要设施，以保证居民的安全、健康，使居民能够合理地、积极地进行工作、学习和生活。社区居民对社区环境质量需求的变化，是社区环境建设的内在动力，也是社区环境建设的依据和出发点。加强社区建设和管理必须高度重视环境保护工作。

一、社区环境的含义与内容

（一）环境的概念及特征

人的一切行为都离不开环境，环境是人类生存、发展的首要条件。在环境科学中，一般认为环境是围绕着人类的生存空间，及其可直接、间接影响人类生活和发展的各种自然因素的总体。但也有些人认为，环境除包括自然因素外，还包括有关的社会因素。如《大不列颠百科全书》认为，环境是包括人类，并对其生活和活动给予各种影响的外部条件的总和。而 1989 年颁布、2014 年修订的《中华人民共和国环境保护法》则指出：

① 郭俊奎. 习近平“环境就是民生”说到了群众心坎上[EB/OL]. http://opinion.people.com.cn/n/2015/0308/c1003-26656610.html，2015-3-8.

② 张晓松，鞠鹏. 习近平：中国改革开放永不停步！[EB/OL]. http://www.xinhuanet.com/politics/2018-10/25/c_1123611131.htm，2018-10-25.

“本法所称环境，是指影响人类生存和发展的各种天然的和经过人工改造的自然因素的总体，包括大气、水、海洋、土地、矿藏、森林、草原、湿地、野生生物、自然遗迹、人文遗迹、自然保护区、风景名胜区、城市和乡村等。”

环境是一个复杂的，有时、空、量、序变化的动态系统和开放系统，系统内外存在物质和能量的变化与交换。环境构成一个系统，是因为在各个子系统和各组成成分之间，存在着相互作用，并构成一定的网络结构。正是这种网络结构，使环境具有整体功能，形成集合效应，起着协调作用。人类环境存在连续不断的，巨大和高速物质、能量和信息的流动，因此环境表现出其对人类活动的干扰与压力，具有整体性、有限性、不可逆性、隐显性、持续反应性、灾害放大性等特征。

（二）社区环境的含义及构成

在研究社区环境时，由于考察角度和范围的不同，人们对社区环境的理解有广义和狭义之分。广义的社区环境，也可称之为一般意义上的社区环境，即把社区作为主体，研究社区的外部环境状况对社区的影响，从这种视角出发，我们可以把社区环境简单地界定为“社区的外部环境”。狭义的社区环境也可称之为特殊意义上的社区环境，即把居住在某一特定社区的居民作为主体，研究社区范围内一切与居民生活密切相关的各种环境因素对社区的影响。从这个视角出发，我们可以把社区环境界定为“影响社区居民生活的各种环境要素”。在本章我们主要从狭义的角度来研究社区环境。

所谓社区环境，是相对于作为社区主体的社区居民而言的，它是社区主体赖以生存及社区活动得以产生的自然条件、社会条件、人文条件和经济条件的总和。也可理解为，承载社区主体赖以生存以及社会活动得以产生的各种条件的空间场所的总和。

根据对社区环境的定义，我们可以把社区环境归纳为自然环境、社会环境、人文环境和经济环境等几个方面。

（1）自然环境是构成社区的地理基础，它为社区实体提供一定的空间区域，是社区赖以存在的自然条件。所谓自然环境，是人类生存和发展所依赖的各种自然条件的总和，它包括地理区位、地形、地质、气候、土壤、水文、资源、动物、植物、微生物等（图 7-1）。

图 7-1　社区及其环境（实地调研拍摄）

（2）社会环境是构成社区的必要条件，是指社区范围内与人们从事社会活动有关的各种条件的总和，它包括整个社区的人口分布及动态情况，以及服务设施、娱乐设施和社会生活设施等（图 7-2）。

（3）人文环境主要包括历史背景、意识形态、行为规范、文化传统、教育科技的发展水平、文化交流的状况、文化模式、价值观念、生活方式、风俗习惯等。除了精神性的条件之外，还包括物质性条件，即人工环境，如生产设施（厂房、机器等）、生活设施（住宅、商店等）、基础设施（道路、供暖、供电、供气、排水、照明、电话、邮政、停车场等）。

图 7-2 广东省中山市三乡镇雍陌村基础设施（实地调研拍摄）

（4）经济环境与社区成员关系最为密切，是社区存在和发展的基础，具体包括社区范围内的资源条件、市场条件、就业情况、收入水平、经济设施及技术水平。

二、社区环境的保护与建设

（一）社区环境污染的含义及分类

社区环境污染是指社区居民在生产、生活和一切社会活动中将产生的废弃物和有害物质排入环境，导致环境质量下降，而对社区以及人类生存、生态环境产生影响和危害的现象。社区环境污染主要是由人为因素造成的。环境污染根据污染源大体可分空气污染、水污染、固体废弃物污染和噪声污染。

（1）社区空气污染是指社区居民在从事生产和生活活动中，某种物质进入了大气，使大气的化学、物理、生物等方面的特性改变，影响人们的生活、工作，危害人体健康，直接或间接损害各种建筑物和设备等现象。空气污染主要污染源有颗粒物、粉尘、二氧化碳、氮氧化物、一氧化碳、碳氢化合物和各类工业废气、交通工具尾气等。空气污染主要来源于人类的生产和生活，主要污染源有生活污染源、工业污染源、交通污染源等。社区空气污染对社区居民身体健康、社区植物和小气候都会产生严重的危害。

（2）社区水污染是指因社区居民在生活和生产活动中向社区内的水域排放有毒、有害液体，改变了天然水的物理、化学和生物学的性质与组成，影响人类对水的利用，从而危害了人体健康和水体中的生物的现象。社区水污染会造成严重的危害。对人体的危害主要表现在，可引起急、慢性中毒，可诱发癌症，可引发各种传染病。

（3）社区固体废弃物污染是指社区居民在生产和生活活动中丢弃的工业固体废渣、城市生活垃圾和农业固体废弃物等造成的周边环境污染。固体废弃物对人体和环境均会产生较为严重的危害，见图 7-3。

（4）社区噪声污染是指社区居民在生活和生产活动中，人为造成的妨碍人们学习、工作和生活，危害人体健康，并超过一定分贝的高强度声音。噪声通过空气等物质传到

图 7-3　社区水污染及固体废弃物污染

资料来源：何伟杰. 工业废水直排河涌黑臭涌水直通农田[EB/OL]. http://finance.sina.com.cn/roll/2019-03-21/doc-ihsxncvh4342159.shtml，2019-3-21.

人的听觉系统，危害人体健康，妨碍学习、工作和生活，是影响社区环境的一大公害。常见的噪声有工业噪声、建筑施工噪声、交通噪声和社会生活噪声（如广播喇叭、各种音响的声音）。噪声对人体健康、睡眠和心理均会产生不良影响。

（二）社区环境的保护

1. 社区环境保护的含义及其特点

环境保护是指国家和政府通过运用行政、法律、经济、教育和科学技术诸方面的手段，防止环境污染和生态破坏，以保护和改善人们的生活环境和生态环境，使之有利于人类生存和发展而开展的各项活动。它主要包括环境保护理论和技术研究、环境保护管理制度的制定和实施、环境保护的立法、环境保护的知识教育、环境污染的防治等。国家环境标准体系，如图 7-4 所示。

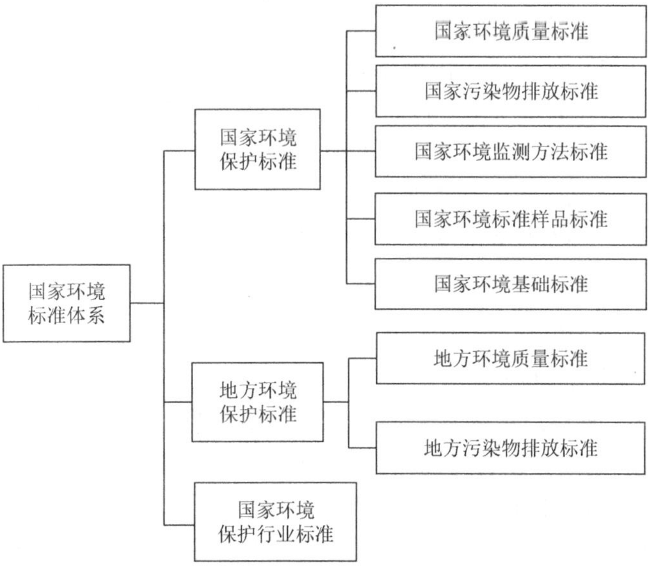

图 7-4　国家环境标准体系

所谓社区环境保护，是指基层政府和社区自治组织运用各种手段来防治社区环境污染和生态破坏，以保护和改善社区居民生活及生态环境而开展的各种活动。从某种意义上说，社区环境保护实质上是社区环境的管理，它具有综合性、整体性、持久性和具体性的特点。

（1）综合性。社区环境保护涉及面广，既关系到农业、工业、商业、交通运输等各个行业，又关系到社区居民生活的方方面面。所以，搞好社区环境管理，不仅是一个纯技术问题，而且是一个综合性的社会问题，需要动员全社区的力量，尤其是要在基层政府和自治组织的指导下，采取行政、法律、经济、教育和科技等多种手段，进行综合治理。

（2）整体性。社区作为社会生态系统的一个子系统，同整个社会及其他子系统之间是相互联系、相互制约的关系，这些子系统共同构成一个有机整体。因此，搞好社区的环境管理，必须注意社会生态系统的整体性，尤其是在治理社区环境污染和其他公害的过程中，要遵循生态规律，树立全局观念。

（3）持久性。社区环境保护是一项长期的任务。对于那些环境污染比较严重的而经济实力又有限的地区而言，更要注意树立长期保护的观念。

（4）具体性。社区环境保护在不同的具体情境下也应有不同的应对之策。当前，众多学者结合国内外不同的社区环境建设与管理经验，建议调整当前社区环境保护的具体措施。随着现代科技的变化，社区环境保护的建设与管理也应与时俱进，具体情况具体分析。

2. 社区环境保护的主体

社区环境治理日渐形成多元共治格局，政府、社区、社会组织、群团组织和社区居民的角色更加明晰，并呈现出与传统社区环境治理主体角色所不同的崭新的一面。

（1）政府，简政放权背景下的主导者。

（2）社区，环境治理的主要载体。社区参与环境治理是环境问题特殊性的需求，可以弥补政府和市场作用的不足。作为环境治理的主体，社区享有自治权和资助接受权，并承担着信息传导、协管的义务。目前我国立法对社区参与环境治理所产生的法律责任的规定并不明确，可以通过明确其法律地位，以及建立多层次、全方位的监督机制和切实可行的内部责任追究机制进行完善。

（3）社会组织，环保服务的提供者与公众环保参与的倡导者。

（4）群团组织，培育社会力量的有效实体。

（5）居民，环境治理的参与主体。

3. 社区环境保护的原则

（1）“三同时”原则，又称为“三同步”原则，是指在新建、改建、扩建的基本建设项目、技术改造项目、区域自然资源开发项目中，防治污染和其他公害的设施必须与主体工程同时设计、同时施工、同时投产。

（2）协调发展原则，是指在社区建设与管理中，要注意将社区的经济建设同环境保护协调起来，实现经济效益、社会效益和环境效益的统一。

（3）“谁污染谁付费”原则，也称“谁污染谁治理”原则，是指凡造成社区环境污染和破坏的单位与个人，都要承担治理环境污染的责任，并按照国家有关规定缴纳排污费。

4. 社区环境保护的措施

社区环境保护的主体是政府部门、社区自治组织和居民群众，要搞好社区环境保护工作，必须充分发挥他们的作用。

（1）政府部门要充分发挥管理职能。一是政府部门要制定科学的社区环境规划；二是要严格执行环境保护的有关法律、法规和政策；三是要加强社区环境的监测，掌握社区环境状况及变化趋势，为社区环境保护提供科学依据。

（2）社区自治组织要加强宣传教育力度，提高社区居民的环境保护意识。环境问题不仅是一个经济问题，还是一个社会问题，没有广泛的动员和社区居民的积极参与，要搞好社区环境保护是不可能的。

（3）采取必要的经济手段。第一，要注意不断加大环境保护投资的比重。要采取多渠道、多元化的形式筹集环境保护资金。除了政府每年要增加环保投入外，还要注意引入市场机制，吸引社会闲散资金或引入外资，来加强社区环境保护设施的建设。第二，要加强环境保护资金的管理，确保专款专用。

（4）针对不同的社区环境污染制定相应的具体措施。提高公众的社区环保意识和“创模”（创建环保模范城区）的知晓率；积极推动创建“绿色社区”“绿色学校”活动的开展；实行垃圾分类、收集袋装化，由保洁人员集中清理，配备垃圾堆放设施；禁止社区居民向室外倾倒生活污水和粪便；加强对社区内排污设施、化粪池设施的维护和管理，防止因泄漏而造成恶臭气污染社区环境；加强社区内歌舞厅、练歌房、酒吧、公共娱乐场所和居民家庭音响设备的管理，禁止音量超标等，参见图 7-5 和图 7-6。

图 7-5　广东省珠海市斗门区莲江村每家实行垃圾分类（实地调研拍摄）

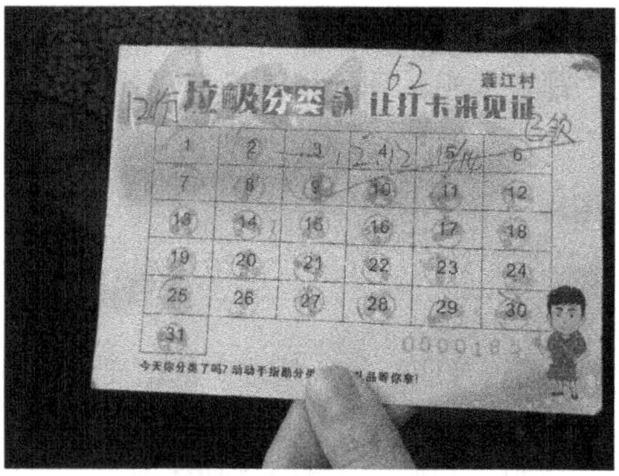

图 7-6　垃圾分类打卡制度（实地调研拍摄）

（5）做好城市社区环境检测工作。社区环境检测工作的开展对帮助提高社区环境治理效果可发挥重要作用。环境检测从字面意义上来讲，就是检测环境质量状况，将其以数据的形式呈现出来，为后续工作的开展奠定坚实基础。这是近年来，随着城市社区经济的迅猛发展，检测设备、技术、人员素质等有了来源之后才兴起的环境保护措施。环境检测大致可分为环境质量检测及污染源检测两种，主要检测方法包括物理法、化学法、生态法及生物检测法。社区环境管理工作的顺利开展，良好的环境检测工作可以看成是其先行基础。

（三）社区环境建设

1. 社区环境建设的意义

社区环境代表着社区的形象，而社区形象又反映着一个社区的政治、经济、文化和科学技术的发展水平。加强环境建设，对于加强社区建设、加强现代化管理、实现经济与社会协调发展、促进社区全面进步有着十分重要的意义。

（1）社区环境建设是社区建设的基础。社区环境是社区建设中最基本的组成部分，是居民社会活动不可缺少的物质前提，它制约着社区居民的社会实践。社区环境开发与保护的好坏，直接影响社区居民生活质量的高低；同时，社区环境建设还为人们的审美活动提供了对象，为人们的工作、休闲提供了特定的活动场所。社区要发展，必须重视环境建设，以营造良好的投资环境。

（2）社区环境建设是提高居民生活质量的需要。不断提高社区居民生活质量是社区建设的重要任务。研究表明，人体在 25%左右的绿色环境中，皮肤温度可降低 1～3 摄氏度，脉搏的跳动次数可减少 4～8 次；社区绿化环境搞好后，阳离子就会增多，这有利于调节人体内的血清浓度和神经系统。

（3）社区环境建设有助于精神文明建设。社区环境的改善有助于社区居民积极生活和勤奋工作，有助于他们爱惜与维护环境的卫生与整洁，有助于社区居民增强自豪感和凝聚力，从而促进社区物质文明和精神文明的良性发展。

2. 社区环境建设的内容

（1）净化环境，建设卫生社区。净化环境，主要是指搞好社区的环境卫生。环境卫生是社区公共卫生的一部分，它对于防治和消除环境对人体造成的危害、改善居民的卫生条件、预防疾病有重大意义。同时社区环境卫生水平的高低，也反映了社区经济发展水平与文化素养的高低。

（2）绿化环境，建设绿色社区。绿化环境是建设环境优美的社区的重要环节，也是美化环境的重要内容。社区环境的绿化建设主要包括有计划地种植花草树木，积极扩大地表、空间的绿色植被，建设小区公园（图 7-7）。

图 7-7 建成后的福建省浦城县山下乡铁坑村社区花园（实地调研拍摄）

（3）美化环境，建设美好社区。美化环境是在净化、绿化的基础上，实现社区环境优美的更高层次的要求和目标。美化社区的基本要求是美化社区环境，如房屋建筑、街道、园林街心、花坛、雕塑等要做到整齐、清洁、协调、美观，以形成优雅清新、赏心悦目的社区景观，有利于培养高尚美好、奋发向上的居民精神。

3. 社区环境建设的措施

（1）搞好社区环境规划。社区环境规划主要包括社区环卫基础设施规划和社区公共绿地规划。

（2）作好社区环境管理。“社区环境管理应当遵守以下原则：第一，环境价值原则，即充分了解环境对于人类生活的重要意义，不断发现、保障和提升环境的价值，为社会环境管理奠定理论基础。第二，全局和整体效益最优原则，即将社区环境作为一个整体来对待，其管理目标的制定应当着眼于社区、社会环境的全局和整体效益。第三，综合平衡原则，即在社区环境管理过程中，平衡各主体的利益，不得牺牲某个环境主体的利益来获取暂时的发展，尤其注重保护社区居民的环境权益不受侵犯。第四，持续发展原则。这是社区环境管理的重要目标原则，即在社区环境管理过程中，协调人、自然、社会的关系，做到人与自然、社会的和谐共处和可持续发展。第五，政府干预和公众参与相结合的原则。社区环境管理是政府、社区及公众的共同事业。社区应当在政府指引下，充分发挥公众的积极性和创造性，共同参与到社区的环境管理事务中。”①

（3）加强环境执法队伍建设。社区环境管理的实施需要将公安、工商、城管、卫生、

① 孙录宝. 城市社区管理知识读本[M]. 济南：山东人民出版社，2012.

环保等具有社会管理职能的有关部门的执法队伍派往社区，综合行使环境卫生、园林绿化、环境保护、建筑工地管理等职能。

第二节 城市社区环境建设与管理

城市社区是指在特定的区域内，由从事各种非农业劳动的密集人口所组成的社区。由于城市住宅小区是城市社区的主要组成部分，因此，研究城市社区环境建设与管理，应紧密结合住宅小区的实际情况来开展。

一、住宅小区的概念、特点与功能

（一）住宅小区的概念及特点

住宅小区是指有一定人口和建筑规模，能满足住户日常物质与文化需要，为城市干道所分割或自然界限所包围的相对独立的区域，如图 7-8 所示。

图 7-8 住宅小区是城市社区的常见类型（实地调研拍摄）

住宅小区就其个性而言有如下特点。

（1）规划建设集中化，使用功能多样化。新建的住宅小区大多集中了商业、服务业、文化教育、卫生、办公用房、住宅及其配套建筑和设施，组成了完整的、功能齐全的多功能区。

（2）楼宇结构整体化，公共设施系统化。住宅小区的房屋是以住宅的主体及与之相应的各类服务用房，并与区域内的建筑、道路、绿化等配套建筑组成一个统一整体，贯通各家各户的水、暖、电和气等组成一个网络体系，从而使住宅小区的各类房屋、各种专业设备形成一个多层次、多功能的大系统。

（3）产权多元化，管理复杂化。住宅建设投资渠道多样化以及住宅商品化的逐步推广，使房屋的产权结构发生了重大变化。房屋的产权由单一的全民所有制变为多种所有制，一个住宅可以分属国家、集体和个人等不同的产权所有人。住宅小区的整体性要求对其进行统一管理，而其产权的多元化，则将导致住宅小区的各项管理工作的复杂化。

（二）住宅小区的功能

（1）居住功能。根据居民家庭不同的经济收入和不同的人口构成，小区为居民提供不同类型和不同档次的住宅，满足居民对住宅的使用需求。

（2）服务功能。住宅小区的公用配套设施为住户提供多项目、多层次的服务。

（3）经济功能。住宅小区的经济功能主要体现在交换功能和消费功能两个方面。从房地产行业看，住宅与其他用房的出售或出租，都体现了商品的交换关系，同时，住宅也是人们使用时间长、价值量大的消费品。住宅小区的经济功能是城市经济的一个组成部分，并受其制约。

（4）社会功能。住宅小区居民与为之服务的各种行政、商业、文化等单位之间相互联系，共同组成了住宅区的社会关系，形成了住宅区的社会网络，它们相互影响、相互制约。

二、住宅小区的环境建设

住宅小区环境建设是为了满足社区居民居住、工作、休息、文化教育、生活服务、交通等方面的要求，它的任务是为住户创造一个满足日常物质与精神生活需要的宁静、卫生、方便和优美的环境。

（一）住宅小区环境建设目标

住宅小区环境建设目标概括起来有四个方面。

1. 社会效益

住宅小区建设的社会效益主要体现在，为居民提供一个安全、舒适、和谐、优美的生活空间，它包括社区的治安、交通、绿化、卫生、文化、教育、娱乐等方面，它对调节人际关系、维护社会安定团结有着十分重要的意义。

2. 经济效益

住宅小区环境建设，一方面能够提高物业的价值，有利于物业的后续销售，从而使开发商获取更多的销售利润；另一方面能够延长物业的使用寿命。前者往往是讲经营单位的利益，后者主要是权益人的利益。

3. 环境效益

住宅小区的环境状况与居民的身心健康有着密切的关系，因此，创造一个良好的生活环境，不仅有助于个体的身心健康，还对整个城市风貌产生积极的影响。

4. 心理效益

这是上述效益反映在居民心态中的一种主观感觉，如果住宅和环境的舒适、优美的程度已达到了心理预期，居民会有一种满足感、幸福感。

住宅小区环境建设的目标是要达到四种效益的统一，这四种效益的实现必须依赖于良好的小区环境的建设与管理。

（二）住宅小区环境建设的实施

物业管理公司实施小区建设与管理，主要体现在两个方面：一是参与开发前的规划设计，以保证小区环境建设的需要；二是入住后的各种设施的完善及软环境建设（主要是人际整合和文化环境建设）。

1. 住宅小区规划

搞好住宅小区规划，为小区居民提供一个优美、舒适、安宁、方便的居住环境，是住宅小区环境建设的基础，也是建设现代化文明小区、文明社区和文明城市的基础。图 7-9 为城市住宅小区规划图的一个示例。

图 7-9　城市住宅小区规划图（笔者拍摄）

按照城市规划的总体要求和住宅小区建设的标准，住宅小区规划主要包括：①住宅小区用地规划；②住宅小区建筑规划；③住宅小区公共建筑规划；④住宅小区道路规划；⑤住宅小区绿地规划；⑥住宅小区活动场地规划；⑦住宅小区环境小品规划。

2. 住宅小区环境建设

住宅小区的环境建设应立足于两个方面：一是配套设施的不断完善，创造一个整洁优美、舒适、方便的居住环境；二是通过完善的管理，建立良好的社区文化环境，加强社区资源的整合，创建文明小区。

（1）配套设施的完善。配套设施的完善给物业管理提供了物质基础，是管理阶段不可缺少的环节。

（2）建设社区文化环境，加强社区资源的整合。社区文化环境的建设，一方面包括各种场所、设施的建设；另一方面也包括软环境建设，即精神文明建设。

三、住宅小区的环境管理

如果说住宅小区环境建设是住宅小区建设的物质基础的话，那么住宅小区环境管理则是住宅小区环境建设的核心。只有住宅小区的环境得到有效管理，才能使住宅小区环境建设的成果得到保持与维护，才能为社区的长远发展奠定基础，为居民提供长久良好的居住环境。

近年来，很多城市都在大力推行社区“微治理”。所谓社区“微治理”，是指社区根据居民需求，通过协商民主方式解决民生小微问题，实现社区的共建、共治、共享。“微治理”在小区环境管理方面大有可为。比如，江苏省泰州市市区内有 25 个社区在 2020 年实施“微治理”，推动解决环境差、秩序乱、停车难等问题，其中对社区环境的整治是其重点内容之一。[①]

---

① 佚名. 好消息！姜堰这 10 个社区，将有变化……[EB/OL] https://www.sohu.com/a/405699830_750237?_trans_=000014_bdss_dklzxbpcgP3p：CP=，2020-7-4.

（一）住宅小区管理机构的建立

1. 建立业主管理委员会，强化其管理监督职能

为了搞好物业管理，除了要有完善的法律法规，使管理有法可依、有章可循外，更重要的是，要使各业主直接参与物业管理，组成业主管理委员会。它是由业主代表组成的，代表业主的利益，向有关方面反映业主意愿和要求，并监督物业管理公司行为的一个民间组织。业主管理委员会的权利基础是其对物业的所有权，业主管理委员会代表着该物业的全体业主，对该物业有关的一切重大事项拥有决定权。

2. 加强物业管理公司的专业化建设，引进竞争机制，提高其管理与服务水平

物业管理公司是按合法程序建立并具备相应资质条件、对物业进行管理的企业性经济实体，是独立核算、自负盈亏的经济组织。组建原则是企业化、专业化、社会化；其经营宗旨是综合管理、全面服务，为业主和用户提供良好的工作环境与生活环境。

3. 处理好小区各管理机构之间的关系

小区管理机构涉及物业管理公司与业主管理委员会之间的关系，以及二者与街道办事处等行政部门和职能部门的关系。要加强小区环境建设与管理，必须加强小区管理机构的建设，明确各自职责，为社区管理提供组织保障。

（1）完全市场条件下的物业管理公司与业主管理委员会之间有如下几方面关系：业主管理委员会是决策人，物业管理公司是雇员，二者间的委托与受委托是一种合同关系，是一种市场的双向选择；二者独立运作，互不干扰，双方可因发展变化的需要，在协商一致的条件下续签、修改或解除合同，但都无权干预对方的内部活动。

（2）由于住宅小区实行属地管理，小区业主管理委员会与物业管理公司应当接受当地政府与街道办事处的领导与管理。

（3）房产、城建、煤气、电信、电业、自来水、公安等行政管理部门，对住宅小区实行行政管理和行业管理，并对小区业主管理委员会和物业管理公司进行指导、检查和监督。

（二）各种管理制度的建立

物业管理一直是社区管理的一项重要议题，与民生密切相关，在基层社区治理中发挥着巨大的作用。党的十九大以来，民生工作被放在愈加重要的位置，社区物业管理制度的发展方向与路径也愈加被重视。

一方面，借助物业管理制度的法律、法规形式，明确物业管理主体的权责内容，约束和规范管理主体行为，以提高物业管理的整体水平。另一方面，物业管理内容的制度化有助于对物业管理工作实施监督，有利于正确发挥物业管理公司为全体业主和租户服务的行业职能，以便更好地履行以创造优美、舒适、安全、方便的生活环境为宗旨的社会职责。

从物业管理者的角度来看，管理制度的建设包括对外与对内管理制度两大类。对外管理制度的建立可协调住户、租户、管理者的行为关系；对内管理制度的建立有助于约束物业管理公司的内部行为。而小区环境的管理则侧重于前一种制度的建立，它包括以下几项内容。

1. 住户手册

住户手册是物业管理公司发给住户、由住户保存的文件。制定住户手册的目的是让住户了解物业的概况，物业管理公司的职责权限，管理的主要内容和主要规定，住户的权利和义务，以及应注意的事项，等等。制定住户手册，有利于加强物业管理公司与住户的关系，发挥双方的积极性，共创良好的环境。住户手册内容包括物业概况、物业管理、业主与租户须知、日常管理与维修、综合服务、电话号码及其他应注意事项。

2. 物业管理公约

物业管理公约也称公共契约，属于合同性质，它是由物业业主或使用者和物业管理者共同参与而订立的协议，它将业主或使用者以及管理者双方的权利和义务以文件的形式予以确定，并对全体业主或使用者及管理者均有约束力。物业管理公约一般由物业管理公司拟定，但需经各方签署认可后方能生效。

3. 住宅小区管理规定

住宅小区管理规定是一份综合性的管理文件，制定后目的是保证住宅区房屋及公共设施的正常使用，为住户创造一个良好的社区生活环境。

4. 住户的行为规范

物业管理的成功，其前提条件之一是住户的密切配合。作为物业的业主或使用人在履行自己的权利时，不能损害其他人的利益。为保护好住宅小区的环境，就必须有全体住户共同遵守的行为规范。

5. 业主管理委员会章程

业主管理委员会章程对成立业主管理委员会的目的、宗旨、权利与义务、成立的方法、主要职责进行规定，明确业主管理委员会在小区环境管理中的作用及地位。

6. 物业管理公司工作职能规定

其主要目的是明确物业管理公司各部门的职责范围，使物业管理公司真正为社区服务。

7. 物业管理公司岗位职责与管理制度

其主要目的是明确物业管理公司所设立岗位的职责范围，规定了某一岗位对从业人员的要求，包括基本素质、应知应会、岗位职责、工作量规范等方面。

总之，在小区环境管理中，应促进各种管理制度的建立，并在实践中不断地丰富、发展。同时，在运行中必须严格执行，即物业管理公司、住户等必须遵守各项规定，共同保护小区的优美环境。

（三）住宅小区环境管理（技术）的创新

住宅小区环境的建设与管理应随着现代科技的日新月异而相应改变，越来越多的住宅小区不仅在环境管理的体制机制上进行创新，在服务技术上也积极引进现代科技，提升社区环境管理的效率。

案例：江苏无锡市滨湖区蠡湖街道美湖社区“智慧社区”建设

美湖社区成立于 2009 年 9 月，是一个纯安置房社区，现有蠡湖家园和美湖家园两个小区，入住居民总计 3191 户 9000 余人，预计今后居民总数将达到 4507 户，总人口将达 1.5 万人。[①]随着城市化进程的推进，居民逐渐呈现集中居住的趋势，居民生活及对社区环境的需求呈现多元化发展趋势。如何运用互联网的现代化技术提升社区服务水平，更好地建设与管理社区环境，让社区信息实现“面对面”直达、让居民服务实现“点对点”直通、让小区管理实现“键对键”直连是社区环境建设与管理面临的新课题。为此，美湖社区在滨湖区民政局和蠡湖街道的指导下，积极谋求社区治理服务新思路，按照“信息互联、需求匹配”的原则，借助互联网的现代化技术，依托社区智能服务管理平台，推出一系列智能服务项目，加快社区信息化建设，用高科技缩短社区与居民的距离，用高技术解放人力，促进了社区服务管理包括环境管理的现代化，为居民营造了良好的社区居住环境。

第三节　农村社区环境建设和资源保护

农村社区的发展，不应当只是表现为物质财富的增长和人民生活水平的改善，而且要表现为能够创造和维护一个最适合人类生存的良好环境。也就是说，要达到经济、社会和生态三种效益的有机组合，离开任何一个方面，农村社区的发展都是不协调的、不全面的。

一、农村社区生态环境建设

（一）生态环境的含义及生态环境建设的重要性

生态环境在农村社区中有着特别重要的意义。所谓生态环境，是指由生物群落及非生物自然因素组成的各种生态系统所构成的整体。它主要或完全由自然因素形成，并间接地、潜在地、长远地对人类的生存和发展产生影响。生态环境的破坏，最终会导致人类生活环境的恶化。因此，要保护和改善生活环境，就必须保护和改善生态环境。

习近平曾多次论及生态环境，充分显示了农村生态环境建设的重要性。他先后指出：

——我们既要绿水青山，也要金山银山。宁要绿水青山，不要金山银山，而且绿水青山就是金山银山。我们绝不能以牺牲生态环境为代价换取经济的一时发展。我们提出了建设生态文明、建设美丽中国的战略任务，给子孙留下天蓝、地绿、水净的美好家园。

——保护生态环境就是保护生产力，改善生态环境就是发展生产力。让绿水青山充分发挥经济社会效益，不是要把它破坏了，而是要把它保护得更好。

——要加强生态文明建设，划定生态保护红线，为可持续发展留足空间，为子孙后代留下天蓝地绿水清的家园。

——要着力推动生态环境保护，像保护眼睛一样保护生态环境，像对待生命一样对待生态环境。

① 胡琨. 智慧社区之“无锡市美湖社区”的治理技术及成果[EB/OL]. http://www.fx361.com/page/2019/0418/5059265.shtml，2019-4-18.

——生态环境没有替代品，用之不觉，失之难存。在生态环境保护建设上，一定要树立大局观、长远观、整体观，坚持保护优先，坚持节约资源和保护环境的基本国策，像保护眼睛一样保护生态环境，像对待生命一样对待生态环境，推动形成绿色发展方式和生活方式。

——建设生态文明是中华民族永续发展的千年大计。必须树立和践行绿水青山就是金山银山的理念，坚持节约资源和保护环境的基本国策，像对待生命一样对待生态环境，统筹山水林田湖草系统治理，实行最严格的生态环境保护制度，形成绿色发展方式和生活方式，坚定走生产发展、生活富裕、生态良好的文明发展道路，建设美丽中国，为人民创造良好生产生活环境，为全球生态安全作出贡献。

——对破坏生态环境的行为，不能手软，不能下不为例。

——要牢固树立生态红线的观念。在生态环境保护问题上，就是要不能越雷池一步，否则就应该受到惩罚。①

"绿水青山就是金山银山"理念已经成为全党全社会的共识和行动，成为新发展理念的重要组成部分。实践证明，经济发展不能以破坏生态为代价，生态本身就是经济，保护生态就是发展生产力。希望乡亲们坚定走可持续发展之路，在保护好生态前提下，积极发展多种经营，把生态效益更好转化为经济效益、社会效益。②

（二）农村社区生态环境建设面临的主要问题

改革开放以来，在我国农村经济建设获得高速发展的同时，农村社区生态环境保护方面也取得了巨大的成就，但也要看到，农村社区生态环境保护方面仍存在一些不足，包括农村水体污染问题严重、农村生活垃圾处理不及时、农村环境保护基础设施不全、农民缺乏科学的种植方法、过度使用农药等，这些问题不解决，农村社区生态环境就难以持续发展。

（1）一些地区绿色植物遭到破坏，水土流失问题也较为突出。不少农村追逐短期经济效益，把森林作为采伐业基地，导致以森林为主体的生态系统遭到破坏。为应对农村社区这一越来越严重的生态破坏问题，地方政府采取了一系列退耕还林的措施（图 7-10）。

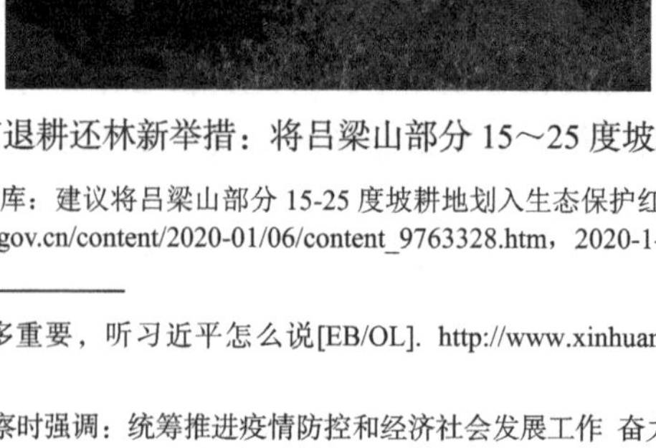

图 7-10 山西省吕梁市退耕还林新举措：将吕梁山部分 15～25 度坡耕地划入生态保护红线

资料来源：杨江涛. 网络智库：建议将吕梁山部分 15-25 度坡耕地划入生态保护红线[EB/OL]. http://thinktank.sxgov.cn/content/2020-01/06/content_9763328.htm，2020-1-6.

① 新华网. 生态环境保护多重要，听习近平怎么说[EB/OL]. http://www.xinhuanet.com/politics/xxjxs/2018-05/17/c_1122844380.htm，2018-5-17.

② 新华社. 习近平在浙江考察时强调：统筹推进疫情防控和经济社会发展工作 奋力实现今年经济社会发展目标任务[EB/OL]. http://www.gov.cn/xinwen/2020-04/01/content_5497891.htm，2020-4-1.

（2）不少生物资源遭到严重破坏，珍稀动物面临绝种危险。生物资源、野生动植物的存在，具有维持生态系统动态平衡的功能。目前，一些地方对野生动物的肆意捕杀，使多种野生动物面临绝种的危险。而有机杀虫剂的长期不合理使用、粮食等品种单一性的选择等，则使不少野生的和人工栽培的植物品种日渐减少。

（3）一些地区矿物资源和水资源的不合理开采和利用，使生态系统遭到破坏。矿物资源属于不可再生资源，现在农村社区中不少乡镇企业技术设备落后，原料、能源浪费大，如不合理开发、利用，很快会面临矿物资源枯竭的危险。水资源虽然是可再生资源，但如果我们既不珍惜地上的水，又盲目地、无节制地利用地下水，不按照地下水资源的多少合理布井，盲目超量开采，将导致地下水位急剧下降，最终也必将影响人们的生产生活。

（4）一些地区污染较为严重，水质下降，空气质量不容乐观。随着乡镇工业的迅速发展，农村一些地方的环境污染问题也较为突出。现在，工业污水和生活污水的排放量有增多趋势，这些污水中含有粪便、污物、细菌、毒素等，不经过任何处理直接排到江河湖海会使水域环境遭受污染。随着城市环境污染影响的扩大和乡镇工业的发展，广大农村也正成为污染的受害者。另外，土炼焦、土炼硫、小化工等行业所排放的有毒气体也成为农村社区大气污染的重要特征。

（三）导致农村社区生态环境建设滞后的主要因素

（1）农村居民环保意识欠缺。所谓环保意识，是指人们在认知环境状况和了解环保规则的基础上，根据自己的基本价值观念而产生的参与环境保护的自觉性，它最终体现在有利于环境保护的行为上。农民生态环境建设、环境保护意识的淡薄是农村生态环境遭到破坏、环境恶化的内在原因。虽然农民生活水平得到了大幅度的提高，但在农村经济建设中往往忽视了对农民的环保教育，导致其环保意识淡薄，生产、生活中随意乱丢垃圾、随意排放废水的现象依然屡见不鲜，对环境保护缺少甚至没有使命感和责任感。另外，一些地方政府的不作为也是造成这一现象的重要原因，环境保护部门的某些工作人员没有尽职尽责地配合国家政策做好宣传工作，对农村环境问题不够重视，导致农民环保意识淡薄，环境污染问题越来越多地影响到人们的生产、生活。①

（2）环境问题与贫困等其他社会问题交叉、重叠，增加了环境建设的难度。经济滞后地区由于经济基础薄弱，难以保证环境建设上的投入，同时恶劣的环境状况又加剧了贫困程度，形成恶性循环。

（3）人口众多，环境资源压力大。环境问题和人口问题有着密切的因果联系。在一定社会发展阶段、一定地理环境和生产力水平的条件下，人口增长应有一个适当比例。人口数量过快增长会对环境造成一定程度的压力。

（4）环境保护基础设施不全。经济发展水平较低的农村普遍缺乏环卫工人以及垃圾桶、垃圾站点等公共卫生基础设施，乡村道路是公共区域，自然也不会有村民自发地清理道路垃圾，这样便出现了生活垃圾、道路垃圾无人清扫，各类垃圾无处可倒的

① 黄剑. 农村生态环境建设存在的问题及对策建议[J]. 山东工业技术，2017（19）：232.

情况。环境保护设施不够健全。作为环境保护的工具，基础设施的建设、完善决定着环境保护的成效。

（四）加强农村社区生态环境建设的措施

（1）全面实施农村能源工程。全面实施农村能源工程主要涉及：大力发展农村沼气（图 7-11），加强沼气技术与种植、养殖等技术的有机结合，形成以沼气为纽带的生态种养发展模式；加强农村节能工程建设和新能源开发，全面普及节柴、节煤灶具和技术，积极发展太阳能、风能等新型能源；加快农村小水电建设。

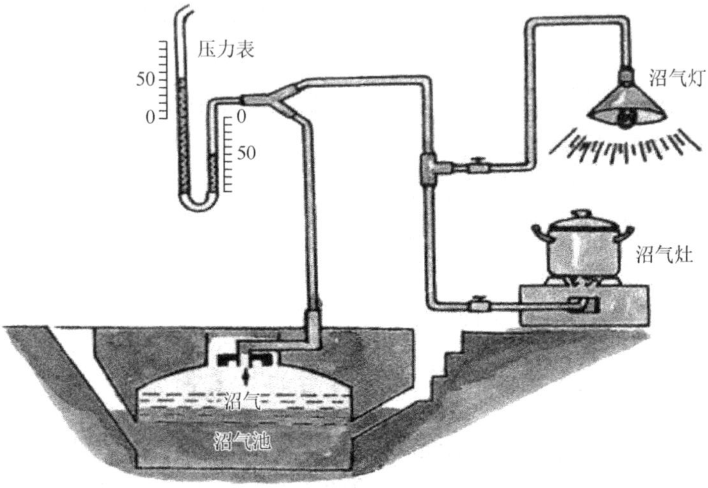

图 7-11　大力发展沼气是解决农村能源问题的有效手段

资料来源：文萍. @民权农民朋友，明年农村实行这 6 大项目，可以在家门口赚钱！不信？快来看！[EB/OL]. https://www.sohu.com/a/273219338_726007，2018-11-4.

（2）全面实施生态移民工程。充分利用农村环境整治、退耕还林和自然保护区等项目建设的契机，把生活在自然条件恶劣、自然灾害频发的村寨人口和自然保护区核心区内人口，逐步搬迁到生产生活条件较好的地方，实现生态移民（图 7-12）。2019 年发布的《中央农办 农业农村部 自然资源部 国家发展改革委 财政部关于统筹推进村庄规划工作的意见》，明确要求“将位于生存条件恶劣、生态环境脆弱、自然灾害频发等地区的村庄……确定为搬迁撤并类村庄”。[①]

（3）全面实施农村社区环境保护工程。改善农村社区能源结构，关闭高能耗、高污染的小型企业，提高农村社区大气环境质量。抓好农村社区水环境质量控制工程，并推进农村社区污水集中处理设施建设。

（4）全面开展美丽乡村生态文明建设（图 7-13）。美丽乡村生态文明建设以农村生态环境的良性发展为前提，以科学发展观为指导，以建设生态文明村、提高农民素质、改善农村环境为目标，对不断满足农民需要，实现农民愿望，改善农民居住环境，建立

① 农业农村部新闻办公室. 中央农办 农业农村部 自然资源部 国家发展改革委 财政部关于统筹推进村庄规划工作的意见[EB/OL]. http://www.moa.gov.cn/ztzl/xczx/zccs_24715/201901/t20190118_6170350.htm，2019-1-4.

文明、科学、健康的生活方式，促进农村政治文明、精神文明、物质文明、生态文明的协调发展，具有重要的现实意义。

图 7-12　青海省部分“生态移民”迁入新居

资料来源：嘎玛.图文：青海部分“生态移民”喜迁新居（3）[EB/OL]. http://news.sina.com.cn/c/p/2005-07-28/04587343463.shtml，2005-07-28.

图 7-13　美丽乡村建设成效

资料来源：涂先强. 广州增城第三批美丽乡村建设验收通过成效显著 [EB/OL]. http://lh.wenming.cn/syjj/dfcz/gd/201604/t20160412_3277431.shtml，2016-4-12.

二、农村社区的资源保护

农村社区的资源保护主要是农业资源保护。农业资源是指人们从事农业生产或农业经济活动中可以利用的各种资源，包括农业自然资源和农业社会资源。农业自然资源主要指自然界存在的，可为农业生产服务的物质、能量和环境条件的总称。它包括水资源、土地资源、气候资源和物种资源等。农业社会资源指社会、经济和科学技术因素中可以用于农业生产的各种要素，主要有人口、劳动力、科学技术和技术装备、资金、经济体制和政策以及法律法规等。

（一）加强农业资源保护的法治建设和管理

（1）法治建设应成为强化资源环境管理的主要手段。法律法规是资源环境管理的基础和依据。在可持续发展的今天，随着人们对农业资源系统认识的深化和实践的需要，我们应全面审视我国现行有关农业资源的法律、法规和管理体系，提出修订和补充建议，并制定相应的法律实施细则、条例和管理办法

（2）建立并完善农业资源产权制度。建立并完善农业资源产权制度，调整并划分各

类农业资源的产权关系，从法律上支持、监督产权所有者对农业资源保护的稳定性和持久性，并以法律形式强化农业资源管理的协调机制。2020 年颁布的《中华人民共和国民法典》对此已有所涉及。

（3）制定农业资源综合管理法律。树立农业自然资源整体化观念，并使农业资源立法具有前瞻性，强化综合管理意识；确立市场经济条件下农业资源综合管理法律的地位；建立农业资源综合管理法律体系，实现对农业资源的综合管理。

（二）进一步发展生态农业和持续农业，调整农村产业结构，优化资源和生产要素的组合

生态农业是指在保护、改善农业生态环境的前提下，遵循生态学、生态经济学规律，运用系统工程方法和现代科学技术，集约化经营的农业发展模式，是按照生态学原理和经济学原理，运用现代科学技术成果和现代管理手段，以及传统农业的有效经验建立起来的，能获得较高的经济效益、生态效益和社会效益的现代化农业。生态农业是一个系统的概念，生态的技术只是其中一种手段，广义的生态农业不仅是一种生产方式，而且是一种回归自然的生活方式，一种人和自然和谐共生的方式。

持续农业是指采用合理利用和保护自然资源的途径，通过调整农作制度和进行技术创新，在确保满足当代人对农产品需求的同时，又不损害后代人满足其需求能力的农业。这是一种既能维护和合理利用水土资源与动植物资源，又不造成生态环境退化，技术上可行，经济上有活力，能被社会广泛接受的农业，是可持续发展思想在农业领域的具体体现。

要想积极稳妥地调整农业生产结构，形成结构合理的农、林、牧、副、渔全面发展的大农业格局，就要发展农业产前、产后的延伸产业，形成种、养、加和农、工、贸相配套的农业产业化体系，优化资源和生产要素的组合。

（三）合理开发农业资源，加快制定有利于资源保护的相关政策

（1）保护耕地。据 2020 年 5 月农业农村部发布的《2019 年全国耕地质量等级情况公报》，我国现有耕地 20.23 亿亩。[①]虽然我国是全球人口最多的国家，但耕地面积并不是全球最多的，仅排在第四名，少于印度、美国、俄罗斯。[②]另外，我国耕地质量较差。《2019 年全国耕地质量等级情况公报》将全国 20.23 亿亩耕地质量等级由高到低依次划分为一至十等，平均等级为 4.76 等，被评价为一至三等的耕地面积为 6.32 亿亩，占耕地总面积的 31.24%；评价为四至六等的耕地面积为 9.47 亿亩，占耕地总面积的 46.81%；评价为七至十等的耕地面积为 4.44 亿亩，占耕地总面积的 21.95%。[③]今后我国各项建设都应力求少占地、占差地，坚持有偿用地，有借有还，尽可能利用各种空闲地，减少占地损失，有计划地开垦边远地区的宜农荒地。

（2）改善农业资源环境。防止工业“三废”直接排入农业用地而对环境造成危害，

---

① 1 亩≈666.67 平方米。

② 南生. 2019 年中国粮食总产量再次全球第一，那耕地面积排名多少呢？[EB/OL]. https://cj.sina.com.cn/articles/view/6862376589/199078e8d0010113d4?from=finance&subch=futures，2020-2-11.

③ 农业农村部新闻办公室. 2019 年全国耕地质量等级情况公报发布[EB/OL]. http://www.moa.gov.cn/xw/zwdt/202005/t20200512_6343750.htm，2020-5-12.

严格控制乡镇企业的污染源；同时要控制农业自身的污染源，即减少化学农药的使用量，尤其是高残毒农药的使用，防止过量使用氮素化肥，避免农用水体富营养化，等等。

（3）注意引进、吸收发达国家有关农业资源节能、资源保护和环境修复的先进技术，重视农业资源的高效利用和资源替代等。

（四）开展农业自然资源评估和评价工作

长期以来，农业资源的无偿使用已经造成资源的严重浪费，这对于农业资源的保护和开发利用来说非常不利。在市场经济条件下，若不能及时扭转资源无价和价格扭曲现象，就会加重对资源的浪费。因此，必须规范农业资源作为一种特殊资产的评估方法，加强农业自然资源的估价和评价工作，推行有偿使用及社会补偿制度，建立资源开发的申报和审批制度，以便加强对农业资源的管理，保护农业资源环境。

复习思考题

1. 环境的概念和特征是什么？
2. 社区环境的含义及构成是什么？
3. 简述环境污染的含义及分类。
4. 社区环境保护的主体有哪些？
5. 社区环境建设的意义有哪些？
6. 社区环境建设的内容及措施有哪些？
7. 应该从哪些方面完善对城市住宅小区的环境管理？
8. 简述导致农村社区生态环境建设滞后的主要因素。

参考文献

陈昕，张龙江，蔡金榜，等. 2014. 公众参与环境保护模式研究：社区磋商小组[J]. 中国人口·资源与环境，（3）：42-45.

陈缘. 2018. 城市社区环境治理中的公众参与研究[D]. 湘潭：湘潭大学.

董傅年. 2004. 社区环境建设与管理[M]. 2 版. 北京：机械工业出版社.

格林 C，凯利特 R. 2010. 小街道与绿色社区——社区与环境设计[M]. 范锐星，梁蕾译. 北京：中国建筑工业出版社.

民政部基层政权和社区建设司. 2017. 社区治理现代化视野下的创新实践：第一批全国社区治理和服务创新实验区成果汇编[M]. 北京：中国社会出版社.

山东城市建设职业学院. 2018. 农村新型社区管理[M]. 济南：山东人民出版社.

王国平. 2004. 环境保护与中国农村社区机制的选择[J]. 求索，（4）：7-11.

乌东峰. 2005. 论农村社区机制与农村生态环境保护[J]. 学术论坛，（1）：81-85.

吴峰. 2003. 新城市主义理论与社区环境规划设计研究[D]. 西安：西安建筑科技大学.

谢晶莹. 2003. 在全面建设小康社会中进一步优化农村社区生态环境[J]. 决策探索，（7）：20-21.

谢晶莹. 2005. 湖南西部民族地区农村生态环境建设探析[J]. 民族论坛，（12）：18-19.

张坤，李景珍. 2014. 经济对农村社区生态环境保护的作用[J]. 环境与发展，（1）：7-8.

赵勤，周良才. 2015. 社区管理[M]. 2 版. 北京：中国劳动社会保障出版社.

赵守超. 2018. 社区环境合作式治理生成机制研究——来自山东 S 社区的经验[J]. 新疆农垦经济，（10）：19-24.

周杰普，李倩倩. 2017. 论社区参与环境治理的主体地位[J]. 上海政法学院学报（法治论丛），（2）：77-89.

第八章

社区服务与管理

社区服务是社区工作中的一项核心内容，与广大社区居民的日常生活密切相关，也是社区诸多社会功能中最基础、最根本和最重要的功能之一。社区服务通常面对社区辖区内的居民及单位而开展，既丰富和方便了普通社区居民的日常生活，又有助于解决老年人、残疾人、失业人群等社会弱势群体的切身困难，同时还能较好地协助辖区单位开展工作。2018 年 10 月，习近平在深圳市考察龙华区民治街道北站社区时指出，“社区情况复杂多样，要把更多资源、服务、管理放到社区”，“社区工作要为居民提供精准化、精细化服务”[①]。

本章对社区服务的概念、性质、意义以及我国社区服务的发展历程进行介绍，同时结合我国城市和农村建设中的成功实践经验，对目前我国比较有代表性的城市和农村社区服务类别、管理方式作较为详细的说明。

第一节　社区服务概述

一、什么是社区服务

（一）社区服务的概念

关于社区服务的概念，国内学者存在着不同的观点，不过这些定义就其实质而言并无太大差异。结合目前学术界的共同看法，我们可将社区服务定义为：在政府规划、指导和扶持下，依托街道办事处、居委会、非营利组织和受社区委托的企业等各类社区服务组织，发动和组织社区成员，利用和开发社区内外各种资源，为满足社区成员的各种需求而开展的具有社会保障性、公共福利性和社区公益性的公共服务。

（二）社区服务的基本内涵

1. 社区服务的主体

社区服务的主体即服务者，包括了所有支持、组织和参与社区服务的政府、组织和个人。

---

① 张晓松，鞠鹏. 习近平：中国改革开放永不停步！[EB/OL]. http://www.xinhuanet.com/politics/2018-10/25/c_1123611131.htm，2018-10-25.

在社区服务中，政府的作用非常关键，它既为社区服务提供宏观的政策指导，又为社区服务组织的建立、运转提供人员、物质和资金的扶助，起着规划、指导和扶持的作用。

社区服务以社区组织作为依托。社区组织在我国城市主要指街道和居委会，农村主要指村委会，此外还包括各类社会团体，如帮扶小组、志愿者组织、同乡会、非政府组织等。街道办事处和居委会是社区服务的主要组织机构。各类社团是社区服务的有益补充，它们充分发挥自身机制灵活、运转高效的特点，为社区服务增添了活力。

社区服务中的个人主要指社区服务的管理者、各类专职或兼职社区工作者以及广大志愿工作人员，他们分属于不同的社区组织，是社区服务的具体操作者和执行者。

2. 社区服务的客体

社区服务的客体，即被服务者、服务对象，包括了辖区内的全体社区居民和单位组织。

作为一项社会福利措施，社区内的居民都有权享受社区服务，其中老年人、残疾人、青少年、社区矫正对象、贫困者、下岗失业工人等弱势群体是社区服务的重点对象，他们由于自身生理、心理和社会条件上的局限而更加需要社区服务。此外，随着社区服务的广泛开展，辖区单位和组织也成为社区服务的重要对象，通过为辖区单位提供餐饮、娱乐等“后勤”服务，能够密切社区与辖区单位的联系，有助于共同建设社区、发展社区。

应该重视的是，大多数社区居民既是社区服务的客体，又是社区服务的主体，也就是说，他们既可以接受他人的服务又可以力所能及地为别人服务，从而达到权利和义务的统一。任何成功的社区服务都是建立在社区居民的广泛认同和积极参与基础上的，这就要求我们在开展社区服务时，注意调动社区居民的参与性和积极性，真正在居民心中树立“社区是我家，文明建设靠大家”的观念。

3. 社区服务的主要内容

社区服务主要包括两方面的内容。一是由基层政府向社区居民提供的社区基本公共服务，包括劳动就业、社会保障、卫生计生、住房保障、公共安全、公共法律服务、调解仲裁等公共服务事项。二是为了满足社区成员在生产、生活方面的特殊需求而由各类主体提供的公益服务，包括社区康养、社区卫生保健、社区文化娱乐、社区体育、社区教育等社区服务事项。

4. 社区服务的目的

“社区是党和政府联系、服务居民群众的‘最后一公里’”[①]，社区治理是国家基层治理的基础，社区服务是社区治理的基础和重要内容。社区服务的目的是党中央有关社区治理重要目标的具体体现。具体而言，社区服务的目的包括以下内容。

（1）扩大党的执政基础、体现政府的施政宗旨；

（2）促进扩大就业、促进解决社会问题、促进化解社会矛盾、促进社会和谐；

（3）不断满足居民群众需求、提高人民生活质量、促进人的全面发展。

---

① 黄树贤. 奋力开创新时代城乡社区治理新局面——学习贯彻习近平总书记关于城乡社区治理的重要论述[J]. 中国民政，2018（15）：6-8.

5. 社区服务的性质

社会保障性、公共福利性和社区公益性是社区服务的本质属性。商业服务与社区服务的性质是不同的：商业服务是营利性的，注重企业的经济效益；社区服务是公共性的和非营利性的，更加注重社会效益。当然，社区服务并不排斥有偿提供社区服务的可能。不过即使有偿，也应当遵循便民微利的原则，所收费用主要用于补偿服务成本、维持和改善服务方面。社区服务的性质要求必须始终把社会效益放在第一位，不能因为经济效益的考虑而削弱、损害或取消社会效益。

（三）社区服务的特点

社区服务具有五个特点。

1. 服务性

无论是社区基本公共服务还是社区服务，都必须以满足社区居民及其组织的基本的直接需求为根本目的。服务项目的选择与设计、服务过程的控制、服务效果的评价都必须从这一点出发，以这一点为前提和基础。

2. 公益性

社区服务要把社会效益放在首位，以满足社区居民生活服务需求为目标，而不是以营利为目的。社区服务的对象应是社区全体居民，也就是说，社区服务要以社区公共利益为本。

3. 互助性

互助性体现在，通过组织发动社区成员开展社会互助服务，从而体现“人人为我，我为人人”的社区精神风貌。要激发社区居民参与的积极性，社区的事情让居民自己组织和参与。要依靠社区内各方面的力量，依靠群众自我管理、自我服务来办好社区服务。

4. 系统性

社区服务是由组织体系、服务队伍、服务资金、服务项目、政策法规等多种要素组成的系统，是国家基层社会治理系统的子系统。它涉及政治、经济、社会的各个方面，同企业、商业、金融、工商、城建、文化、卫生、环保、市容、治安等诸多方面相关联。社区服务不仅是一些社会自发性和志愿性的服务活动，而且是一个有指导、有组织、有系统的服务体系。

5. 地域性

社区是由居住在同一区域的人构成的社会生活共同体，是地域性社会。因而社区服务不可避免地带有地域性特征。社区服务的地域性具体体现为，城市社区服务以街道、居委会、小区为依托而展开，农村的社区服务以乡镇、村为依托展开。

二、我国社区服务的发展历程

20 世纪初叶，在早期社会活动家梁漱溟、陶行知、晏阳初等所倡导的乡村建设运动中已经有了现代社区服务的雏形。而在当时中国共产党领导的革命运动中，也包含社区服务的内容。

新中国成立后，我国的社区服务重点在城市展开。20 世纪 50 年代初，各地政府、各单位，在机关大院、街道、居民区兴建了一批托儿所、幼儿园，设置了互助组、医疗组等服务组织，同时广泛开展爱国卫生活动。一大批热心公益事业、不计报酬的干部群众积极投身于社区服务，对于良好社会风气的形成起到了十分重要的作用。但 20 世纪 50 年代末到 70 年代末，由于极左思想的影响，适宜分散经营的修补、缝纫、零售、餐饮、手工劳动的个体户等被取消，代之以集体生产的各类合作社，这些不切实际的义务服务很快难以为继，导致此后相当长一段时间内社区服务无人问津。

随着 1978 年党的十一届三中全会的召开，我国进入了社会主义现代化建设的新时期，我国社区服务也进入了蓬勃发展的大好阶段。一般认为，我国现代社区服务的产生和发展大体经历了以下三个阶段。

（一）倡导和起步阶段：1987～1989 年

20 世纪 80 年代以来，随着计划经济向社会主义市场经济的转化，人口流动加剧，城市人口急剧膨胀，家庭结构日趋小型化，原先由政府企业承担的问题越来越多转向由社会承担。为了配合国家经济体制改革和社会保障制度建设的发展，1987 年初民政部率先提出了“社区服务”概念，倡导在城市基层开展以民政优抚对象为服务主体的社区服务活动。同年 9 月，民政部在武汉召开全国社区服务工作座谈会，对如何具体开展社区服务作了研究，提出了工作要求，标志着社区服务正式倡导发动。

（二）推广与普及阶段：1989～1993 年

武汉会议之后，社区服务在全国逐渐得到普及。1989 年民政部在杭州召开全国城市社区服务工作经验交流会，总结和交流了武汉会议以来社区服务工作的经验，要求在全国的街道和居委会推行社区服务。1989 年 12 月第七届全国人民代表大会常务委员会第十一次会议通过《中华人民共和国城市居民委员会组织法》，指出居委会应当提供便民利民服务，并且第一次将“社区服务”的概念以法律条文的形式固定下来。1991 年 11 月，有关部门再次在北京召开全国社区服务工作研讨会，就社区服务的内涵和外延、地位和作用、组织和管理、发展和提高等方面，从理论上进行了探讨。1992 年 6 月，中共中央、国务院作出《关于加快发展第三产业的决定》中，要求社区服务向产业化和行业化方向发展，这一政策有力地推动了社区服务的开展。

（三）迅速发展、不断提高的阶段：1993～2015 年

1993 年 8 月，民政部等十四部委联合颁布《关于加快发展社区服务业的意见》（简称《意见》）。作为社区服务发展的第一个政策性文件，《意见》要求将社区服务业纳入第三产业发展统筹规划，为社区服务业的发展提出了明确的目标、要求和基本任务，这一文件推动了全国社区服务的迅猛发展。1994 年底，民政部在上海召开了全国社区服务经验交流会，重申了社区服务的服务宗旨和坚持以社会效益为主的基本出发

点，对社区服务进行了重新定位。1995 年 12 月，民政部颁布了《全国社区服务示范城区标准》，在全国布置开展创建示范城区的活动，为社区服务在全国城镇的广泛普及和整体水平的提高提供了规范性指导和示范性样板。2006 年 4 月，国务院发布了《国务院关于加强和改进社区服务工作的意见》。这是我国社区服务发展历史上第一次以国务院名义下发的文件。该文件明确提出了加强和改进社区服务工作的指导思想、主要任务和基本要求，充分反映了我国政府对新时期社区服务工作的重视。

到 2015 年，城乡社区服务体系建设取得显著成效。一是服务设施更加完善。截至 2015 年底，全国共建成城乡社区综合服务设施 15.3 万个，比 2010 年底增加 9.6 万个。二是服务内容逐步丰富。社区公共服务覆盖面进一步扩大，便民利民服务和志愿服务蓬勃开展。截至 2015 年底，全国共有社区便民利民服务网点 24.9 万个，社区服务志愿者组织 9.6 万个。三是人才队伍不断壮大。截至 2015 年底，全国共有社区居民委员会成员 51.2 万人，村委会成员 229.7 万人，社区专职工作人员 127.6 万人，社区志愿者数量不断增长。四是信息共享正在形成。社区公共服务综合信息平台覆盖率已达到 10%，智慧社区建设在部分地区探索起步，信息化与社区服务深度融合，提高了公共服务的便捷性和群众的满意度。五是体制机制持续创新。社区多元主体广泛参与，以社区为平台、社会组织为载体、社会工作专业人才为支撑的“三社联动”社区服务机制初现雏形。实践证明，加强城乡社区服务体系建设是增强社区居民获得感和幸福感的民心工程，是稳增长、促改革、调结构、惠民生的基础工程。①

（四）城乡统筹的新阶段：2016 年至今

社区是社会治理和民生保障的重要载体，社区服务体系建设是全面建成小康社会的重要任务。随着城乡二元结构逐步解体，我国社区服务体系建设进入了城乡统筹的新阶段。

2016 年 10 月，民政部等 16 部门联合印发《城乡社区服务体系建设规划（2016—2020 年）》（本章末附录）。该文件提出，要依据城乡规划和土地利用总体规划，合理确定城乡社区综合服务设施的数量、规模、选址布局、建设方式、功能划分，按照每百户 30 平方米标准配建城乡社区综合服务设施。根据城乡居民需求，结合农村社区建设试点进度，推进街道（乡镇）社区服务中心和城乡社区服务站建设。此外，该文件更进一步强调社区服务均等化、智能化、多元化，提出要开展城乡社区服务信息化建设、城乡社区服务人才队伍建设、城乡社区社会组织培育发展等重点工程。①

截至 2018 年底，全国共有各类社区服务机构和设施 42.7 万个。城市社区综合服务设施（如社区服务中心，见图 8-1）覆盖率 78.7%，农村社区综合服务设施覆盖率 45.3%。社区志愿者服务组织（团体）12.9 万个。②

据民政部基层政权建设和社区治理司负责人 2020 年 8 月 7 日在国务院新闻办公室

---

① 民政部等. 城乡社区服务体系建设规划（2016—2020 年）[EB/OL]. http://www.mca.gov.cn/article/gk/ghjh/201709/20170915006082.shtml.

② 民政部. 2018 年民政事业发展统计公报[EB/OL]. http://www.mca.gov.cn/article/sj/tjgb/，2019-8-15.

图 8-1　枣庄市银钟里社区服务中心

资料来源：银钟里社区服务中心正式开放[OL]. http://www.tzfcw.com.cn/news/view.asp?id=11619，2017-3-24.

举行的国务院政策例行吹风会上的介绍，民政部将牵头编制城乡社区服务体系建设“十四五”规划，以全面推动社区服务提档升级，同时指导各地提高社区服务能力，让“有困难，找社区”成为对全体社区居民的可信承诺。①

三、开展社区服务的意义

（一）发展社区服务顺应了我国现代化、城市化进程的需要

当前我国正在由传统社会转型为现代化社会，一个突出表征就是城市化进程加剧。所谓城市化，就是人口向城市集聚，城市规模膨胀，城市人口数量增多的过程。在促进社会现代化的同时，城市化又相应引发治安、老龄化、残疾人保障等一系列社会问题。推进社区建设，发展社区服务，完善社区功能，是既顺应城市化进程又能克服其负面效应的有效途径。

（二）发展社区服务是适应社会功能分化的需要

社会功能的分化、专门化，是现代社会设置的特点，是社会进步的标志。政府的功能分化后，经济功能放归企业，社会功能下移基层；企业的功能分化后，社会服务、社会保障等功能回归社会；家庭的功能分化后，一部分服务功能向社会转移。社会功能分化的结果使“单位人”向“社区人”转变，必然催生社区服务，使分化后的社会功能得到补足、完善。

（三）发展社区服务是满足广大社区居民需要的必然选择

在改革开放和发展社会主义市场经济的新形势下，我国城市人口流动进一步加剧，居民由于生活水平的提高对社区有了更多更新的、不同层次的要求，直接导致社区服务出现了许多新的变化，如解决家庭小型化问题、人口老龄化问题、下岗失业人员问题等，这些都将直接促进了社区相关服务业的发展。

---

① 国务院新闻办公室. 国务院政策例行吹风会[EB/OL]. http://www.gov.cn/xinwen/2020zccfh/20/index.htm，2020-8-7.

（四）发展社区服务是扩大就业容量的有效路径

社区服务业属于第三产业，具有需求旺盛、市场广阔、业态丰富、劳动密集等特点。健全城乡社区服务体系，开发社区服务业就业岗位，是引导居民群众多渠道灵活就业和农民工就业创业、稳定扩大就业的有效途径和举措，也是提升社区治理能力的重要标志。正如民政部基层政权建设和社区治理司负责人 2020 年 8 月 7 日在国务院新闻办公室举行的国务院政策例行吹风会上所说，“社区服务业就业空间很大，我国有 14 亿人口，假如按 100 比 1 的标准规划社区服务人员队伍，社区服务业就可以创造 1400 万个就业岗位”[①]。

第二节　城市社区服务及其管理

社区服务主要包括两方面的内容。一是由基层政府向社区居民提供的社区基本公共服务，包括劳动就业、社会保障、卫生计生、住房保障、公共安全、公共法律服务、调解仲裁等公共服务事项。二是为了满足社区成员在生产、生活方面的具体需求而由各类主体提供的公益服务，包括社区康养、社区卫生保健、社区文化娱乐、社区体育、社区教育等社区服务事项。

社区基本公共服务主要由基层政府以法律法规以及省级以上党委、政府文件为依据，依托社区综合服务设施和服务机构，依靠辖区内社区自治组织的大力配合，面向全体社区居民实行均等化提供。社区基本公共服务的管理，通常包括：基层政府根据上级公布的社区工作准入清单，编制办事指南，并通过多种形式向社区居民公开；通过社区内部转化、街道下派、社会招录、购买服务等方式，确保每个社区拥有 2 名以上全科社区工作者；加强对社区工作者服务事项办理和专业社会工作、社会心理学、职业礼仪等方面知识的教育培训；建立健全首问负责、一次性告知、来访接待、服务承诺、限时办结等制度[②]；强化信息支撑，开展社区服务信息资源跨领域、跨渠道综合分析，为居民群众提供智能化、个性化、精准化、精细化、综合性服务。社区基本公共服务的经费开支纳入基层政府预算管理。

社区服务具有地域性、针对性、互助性等特征，是对社区基本公共服务的补充和深化。在我国，城市社区的发展较为成熟，类型较为丰富。我们通常按照服务对象把城市社区服务的内容分为以下三类，即面向特殊群体的社区服务、面向全体居民的社区服务以及面向辖区单位的社区服务。

一、面向特殊群体的社区服务

面向特殊群体的社区服务，又被称作社会福利服务，它主要指针对社区内的老年人、残疾人、青少年、贫困者、下岗失业工人等弱势群体开展的福利服务。下面仅对前两种服务作一简要介绍。

---

① 国务院新闻办公室. 国务院政策例行吹风会[EB/OL]. http://www.gov.cn/xinwen/2020zccfh/20/index.htm，2020-8-7.

② 首问负责制的含义可参见：http://www.360doc.com/content/19/0612/19/12397510_842034326.shtml，2019-6-12.

（一）社区老年人服务

随着人口老龄化发展，老年人的需要日益引起社会的广泛关注，面对着汹涌的“银发浪潮”，如何做到“老有所养、老有所为、老有所乐、老有所学”也就成了社区老年人服务的主要内容。所谓社区老年人服务，就是指针对本社区老年人在衣、食、住、行、医、学、乐等方面的特殊需求而开展的福利服务。

在社区服务中，我们通常把为老年人提供的服务分成以下几个方面。

1. 养老服务

养老服务是指为老年人提供必要的生活服务，满足其物质生活和精神生活的基本需要。目前，我国养老服务方式主要有社会养老和家庭养老两种。其中，社会养老主要针对无依无靠的老年人，而大多数老年人受观念和条件所限更多地将家庭养老作为主要养老方式。社区服务可以较好地把这两种养老方式结合起来，发挥自身积极的作用。

在养老场所和设施方面，社区养老主要依靠敬老院、康复中心、社区文化活动室等来开展工作，为孤寡老人、高龄老人以及子女照顾困难的老人提供了便利（图 8-2）。

图 8-2　惠州市惠城区某小区里的长者食堂

资料来源：香金群，刘惠艳. 惠城一小区开设长者食堂　惠城正推进长者饭堂建设试点[EB/OL]. http://www.huizhou.cn/news/newsc_counties/newsc_chc/201904/t20190408_1276708.htm，2019-4-8.

在基本生活来源方面，可以通过孤老院供养、发放最低生活保障等方式为失去供养的孤寡老人提供服务；可以为尚未落实养老金发放的老年人提供相应的法律咨询服务；可以为家庭拒绝赡养的老年人提供家庭调解或法律援助服务；可以为享受养老金的老年人开展养老金存储和领取服务；还可以利用志愿者和社会捐助等渠道面向老年人开展日常服务工作、捐赠工作和年节慰问工作。

在日常生活照料方面，社区服务可以较好地解决老年人日常饮食起居方面的困难。比如，社区可以提供洗澡理发、清扫卫生、衣物洗涤、商品代购代送、寻医问药等服务。

社区养老不是要取代家庭，而是着眼于家庭的整体需要，所提供的服务既针对需要照顾的老年人，同时也针对老年人家庭中的其他成员，以减轻由于照顾老年人而给家庭成员带来的生活压力。

2. 医疗保健服务

身体健康是老年人最大的心愿，社区可以从生理健康和心理健康两个方面对老年人开展医疗保健服务工作。

生理健康服务方面，社区可以借助社区医疗站及辖区医院解决老年人慢性病康复、日常疾病护理服务的费用、人员和场地等问题；还可以通过定期体检、建立老年人健康档案、举办医疗保健讲座、组织体育健身活动等方式来为老年人提供日常保健服务。心理健康服务方面，社区可以邀请周边高校或科研机构的专家举办心理健康讲座、子女培训讲座等活动，使老年人及其家庭成员更好地了解老年人心理的基本知识，也可以通过开设心理咨询门诊或者热线的方式，为老年人排除心理障碍。

3. 文化娱乐服务

随着人民群众生活水平的提高，城市老人的服务需求不仅表现在物质生活上，而且越来越多地表现在精神生活上。特别是近几年在城市老人的构成中，退休职工和离退休干部逐年增加，离开了原来的单位或职业往往会使他们感到失落、孤独。

对此，社区可以通过兴办老年人活动中心、老年大学、老年茶社、老人之家、寿星乐园等方式为老年人提供健康安全的活动场所，将老年人吸引到社区活动中来；还可以针对不同层次的老年人，举办书画展览、戏曲协会、老年舞会、诗歌欣赏、音乐欣赏、楹联猜谜等活动，以保证老年人按照多年形成的习惯和意愿度过自己的晚年。

4. 其他服务

除了上述较为普遍的老年人服务外，社区还可以根据老年人的特殊需求提供相应服务。比如，针对侵害老年人合法权益的问题，居委会以及所在单位可以予以调解，或提供法律咨询与援助；针对离婚和丧偶老人，可以提供婚姻介绍服务，使孤身老人获得幸福的晚年生活；开办老年人用品专卖店，解决购买老年人专用商品不便的问题；等等。

（二）社区残疾人服务

残疾人是指在生理上、心理上、智力上存在组织功能残障的特殊人群，组织功能上的欠缺会给残疾人带来超出常人的困难。为了让残疾人更好地自强自立、融入社会，平等地享受社会生活，社区应该对他们予以专门的照顾和服务。

1. 社区康复服务

社区康复服务，指的是通过接受过相关培训的社区工作者和残疾人家属来帮助残疾人减轻或消除身心障碍。与康复费用较高、开展地区有限的专业康复服务相比，社区康复费用低廉、覆盖面广、简便易行，让更多的残疾人有机会得到康复服务；另外，在熟悉的社区环境里参加康复活动，也更有利于残疾人心理上的稳定，有助于其更好地康复。

2. 生活保障与就业服务

由于身心障碍，残疾人往往在基本谋生手段上存在困难，社区对此应提供相应的服务。

（1）社区居委会应对辖区内的残疾人进行登记。目前常用的登记表有：残疾人登记表、扶残解困志愿者登记册、残疾人就业登记册、走访残疾人登记簿、残疾人求助登记簿等。通过准确的登记，以便及时为生活困难的残疾人提供最低生活保障等福利服务（图 8-3）。

图 8-3　爱心人士将慰问品送到残疾人手中

资料来源：关颖. 400 位残疾人收到春节慰问品[N]. 西安晚报，2019-1-11.（008）

（2）提供就业岗位。就业岗位通常可分为集中就业和分散就业两类，前者包括街道福利工厂、盲人按摩中心等组织；后者则包括社区为残疾人提供的小商店、小报亭等场所，此外国家也通过减免税收等方式鼓励企业接收残疾人就业。

（3）职业培训服务。针对残疾人在技能上的困难，社区可以有针对性的开设计算机、烹饪、编织等职业培训班，提高残疾人的文化水平，使其掌握一定的科学技术和劳动技能，最终成为自食其力的劳动者。

3. 特殊教育服务

特殊教育是指通过特殊方法技巧对残疾人进行教育，使其具备必要的文化知识和技能。社区可以开展的特殊教育包括：对伤残婴儿、智障儿童的启智教育，对轻度精神病人进行的行为教育，对身体残障者进行的肢体、语言、听力功能训练等。这些工作一般可以依托社区内的相关机构或社区服务中心来开展。

4. 日常生活服务

社区残疾人日常生活服务的内容非常广泛，常见的有：家庭医护照顾、帮残“结对子”等志愿者服务；婚姻中介、家政服务等家庭服务；修建盲道、坡道等社区无障碍设施服务；法律咨询、政策辅导服务；等等。在服务中我们既要着重建设“家人亲戚—朋友邻里—社会志愿者”构成的三级社区非正式支持网络，也要注意发挥残疾人自身的积极性，培养其独立能力。

二、面向全体居民的社区服务

面向全体居民的服务，又被称为便民利民服务，它是针对社区普通居民生活中的普遍需求而开展的旨在提高其生活质量的社区服务。这一服务与社区居民联系最密切、最能体现社区一般居民生活需求，同时也最能反映社区经济的广度和深度。从服务项目上通常可以分为以下几大类。

（1）日常家居生活服务。它包括日常生活服务和家政劳动等内容。具体可以开发的服务项目有：日常生活用品的购置与配送、家用电器维修、卫生清理、服装制作拆洗与熨烫、代收公用事业费等。可以建立与之配套的服务设施有：便民商店、早点铺、家电维修部、服装加工部、干洗店、理发室、钟点工介绍所等。

（2）社区环境综合治理服务。如绿化面积的维护和扩大、“四害”治理、环境噪声的控制、垃圾的袋装与分类、居民楼道及门前环境卫生的保护、违章搭建的控制、民事纠纷的调解、火灾隐患的消除、辖区内刑事案件的防范、外来人口的管理等。

（3）社区医疗卫生服务。具体可以开发的服务项目包括：疾病预防、医疗诊断、病人护理、健康咨询、卫生宣传和防疫等。可以建立与之相配套的服务设施有：社区医疗诊所、便民医疗服务信箱、家庭病床、家庭医生全程服务、居民健康资料信息库等。

（4）社区文体娱乐服务。它包括文化、教育、科普、咨询、培训、体育、娱乐、健身服务等。相应需要的组织和设施有：文化活动中心、市民学校、科普实践基地、各类知识讲座、业余特长培训班、图书阅览室、法律咨询室、运动场、健身房等。

三、面向辖区单位的社区服务

面向辖区单位的社区服务，又叫作社企双向服务，是指社区和驻社区的机关、企事业单位等相互之间开展的社区服务。在服务中，社区应遵循共建共享原则和互惠互利原则：一方面，配合单位“后勤社会化”的改革要求积极开展相应的服务；另一方面，努力借助驻社区单位的资源，为己所用来开展社区工作，最终实现双赢。

具体操作上，社区要为辖区单位创造良好的社区环境，既包括卫生、绿化、治安等硬环境，也包括与辖区内工商、税务、卫生、环保、计量等部门开展联合办公审批、联合执法检查、代征代缴等合作项目的软环境。此外，社区应该积极调研辖区单位与社区居民的共同需求，为辖区单位员工提供餐饮、娱乐、文体服务等社会后勤服务，一方面有助于解决单位的后顾之忧，另一方面也有助于解决社区就业问题。

四、城市社区服务的管理

为使社区服务运作规范、收效良好，必须对其进行有效的管理。广义上来说，社区服务管理属于社区管理的一部分，但又有其自身特有的管理要求。下面我们从社区服务的组织管理、人员管理和资金管理三个方面进行说明。

（一）社区服务的组织管理

社区服务组织的管理应该是一个在政府有关部门领导下，由居委会等组织直接管理并动员社区居民广泛参与的过程。

1. 政府部门的宏观管理

作为社区服务的决策者，政府应当在宏观指导方面发挥积极作用。一方面，通过把社区服务纳入城市发展规划，及时解决社区服务发展中遇到的难题；另一方面，及时出台与社区服务发展相关的政策法规，创造一个良好有序的制度环境。具体到各个政府部门的分工上，社区建设应在党委和政府的统一领导下，由民政部门牵头进行。各级民政部门应当认真履行职责，做好社区居委会和社区民间服务组织的建设工作，对社区服务工作进行指导，协调相关部门之间的关系并对社区服务进行监督。

2. 社区组织的直接管理

在直接管理层面上，社区服务是由相关的社区组织具体开展的，其中居委会通常是最主要的管理部门。居委会的主要工作是：一是制定本社区服务的发展规划；二是根据居民需求不断增加新的服务项目；三是提升现有服务项目的水平；四是协调社区内各部门、单位和其他服务组织之间的关系；五是及时上传下达政府和居民之间的信息。

3. 社区居民的参与管理

社区居民既是社区服务的客体，也是社区服务的主体，任何成功的社区服务都是建立在社区居民的广泛认同和积极参与基础上的。可以说，居委会对社区服务的直接管理，正是居民参与社区服务管理的体现。同时，居民还可以监督居委会的社区服务工作，组织群众团体通过参与社区服务管理，有利于向政府有关部门提出意见、建议，等等。这些都体现了社区居民对社区服务的参与管理。

（二）社区服务的人员管理

拥有一支能力较强的社区服务人员队伍，是社区服务赖以存在和发展的重要条件。经过长期的探索实践，我国已经初步形成了一个以专职社区人员为服务骨干、以兼职人员为服务主体、以志愿者为有益补充的社区服务人员管理体系，从各方面积极开展社区服务工作。

1. 专职社区服务人员

专职人员是指从事社区服务职业的人，通常由社区服务组织里的专业人员组成。常见的专职人员包括居委会、社区服务中心、福利院、社区文化站等组织内的工作人员。

专职人员是社区服务的领导者、组织者，因此也是社区服务工作的骨干，社区服务的发展程度与人员素质关系很大。由于历史的原因，我国目前的社区服务专职人员虽具有一定的实践操作经验，但整体文化层次偏低、年龄偏大，在社区管理的专业素养上存在欠缺。随着时代的发展，社区居民的需求不断增长且日新月异，提高专职人员的专业素质就成为迫切需要解决的问题。

2. 兼职社区服务人员

兼职人员就是兼任社区服务工作的人，一般由热心社区服务的社会各界人士组成。他们从事社区服务，但并非主业。兼职人员包括居民职工、机关干部、专家教师等，所从事的服务内容主要有知识讲授、病人护理、医疗咨询、残疾人及老人看护、劳动维修等方面。

目前在我国，兼职人员主要来自与社区建设有关的辖区单位。与专职人员相比，兼职人员总体上文化素质较高，组织协调能力较强，具有比较丰富的社区服务经验和技巧；

尤其当某项社会服务正好与自身职业相符时，这种水平和技能会表现得更为突出。从人数上来看，兼职人员的数量也往往多于专职人员，因此兼职人员参与社区服务可以有效缓解社区服务人力资源不足的状况。当然这也表明我国的社区服务尚不成熟，专职人员数量和素质亟待提高。目前我国已在北京、上海等地开展大学生街道挂职锻炼活动，选拔合格的大学生在各街道办事处担任兼职干部，协助社区专职人员全面开展各项工作。这些做法在一定程度上解决了基层干部短缺的问题，提高了街道的工作效率和服务质量，是较为成功的做法，值得借鉴。

3. 社区服务志愿者

社区服务志愿者，是指为增进社会公益或解决社区问题而不计任何报酬参与社区服务，自愿奉献自己时间、精力和技能的人。随着社会的进步和观念的发展，人们希望选择更有意义的生活方式，更好地参与到社会生活中，志愿者的出现也就成为现代社会的重要标志之一。

志愿者的召集可以有多种形式。比如，可以与街道团委合作，利用社区内的青年志愿者资源；也可以与社区内或周边的高校学生会、社团合作，开展校区共建活动。目前很多地方还开设了社区服务的“时间银行”，即任何成员在为他人提供志愿服务后可将服务时间存入社区账户，今后有需要时可以获得同等时间的志愿服务。这也是市场经济社会下，遵循市场交换原则，以服务换服务的一种方式。

志愿者服务具有双赢的功能。一方面，志愿者服务有助于志愿者了解社会、接触社会，是志愿者尤其是青年志愿者提供社会化的有效途径。另一方面，志愿者服务是社会保障体系的重要补充，有助于实现社会公平、维护社会稳定，是社会弱势群体的重要支持力量；此外，志愿者服务也有助于增进社区居民的互动，从而具有社会整合功能。近年来志愿者服务活动在我国蓬勃发展，引人瞩目，在将来它将进一步成为社区服务的重要参与方式。

（三）社区服务的资金管理

在当今市场经济的大环境下，社区服务作为一项具有福利性的服务项目，同样需要资金的筹集、运作和管理。可以说，服务资金的管理直接关系到服务组织的正常运转，作用重大。

1. 社区服务资金的筹集

社区服务资金的筹集方式比较灵活，来源多样。从目前我国的现状来看，多数资金来自政府拨款，这一款项一般来自彩票收入和财政拨款。如各地社区兴建的社区服务中心、老人公寓、图书阅览室、残疾人康复中心、老年大学等大都依靠政府拨款。

随着社会民众公益意识的提升，社会捐赠也开始成为社区服务资金筹集的重要手段，这包括辖区内的企业捐赠、个人捐赠以及特定活动的社会募捐。

除上述两点之外，很多社区还因地制宜开展经营活动以自筹资金。这类经营方式比较多样：有的由社区居委会或社区服务中心统一经营；有的社区则进行资产租赁承包，将闲置房屋租赁给经营者收取租金；有的社区还开展市场中介服务，通过提供居民所需的服务信息将居民和辖区内服务机构连接起来，适当收取费用。

最后，随着我国改革开放步伐的加快，一些地区还尝试引入非政府组织或非营利组织来开展专业的机构服务，这种方法也可以较好地筹集资金。

2. 社区服务资金的使用

在资金使用上，应有较为严格的财务管理规定，包括服务组织与银行之间的存贷关系，服务组织与有关单位、个人之间的资金往来结算关系，服务组织与服务人员之间的薪酬支付关系，等等。同时，在社区服务的开展过程中要注意管理和运用好资金，尽量降低成本。

应当注意的是，由于社区服务的社会福利性质，对于某些服务项目，应本着取之于民用之于民的原则，将其盈利投入到维持和提高服务上，以便更好地为社区居民提供服务。

第三节　农村社区服务及其管理

一、农村社区生产服务

农村社区村民以农业生产为主要生活来源，社区生产服务事关广大村民的经济收入和生活水平，因而如何促进农业生产，就成了农村社区服务的重要内容之一。

（一）市场信息服务

农村社区居民的经济生产活动与市场供求、销售渠道等问题息息相关，迫切需要大量的市场信息作为指导。目前我国大部分农村虽然解决了基本的道路交通和通信设施问题，但一部分农村仍较为封闭，居民文化素质偏低，对市场信息的捕捉能力不强，经常导致农产品生产不适销对路，或是缺乏销售渠道。对于农村乡镇企业、个体工商户的生产经营活动，以及农村剩余劳动力的转移来说，及时的市场需求信息也是非常必要的。因此，市场信息服务就成为社区服务的重要内容（图 8-4）。

图 8-4　黑龙江省第一个农村淘宝项目落户明水县

资料来源：艾艳国，史志强，陈贺．明水生态文明县实现经济新跨越[EB/OL]．https://heilongjiang.dbw.cn/system/2015/12/23/057004298.shtml，2015-12-23.

在农村地区开展市场信息服务，必须因地制宜，有条件的地区可以通过兴建农村社区服务中心来协助解决，即借助服务中心的人才化、信息化优势，充分发挥电视、广播和网络等媒体的作用，提供诸如农药、种子、化肥、农机购买的市场信息，提供农产品销售的正当渠道。而在条件相对有限的地区，乡镇政府、农业科技部门应该发挥更大的作用，广泛收集相关资料并定期公布最新的农业科技与生产信息，定期到农村基层开展科技下乡活动。村委会也应主动发挥上传下达的作用：一方面，及时将上级政府和有关部门的信息通过村广播、公告栏等方式公布；另一方面，应及时将当地的生产信息反馈给有关部门，以供其制定政策时参考；此外，还应该积极邀请有关专家、组织来当地考察培训，给广大农民群众一个与专家面对面了解信息的机会。

（二）知识技术服务

现代化农业早已摆脱了“靠天吃饭”的困境，高效的农业生产需要有专业的农业技术指导，而目前我国广大农民由于文化教育水平较低，科技知识尤其是与现代农业生产和市场销售有关的知识较为有限，这成为制约农业高速发展的一个“瓶颈”。针对这一问题，社区服务虽然限于条件不能直接给予技术服务，但可以发挥自身在资源联系上的优势开展服务工作。

首先，可以大力开展农业技术推广工作。这一工作主要以各地的农业厅、农业院校、农业科学院为骨干单位，以各县、乡（镇）的农业技术推广站为中心进行农业技术推广服务，要积极联系，促进先进的信息下乡、先进的技术下乡、先进的人才下乡，促进先进的农业科学技术成果转化为生产力。这应该是现阶段农村社区服务的一个重要内容（图 8-5）。

图 8-5　农资农技送下乡，防疫春耕两不误

资料来源：农资农技送下乡，防疫春耕两不误[EB/OL]. https://www.sohu.com/a/374892154_120310157，2020-2-21.

其次，举办相关的科技知识讲座、培训和辅导班，邀请有关专家、技术人员来社区考察，可以采取实地指导、集体讲授、操作示范、交流经验、互通信息、议事恳谈等方式与专家、技术人员进行有效交流。

再次，给本地乡镇企业、个体企业提供更多的技术支持和信息渠道，努力采用先进技术改造传统产业，用现代企业管理理念更新农村家族企业管理模式，创造通畅的产品销售渠道。

最后，针对当地农村劳动力外出打工的情况，可以有针对性地对其进行电脑操作、家电维修、家政服务等基本技能培训，提升劳动力的技术水平，促使其更好地在城市立足。

二、农村社区生活服务

（一）抚养赡养服务

伴随着我国经济社会发展水平的提高，农村社区居民的老龄化趋势也已到来，传统的家庭养老如今已经不能满足需求。特别是在我国部分农村，青壮年劳动力大量外出打工，造成老人、小孩和部分妇女留守农村，给家庭生活造成了较多的困难。对于农村的抚养赡养服务，我们应该将家庭保障与社会保障尤其是社区服务结合起来，对面临各种困难的农村居民给予帮助或对已出现的农村社会问题采取应急措施。

1994 年，国务院颁布了《农村五保供养工作条例》，明确规定对于符合条件的农村老年人、残疾人和未成年人等五保对象，农村集体经济组织应负责提供经费和实物，包括以下保障内容：①供给粮油和燃料；②供给服装、被褥等用品和零用钱；③提供符合基本条件的住房；④及时治疗疾病，对生活不能自理者有人照料；⑤妥善办理丧葬事宜。五保对象是未成年人的，还应保障他们依法接受义务教育。由于是村集体经济负责，这一工作已经带有社区服务的性质。

有条件的地区，可以充分发挥农村敬老院在养老方面的作用，有偿吸收一些非五保对象入院供养，以增加敬老院的收入，改善五保对象的生活。由于农村地区尚未纳入最低生活保障体系，我们鼓励在条件具备的地区率先推行农村最低生活保障制度，分步推行低保制度，切实保障农村特困人口的基本生活。针对农村五保户的医疗救助制度，我们可以通过建立农村新型合作医疗体系或设立专门的医疗救助基金来加以解决。在城市近郊农村，我们还可以考虑将农村居民纳入城市社区服务体系，在某些方面享受城市居民待遇（图 8-6）。

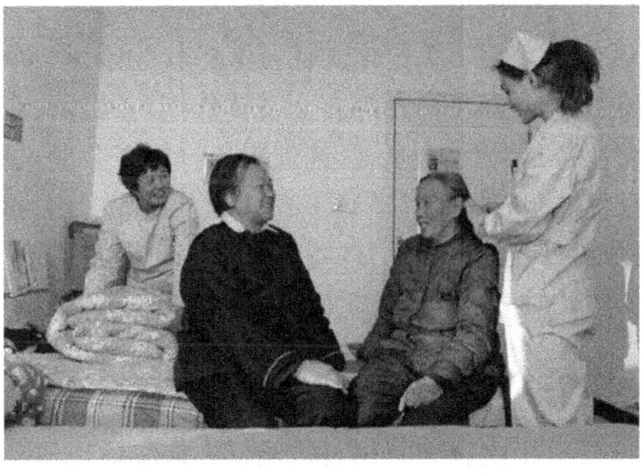

图 8-6　“医养一体、两院融合”破解农村养老难题

资料来源：新华社. 河北巨鹿“医养一体、两院融合”破解农村养老难题[EB/OL]. http://hebei.hebnews.cn/2016-01/18/content_5291028.htm，2016-1-18.

2019 年至脱贫攻坚战取得全面胜利前，在精准扶贫思想的指导下，我国农村五保政策有了一些新变化，主要可以概括为以下三点。

（1）在五保户的生活保障方面：在精准扶贫工作以及国家“十三五”规划的带动下，对五保户的补贴标准有所上调。

（2）在住房方面：前些年，国家基本是通过危房改造的方式来为五保户提供基本的住房保障的，而在 2019 年土地确权之后，五保户的房屋也能进行确权登记，这大大加强了五保户的住房权益。简单来说就是让五保户住得更安心、住得更放心。

（3）在医疗看病方面：2019 年后，五保户在看病时不仅能享受医疗保险的优惠，而且其中自己支付的部分费用还能享受国家的大病救助补贴。双重的保障更有效地解决了五保户家庭看病难的问题。①

（二）便民生活服务

农村社区往往社会结构相对简单，家庭的地位作用相对突出，具有较大的同质性，是一个典型的熟人社会。但随着经济的发展、社会流动的加快和农村观念的变革，传统的“自给自足”的生活方式也在发生变化，农村便民生活服务也就应运而生了。

和城市相比，农村社区的便民生活服务往往有更强的农业特色。比如，我国苏南的一些农村在政府和村集体经济支持下成立了社区服务中心，服务功能多达一二十项，包括连锁便民超市、农资供应点、农机维修点、庄稼医院、医疗卫生室、老年人活动室、书报阅览室、理发室、饮食小吃店、宣传橱窗、文娱健身场所等，可以说基本服务功能一应俱全，给附近村民的生产生活带来了极大的便利，也很好地增加了社区服务组织的收入。

此外，也有许多服务内容，农村与城市社区相似。比如，对于年老体衰、生活自理能力较差的农村五保对象，除了给他们提供足够的现金补助外，社区还可以给予必要的日常照顾和上门服务；对于青壮年劳动力外出的家庭，在农业机械修理、家政服务等工作方面社区也可以提供服务；至于环境管理、社区保安、代缴水电费、代购车船票等方面，都是社区服务可以介入的项目。

鉴于目前农村社区建设滞后，专业化的社区服务较为匮乏，今后一段时间内应加强村组织的建设，使其在协调人力、物力等方面发挥作用。另外，在有条件的地区，也可以鼓励专业服务组织将服务延伸到农村，延伸到服务对象家里，一些必要的支出可以由当地政府支付。另外针对农村社区居民互动频率高、人际关系好、社区认同感和归属感较强的特点，一方面可以鼓励村民互帮互助、自我服务；另一方面要充分发挥各地志愿者的作用，鼓励各地专业民间组织和专业社会工作者深入农村，为农村居民提供适当的服务。

（三）文化娱乐服务

一般而言，农村与城市相比，物质相对贫乏，文化生活比较单调。村级文化建设有很大的发展空间。文化服务建设一方面可以弥补我国农村文化生活的不足，强化村民的集体主义精神，增强村民凝聚力，营造积极向上的集体主义氛围；另一方面，可以使村民有一个交流学习、沟通信息的机会，有助于提高村民素质，以更好地满足社区居民的物质和精神生活需求。这些都有利于增强社区的凝聚力，繁荣和发展农村社区文化。

---

① 佚名. 农村五保需要具备什么申请条件？如何办理？2019 年农村五保新变化[EB/OL]. https://baijiahao.baidu.com/s?id=1633656998607350885&wfr=spider&for=pc，2019-5-16.

具体到农村社区服务中，我们一方面要大力扶持文化服务设施建设，依托村镇文化宫、农村社区图书阅览室、农业科技站和老年活动室等阵地，积极开展形式多样、喜闻乐见的群众性文化活动，不断丰富群众的精神生活；另一方面应针对农民群众较为缺乏的文化内容建立农民学习培训班，为不同年龄、不同层次的村民进行相关法律、科技和教育文化知识的普及；社区还应与当地政府有关部门积极联系，利用诸如文化下乡、电影下乡和大学生志愿者"三下乡"等活动，营造良好的文化氛围，增强村民的归属感。

（四）医疗保健服务

由于农村医疗卫生条件较差，加强社区文化和卫生建设就显得极为重要。

关于农村社区的医疗卫生服务和体育服务，本书将在下文详细介绍，这里不再赘述。

还要说明的是，上述服务只是针对我国具有普遍意义的普通农村社区而言的，在一些经济发达的地区，其农村建设已经城镇化、现代化，社区服务方式与城市社区非常相似甚至优于城市；还有一类城市中的"城中村"社区，由于农村居民失去耕地而脱离农业生产转变为城市居民，也有其自身特殊的社区服务方式，在本章限于篇幅不再作介绍。

三、在实施乡村振兴战略的大背景下，进一步完善农村社区服务体系①

乡村振兴战略是党的十九大提出的重大战略举措，乡村振兴的总体要求是产业兴旺、生态宜居、乡风文明、治理有效、生活富裕。其中，乡风文明、治理有效、生活富裕三个方面都跟农村社区服务体系建设紧密相关。在实施乡村振兴战略的大背景下，有效建设农村社区服务体系需要解决供给主体单一化、以需求为导向的决策体制不健全、财政投入不足等问题。进一步完善社区服务体系建设可以从以下几个方面入手。

一是建立"四位一体"式农村公共服务供给模式。首先，需要积极引入新的供给主体，构建政府、农村社区、私人部门、非营利性机构"四位一体"式的供给主体结构；其次，应从根本上实现政府从"划桨者"到"掌舵者"角色的转变，做好农村社区公共服务供给的指导、监督等工作；最后，在公共服务的供给上，引入市场化机制，通过竞争机制使各主体提供更加优质的公共品。

二是建立公共服务体系的多元资金投入模式。要建立公共服务体系的多元资金投入模式，在加大政府对农村社区公共服务、公共财政资金投入力度的基础上，充分发挥财政政策的杠杆作用，利用各种方式引导其他涉农资金投入，如社会组织、社会各界的捐助。最后，建立诸如免税制度、贴息贷款制度等激励制度，对进入农村社区公共服务建设的社会资本进行或直接或间接的激励，保障其经济利益，进一步提高公共服务供给效率。

三是制定"自下而上"和"自上而下"相结合的决策制度。长期以来，我国农村社区采取的"自上而下"的公共服务供给决策模式，使农民的需求并没有得到真实全面的反映。推动公共服务决策机制向"自下而上"的转变同时，要使"自下而上"和"自上而下"的决策制度有效结合，让政策落地。一方面要不断提高农民的文化素质，鼓励农民参与到公共服务的供给决策过程当中；另一方面，要建立健全基层民主制度，不断拓

① 刘慧. 新常态下完善我国农村社区公共服务体系的路径选择[J]. 中国管理信息化，2016（12）：208-209.

宽农村社区居民表达渠道，不断满足居民的需求，进而实现农村社区公共服务的供给有效匹配农村居民的需求。

四是完善农村社区公共服务供给绩效评价和监督保障制度。首先，建立科学的政绩考核体系，将基本公共服务指标纳入干部政绩考核体系，促使地方政府将工作重心转到加强农村公共服务管理、提高管理服务水平上来。其次，建立健全相关法律法规。对现有相关法律法规，应认真贯彻实施。最后，充分发挥社区居民的监督作用。

四、农村社区服务管理

农村社区服务管理与城市社区有许多相近之处。它们都是在政府的宏观指导下，依靠社区组织直接管理，发动群众参与的过程；志愿者在社区服务中都发挥着重要作用；等等。但由于农村经济和环境与城市不同，农村社区服务的管理有着自己的特点，也有一些需要完善的地方。

（一）农村社区服务的组织管理

目前我国农村社区的工作主要以村为单位，由村民自治组织村委会负责组织管理。传统意义上村委会的工作主要以行使行政管理职能和经济管理职能为主，随着农村社区建设工作的开展，村委会还要履行社会服务职能，工作非常繁重。这就对以村委会为主的社区管理班子提出了更高的要求。

首先，新形势要求村委会工作逐步从权威型、管理型转变为民主型、服务型。其次，还要加强村民自治功能，推行一事一议、村务公开等制度，做到公开内容、公开时间、公开形式、公开程序、公开档案、公开结果。最后，还应改革干部考核评价方式，变组织考核为组织和社区群体双向考核，真正把干部融入社区服务之中。只有健全村党组织领导下的充满活力的村民自治机制，才能真正让群众满意，才能建设和谐稳定的社会主义新农村。

（二）农村社区服务的体系管理

社区服务是一个覆盖面广、内容丰富的体系，因此必须有与之相配套的基础设施，而农村社区在这一方面往往比较薄弱。从已有经验来看，可尝试建立以社区服务中心为核心，各类社区服务机构为辅助的服务体系。将功能齐全的社区服务中心作为本社区乃至周边乡村的核心。这可以有效改变农村地区经营服务网点小、散、差的状况，强化服务功能，为农民需求提供“一站式”服务。而其他社区基础设施建设还应包括社区办公室、治安警务室、综合活动室、社区社保救助服务站、医疗卫生站和室外文体活动场等。配套建设各类与之相关的生活、娱乐、医疗设施，有利于形成一个便于村民生产、生活的良好环境。

在具体工作中，努力在社区中建立乡（镇）、村—社区理事会—社区农户三级社会化服务网络。可以尝试依托村委会建立社区理事会，理事会在乡（镇）、村党组织及村委会的领导下按照社区理事会章程，以议事恳谈会为主要工作运作方式，组织基层社区农户进行自我教育、自我管理、自我服务、自我发展，开展具体的建设服务活动。同时有条件的地区可以大力组建文化、科技、法律、文体等方面的专业协会，鼓励村民积极参与，以协会活动配合社区管理。

现有的农村社区服务体系主要应履行以下几个方面的职责：组织社区农户开展互助活动和生产经营活动，组织农户进行规模生产，调整产业结构；组织本社区农户开展科技培训、现场示范、交流经验、互通信息、议事恳谈等活动；组织文体娱乐活动，丰富村民业余精神文化生活；组织社区农户履行村规民约，加强法治、德治宣传教育；准确反映社情民意，协调解决农户生产生活中的实际困难和问题；组织开展便民生活服务，积极满足困难户和全体村民的不同需求；等等。

（三）农村社区服务的资金和人才管理

资金的筹集一直是社区服务的难点，目前农村社区的资金筹集有着多种方式：有的地区以政府拨款为主，余额由农村社区自筹资金补足；有的地区以村集体经济出资为主，鼓励个人或社会力量参与；还有的地区采用由农村供销社牵头，社会力量共同参与、政府扶持、镇村共建的方式，在辐射功能较强的村庄兴建农村服务中心，如江苏苏州市、山东德州市都采用了这种方法兴建了农村社区服务中心，开展“一站式”综合服务，取得了很好的效果。随着我国经济的发展，新的资金筹集方式还会不断涌现。

专业人才的缺乏同样困扰着农村社区发展，相对于城市而言，农村社区在人才的吸引上更为困难。首先，在专业农村社区服务人员有限的情况下，我们应该积极鼓励兼职社区服务人员参与其中。兼职人员可以包括乡镇政府工作人员、村委会成员、农业科技工作者，也可以是热心社区事业的普通村民。他们在开展工作的同时，可以发挥自身职业的优势，广泛进行社会联系，有利于为社区服务争取更多的资源。其次，志愿者队伍同样是农村社区的重要人才来源，目前我国正在大力开展大学生支援西部、支援农村地区的活动，越来越多的大学生愿意到农村施展才干，他们的知识和热情将给社区建设带来新鲜血液。最后，应该发扬农村社区人际关系较好、互帮互助的优良传统，培养村民的社区观念和自主意识，调动起村民参与社区服务的积极性，对于工作的开展将会起到事半功倍的效果。

总之，社区作为农村的基本单元，是农村发展环境的重要组成部分。只有推动传统农业地区向现代农村社区转变，建立农村新社区，让村民在温馨家园中享受生活，才能为全面建设新农村创造良好环境。

☞ 附录 »

《城乡社区服务体系建设规划》（2016—2020年）（节选）[①]
民政部、中央组织部、中央综治办等十六个部门联合印发
（民发〔2016〕191号）

为增强城乡社区服务功能，提高城乡居民生活水平，促进城乡发展一体化，维护城乡基层和谐稳定，根据党的十八大和十八届三中、四中、五中、六中全会精神以及《中华人民共和国国民经济和社会发展第十三个五年规划纲要》，制定本规划。

① 民政部门户网站. 关于印发《城乡社区服务体系建设规划（2016—2020年）》的通知[EB/OL]. http://www.mca.gov.cn/article/gk/ghjh/201709/20170915006082.shtml，2016-10-28.

一、发展现状和面临形势

……

二、指导思想、基本原则和发展目标

（一）指导思想。

全面贯彻党的十八大和十八届三中、四中、五中、六中全会精神，深入贯彻习近平总书记系列重要讲话精神，牢固树立创新、协调、绿色、开放、共享的发展理念，以居民群众需求为导向，以供给侧结构性改革为动力，推动城乡社区服务精细化、专业化、标准化，构建机构健全、设施完备、主体多元、供给充分、群众满意的城乡社区服务体系，让城乡居民共享全面建成小康社会的发展成果。

（二）基本原则。

——坚持人民主体，多元参与……

——坚持统筹城乡，补齐短板……

——坚持持续发展，创新引领……

——坚持资源整合，精细服务……

（三）发展目标。

……到2020年，基本公共服务、便民利民服务、志愿服务有效衔接的城乡社区服务机制更加成熟；社区综合服务设施为主体、专项服务设施为配套、服务网点为补充的城乡社区服务设施布局更加完善；网络联通、应用融合、信息共享、响应迅速的城乡社区服务信息化发展格局基本形成；以社区党组织、社区自治组织成员为骨干，社区社会工作者和其他社区专职工作者为支撑，社区志愿者为补充的城乡社区服务人才队伍更加健全。

三、重点任务

（一）加强城乡社区服务机构建设。

城乡社区服务机构是提供国家基本公共服务的基础平台，旨在聚合政府各部门延伸到城乡社区的服务事项和服务资源，为社区居民提供项目齐全、标准统一、便捷高效的城乡社区公共服务，以适应政府简政放权、放管结合、优化服务的要求。建立健全首问负责、一次告知、限时办结制度，积极推行上门办理、预约办理、自助办理、委托代办等服务，提高社区居民满意度。探索建立乡镇（街道）党（工）委、社区党组织领导下的城乡社区公共服务机构管理体制。统筹考虑人口规模、需求结构和服务半径等因素，通过购买服务等方式，合理保障城乡社区公共服务所需经费。支持供销合作社发展农村综合服务社。积极扶持城乡社区服务类社会服务机构，支持城乡社区服务类社会服务机构承接社区公共服务项目、发展专业社会工作服务和社区志愿服务。

（二）扩大城乡社区服务有效供给。

1. 着力推进城乡社区公共服务均等化。依托城乡社区综合服务设施和服务机构，提供面向全体城乡居民、贯穿生存发展各阶段和生产生活各领域的基本公共服务项目，切实保障老年人、未成年人、残疾人、优抚对象、困难群体等的服务需求。加强和改进对农民工及其随迁家属的基本公共服务，促进农民工及其随迁家属融入城市社区。贯彻落实中共中央办公厅、国务院办公厅《印发〈关于深入推进农村社区建设试点工作的指导意见〉的通知》（中办发〔2015〕30号）精神，加快完善农村社区服务体系，大力推动基本公共服务项目向农村社区延伸，大力发展适应农业现代化需要的生产服务，探索建立社区公共服务事项全程委托代理机制，完善农村“三留守”人员关爱服务机制，切实提升对留守儿童和妇女、老人的服务能力。促进城乡社区服务项目和服务标准有机衔接，推动城乡基本公共服务均等化。

……

2. 着力推进城乡社区便民利民服务便捷化。大力发展城市社区物业服务，建立行业监管机制、属地协调机制和居民评价机制，切实提升企业诚信和服务质量。完善城乡社区便民利民服务网络，推进“城市社区15分钟服务圈”规划建设，完善农村社区综合性服务网点。发展城乡社区短途通勤公交服务，鼓励邮政、金融、电信、燃气、自来水、电力、产品质量监督等公用事业服务进入城乡社区；发展城乡社区家庭服务、健康服务、养老服务企业和机构，多方式提供看护护理、家政服务、美容美发、洗染、家电维修、餐饮、物流配送和再生资源回收等生活服务，支持有实力的企业运用连锁经营的方式到城乡社区设立超市、便利店、标准化菜店等零售网点。依托供销合作社、益农信息社和企业提供农资供应、农副产品流通、日用消费品销售、再生资源回收和农业社会化服务，积极推进多种形式的城乡对接、产销对接。

3. 着力推进城乡社区志愿服务和专业服务常态化。依托城乡社区综合服务设施建立志愿服务站点，搭建志愿者、服务对象和服务项目对接平台，完善志愿服务记录和志愿服务台帐。以家政服务、文体活动、心理疏导、医疗保健、法律服务、交通安全宣传教育等为主要服务内容，以低保对象、空巢老人、留守老人、留守儿童、残疾人为主要服务对象，有针对性地开展城乡社区志愿服务。积极开展在职党员到社区报到为群众服务活动，充分发挥共产党员的先锋模范作用。推动党政机关、企业事业单位等成立志愿服务队到城乡社区开展志愿服务。在城乡社区推行志愿者星级认定和嘉许制度，健全“爱心银行”“时间银行”等志愿服务回馈制度，推进社区志愿服务经常化和常态化。发扬农村邻里相亲、守望相助传统，开展以生产互助、养老互助、救助互助等为主要形式的农村社区互助活动和志愿服务，增强农村居民自我服务能力。依托城乡社区综合服务设施建立社区社会工作室，根据社区居民需求，分类推进精神慰藉、资源链接、能力提升、关系调适、社会融入等专业社会工作服务。充分发挥专业社会工作在统筹社区照顾、扩大社区参与、促进社区融合、推动社区发展、参与社区矫正和社区戒毒社区康复等方面的重要作用，建立社会工作者与志愿者协同服务机制。

（三）健全城乡社区服务设施网络。

1. 推进城乡社区综合服务设施建设。按照人口规模适度、服务管理方便、资源配置有效、功能相对齐全、社区居民自愿的要求，以市（地、州、盟）为单位，依据城乡规划和土地利用总体规划，合理确定城乡社区综合服务设施的数量、规模、选址布局、建设方式、功能划分，按照每百户30平方米标准配建城乡社区综合服务设施。根据城乡居民需求，结合农村社区建设试点进度，推进街道（乡镇）社区服务中心和城乡社区服务站建设，力争到 2020 年，实现城市社区综合服务设施全覆盖，农村社区综合服务设施覆盖率达到 50%。统筹利用好村级集体经济收入、政府投入和社会资金，整合利用村级组织活动场所等现有设施和场地，综合采取新建配建、改建扩建、资产划转、购置租赁等方式，加快推进各级农村社区综合服务设施建设，优先支持易地扶贫搬迁安置区开展配套建设。

2. 完善城乡社区综合服务设施功能。城乡社区综合服务设施由社区组织工作用房和居民公益性服务设施两部分组成，提倡“一室多用”，提高使用效益。依托城乡社区综合服务设施整合服务项目和服务资源，除国家另有规定外，以城乡社区居民为对象的公共服务、便民利民服务、志愿服务和专业社会工作服务原则上应在综合服务设施中提供。编制城乡社区综合服务设施标准规范，为综合服务设施建设提供技术支撑。突出地域特色、乡土特色和社区特色，营造亲情化、人性化的服务环境，加快推进地名标志设置。健全综合服务设施运行管理制度，加强城乡社区综合服务设施的运行维护，防止其损毁、流失或被挪做它用，探索建立综合服务设施社会化运作机制，逐步建立社区组织、社区居民轮值轮管制度，社区综合服务设施开放时间一般不少于每天 8 小时。

……

（四）推进城乡社区服务人才队伍建设。

1. 拓宽城乡社区服务人才来源渠道……

2. 健全城乡社区服务人才培养使用制度……

（五）加强城乡社区服务信息化建设。

1. 构建城乡社区公共服务综合信息平台……

2. 推进智慧社区建设。推动“互联网 +”与城乡社区服务的深度融合，逐步构建设施智能、服务便捷、管理精细、环境宜居的智慧社区。推进智慧社区信息系统建设，广泛吸纳社区社会组织、社区服务企业信息资源，逐步实现社区公共服务、志愿服务、便民利民服务等社区服务信息资源集成。推动社区养老、社区家政、社区医疗、社区消防等安保服务和社区物业设备设施的智能化改造升级，强化社区治安技防能力。大力发展城乡社区电子商务，发展线上线下相结合的社区服务新模式，依托农村社区综合服务设施和益农信息社，探索农村电子商务与农村社区服务有机结合的推进策略。

（六）创新城乡社区服务机制。

1. 完善城乡社区自我服务机制。积极推进城乡社区服务型党组织建设，充分发挥社区党组织领导核心作用，组织社区党员干部成立联系服务群众团体，为群众提供便利、快捷、有效服务。发挥城乡社区自治组织作用，围绕涉及居民群众切身利益的公共事务和公益事业组织社区协商活动，吸纳社区居民参与社区服务项目提出、运行、监督全过程，探索通过居民自愿筹资、建立社区基金等方式扩充自我服务资源。支持城乡社区群团组织发挥各自优势参与社区服务活动，大力培育服务性、公益性、互助性城乡社区社会组织。力争到 2020 年，城市社区平均拥有不少于 10 个社区社会组织，农村社区平均拥有不少于 5 个社区社会组织。动员驻社区单位在开放活动场所、提供资源支持、参与社区服务等方面履行共建责任。

2. 建立政府购买城乡社区服务机制。推进基层政府职能转变，建立政府购买城乡社区服务机制，将城乡社区自治组织纳入购买对象，将政府购买服务经费纳入财政预算。适时出台政府购买社区服务实施意见和配套政策，明确购买内容、服务标准、资金保障、监管机制、绩效评价等内容。原则上能由政府购买服务提供的，积极引导社区组织和社会力量承接，能由政府和社会资本合作提供的，广泛吸引社会资本参与。建立城乡社区公共服务目录及准入制度、政府购买社区服务目录，推行政府采购、定向委托、公益创投等方式，提高城乡社区公共服务质量和资金效益。

3. 健全城乡“三社联动”机制。充分发挥社区的基础平台作用、社区社会组织的服务载体作用、社会工作者的专业支撑作用，建立居民群众提出需求、社区组织开发设计、社会组织竞争承接、社工团队执行实施、相关各方监督评估的联动机制，广泛汇集社会资源，更好回应社区居民的多样化、个性化服务需求。

……

四、政策措施和组织保障

（一）加强法规制度建设和标准化建设……

（二）健全领导体制和工作机制……

（三）加大资金投入……

（四）完善扶持政策……

（五）强化规划实施……

复习思考题

1. 什么是社区服务？社区服务有哪些基本内涵？
2. 社区服务有哪些基本特征？
3. 开展社区服务的意义有哪些？
4. 按照服务对象不同，城市社区服务可以被分为哪几类？简述其基本内容。
5. 简述社区残疾人服务的基本内容。
6. 开展城市社区服务如何筹集资金？
7. 简述农村社区生产服务。
8. 农村社区服务体系建设的着力点有哪些方面？
9. 简述农村社区服务管理。
10. 通过走访调查或文献查阅，谈谈你所熟悉的某个城市社区或农村社区在养老服务方面有何不足，应该如何改进。
11. 了解《城乡社区服务体系建设规划（2016—2020 年）》的主要内容。

参考文献

陈云山. 2011. 社区服务[M]. 北京：中国人民大学出版社.

傅忠道. 2002. 社区工作基础知识 1000 答[M]. 北京：中国青年出版社.

黄树贤. 2018. 奋力开创新时代城乡社区治理新局面——学习贯彻习近平总书记关于城乡社区治理的重要论述[J].中国民政,(15):6-8.
李长健. 2013. 中国农村社区发展研究[M]. 北京：法律出版社.
刘耀东. 2020. 农村社区服务类社会组织参与精准扶贫的理据、困境及推进策略[J]. 学术研究，(4)：69-72.
王明. 2020. 政府购买服务项目参与城市社区治理的运作逻辑[J]. 云南社会科学，(3)：52-58.
文华. 2020. 农村公共服务满意度与社区人际信任——基于中国综合社会调查数据的研究[J]. 南方农村，(3)：46-55.
夏建中. 2005. 社区工作[M]. 北京：中国人民大学出版社.
徐永祥. 2004. 社区工作[M]. 北京：高等教育出版社.
徐勇. 2006. 农村微观组织再造与社区自我整合——湖北省杨林桥镇农村社区建设的经验与启示[J]. 河南社会科学，14(5):8-11.
杨柯，汪志涛. 2020. 人工智能赋能下的社区居家养老服务模式构建研究[J]. 云南行政学院学报，(3)：145-152.
佚名. 2004. 走进苏南农村社区服务中心[EB/OL]. http://www.agri.gov.cn，2004-04-26.
岳海菁. 2006. 打造现代农村新社区[EB/OL]. http://www.jxnews.com.cn，2006-06-09.
张军，刘雨. 2020. 新冠肺炎疫情防控中的"志愿者＋社区社会组织"模式服务效力及其反思[J]. 天津行政学院学报，(3)：79-86.

第九章

社区卫生、体育及其管理

社区卫生和体育是社区服务和社区建设的重要组成部分。它们的建立和发展，使全体人民共享改革发展成果，体现了以人为本的要求，有利于促进居民身心健康，缓解社会矛盾和问题，推动经济社会发展，提高人民生活水平。

本章第一节首先对社区卫生和社区体育的概念、特征、内容、机构及发展趋势等进行一般性的理论阐释。之后，用三节的篇幅分别对城市社区卫生及其管理、城市社区体育及其管理、农村社区卫生与体育进行论述。

第一节　社区卫生、体育概述

社区是百姓安居乐业所在，居住地和工作场所是为自然人群提供包括社区卫生和社区体育等在内的专业健康服务最适宜的场所。传统上，我国的社区具有很强的社会管理职能，将社会管理与专业卫生及体育服务结合起来是健康管理的核心内容。

一、社区卫生概述

（一）开展社区卫生服务的必要性

第一，开展社区卫生服务是深化医疗制度改革、合理配置卫生资源的需要。我国现行的按部门、地方的行政隶属关系设置的医疗卫生机构在一定程度上导致了卫生资源配置的失衡。由于缺乏健全、完善的社区卫生服务机构，许多群众不得不去大医院诊治基层社区卫生机构就能够解决的常见病、多发病问题，这又造成了本已紧缺的医疗资源的进一步浪费。世界卫生组织早已指出：居民中 80%以上的健康问题可以在基层社区得到解决。这就要求通过建立社区卫生服务体系，以理顺社区医疗与大医院之间的关系，构建城市与乡村医疗机构合理布局的新网络体系。

第二，开展社区卫生服务适应疾病谱和医学模式转变的需要。2016 年，我国居民前十大死因排序为脑血管疾病、缺血性心脏病、慢性阻塞性肺疾病、肺癌、阿尔茨海默病、肝癌、胃癌、道路交通伤害、高血压性心脏病和食道癌。面对疾病谱的这些变化，急需发展以人的健康为中心、以慢性非传染性疾病患者为重点、以预防为主的社区卫生服务事业。从 20 世纪 80 年代开始，医学模式就由生物医学模式转变为社会-心理-生物医学模式，促使了人们健康观念的变化，人们正在跳出“防病治病”的小圈子，追求保健、康复、精神愉快、健康长寿的、具有综合性和连续性的健康服务。这就从客观上要求建立新的卫生服务模式，即社区卫生服务。

第三，开展社区卫生服务是最大限度地满足居民的医疗卫生保健需求，减轻其经济负担，解决“看病难、看病贵”的医疗卫生难题的需要。以往居民不管大病小病都奔大医院，致使患者增加了经济、时间等多方面的负担。社区卫生服务能使居民小病在家里就诊，大病可通过转诊制度到大医院诊治，这样做减少了一些不必要的就诊程序，极大地方便了居民就医。通过“六位一体”的社区卫生服务，群众受益的不仅仅是健康，还有高标准的生活质量。

第四，开展社区卫生服务是解决经济社会发展中出现的一些新情况、新问题的需要。比如，随着经济建设和市场的繁荣，人口大量流动等社会因素对预防疾病的传入和流行带来了新问题。原来一些在城市或乡村很难流行的传染病在城市或乡村有流行趋势；一些由于生活行为因素而传染的疾病，如性病、艾滋病也呈逐年上升趋势，再加上儿童计划免疫工作、妇幼保健工作越来越深入，预防传染病和健康人群的卫生保健工作将成为社区卫生服务的重点。

（二）社区卫生服务的概念及类型

社区卫生服务是社区建设的重要组成部分，是在政府领导、社区参与、上级卫生机构指导下，以基层卫生机构为主体，全科医师为骨干，合理使用社区资源和适宜技术，以人的健康为中心、家庭为单位、社区为范围、需求为导向，以妇女、儿童、老年人、慢性病人、残疾人等为重点，以解决社区主要卫生问题、满足基本卫生服务需求为目的，融预防、医疗、保健、康复、健康教育、计划生育技术服务等为一体的，有效、经济、方便、综合、连续的基层卫生服务。我国社区卫生服务主要包括社区预防、社区医疗、社区康复、社区保健、社区健康教育、社区计划生育技术服务等六项内容，分为疾病预防服务、疾病治疗（含小病治疗和大病转诊等）服务、健康教育和卫生指导服务等类型。

社区卫生服务管理是指运用现代管理学原理和方法，计划、组织、领导、控制和协调卫生资源的开发、分配和利用，并通过社区卫生服务系统向个人、家庭和社区提供各类卫生服务，创造有利于健康的物质环境和社会心理环境，解决社区主要卫生问题，以满足社区人群基本的卫生服务需求，提高社区人群的健康水平。

（三）社区卫生服务的对象、性质与特点

社区卫生服务的对象是社区内的全体人群。它包括健康人群、亚健康人群和病人三大类型，以妇女、儿童、老年人、慢性病人、残疾人、贫困居民等为服务重点，以主动服务、上门服务为主，开展健康教育、预防、保健、康复、计划生育技术服务和一般常见病、多发病的诊疗服务。社区卫生服务机构提供公共卫生服务和基本医疗服务，具有公益性质，不以营利为目的。

社区卫生服务包括以下几个特点。

第一，社区卫生服务是社区人群为其健康问题寻求卫生服务时最先接触、最经常利用的医疗、预防、保健服务。它能以相对方便、经济、有效的技术和方法解决社区居民 80%左右的基本健康问题，并根据需要安排病人（包括部分健康人群）及时进入其他级

别或类别的医疗、预防、保健服务机构。因此，它具有基层性的特点。

第二，社区卫生服务是一种就地、就近及时的服务。社区居民不出各自的居民区或者不必跑较远的路程就能享受到专业卫生服务，特别是在出现突发性疾病时，社区卫生工作人员可以在最短的时间内到位进行救护，具有方便性和及时性的特点。

第三，社区卫生服务并非单纯的治疗疾病而是通过服务提高人群的健康水平。它在服务对象上不分年龄、性别和疾患类型，只要是社区居民，就属于社区卫生服务对象；在内容上涵盖医疗、预防、保健、康复和健康教育等领域，并且涉及生理、心理和社会文化各个方面；在资源利用上需要组织社区内外的各级各类医疗卫生机构及其他相关组织的支持，广泛涉及卫生、民政、教育、劳动、财政、残联、妇联、计生委、宣传等部门及非政府组织、个人等，具有综合性。

第四，社区卫生服务就个体而言，是一种从出生到死亡的连续性服务，是一种包括疾病预防，疾病的发生、发展、演变，病人的康复、预后等各个阶段在内的服务，具有持续性。

（四）社区卫生服务机构及其配置

社区卫生服务机构是社区卫生服务工作的主要载体，它是非营利性、公益性的医疗卫生机构，主要由社区卫生服务中心和服务站组成。社区卫生服务机构秉持以健康为中心、家庭为单位、社区为半径、需求为导向的服务宗旨，以预防保健、全科医疗、妇幼保健、康复治疗、健康教育、计划免疫、计划生育指导为主要职能。社区卫生服务机构依托大医院的医疗资源，深入居民区，提供基本公共卫生和基本医疗服务，方便群众就诊。截至 2020 年 4 月底，全国基层“医疗卫生机构 95.7 万个，其中：社区卫生服务中心（站）3.5 万个，乡镇卫生院 3.6 万个，村卫生室 61.6 万个，诊所（医务室）24.5 万个”。①2020 年 1～4 月基层医疗卫生机构诊疗 10.9 亿人次。其中，“社区卫生服务中心（站）1.8 亿人次，同比下降 28.5%；乡镇卫生院 3.2 亿人次，同比下降 12.2%；村卫生室 4.1 亿人次”。②整体状况见表 9-1 和表 9-2。

表 9-1　2020 年 4 月底基层医疗卫生机构数　　单位：个

基层医疗卫生机构	2019 年 4 月底	2020 年 4 月底	增减数
社区卫生服务中心（站）*	35 066	35 017	−49
政府办*	17 742	17 386	−356
乡镇卫生院	36 336	36 024	−312
政府办*	35 852	35 556	−296
诊所（医务室）	232 393	244 607	12 214
村卫生室	621 626	615 545	−6 081
合计	948 186	957 415	9 229

* 表示其中数。

资料来源：信息统计中心. 2020 年 4 月底全国医疗卫生机构数[EB/OL]. http://www.nhc.gov.cn/mohwsbwstjxxzx/s7967/202007/a365f0c05dcb456ca040c0ee5c160684.shtml，2020-7-7.

---

① 信息统计中心. 2020 年 4 月底全国医疗卫生机构数[EB/OL]. http://www.nhc.gov.cn/mohwsbwstjxxzx/s7967/202007/a365f0c05dcb456ca040c0ee5c160684.shtml，2020-7-7.

② 信息统计中心. 2020 年 1-4 月全国医疗服务情况[EB/OL]. http://www.nhc.gov.cn/mohwsbwstjxxzx/s7967/202007/c8c897a6320d47c59c8f950f8acd2a23.shtml. 2020-7-7.

表 9-2 2020 年 1～4 月基层医疗卫生机构医疗服务量

基层医疗卫生机构	诊疗人数/万人次		诊疗人次增长/%	出院人数/万人		出院人数增长/%
	2019 年 1～4 月	2020 年 1～4 月		2019 年 1～4 月	2020 年 1～4 月	
社区卫生服务中心（站）*	25 496.7	18 226.7	−28.5	120.4	80.4	−33.2
政府办*	18 017.4	13 708.7	−23.9	91.3	62.3	−31.8
乡镇卫生院	36 624.4	32 156.6	−12.2	1 330.4	1 006	−24.4
政府办*	36 306.8	31 922.6	−12.1	1 319.9	997.2	−24.4
诊所（医务室）	22 610.0	14 116.0	−37.6	—	—	—
村卫生室	55 720.0	41 219.0	−26.0	—	—	—
合计	145 705.3	108 847.5	−25.3	1 466.3	1 096.7	−25.2

* 表示其中数。

资料来源：信息统计中心. 2020 年 4 月底全国医疗卫生机构数[EB/OL]. http://www.nhc.gov.cn/mohwsbwstjxxzx/ s7967/202007/a365f0c05dcb456ca040c0ee5c160684.shtml，2020-7-7.

健全社区卫生服务体系要依托现有基层卫生机构，形成以社区卫生服务中心、社区卫生服务站为主体，其他医疗卫生机构为补充，以上级卫生机构为指导，与上级医疗机构实行双向转诊，条块结合，以块为主，使各项基本卫生服务逐步得到有机融合的基层卫生服务网络。

社区全科医生是社区卫生服务的主体，他们由接受过全科医学的专门训练，熟悉全科医学的基本观念、基本原则，具备整体性的思维方式和足够的诊疗能力，集预防、治疗、康复、保健、健康教育等工作技能于一身，能为社区成员提供连续性、协调性、综合性、个体化和人性化的医疗保健服务的专业技术人员组成，是社区卫生服务人员队伍中的骨干力量。社区卫生服务队伍主要由全科医生、社区护士、公共卫生行政管理人员及其他相关专业技术人员和管理人员组成。

（五）发展社区卫生服务的总体目标和基本原则

20 世纪 90 年代，有关政府部门曾确定了我国发展社区卫生服务的总体目标：满足人民卫生服务需求，与经济社会发展相同步，构筑面向 21 世纪的、适应社会主义初级阶段国情和社会主义市场经济体制的现代化城市卫生服务体系。到 2000 年，基本完成社区卫生服务的试点和扩大试点工作，部分城市应基本建成社区卫生服务体系的框架；到 2005 年，各地基本建成社区卫生服务体系的框架，部分城市建成较为完善的社区卫生服务体系；到 2010 年，在全国范围内，建成较为完善的社区卫生服务体系，成为卫生服务体系的重要组成部分，使城市居民能够享受到与经济社会发展水平相适应的卫生服务，提高人民健康水平。①

《卫生事业发展“十二五”规划》提出：到 2015 年，努力建成机构设置合理、服务功能健全、人员素质较高、运行机制科学、监督管理规范的社区卫生服务体系，原则上每个街道办事处或 3 万—10 万居民设置 1 所社区卫生服务中心；建立起社区卫生服务机构与大医院、专业公共卫生服务机构上下联动、分工明确、协作密切的城市医疗卫生服务体系。②

《全国医疗卫生服务体系规划纲要（2015—2020 年）》提出，构建与国民经济和社会

① 卫生部等十部门. 关于发展城市社区卫生服务的若干意见[J]. 中国卫生质量管理. 1999，（4）：26.

② 国务院. 国务院关于印发卫生事业发展“十二五”规划的通知[EB/OL]. http://www.gov.cn/zhengce/content/2012-10/19/content_6074.htm，2012-10-19.

发展水平相适应、与居民健康需求相匹配、体系完整、分工明确、功能互补、密切协作的整合型医疗卫生服务体系，为实现 2020 年基本建立覆盖城乡居民的基本医疗卫生制度和人民健康水平持续提升奠定坚实的医疗卫生资源基础。[①]

《“健康中国 2030”规划纲要》提出的新的奋斗目标是：“全面建成体系完整、分工明确、功能互补、密切协作、运行高效的整合型医疗卫生服务体系。”“建立专业公共卫生机构、综合和专科医院、基层医疗卫生机构‘三位一体’的重大疾病防控机制，建立信息共享、互联互通机制，推进慢性病防、治、管整体融合发展，实现医防结合。”“不断完善服务网络、运行机制和激励机制，基层普遍具备居民健康守门人的能力。完善家庭医生签约服务，全面建立成熟完善的分级诊疗制度，形成基层首诊、双向转诊、上下联动、急慢分治的合理就医秩序，健全治疗-康复-长期护理服务链。”“实施健康扶贫工程，加大对中西部贫困地区医疗卫生机构建设支持力度，提升服务能力，保障贫困人口健康。到 2030 年，15 分钟基本医疗卫生服务圈基本形成，每千名常住人口注册护士数达到 4.7 人。”[②]

发展社区卫生服务应遵循以下几项基本原则。

第一，坚持为人民服务的宗旨。依据社区人群的需求，正确处理社会效益和经济效益的关系，把社会效益放在首位。

第二，坚持政府领导，部门协同，社会参与，多方筹资，以公有制为主导。

第三，坚持预防为主，防治结合，综合服务。

第四，坚持以区域卫生规划为指导。引进竞争机制，合理配置和充分利用现有卫生资源；努力提高卫生服务的可及性，做到低成本、广覆盖、高效益，方便群众。

第五，坚持社区卫生服务与社区发展相结合，保证社区卫生服务的可持续发展。

第六，坚持实事求是，积极稳妥，循序渐进，因地制宜，分类指导，以点带面，逐步完善。

国务院曾颁布《国务院关于发展城市社区卫生服务的指导意见》，其中阐述了发展城市社区卫生服务的基本原则，本书还会论及。

二、社区体育概述

社区体育发展水平是衡量一个国家体育水平的重要标准之一。社区体育在社区发展中占有重要的地位。随着改革开放的深入和人民生活水平的提高，人们在社区生活的时间将大大延长，人们的体育活动主要在社区生活期间进行，社区体育将成为城乡居民参加体育活动的最基本组织形式。

（一）社区体育的概念

在我国，社区是全民健身计划落实到基层的主要载体。社区体育和社区体育服务是体育社会化的产物。社区体育主要是指在基层社区范围内，以自然环境和体育设施

---

① 国务院. 国务院办公厅关于印发全国医疗卫生服务体系规划纲要（2015—2020 年）的通知[EB/OL]. http://www.gov.cn/xinwen/2015-03/30/content_2840331.htm，2015-3-30.

② 中共中央 国务院印发《“健康中国 2030”规划纲要》[EB/OL]. http://www.gov.cn/gongbao/2016-11/20/content_5133024.htm，2016-10-25.

为物质基础，以全体社区成员为主要对象，以满足社区成员的体育要求、增进社区成员的身心健康为主要目的，就地、就近开展的区域性群众体育。这也是一种针对自身情况，以其身体运动为基本手段，以获得健、美、乐为目标的一种社会文化现象。社区体育以开展经常性健身活动为主，常以业余的、自愿的、因地制宜、因人而异的形式开展小型多样的体育健身活动，注重传统健身养生法与现代健身方式相结合、个人锻炼与集体活动相结合、健身娱乐与医疗保健相结合、健身活动与节假日活动相结合。

社区体育是我国体育事业的重要组成部分，直接关系到人们的身心健康、体格健美与快乐幸福的生活。它既是社区建设的重要内容，也是社区文化的重要组成部分。开展社区体育不但能增强居民的体质、丰富业余文化生活、改善生活方式、提高生活质量，而且对密切人际关系、培养社区感情、增强社区凝聚力、强化社区意识、促进社区的安全和稳定、加强社区的精神文明建设等都有重要的意义。由此可见，发展社区体育既是体育事业的需要，也是社区建设、社区管理和社区服务的需要。

（二）我国社区体育的特征

中国作为一个大国，幅员辽阔，民族众多，习俗各异，各地社区体育从内容到形式都具有不平衡性。就共性而言，社区体育具有如下几个特点。

第一，健身性与娱乐性。参加社区体育活动的社区成员参与体育锻炼的目的，不是为了提高运动技术水平当运动员，而是为了身体健康，为了形体美、姿态美、动作美，为了娱乐，这就决定了社区体育具有健身性与娱乐性的特点。

第二，随意性与自觉性。因为社区体育的主体人群极其复杂，所以活动内容极其丰富，形式不拘一格、千变万化，其实施过程难以集中统一，必然灵活分散，这使社区成员中的个体行为显得十分随意，其前提自然是人们的自觉性。换而言之，在社区的每一个角落，凡有人群的地方，只要人们具有强烈的健身意识，就可随意选择与之相适应的内容与形式进行身体锻炼。

第三，针对性与自控性。社区体育的实践活动，是社区成员在业余时间，自觉、自愿、主动、经常的基础上展开的。由于社区成员在性别、年龄、生活习惯、兴趣爱好、体质健康、个人需求、业余时间，以及所处的地位、社会环境等均存在着较大的差异，因此，社区成员在开展健身活动时，可以针对个人体质、健康、需求、心情、兴趣爱好及特长等具体情况，选择合适的内容与形式，在允许的时间与环境条件下进行自我调控。

第四，地域性与多样性。社区成员多参加喜闻乐见的、参与者熟悉的、具有本地区传统和地域特色的体育活动项目，体现出较强的地域性特点。如东北的大秧歌、南方的赛龙舟、西部的赛马、山区的登山等，都各具强烈的地域特色。社区体育活动的多样化，决定了社区体育活动项目的多样化，不同人群能够参加自己喜欢的体育活动（图 9-1）。

（三）社区体育管理与社区体育服务管理

社区体育管理是目前使用非常频繁的一个词，它经常和社区体育建设连用，主要包括社区体育组织管理和社区体育服务管理。社区体育在组织机构上，主要由市（县、区）人民政府有关部门牵头，以街道办事处（乡、镇）为主体，以居委会（村委会）为依托，以体育活动站为基地，共由四个层次构成的完整体系。这种“条块结合，以块为主”的

图 9-1　我国南方的赛龙舟活动

资料来源：佚名. 今日端午节[EB/OL]. https://www.sohu.com/a/236355059_769646，2018-06-18.

社区体育管理体系，为我国社区体育的普遍化、生活化提供组织保证。社区体育管理应遵循立足居民体育需要、因地制宜、坚持从本社区特点出发的原则，坚持把社会效益放在首位的原则，坚持社区体育社会办的原则，坚持注重科学性、实效性的原则，坚持硬件建设与软件建设并重的原则。

社区体育服务管理的主要职能是根据社区居民的需求，建立健全社区体育服务网络，完善社区体育服务体系，广泛开展社区体育服务，并对服务质量进行监督、保障，以提高社区居民对社区体育的满意度，提高居民的生活质量。社区体育服务具有公益性、群众性、互助性、地域性四大特点。公益性是不以营利为目的，而以社会效益为主，以满足社区居民的生活服务需求为目标；群众性是群众的事情让群众自己去办，以自我服务的方式来进行；互助性是提倡“人人为我，我为人人”的精神风尚，发动社区成员广泛参与到社区体育中去，以互相帮助的方式来开展社区体育服务活动；地域性是社区体育服务的对象稳定，并有一定的区域范围的限制。

（四）我国社区体育的成就与不足

中国共产党历来重视群众性社区体育运动的开展。毛泽东在其所撰写的《体育之研究》中提出：“体育之效，至于强筋骨，因而增知识，因而调感情，因而强意志。”1952年，他又给中华全国体育总会题词：“发展体育运动，增强人民体质。”改革开放以来，党和政府更加重视社区体育运动。1995 年 6 月，国务院印发的《全民健身计划纲要》第九条指出：积极发展社区体育。街道办事处要加强对体育工作的组织，发挥居民委员会和基层体育组织的作用，做好社区体育工作。体育行政部门要给予支持和指导。2002年 7 月，中共中央、国务院下发了《中共中央 国务院关于进一步加强和改进新时期体育工作的意见》指出：“开展全民健身活动，增强人民体质，是体育工作的根本任务，是利国利民、功在当代、利在千秋的事业。体育工作一定要把提高全民族的身体素质摆在突出位置。”到 2015 年底，覆盖城乡、比较健全的全民健身公共服务体系基本形成，为提供更加完备的公共体育服务、建设体育强国奠定了坚实基础。2016 年 6 月，国务院印发的《全民健身计划（2016—2020 年）》中，提出了社区基层体育组织和社区公共体育设施建设的具体目标：“加强对基层文化体育组织的指导服务，重点培育发展在基层开展体育活动的城乡社区服务类社会组织，鼓励基层文化体育组织依法依规进行登记。推进体育社会组织品牌化发展并在社区建设中发挥作用，形成架构清晰、类型多样、服务多元、竞争有序的现代体育社会组织发展新局面。”“着力构建县（市、区）、乡镇（街道）、行政村（社区）三级群众身边的全民健身设施网络和城市社区 15 分钟健身圈，人均体育场地面积达到 1.8 平方米，改善各类公共体育设施的无障碍条件。”

新中国成立以来，尤其是近 20 年来，中国社区体育取得了不小的成就。城乡各地、大街小巷，到处都可以看到健身器材，大中城市更能见到规模不等的健身中心。这段时期是中国社区体育发展速度最快的时期。截至 2017 年，全国全民健身站点平均已达到每万人 3 个；体育健身指导人员队伍日益壮大，截至 2018 年，社会体育指导员超过 200 万人。[①]同时也应注意到，我国社区体育还存在有城乡发展不平衡、部分领导和群众认识不足、组织管理体制和运行机制不完善、专业人才严重不足、经费不足、场地器材设施缺乏等问题，需要逐步加以解决（图 9-2）。

图 9-2 城市社区常见的全民健身器材

资料来源：海淀区文明办.海淀区举办全民健身路径交流展示活动（图）[EB/OL]. http://www.bjwmb.gov.cn/xxgk/xcjy/t20131021_544518.htm，2013-10-18.

第二节 城市社区卫生及其管理

一、我国城市社区卫生事业的发展

城市社区卫生是我国卫生服务体系的主要组成部分，兴起于 20 世纪 90 年代。针对城市卫生发展存在的资源配置不合理以及社区卫生服务发展比较滞后、发展水平不高、预防保健功能弱化、不能适应群众的基本医疗卫生服务需要等问题，1997 年 1 月《中共中央、国务院关于卫生改革与发展的决定》明确提出，要“改革城市卫生服务体系，积极发展社区卫生服务，逐步形成功能合理、方便群众的卫生服务网络”。

1999 年 7 月卫生部等 10 个部门制定了《关于发展城市社区卫生服务的若干意见》，提出了发展社区服务的具体政策措施和 2010 年发展目标。

① 国家体育总局. 体育总局发布《中国群众体育发展报告（2018）》[N]. 中国体育报，2018-8-3（01）.

2002 年 8 月，卫生部等 11 个部门制定了《关于加快发展城市社区卫生服务的意见》，鼓励社会力量参与建设社区卫生服务网络。此外，我国也出台了一些与社区卫生服务制度的一些标准相关的配套文件。

从 2003 年开始，卫生部、民政部、国家中医药管理局联合启动创建全国社区卫生服务示范区活动，涌现出像天津、上海、北京、沈阳、银川、成都、武汉、深圳、宁波、杭州、广州、贵阳等一批具有一定工作特色的地区。2004 年卫生部在天津市召开了全国城市社区卫生服务工作经验交流会，进一步推动了社区卫生服务在全国各地的广泛开展。

2006 年 2 月，国务院颁布了《国务院关于发展城市社区卫生服务的指导意见》。该文件内容丰富，一是阐述了发展城市社区卫生服务的指导思想、基本原则和工作目标。其中，基本原则包括：坚持社区卫生服务的公益性质，注重卫生服务的公平、效率和可及性；坚持政府主导，鼓励社会参与，多渠道发展社区卫生服务；坚持实行区域卫生规划，立足于调整现有卫生资源、辅以改扩建和新建，健全社区卫生服务网络；坚持公共卫生和基本医疗并重，中西医并重，防治结合；坚持以地方为主，因地制宜，探索创新，积极推进。二是提出了推进城市社区卫生服务体系建设要做到：坚持公益性质，完善社区卫生服务功能；坚持政府主导、鼓励社会参与，建立健全社区卫生服务网络；建立社区卫生服务机构与预防保健机构、医院合理的分工协作关系；加强社区卫生服务队伍建设；完善社区卫生服务运行机制；加强社区卫生服务的监督管理；发挥中医药和民族医药在社区卫生服务中的优势与作用。三是指明了完善发展城市社区卫生服务的政策措施：制订实施社区卫生服务发展规划；加大对社区卫生服务的经费投入；发挥社区卫生服务在医疗保障中的作用；落实有关部门职责，促进社区卫生服务发展。四是强调要加强对城市社区卫生服务工作的领导，地方政府要充分认识发展社区卫生服务对于维护居民健康、促进社区和谐的重要意义，认真贯彻落实国家有关方针政策，将发展社区卫生服务纳入政府年度工作目标考核。国务院成立由负责卫生工作的国务院副总理任组长的城市社区卫生工作领导小组，研究制订促进社区卫生发展的方针和政策措施，研究解决工作中的重大问题，加强对地方社区卫生服务工作的检查指导，推动社区卫生服务持续健康发展。①

经过多年努力，我国城市社区卫生服务工作取得了五个方面的进展。

——社区卫生服务理念广为传播。随着城市社区卫生服务的深入开展，本着普及公共卫生服务、不断提高全民健康素质的基本目标，提倡“以人为中心”，围绕“保障生命安全、改善生存环境、提高生活质量、延长健康寿命”的社区健康服务理念，社区卫生服务工作理念逐步由“管病”向“管健康”转变。

——社区卫生服务网络逐步完善。截止到 2020 年 4 月，全国城市共设置社区卫生服务中心 35 017 个，以社区卫生服务中心和社区卫生服务站为主体，以诊所、医务所（室）、护理院等其他基层医疗机构为补充的社区卫生服务网络正日益完善。

——社区卫生服务医护队伍素质得到提高。2018 年底，全国已有 17 万余名执业医师、近 19 万名注册护士和近 14 万名其他卫生技术人员服务于社区卫生服务中心。此外，

① 国家卫生健康委员会. 2019 中国卫生健康统计年鉴[M]. 北京：中国协和医科大学出版社，2019.

全国诊所有 23 万余名执业医师、15 万余名注册护士和 8 万余名其他卫生技术人员，其中大部分从事城市社区医疗卫生服务。[①]

——社区卫生服务中心功能得到改善，受到群众欢迎。社区卫生服务中心普遍开展社区门诊、家庭出诊、家庭护理、家庭病床等服务。比如，普遍开展了计划免疫接种，为 35 岁以上患者首诊测量血压，参与了孕产妇系统管理和儿童保健系统管理，还有近半数社区卫生服务中心为居民提供健康管理。2018 年，全国城市社区卫生服务中心为城市居民提供近 8 亿人次的社区门诊，354 万人入院，床位使用率为 51.4%。[②]城市社区卫生服务中心在“小病”医疗方面已成为不容忽视的力量（图 9-3）。

图 9-3　全国各城市都具有若干功能齐备的社区卫生服务中心

——社区卫生服务得到各级政府的重视。作为举办社区卫生服务机构的责任主体，各级政府按照属地管理的原则，持续加强对社区卫生服务政策的支持，制定本区域社区卫生服务机构建设规划，统筹安排，完善社区卫生服务的规范化建设。

总之，以社区卫生服务中心为主，社区卫生服务站为辅，医疗诊所、医务室为补充的社区卫生服务体系框架，正在全国城市里逐步形成。各地社区卫生服务机构普遍开展了社区门诊、家庭出诊、家庭护理、家庭病床等便民医疗护理服务以及健康干预和健康教育活动，在抗击非典、禽流感、新型冠状病毒等重大传染病的斗争中，社区卫生服务机构发挥了不可替代的作用。

二、城市社区卫生服务事业的不足与发展建议

虽然我国目前的社区医疗卫生服务工作已经取得了一定成效，但也还存在三大问题。[③]

一是城镇公共卫生服务资源的空间分布、规模结构与城镇化发展水平不完全匹配。城镇社区卫生服务网络仍然存在不健全之处，现有的社区卫生服务机构无法完全满足城区居民的基本医疗卫生服务需求。

二是社区医疗卫生机构服务能力有待提升，突出地表现为高素质医务人员不足。高素质全科医生的紧缺和不足，造成了社区医院、卫生站人员素质偏低，社区卫生服务人员大多数不是全科医生，社区卫生服务中心面临着“好的医生不想干，差的医生干不来”

① 国家卫生健康委员会. 2019 中国卫生健康统计年鉴[M]. 北京：中国协和医科大学出版社，2019.
② 国家卫生健康委员会. 2019 中国卫生健康统计年鉴[M]. 北京：中国协和医科大学出版社，2019.
③ 吴林. 加强基层医疗卫生服务体系建设[N]. 中国人口报. 2020-5-21（003）.

的局面，本科以上从业人员所占比例偏低。2019 年，我国每万人口拥有的全科医生数量是 2.61 人，与 2030 年每万人拥有 5 名全科医生的愿景相比还有很大提升空间（表 9-3）。目前我国规范化培训的全科医生较少，大多数是以短期转岗培训为主，专业水平还有提升空间。此外，社区卫生服务的信息化建设水平还处于初级阶段，“互联网 + 医疗健康”示范区建设还处于探索阶段，尚待积累更丰富的经验、数据。

表 9-3　全国卫生技术人员数量统计　　单位：人

类别	2015 年	2016 年	2017 年	2018 年	2019 年
每千人口执业（助理）医师	2.21	2.31	2.44	2.59	2.77
每万人口全科医生	1.38	1.51	1.82	2.22	2.61
每千人口注册护士	2.36	2.54	2.74	2.94	3.18
每万人口专业公共卫生机构人员	6.39	6.31	6.28	6.34	6.41

资料来源：国家卫健委，中商产业研究院整理. 2019 年全国卫生技术人员数量分析：执业（助理）医师增加 26 万[EB/OL]. http://finance.eastmoney.com/a/202006221529861431.html，2020-6-22.

三是基层医疗卫生机构活力不足，部分地区人事薪酬制度改革和医保支付制度改革有待完善，基层医务人员积极性未能充分调动。

为进一步做好城市社区公共卫生服务工作、稳步提升社区卫生服务水平，以更好地满足人民群众日益增长的公共卫生服务需求，需要做好以下几项工作。①

其一，优化医疗卫生服务体系的结构和布局，均衡医疗资源配置。要根据城镇常住人口增长趋势和空间分布，统筹布局完善医疗卫生服务设施。加强社区卫生服务机构建设，健全与医院分工协作、双向转诊的城镇医疗服务体系。畅通医院、基层医疗卫生机构、康复医院和护理院等慢性病医疗机构之间的转诊渠道，形成“小病在基层、大病到医院、康复回基层”的合理就医格局。

其二，继续大力提升社区医疗卫生机构服务能力。具体包括以下两方面内容。

（1）加强全科医生人才队伍建设。首先，大力推进全科医生制度建设，加强以全科医生为重点的基层人才队伍建设，通过住院医师规范化培训、助理全科医生培训以及转岗培训等多种途径加大全科医生培养培训力度。其次，加强政府对医药卫生人才流动的政策引导，推动医药卫生人才向基层流动，基本形成统一规范的全科医生培养模式。再次，制定优惠政策，为基层定向免费培养医生，研究实施基层医疗卫生机构全科医生及县级医院专科特设岗位计划。最后，创造良好的职业发展条件，鼓励和吸引医务人员到基层工作，壮大基层医务人才队伍。

（2）推进基层医疗卫生服务信息化建设，依托“互联网 + 医疗健康”示范区建设，以健康信息平台为基础，打造基层卫生综合管理平台，打通社区末端、织密数据网格，构建基层卫生综合管理网络和科学、合理、经济、高效的基层卫生综合绩效评价体系。建立面向公众的健康服务平台，提供多渠道居民健康档案在线查询、个人健康管理、健康风险评估、健康干预和跟踪服务等功能，提高基层医疗服务能力、提升居民的就医体验。

四是推进补偿机制建设。目前我国的医疗体系好比是一座金字塔，基层医疗卫生服

① 汪清，陈起风. 优化基层医疗卫生服务体系的着力点[N]. 中国人口报. 2020-5-15（003）.

务体系是塔底，由于缺乏优质的医疗卫生资源，这座金字塔的塔底并不牢固。打造系统的基层医疗卫生服务体系，就要有效地利用有限的资源来达到最大的健康效果。首先要鼓励社会力量提供医疗服务，各地要严格按照有关规定全面落实社会办医疗机构的各项税收优惠政策。其次要进一步完善基层医疗卫生机构绩效工资制度，收支结余部分可按规定提取职工福利基金、奖励基金。最后要巩固完善多渠道补偿机制，落实基层医疗卫生机构核定任务、核定收支以及绩效考核补助的财务管理办法，加强绩效考核，调动基层医疗卫生机构和医务人员的积极性。

第三节　城市社区体育及其管理

我国从 20 世纪八九十年代兴起发展的城市社区体育，作为一种特殊的社区文化活动和新的社会体育形态，为中国城市社区服务和社区建设注入了新的活力，完善了我国社会体育组织管理结构体系，推动了体育社会化的进程，促进了城市社区建设，在中国社会体育和城市管理中发挥了独特的作用。

一、城市社区体育的概念和构成要素

城市社区体育是指以居住在城市社区（或街道、居委会辖区范围）的居民为主体，以满足自身体育需求、增进身心健康、巩固和发展社区居民情感为主要目标，就近就便开展的区域性群众体育活动。

城市社区体育作为一个完整的系统，由一系列要素构成。根据社区的定义和目前我国城市社区体育的现状，城市社区体育可视为由六种要素构成的一个体系，如图 9-4 所示。

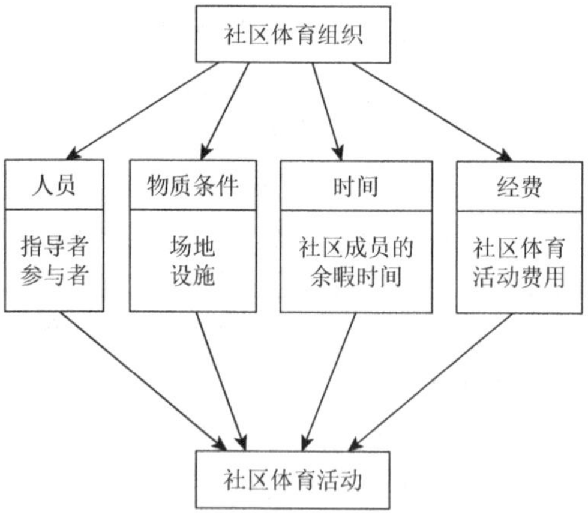

图 9-4　城市社区体育构成要素及相互关系

社区体育组织担负着确定目标，进行人、财、物和时间等资源的合理配置，建立社区体育内部要素间及社区体育与外部环境的各种联系，从而成为统领社区体育的整合性要素，对社区体育的发展起着主导作用。

体育活动，是社区体育的出发点与归宿，是社区体育组织的直接目标。社区体育的

一切功能都是通过具体的社区体育活动实现的。开展体育活动是社区体育的目标要素。

社区体育的指导者和参与者是社区体育的主体，社区成员根据自己的需求在体育指导者的组织和指导下，参与体育活动，学习掌握体育锻炼的知识和技能，以满足自己身、心合理发展的需要，从而构成社区体育的核心要素。

体育场地设施、社区成员的共有余暇时间和必要的活动经费是支持社区体育开展的必要条件，是社区体育的支撑要素。如果缺乏这些必要的支撑要素，社区体育活动将不能正常开展。

社区体育的这些构成要素相辅相成，组成了完整的社区体育系统。①

二、我国城市社区体育的发展

我国城市社区体育活动开展的时间比较早，但真正大规模的发展开始于 20 世纪 90 年代初期。

1995 年 6 月，国务院颁发了《全民健身计划纲要》，随后，中华人民共和国国家体育运动委员会下发《关于贯彻〈全民健身计划纲要〉实施"全民健身一二一工程"的意见》要求在推行全民健身计划的启动阶段，每人每天参加一次健身活动，每人学会两种以上健身方法，每人每年进行一次体质测定，每个家庭拥有一件健身器材，每年全家参加两次户外体育活动，每个家庭有一份（册）体育健身报刊或图书；每个社区提供一处以上群众健身活动场所，每年开展两次群众体育活动，建立一支社会体育指导队伍；等等。实施这些要求的行动被称为"全民健身一二一工程"（这是借用体育术语"一二一，齐步走"来表示启动）。1997 年 4 月，国家教委、民政部、国家体委、建设部、文化部联合颁发《关于加强城市社区体育工作的意见》，明确提出，"社区体育工作的主要任务是：采用多种方式，发动、引导、组织社区成员开展经常性的体育健身活动，提供门类众多的体育服务，满足社区成员的体育需求，增强体质，提高身心健康水平和生活质量，建立文明、健康、科学的社区生活"。2002 年 4 月，中央文明办等八部门联合发出《关于开展科教、文体、法律、卫生"四进社区"活动的通知》，提出努力建设和开辟更多面向广大群众、便于居民参与的公益性文化体育场所，充分利用社区各类文体活动中心、图书室、影剧院、文化宫、俱乐部、体育场（馆）、健身站（点）等文体设施，经常组织有社区特色、丰富多彩的群众性文体活动。2016 年 6 月，《国务院关于印发全民健身计划（2016—2020 年）的通知》中，提出全民健身计划的新目标："到 2020 年，群众体育健身意识普遍增强，参加体育锻炼的人数明显增加，每周参加 1 次及以上体育锻炼的人数达到 7 亿，经常参加体育锻炼的人数达到 4.35 亿，群众身体素质稳步增强。全民健身的教育、经济和社会等功能充分发挥，与各项社会事业互促发展的局面基本形成，体育消费总规模达到 1.5 万亿元，全民健身成为促进体育产业发展、拉动内需和形成新的经济增长点的动力源。"②

2016 年 10 月，中共中央、国务院印发了《"健康中国 2030"规划纲要》，提出了社

---

① 任海，王凯珍，王渡，等. 我国城市社区体育的概念、构成要素及组织特征——对我国城市社区体育的探讨之一[J]. 体育与科学，1998（2）：15.

② 国务院. 国务院关于印发全民健身计划（2016—2020 年）的通知[EB/OL]. http://www.gov.cn/zhengce/content/2016-06/23/content_5084564.htm，2016-6-15.

区体育四大基本任务：

一是完善全民健身公共服务体系。统筹建设全民健身公共设施，加强健身步道、骑行道、全民健身中心、体育公园、社区多功能运动场等场地设施建设。到 2030 年，基本建成县乡村三级公共体育设施网络，人均体育场地面积不低于 2.3 平方米，在城镇社区实现 15 分钟健身圈全覆盖。推行公共体育设施免费或低收费开放，确保公共体育场地设施和符合开放条件的企事业单位体育场地设施全部向社会开放。加强全民健身组织网络建设，扶持和引导基层体育社会组织发展。

二是广泛开展全民健身运动。继续制定实施全民健身计划，普及科学健身知识和健身方法，推动全民健身生活化。组织社会体育指导员广泛开展全民健身指导服务。实施国家体育锻炼标准，发展群众健身休闲活动，丰富和完善全民健身体系。大力发展群众喜闻乐见的运动项目，鼓励开发适合不同人群、不同地域特点的特色运动项目，扶持推广太极拳、健身气功等民族民俗民间传统运动项目。

三是加强体医融合和非医疗健康干预。发布体育健身活动指南，建立完善针对不同人群、不同环境、不同身体状况的运动处方库，推动形成体医结合的疾病管理与健康服务模式，发挥全民科学健身在健康促进、慢性病预防和康复等方面的积极作用。加强全民健身科技创新平台和科学健身指导服务站点建设。开展国民体质测试，完善体质健康监测体系，开发应用国民体质健康监测大数据，开展运动风险评估。

四是促进重点人群体育活动。制定实施青少年、妇女、老年人、职业群体及残疾人等特殊群体的体质健康干预计划。实施青少年体育活动促进计划，培育青少年体育爱好，基本实现青少年熟练掌握 1 项以上体育运动技能，确保学生校内每天体育活动时间不少于 1 小时。到 2030 年，学校体育场地设施与器材配置达标率达到 100%，青少年学生每周参与体育活动达到中等强度 3 次以上，国家学生体质健康标准达标优秀率 25%以上。加强科学指导，促进妇女、老年人和职业群体积极参与全民健身。实行工间健身制度，鼓励和支持新建工作场所建设适当的健身活动场地。推动残疾人康复体育和健身体育广泛开展（图 9-5）。[①]

图 9-5　重庆市某社区体育文化公园

资料来源：重庆微发布. 利用城市边角地，重庆主城将建 92 个社区体育文化公园[EB/OL]. http://k.sina.com.cn/article_1988438334_7685293e04000a7pr.html，2018-08-08.

① 中共中央 国务院印发《“健康中国 2030”规划纲要》[EB/OL]. http://www.gov.cn/zhengce/2016-10/25/content_5124174.htm，2016-10-25.

经过 20 余年的发展，我国城市社区体育和社区体育服务取得了显著成就。一是兴建了一大批社区公益性体育场地和体育设施。许多城市都建成了社区体育中心、社区体育站、社区健身苑、社区健身点，设置健身器材，使绝大多数的居委会辖区有了一处以上群众体育场所和场地；二是建立了一大批社区体育组织。许多街道、居委会成立了社区体育协会（分会）、社区全民健身指导中心、指导站以及群众性健身俱乐部等；三是社区体育指导员队伍和志愿者队伍不断壮大，经常参加社区体育活动的人数不断增加；四是创造了具有中国特色的社区体育的发展模式：建群众身边的场地，抓群众身边的体育组织，搞群众身边的体育活动。

三、进一步发展城市社区体育服务，提高居民健康水平

（一）改革城市社区体育管理体制

目前，我国城市社区体育管理上存在着行政化倾向。政社不分的缺陷导致社区组织管理和基层政府在社区体育组织管理上存在“都在管，都不管”的现象。社区体育要健康长足发展，必须明确政府和社区在社区体育管理上的职责，首先要从管理体制上的政社分离入手，改变街道办事处作为社区建设和管理主体的观念，将对社区公共事务和公益事业的综合管理权赋予民选的社区居委会，而政府则起到综合协调、动员和宏观调控的作用，帮助社区解决一些自身无力解决的问题，如社区体育的长远规划，培训社区体育管理者、指导者，建立多元化的社区体育资金投入体系，帮助社区完善体育活动的配套设施，等等。

（二）加大对社区体育的投入力度

各级政府在发展群众体育问题上，应逐步增加群众体育事业的经费投入，各级地方政府在群众体育事业上的投入应与当地的经济发展水平同步。同时，鼓励、争取社会企事业单位对社区体育的投入，遵循互惠互利、谁投资谁收益的原则。体育行政部门发行的体育彩票也是筹集社区体育事业经费的重要途径，2018 年，国家体育总局体育彩票公益金援建全民健身设施项目投入 6.22 亿元，资助或组织开展全民健身活动投入约 6.60 亿元，资助群众体育组织和队伍建设投入 4084 万元。支持地方建设社区中心 166 个、体育公园 115 个、健身步道（包含健身步道、自行车道）154 条。①

（三）培养合格的社会体育指导员

社区体育指导员在社区扮演了导师、教师或策划者、组织者、裁判员等角色，对社区体育的推广普及起到了重要的作用。他们用所掌握的体育锻炼理论知识与方法，对社区体育活动进行组织和给予指导，帮助社区成员学会科学锻炼的方法，掌握正确的运动技术；帮助不同人群制订符合自己情况的体育健身计划，做到有的放矢；对社区成员进行健康测定评价和体质测定评价；通过举办讲座、教学活动，鼓励、发动不参加体育活动的人参加到体育活动中来；开展群众体育研究，同时还要对社区内商业体育设施进行管理。有资料

---

① 国家体育总局. 2018 年度本级体育彩票公益金使用情况公告[EB/OL]. http://www.sport.gov.cn/n316/n336/c914855/content.html，2019-6-28.

表明，目前我国社会体育指导员不管是人员数量、综合素质，还是指导能力、理论水平等，都还不能满足发展中的社区体育的需求，不能满足人们用科学方法锻炼身体的强烈愿望，距社会需求有较大差距。1993 年我国开始实行社会体育指导员制度以来，到 2018 年全国已经有 235 万名社会体育指导员，为社区体育事业的发展奠定了人才基础。①

（四）不断丰富社区体育活动方式和活动内容

社区体育要以经常性健身活动为主，坚持业余、自愿、小型多样，遵循因地、因时、因人制宜和科学文明的原则，实行传统健身养生法与现代健身方式相结合、个人锻炼与集体活动相结合、健身娱乐与医疗保健相结合、平时活动与节假日活动相结合，讲究科学，重在参与，不断丰富社区体育的活动形式和活动内容，尤其要注重开展具有强烈娱乐色彩的大众化体育活动。这些体育活动不仅可以促进人们健康生活，满足精神需要，而且有利于人们建立完整的人格，增强社区亲和力、凝聚力（图 9-6）。

图 9-6　成都市天府新区万安街道城南坡社区的健身课堂

资料来源：万安新市民中心. 城南坡社区——大人健身课堂[EB/OL]. https://www.sohu.com/a/205556701_100017329，2017-11-20.

（五）正确处理普及与提高的关系

就全国而言，我国城市社区体育的发展应以普及为主，兼顾提高。首先要把普及作为现阶段的主要任务，在大、中、小城市的各个社区普遍建立社区体育场所和体育设施，普遍开展大众化的社区体育活动，普遍达到《全民健身计划纲要》所规定的近期目标。与此同时，在那些社区体育起步较早，已基本普及，并且具备了较为完善的体育设施的地方，要注重提高社区体育水平。

（六）整合与开发社区体育资源

一是要整合现有社区体育资源，如社区体育中心（站）的体育设施，社区内机关、企事业单位的体育设施，提高其利用效率。

二是要完善老社区的体育设施，为社区配备新的体育设施。

① 国家体育总局. 2018 年度本级体育彩票公益金使用情况公告[EB/OL]. http://www.sport.gov.cn/n316/n336/c914855/content.html，2019-6-28.

三是要挖掘传统公共设施的潜力，扩大社区体育资源的使用范围，发挥社区公园的体育功能。作为城市中的大型绿化空间，社区公园环境好，有一定的空间容量，又靠近居民集中的生活小区是城市居民进行体育锻炼的理想场所。

四是要建设社区体育组织，如体育协会等，充分发挥其积极性。同时创建社区体育健身俱乐部，满足广大社区居民日益增长的多样化体育健身需求（图 9-7）。

图 9-7　新余市某社区的多功能运动场地

资料来源：新余这个地方的臭水塘变为多功能运动场，在你家附近吗？[EB/OL]. https://www.sohu.com/a/342488903_120053688，2019-9-21.

第四节　农村社区卫生与体育

中国的改革是从农村开始的。经过 40 多年的改革开放，农村经济社会发展有了非常大的进步，同时改革开放也对农村社会各个方面产生了很大的影响。农村社区卫生和体育的发展呈现了不同于城市的发展特点和发展趋势。

一、农村社区卫生

农村社区卫生是社区卫生的基本分支。农村社区卫生服务是整个农村卫生服务体系的最基层组织，是直接为社区居民提供卫生服务的第一线组织。

（一）开展农村社区卫生服务的重要性

面对农村卫生工作的严峻挑战，如新老传染性疾病严重威胁、慢性非传染性疾病危害日趋严重、职业病和环境污染所致疾病明显增多、农村卫生服务基础设施条件差、城乡居民医疗保健服务利用和健康水平存在明显差距等，农民“看病难”“看病贵”问题尤为突出。为适应农村居民对医疗卫生服务的需求，适应医学模式和疾病谱变化的需求，适应城镇化和人口老龄化的需求，适应建设现代化农村的需要，适应我国城乡协调发展的战略需要，应当大力发展农村社区卫生服务。

开展农村社区卫生服务，能够促进卫生管理体制、卫生机构内部运行机制等方面的改革，是卫生服务功能调整和卫生结构调整的重要举措，能有效利用基层卫生资源，为社区居民提供综合、连续、及时、便利、经济、有效的卫生服务，较好地实现防病治病、保护和增进人们身心健康的各项任务和职能，将是农村卫生改革的方向和必然趋势。

（二）开展农村社区卫生服务的基本要求及现状

在农村开展社区卫生服务工作，应坚持以乡（镇）村卫生服务中心一体化管理为前提，以合作医疗为基础，以人民健康为中心，以预防保健工作为主导，保证服务方式的连续性、服务关系的相对固定性、服务内容的综合性、服务价格的优惠性，使群众真正受益（图 9-8）。

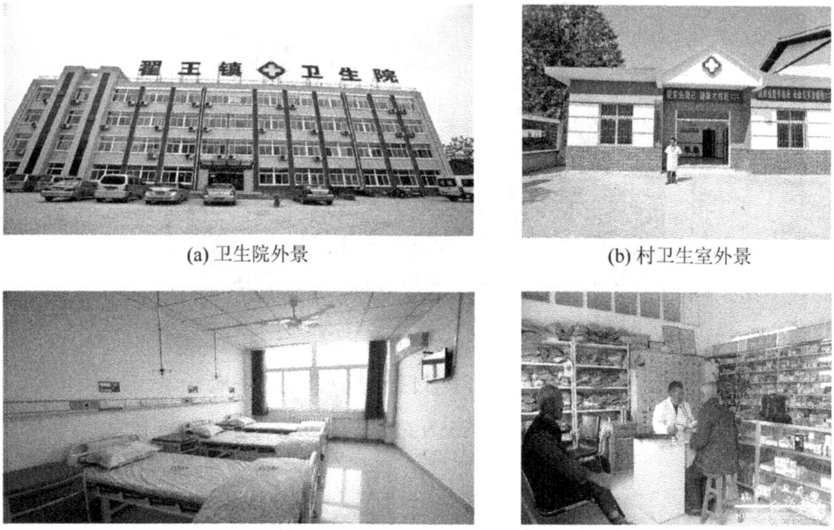

(a) 卫生院外景　　(b) 村卫生室外景

(c) 卫生院内景　　(d) 村卫生室内景

图 9-8　全国乡镇卫生院、村卫生室标准化建设

资料来源：图（a）（c）出自阳信县第一家高标准乡镇卫生院建成投入使用[EB/OL]. https://www.sohu.com/a/44081610_210726，2015-11-24；图（b）出自卫生室建在家门口村民小病就诊不出村[EB/OL]. http://special.cqnews.net/html/2013-10/15/content_28232311.htm，2013-10-15；图（d）出自窦亚龙. 张家川："炕头诊所"升级"标准化诊所"——张家川实现贫困村标准化村卫生室全覆盖[EB/OL]. http://www.tianshui.com.cn/news/zjc/2015122210451690981.html，2015-12-22.

开展农村社区卫生服务应坚持四个结合：一是与乡镇卫生院的改革相结合，乡镇卫生院要转变观念，走出院门，变"等病人"为上门送医、送药、送健康保健知识，开展全方位的医疗卫生服务；二是与乡（镇）、村一体化建设相结合，合理布局村卫生服务中心；三是与合作医疗制度相结合，扩大合作医疗的覆盖面；四是与全科医学教育和全科医生培养相结合，通过当地卫校加快人才的培训，使农村社区卫生服务可持续发展。

开展农村社区卫生服务应实现四项转变：社区卫生服务中心服务功能从单一型医疗服务向疾病预防、健康促进、基本医疗和社区康复转变；服务对象从为患者服务向为群体（家庭、社区）服务转变；人才培养和岗位培训从临床医学向全科医学服务转变；工作方式从在卫生服务中心内坐堂向走出卫生服务中心，为社区、家庭服务转变。

近 20 年来，我国农村社区卫生事业得到了快速发展。2003 年，我国试点新型农村合作医疗制度；2010 年，新农合基本覆盖全国农村居民；2017 年，各级财政对新农合的人均补助标准达到 450 元/年；2018 年，城乡居民基本医疗保险制度建立完成。[①]2018

① 央视网. 新中国的第一：第一个农村合作医疗试点从这里"诞生"[EB/OL]. https://baijiahao.baidu.com/s?id=1639285156193152336& wfr= spider& for=pc，2019-7-17.

年，我国共设 36 461 个乡镇卫生院，床位 133.4 万张，卫生人员 139.1 万人（其中，卫生技术人员 118.1 万人）。全国共设 62.6 万个村卫生室，卫生人员 110 万人（其中，卫生技术人员 19.4 万人）。[①]

（三）农村社区卫生服务存在的问题及努力方向

农村卫生服务说到底是以社区服务为本、以农民健康为本的社会公共服务。同城市社区卫生服务形成鲜明对比的是，城市居民比较多地存在小病到大医院的现象，造成紧缺卫生资源的浪费。而在农村社区中，61%的农村病人会选择在村一级医疗机构就医，对基层社区卫生组织的依赖性比较强，只有在无奈的情况下才会到乡（镇）、县、市甚至省城的大医院就医。虽然我国农村公共卫生事业取得了长足发展，在保障群众身体健康和生命安全方面发挥了重要作用，但与人民群众日益增长的公共卫生服务需求相比，还存在一定差距和不足。主要表现在：

（1）居民公共卫生意识亟待提高。“重医疗服务、轻公共卫生”的现象还比较突出。

（2）基层公共卫生服务体系基础较为薄弱。尽管县、乡（镇）、村三级基本公共卫生服务体系架构健全，但基础设施落后、发展水平不均衡、人才缺乏等因素制约了公共卫生服务水平的提高。

（3）乡村医生年龄结构老化现象突出；乡村医生普遍文化程度不高、服务能力不高；乡村医生的收入较低，导致工作积极性不高，人员队伍不稳定。

（4）人口流出地区村卫生室服务人口数量下降明显。我国城镇化水平的不断提高，使得人口流出地区农村居住人口锐减，村卫生室服务人口数量减少，资源利用效率降低，等等。

要解决上述问题，提升农村社区卫生服务能力，可从以下几个方面采取措施：

（1）加强宣传，着力营造良好的社会环境，增强广大群众的公共卫生意识。

（2）多方并举，提升基层公共卫生人员的业务素质。

（3）创新机制，加强乡村医生队伍建设。

（4）合理布局，提高村卫生室的服务能力。[②]

二、农村社区体育

（一）农村社区体育的概念与特点

农村社区体育是社区体育的一个分支。农村社区体育就是在社区委员会的指导下，以自然村庄为基本单位，以村庄自然资源和社会资源为基础，为增强体质、丰富社区文化生活、提高居民生活质量，就近开展的社区居民主动参与的区域性体育活动。

农村社区体育具有如下特点。

第一，地域特征的多样性：我国农村地域辽阔，民族众多，在不同的历史时期，不同地区、不同的民族形成了形式多样的传统的区域性体育文化，如盛行内蒙古的赛马、南方各省的赛龙舟、东北的大秧歌、陕北的腰鼓、晋北的摔跤等。所有这些体育活动都

① 国家卫生健康委员会. 2019 中国卫生健康统计年鉴[M]. 北京：中国协和医科大学出版社，2019.

② 胡茂新. 提升基层公共卫生服务能力的几点建议[N]. 中国人口报. 2020-7-3（003）.

是经过人们的长期实践、演变和丰富后流传下来并受当地居民崇尚和喜爱的，也是同他们的生产生活密切联系的。正是这些地域性的、乡土特色明显的体育活动成为农村社区体育的重要内容（图 9-9）。

图 9-9 我国北方少数民族喜欢的体育项目：赛马

资料来源：最美的季节——呼伦贝尔大草原[EB/OL]. http://www.lvmama.com/trip/show/857090，2019-4-1.

第二，群体活动的季节性：在我国农村，虽然居民的闲暇时间在增加，但还是受传统农业生产方式的限制，不像城市社区居民，有正常的上下班时间和节假日，便于每天或经常定时参加社区体育活动。农村居民的生产生活具有很强的季节性，农忙时节主要从事农业生产，社区委员会主要通过社区广播宣传一些诸如饮食卫生、健身防病等方面的理论知识，农闲时节才能有计划地组织一些全民体育锻炼、体育竞赛等活动。在一些传统民俗中的重要节日，如元宵节、端午节、重阳节等也是农村社区体育活动比较集中的时候。

第三，服务对象的同质性：农村社区体育的服务对象为全体社区居民，而这些居民由于祖祖辈辈生活在相对稳定的地域空间，他们具有相同的文化背景、相同的生产生活方式、相同的村规乡俗，形成一定的邻里、血缘、朋友、亲属等各种互动关系。农村社区体育活动有利于促进社区睦邻友好关系。

（二）丰富多彩的民间体育是农村社区体育发展的重要基础资源

我国民间体育是各族人民在历代生产和生活斗争中逐渐创造出来的，用来强健身体、娱乐心灵的重要手段，一般都有悠久的历史，健身方法简单易行。我国民间体育项目除武术、摔跤遍及全国城乡各个地区外，又各有特色，特别是在节假日最为活跃。春节期间我国农村各地有龙灯、狮子、高跷，清明前后的郊游，端午节江南地区的龙舟，重阳节登山，都是广大人民群众喜欢参加的运动。另外，有些地区民间还盛行举石担、石锁以练力气。爬竿、爬绳不仅是生活技能，也是群众中开展得比较普遍的健身娱乐活动。拔河是我国城乡人民非常喜爱的对抗性运动。跳板、秋千盛行于北方农村。全国各地还有踢毽子、跳牛筋、跳绳、放风筝、抽陀螺等民间体育健身娱乐活动。这些都被《国家体育锻炼标准》列为锻炼项目。

（三）当前我国农村社区体育面临的问题

新中国成立 70 余年来，中国的农村经济得到了长足的发展，人们对业余文化生活的要求提高了，健身意识越来越强，但农村的体育健身设施却尚未达到人们的要求。由此导致的问题是：我国农村无论是人均体育场地，还是经常参加体育活动的人数以及组织化程度，与城市相比都处于较低水平。农村经济在得到发展的同时，居民的体育健身观念相对滞后、场地狭小、资金不足、缺乏科学指导，这些都使体育活动的开展严重落后于城市。

农村社区体育发展的制约因素包括以下几个方面。①农村经济发展水平落后于城市，制约着社区体育活动的开展。有的地方，人们的生活水平还不高，体育锻炼还不是居民的自觉选择，要促进农村社区体育快速发展，还需要进一步发展生产力。②农村学校体育发展的不平衡也是影响社区体育发展的重要因素。提高农村学校体育教学质量是促进农村社区体育发展的基础。③政府部门的不重视，限制了农村社区体育的发展。政府部门领导思想陈旧，觉得农村体育可有可无，甚至认为体育是多余的，这些错误的思想严重阻碍了农村社区体育的发展。④农村人口向城市的流动对农村社区体育的稳定发展也具有很强的冲击力。⑤农村体育指导员数量不足。⑥农村社区体育工作面临着体育普及要求与体育基础设施落后的矛盾、社会经济发展高要求与农村体育低地位的矛盾、新的思维理念与旧的思想方式的矛盾等。

针对农村社区体育存在的问题，我国政府一方面加强了对农村社区体育的重视程度，先后在《全民健身计划（2016—2020 年）》《农业部 国家体育总局关于进一步加强农民体育工作的指导意见》《“健康中国 2030”规划纲要》等政策文件中对农村社区体育发展予以科学规划。另一方面，加大了对农村体育和农民健身事业的资金支持力度，在落实这些规划性文件的过程中，推动全民健身持续向农民覆盖和倾斜，有利于不断提高农民群众的身体素质、不断满足农民群众对美好生活的需要。我国正在推动实施“农民体育健身工程”，在全国行政村建设“一场两台”等体育设施（图 9-10），2019 年已覆盖全国近 57 万个行政村。[①]到 2020 年，实现“农民体育健身工程”行政村全覆盖，农

图 9-10　全国绝大多数农村社区拥有“一场两台”（一个行政村建一个标准篮球场和两个乒乓球台）体育设施

① 陈聪. 我国农村体育设施已覆盖全国近 57 万个行政村[EB/OL]. http://www.gov.cn/xinwen/2019-07/19/content_5412032.htm，2019-7-19.

民人均体育健身场地面积达到1.8平方米；实现80%的行政村有1名以上的社会体育指导员；农民群众体育健身意识普遍增强，农村经常参加体育锻炼人数比例的增长速度高于全国平均水平；农民身体素质稳步增强，国民体质达标和优秀等级比例明显提高；基本健全以农民体育协会为主要形式的农民体育社会组织，政府主导、部门协同、社会参与的农民体育事业发展格局更加明晰，实现农民体育工作有组织、有人员、有场所、有经费、有活动，促进持续健康发展。[①]

附录

《“健康中国 2030”规划纲要》（节选）[②]

中共中央、国务院印发

序言（略）

第一篇　总体战略

第一章　指导思想

推进健康中国建设，必须高举中国特色社会主义伟大旗帜，全面贯彻党的十八大和十八届三中、四中、五中全会精神，以马克思列宁主义、毛泽东思想、邓小平理论、“三个代表”重要思想、科学发展观为指导，深入学习贯彻习近平总书记系列重要讲话精神，紧紧围绕统筹推进“五位一体”总体布局和协调推进“四个全面”战略布局，认真落实党中央、国务院决策部署，坚持以人民为中心的发展思想，牢固树立和贯彻落实新发展理念，坚持正确的卫生与健康工作方针，以提高人民健康水平为核心，以体制机制改革创新为动力，以普及健康生活、优化健康服务、完善健康保障、建设健康环境、发展健康产业为重点，把健康融入所有政策，加快转变健康领域发展方式，全方位、全周期维护和保障人民健康，大幅提高健康水平，显著改善健康公平，为实现“两个一百年”奋斗目标和中华民族伟大复兴的中国梦提供坚实健康基础。

主要遵循以下原则：

——健康优先……

——改革创新……

——科学发展……

——公平公正……

第二章　战略主题

“共建共享、全民健康”，是建设健康中国的战略主题。核心是以人民健康为中心，坚持以基层为重点，以改革创新为动力，预防为主，中西医并重，把健康融入所有政策，人民共建共享的卫生与健康工作方针，针对生活行为方式、生产生活环境以及医疗卫生

---

① 两部门：到 2020 年“农民体育健身工程”实现行政村全覆盖[EB/OL]. http://news.cctv.com/2018/01/17/ARTINFrR7aLRq3Ru CsM4SuI7180117.shtml，2018-1-17.

② 中共中央 国务院印发《“健康中国 2030”规划纲要》[EB/OL]. http://www.gov.cn/xinwen/2015-03/30/content_2840331.htm，2016-10-25.

服务等健康影响因素，坚持政府主导与调动社会、个人的积极性相结合，推动人人参与、人人尽力、人人享有，落实预防为主，推行健康生活方式，减少疾病发生，强化早诊断、早治疗、早康复，实现全民健康。

……

第三章 战略目标

到 2020 年，建立覆盖城乡居民的中国特色基本医疗卫生制度，健康素养水平持续提高，健康服务体系完善高效，人人享有基本医疗卫生服务和基本体育健身服务，基本形成内涵丰富、结构合理的健康产业体系，主要健康指标居于中高收入国家前列。

到 2030 年，促进全民健康的制度体系更加完善，健康领域发展更加协调，健康生活方式得到普及，健康服务质量和健康保障水平不断提高，健康产业繁荣发展，基本实现健康公平，主要健康指标进入高收入国家行列。到 2050 年，建成与社会主义现代化国家相适应的健康国家。

到 2030 年具体实现以下目标：

——人民健康水平持续提升。人民身体素质明显增强，2030 年人均预期寿命达到 79.0 岁，人均健康预期寿命显著提高。

——主要健康危险因素得到有效控制。全民健康素养大幅提高，健康生活方式得到全面普及，有利于健康的生产生活环境基本形成，食品药品安全得到有效保障，消除一批重大疾病危害。

——健康服务能力大幅提升。优质高效的整合型医疗卫生服务体系和完善的全民健身公共服务体系全面建立，健康保障体系进一步完善，健康科技创新整体实力位居世界前列，健康服务质量和水平明显提高。

——健康产业规模显著扩大。建立起体系完整、结构优化的健康产业体系，形成一批具有较强创新能力和国际竞争力的大型企业，成为国民经济支柱性产业。

——促进健康的制度体系更加完善。有利于健康的政策法律法规体系进一步健全，健康领域治理体系和治理能力基本实现现代化。

……

第二篇 普及健康生活

第四章 加强健康教育（略）

第五章 塑造自主自律的健康行为（略）

第六章 提高全民身体素质

第一节 完善全民健身公共服务体系

统筹建设全民健身公共设施，加强健身步道、骑行道、全民健身中心、体育公园、社区多功能运动场等场地设施建设。到 2030 年，基本建成县乡村三级公共体育设施网络，人均体育场地面积不低于 2.3 平方米，在城镇社区实现 15 分钟健身圈全覆盖。推行公共体育设施免费或低收费开放，确保公共体育场地设施和符合开放条件的企事业单位体育场地设施全部向社会开放。加强全民健身组织网络建设，扶持和引导基层体育社会组织发展。

第二节　广泛开展全民健身运动

继续制定实施全民健身计划，普及科学健身知识和健身方法，推动全民健身生活化。组织社会体育指导员广泛开展全民健身指导服务。实施国家体育锻炼标准，发展群众健身休闲活动，丰富和完善全民健身体系。大力发展群众喜闻乐见的运动项目，鼓励开发适合不同人群、不同地域特点的特色运动项目，扶持推广太极拳、健身气功等民族民俗民间传统运动项目。

第三节　加强体医融合和非医疗健康干预（略）

第四节　促进重点人群体育活动（略）

第三篇　优化健康服务

第七章　强化覆盖全民的公共卫生服务（略）

第一节　防治重大疾病（略）

第二节　完善计划生育服务管理（略）

第三节　推进基本公共卫生服务均等化（略）

第八章　提供优质高效的医疗服务

第一节　完善医疗卫生服务体系

全面建成体系完整、分工明确、功能互补、密切协作、运行高效的整合型医疗卫生服务体系。县和市域内基本医疗卫生资源按常住人口和服务半径合理布局，实现人人享有均等化的基本医疗卫生服务；省级及以上分区域统筹配置，整合推进区域医疗资源共享，基本实现优质医疗卫生资源配置均衡化，省域内人人享有均质化的危急重症、疑难病症诊疗和专科医疗服务；依托现有机构，建设一批引领国内、具有全球影响力的国家级医学中心，建设一批区域医学中心和国家临床重点专科群，推进京津冀、长江经济带等区域医疗卫生协同发展，带动医疗服务区域发展和整体水平提升。加强康复、老年病、长期护理、慢性病管理、安宁疗护等接续性医疗机构建设。实施健康扶贫工程，加大对中西部贫困地区医疗卫生机构建设支持力度，提升服务能力，保障贫困人口健康。到2030年，15分钟基本医疗卫生服务圈基本形成，每千常住人口注册护士数达到4.7人。

第二节　创新医疗卫生服务供给模式（略）

第三节　提升医疗服务水平和质量（略）

第九章　充分发挥中医药独特优势（略）

第十章　加强重点人群健康服务（略）

第四篇　完善健康保障

第十一章　健全医疗保障体系（略）

第十二章　完善药品供应保障体系（略）

第五篇　建设健康环境

第十三章　深入开展爱国卫生运动（略）

第十四章　加强影响健康的环境问题治理（略）

第十五章　保障食品药品安全（略）
第十六章　完善公共安全体系（略）

第六篇　发展健康产业（略）

第十七章　优化多元办医格局（略）
第十八章　发展健康服务新业态（略）
第十九章　积极发展健身休闲运动产业（略）
第二十章　促进医药产业发展（略）

第七篇　健全支撑与保障

第二十一章　深化体制机制改革（略）
第二十二章　加强健康人力资源建设（略）
第二十三章　推动健康科技创新（略）
第二十四章　建设健康信息化服务体系（略）
第二十五章　加强健康法治建设（略）
第二十六章　加强国际交流合作（略）

第八篇　强化组织实施

第二十七章　加强组织领导（略）
第二十八章　营造良好社会氛围（略）
第二十九章　做好实施监测（略）

复习思考题

1. 试述我国开展社区卫生服务的必要性。
2. 我国社区卫生服务的概念、对象、性质、特点分别是什么？
3. 怎样理解发展社区卫生服务的总体目标和基本原则？
4. 试述社区体育的概念和特征。
5. 试述城市社区体育的概念和构成要素。
6. 结合你所在的社区，评价我国社区（城市或农村）卫生的发展情况。
7. 结合你所在的社区，评价我国社区（城市或农村）体育的发展情况。
8. 了解《国务院关于发展城市社区卫生服务的指导意见》的主要内容。
9. 了解中共中央、国务院《“健康中国2030”规划纲要》的主要内容。

参考文献

陈晓东. 2002. 社区体育与社会体育指导员[J]. 重庆工商大学学报（自然科学版），（6）：644-646.
杜小雅，何炜，陈育庆，等. 2019. 信息化平台下社区卫生服务能力提升路径研究：基于价值网络视角[J]. 中国卫生事业管理，（8）：569-572，582.
顾渊修，李明. 2001. 21世纪中国社区体育[M]. 北京：北京体育大学出版社.
国务院办公厅. 2006. 国务院关于发展城市社区卫生服务的指导意见（国发〔2006〕10 号）[EB/OL]. http://www.gov.cn/zwgk/2006-02/ 23/content_20882.htm，2006-2-23.
胡茂新. 2020. 提升基层公共卫生服务能力的几点建议[N]. 中国人口报，2020-7-3（003）.
李昌和. 2018. 农村社区卫生服务体系建设现状、问题及对策探讨——以陕西省为例[J]. 理论导刊，（11）：65-70.
李旭武. 2002. 21世纪初我国城市社区体育管理的困境与出路[J]. 成都体育学院学报，（3）：16-18.
李志新，张杨. 2009. 社区卫生服务管理与实践[M]. 北京：人民军医出版社.
卢祖洵，徐鸿彬，李丽清，等. 2020. 关于加强基层医疗卫生服务建设的建议——兼论推进疫情防控关口前移[J]. 行政管理改革，（3）：23-29.
卢祖洵. 2002. 中、美两国社区卫生服务比较[J]. 中国全科医学，（4）：292-294.
宋秀丽. 2011. 新型农村社区体育研究：以东尉社区为个案[M]. 北京：北京体育大学出版社.
苏华. 2005. 我国社区体育发展中的问题与对策[J]. 体育文化导刊，（12）：45-46.
汪清，陈起风. 2020. 优化基层医疗卫生服务体系的着力点[N]. 中国人口报，2020-5-15（003）.
吴林. 2020. 加强基层医疗卫生服务体系建设[N]. 中国人口报，2020-5-21（003）.
许春. 2020. 我国基层医疗卫生服务网络基本建成[J]. 中国农村卫生事业管理，（3）：198.
杨团，刘远立. 2006. 加强农村社区卫生服务体系建设势在必行——以陕西省洛川县的实践为例[J]. 红旗文稿，（2）：10-12.
张开金. 2010.社区卫生服务信息化管理[M]. 南京：东南大学出版社.
张宇，肖十力，张拓红，等. 2002. 社区卫生服务机构与医院双向转诊实现途径和管理办法的研究[J]. 中国全科医学，（2）：123-125.
中华人民共和国中央人民政府. 2006. 统一思想　创新机制积极推进城市社区卫生服务发展——吴仪副总理在全国城市社区卫生工作会议上的讲话[OL]. http://www.gov.cn/ldhd/2006-03/22/content_233458.htm，2006-3-22.
左文远. 2005. “全国农村社区卫生服务管理研讨班”倡议：大力发展农村社区卫生服务 促进社会和谐[J]. 中国农村卫生事业管理，（11）：18.

第十章

社区文化及其管理

社区文化是指一定区域、一定条件下社区成员共同创造的精神财富及其物质形态，它包括文化观念、价值观念、社区精神、道德规范、行为准则、公众制度、文化环境等，其中，价值观是社区文化的核心。社区文化包括环境文化、行为文化、制度文化和精神文化等方面的内容。这是一种通行于一个社区内的特定文化现象。社区文化的兴起是文化发展的重要标志，也是人们生活的重要内容。社区是群众文化建设的重要阵地，加强社区文化建设对民众树立文化自信、丰富文化生活、提高幸福指数等具有重大意义。文化建设是激活社区的金钥匙。[①]社区文化活动应以社区为依托，以社区居民为主体，以文化活动为载体，以提高社区居民的综合素质和生活水平为目的。

本章将对社区文化进行概述式介绍并对城市、农村社区文化建设与管理进行一些分析。2015 年，中共中央办公厅、国务院办公厅印发《关于加快构建现代公共文化服务体系的意见》，其中很多内容同城乡社区文化息息相关，故将其（节选）附于本章末。

第一节　社区文化概述

一、社区文化的含义

最早明确地给文化下定义的是英国人类学家泰勒（E. B. TyLor）。他在 1871 年写的《原始文化》中指出：文化是一个整体，包括人在社会中所获得的知识、信仰、美术、道德、法律、风俗以及其他的能力与习惯。此后，不同的学者从不同的角度研究文化，对文化含义有着不同的认识。“文化”就成为一个定义相当多的词汇。美国人类学家克鲁伯（A. L. Kroeber）和克罗孔（Clyde Kluckhohn）合著了《文化，关于概念和定义的检讨》一书，书中罗列了从 1871～1951 年 80 年间，关于文化的定义，至少有 164 种。我国广泛采用的“文化”概念是 1973 年《苏联大百科全书》对文化的定义，即文化可以从广义和狭义两个方面把握。从广义上说，文化是社会和人在历史上一定的发展水平，它表现为人们进行生产和生活活动的种种类型和形式，以及人们创造的物质财富和精神

① 党云峰. 文化建设是激活社区的金钥匙[N]. 中国文化报，2019-11-8（003）.

财富；从狭义上说，仅指人们的精神生活领域。社区文化仅是文化的一个领域，它更强调地域性。

20世纪80年代，我国开始了对于社区文化的研究，但是，由于研究角度不同，对社区文化含义的认识也不同。有人认为，社区文化是在特定的地域范围内，人们所创造、孕育、形成的人文环境、行为模式和生活方式的总和。①也有人认为："社区文化指的是特定社会区域当中人们的各方面行为所构成的文化生态系统。它既包括这一区域内人们的生产方式和生活方式，也包括该区域内社会成员的理想追求、价值观念、道德情操、生活习俗、审美方式、娱乐时尚等。"②《中国大百科全书·社会学》对于社区文化的定义为：通行于一个社区范围之内的特定的文化现象，包括社区内的人们的信仰、价值观、行为规范、历史传统、风俗习惯、生活方式、地方语言和特定象征等。③

广义的社区文化是指社区居民在特定的区域内，经过长期实践而创造出来的物质文化和精神文化的总和。它对人们的思想观念、道德情操、行为方式以及人格理想的形成和发展具有重大影响。狭义的社区文化是指社区文化现象的集成，即社区居民在特定区域内长期实践过程中逐步形成和发展起来的具有一定特点的价值观念、生活方式、行为模式和群体意识等文化现象。

社区文化包含物质生活条件、精神风貌、生活规范和社区团体、组织等基本要素。其中，物质生活条件指的是，经过社区居民改造的自然环境和创造出的一切物质财富，主要包括社区内的文化设施及文化场所，如文化活动室、图书馆、人文景观、公园、市政设施等，此外居民所用的服装、用具、生活用品等都属于社区文化的有机组成部分。它们的存在与使用无一不凝聚着社区居民的智慧与价值观念，包含着深刻的文化特色。精神风貌则是通过社区群众的文化活动长期培养形成的人们的价值观念、人生观、审美观、艺术修养、生活情趣、伦理道德、宗教信仰等。生活规范既包括保证社区各种群众文化活动正常进行所建立的一整套行之有效的规章制度，也包括约定俗成的风俗习惯等行为规范，它是社区居民总体价值观的外在表现。而社区团体、组织则主要是指实现各种关系的结构实体，如家庭、学校、社区企业、居委会、妇女团体及其他非政府组织等。它是社区其他文化的存在基础和保证。社区文化的基本构成要素各有特点而又相辅相成，共同推动着社区文化的发展。

二、社区文化的特征

（一）地域性

社区文化是一定地理环境、生产方式、社会形态等因素相互作用的产物，它的形成和发展无不带上本社区特有的印记。民俗和民间艺术的地域性特征尤其明显。社区文化传统越悠久，文化积累越深厚，社区文化的地域性特征就越鲜明、独特。这种地域性特征不仅表现在社区居民的文化艺术活动中，而且渗透在每个社区居民的生活习惯和言行举止中。

① 高占祥. 论社区文化[M]. 北京：文化艺术出版社，1994.

② 龚贻洲. 论社区文化及其建设[J]. 华中师范大学学报（哲学社会科学版），1997（5）：4-7.

③ 中国大百科全书编纂委员会. 中国大百科全书·社会学[M]. 北京：中国大百科全书出版社，1991.

（二）认同性

社区文化是在社区共同体中间逐渐凝聚起来的相同文化体验和认识。生活在同一社区的人们之间会建立各种基本联系，这些来自“社会邻居”的联系对社区成员的行为取向、习惯、生活方式等都产生了一定的影响。而社区成员的行为取向正是对社区联系的自然认同，是社区文化的重要内容。社区文化认同包括两个方面：一是人们对该社区文化的共性认识和标识性的总体把握；二是生活在社区里的公众对本社区的共同文化的感知和理解。

（三）开放性

现代社区尤其是城市社区，是一个开放的系统。人口流动的加快、经济活动的频繁，带来人员交往的活跃，使得社区文化的发展无法保持静态的稳定，而存在多种互动关系。无论是传统文化，还是现代文化，无论是通俗文化，还是高雅文化，都会经过碰撞、融合，最终融合到现代社区文化中，成为一个有机的整体。

（四）多样性

社区文化在文化形态、运行机制和开展方式上都呈现出多样性特点。社区文化不仅有丰富多彩的内容，如琴棋书画、艺术表演、康体健身等活动，而且引入了多种经营机制，使得经营主体多元化、经营方式社会化。社区文化在开展方式上也是多种多样的，有社区机构组织的活动，也有非营利机构组织的活动，还有社区居民自发形成的活动。社区文化以其雅俗共赏、喜闻乐见的形式，满足了不同层次居民的精神需求。

三、社区文化在社区建设中的作用

（一）营造社区精神，凝聚社区居民

一定的社区文化，在一定时期内，总会强调特定的文化理念，从而规范和影响社区群众的行为模式，一方面它不断引导人们追求高尚的理想和目标，另一方面它排斥其所否定的价值观念和行为方式。这样，社区成员在长期的交往中逐步形成了共同的理想目标、价值观念、风俗习惯、信仰和归属感，即形成了一种共同的社区精神。

社区精神的形成有利于提高社区居民的精神境界，使人们拥有高尚的道德情操和美好的心灵，自觉追求真、善、美的东西，抵制不健康的东西，不断提升自身的文化品位。社区精神的形成可以增进社区居民之间的感情，把社区居民紧密地联系起来，加深相互了解，沟通彼此关系，形成友善、和谐、互助的人际关系。同时，社区居民通过参与不同形式的文化活动，逐渐形成对本社区的认同感，并进而形成了对社区的归属感。居民的认同感和归属感越强，就越能够意识到自己作为社区成员的权利和义务，进而更加维护社区，积极参与社区活动。

例如，近年来，各地基层政府以“不忘初心、牢记使命”主题教育为契机，通过组织形式多样的特色活动，以大家喜闻乐见的文艺形式，倡导社会主义核心价值观，将优秀的文化食粮送到社区，送到群众家门口，提升了居民们的幸福感和归属感，赢得了广泛好评（图 10-1）。

图 10-1 安徽省肥东县第二届全民文化月社区演出活动

资料来源：石塘镇 2015 全民文化月首场演出（石塘社区）剪影[EB/OL]. http://blog.sina.com.cn/s/blog_80fb2f880102vlhw.html，2015-3-14.

（二）满足人们的精神需求

社区文化以其最活跃、最生动、最具吸引力、最易于为人们接受的方式满足了广大社区群众的精神需求。尤其在现代社会，人们精神压力比较大的情况下，社区通过文化活动，缓解人们的压力，为人们提供宣泄、放松、娱乐、获得精神满足的渠道。凡是社区文化搞得好的地方，社区居民在紧张的工作之后，都能够得到健康的精神享受。社区已不仅是人们居住、工作和学习的地方，而且是人们休闲娱乐的主要场所。社区文化通过发挥文化娱乐功能，在共同居住的空间内，创造人与人之间情感交融、心灵沟通的机会，极大地丰富了个体成员的精神和情感体验。

例如，全国各地许多社区服务中心开展了形式多样、健康向上、丰富多彩的文体活动（图 10-2）。通过组织老年、青年、少年、残疾人等参加不同形式的演出活动，尤其是代表本社区外出演出，吸引了社区不同成员的积极参与，满足了人们的精神需求。

图 10-2 山西长治城区太东街道文卫社区文化艺术节

资料来源：田彦君，何慧娟. 城区太东街道文卫社区社区文化艺术节开幕（图）[EB/OL]. http://roll.sohu.com/20120612/n345394111.shtml，2012-6-12.

（三）促进社区发展

社区是文化建设的基层单位，社区文化建设通过凝聚人心为社区建设提供精神动力。同时，通过提高社区人口整体的文化水平，来提高社区群众综合素质，从而为社区发展提供智力支持。

社区文化产业的建立和发展还可以直接促进社区经济的发展。社区文化产业主要包括文化娱乐业、影视及影像制品业、新闻出版业、文化旅游业以及一些与文化相关的美食、美容、时装、休闲等产业。它不仅为社区创造出了巨大的经济价值，而且能够极大地提高社区的文化品位。

社区文化搞得好，本身就是社区发展良好的一个象征。对于一个社区而言，社区文化就是该社区的内在精神气质，一流的社区必然会形成一流的社区文化。

例如，河北省沧州市运河区南环办事处棉纺社区积极响应国家关于完善公共文化服务体系的政策安排，以创建国家公共文化服务体系示范区为契机，积极推动社区文化服务深入发展，润物无声地促进了家庭和美、邻里和顺、民风文明。棉纺社区建设了多功能室、图书阅览室、电子阅览室、书画室、健身室及非遗大讲堂等完善的社区公共文化基础设施，有武术队、国标舞蹈队、金夕阳舞蹈队、秋梦模特队、女职工合唱团五支文艺队伍，每年举办非遗大讲堂、彩色周末、亲子阅读、诗歌朗诵、消夏文艺晚会等文艺活动，满足了社区群众不同的文化需求，打通了公共文化服务的最后一公里。图书室现有藏书约 4000 册，年接待读者 1000 余人次，并且实现了与市图书馆通借通还；书画室常年由区文化馆书画老师授课，对辖区内书画爱好者进行教学，得到群众一致好评；非遗大讲堂多次聘请非遗文化剪纸传承人对社区爱好者进行教学，丰富了居民的业余生活，对非遗文化传承起到了促进作用（图 10-3）。

图 10-3　河北省沧州市运河区南环办事处棉纺社区的非遗大讲堂

资料来源：国家文化和旅游部专家组来我社区对国家公共文化服务体系示范区创建工作进行验收[EB/OL]. https://www.meipian.cn/1hxstkg5，2018-8-3.

（四）提高社区居民的综合素质

社区文化在提高社区居民综合素质方面的作用主要体现在它的教育功能上。社区针对不同的服务对象的特点，开展形式多样的教育活动。例如，开展国家大政方针、法律法规、科技文化知识、医疗、卫生保健等知识的宣传活动，开设服装设计、烹调、缝纫、文艺、健身、机修等培训班，开展群众性的自娱自乐活动，等等，这不仅可以提高社区居民的社会科学和自然科学知识水平，而且可以使居民在精神上得到慰藉，在思想和道德上受到历练与提升，提高了社区居民的综合素质。

四、社区文化建设的途径

（一）开展社区文化活动

社区文化活动多种多样，有琴棋书画、文艺创作、曲艺演奏、武术训练、球类交流、时装表演、保健咨询、烹饪艺术、育儿问答等上百个项。社区居委会应以社区基层文化站为龙头，以社区各街道、居委会、住宅小区以及企事业单位的文化活动场所为阵地，利用各种载体引导群众广泛参与，开展生动活泼、丰富多彩的社区文化活动，使不同文化修养及情趣爱好的群众都能各展其长，各得其乐。这样做，既能满足社区居民求知上进的心理需求，又能增进社区居民对社区的认同感、自豪感和归属感，促进社区的发展。

（二）发展社区文化产业

社区文化产业的建立是社区文化建设长期发展的强大支撑力量，没有发达的文化产业，社区文化就没有源源不断的资金支持，也就没有发展的后劲。发展文化产业首先要建设一批公共文化设施，改善城乡文化环境；其次要根据各地的不同情况，发展传媒业、电影产品业、广告业、旅游业等文化产业，形成地方优势；最后，要把文化产业作为一个新的经济增长点，带动相关文化产业发展，推动社区整体实力的增长。原则是：满足人民群众日益增长的文化需求，以市场机制来优化配置文化资源。

（三）发挥各种文化组织的作用

在社区文化建设中，除了社区居委会、文化企事业单位和文艺团体等政府办的组织外，还有一支生力军，就是社区居民自发成立的各种兴趣小组，这些小组对于社区文化活动的开展起着组织、协调、促进的作用。我们应以政府在社区文化建设中的主导作用为前提，逐步推动各种居民兴趣小组的建立，提高社区文化建设的社会化程度，扭转我国社区文化建设过度依赖政府的不良局面。社区居委会在开展社区文化活动时，应当与各种兴趣小组保持直接、密切的联系，最大限度地发挥每一个居民的积极性和主动性，创造社区文化建设的新局面。

（四）重视社区文化人才队伍建设

社区文化人才队伍是开展社区文化建设的主力军，他们活跃在社区文化的各个场合，起着带头作用。在社区文化人才队伍的建设中，需要有专业和业余两支队伍。专业队伍由社区管理人员组成，应及时解决他们的编制问题和待遇问题，向社会招聘高素质人才以充实队伍；在业余队伍建设方面，要以社区文化活动积极分子为核心，建立一支社区文化志愿者队伍，加强培训，不断壮大队伍，以发挥其对社区居民的影响力。

（五）加强对社区文化的制度化管理

在社区文化建设中，要结合社区特色，制定切实可行的社区文化发展规划，进一步加大对学校、幼儿园、图书馆、报刊、俱乐部等文化、学习和娱乐场所的管理力度，加强对开发中的住房、物业、生活小区文化事业的管理。特别是加强社区文化的法治化管理，杜绝一切不良现象，使社区文化有章可循、有法可依。

第二节　城市社区文化建设与管理

一、城市社区文化建设的主要内容

（一）培育具有现代素质的市民

市民是社区的主体，是社区文明的创造者和体现者，也是社区文化的载体。社区市民的素质如何，直接决定着一个城市的形象。社区文化建设通过有意识地培养居民的道德意识、开放意识、法治意识、崇文意识、现代生活意识，以及健康的心态和良好的行为习惯，进而塑造具有现代素质的市民。

（二）构筑具有特色的城市社区形象文化

社区形象文化主要指社区的外观形象，它包括现代化的基础设施和时尚的外观建筑与装饰。比如，社区的空间布局和建筑的造型、风格、色彩以及道路、广场、公园、雕塑、路灯、栏杆甚至路牌、广告等，是否整体和谐，是否有审美情趣，是否有文化个性和艺术感。整体和谐、有审美情趣、有文化个性和艺术感的社区给人一种赏心悦目的感觉，吸引着人们在这里居住和生活，也塑造了整个城市的形象（图 10-4）。

图 10-4　城市社区形象墙

资料来源：社区文化 形象墙 文化墙图片. http://www.nipic.com/show/17778640. html.

（三）充分挖掘和保护城市社区历史文化资源

历史文化资源是一个城市社区文化品位和社区文化个性的体现，它也奠定了一个社区成为文明社区的基础。城市的历史文化资源是构建城市形象的独有资源，是孕育城市精神的母体和根基，是塑造城市文化个性和独特文化身份的稀有珍品，也是城市给人以丰富的文化想象和文化期待的重要载体，因此是一种难以复制的稀缺资源。例如，广州是一座历史文化名城。相传在远古时候，曾有五位仙人，身穿五色彩服、骑着嘴衔稻穗的五色仙羊降临此地，把稻穗赠给百姓，祝愿这里永无饥荒。从此，广州便有“羊城”“穗城”的美称，“五羊”也成为广州的象征。无论人们走到哪儿，提到“羊城”，都会想到广州，现在耸立在街头的五羊雕像就成为广州的象征（图 10-5）。

图 10-5 五羊石像

资料来源：梁嘉亮. 躲开都市那一刻的繁忙 越秀山城中漫步[EB/OL]. http://gd.sohu.com/20110421/n280367568.shtml，2011-4-21.

习近平高度重视对城市社区历史文化资源的保护。他指出：“历史文化是城市的灵魂，要像爱惜自己的生命一样保护好城市历史文化遗产。”“城市规划和建设要高度重视历史文化保护，不急功近利，不大拆大建。要突出地方特色，注重人居环境改善，更多采用微改造这种‘绣花’功夫，注重文明传承、文化延续，让城市留下记忆，让人们记住乡愁。”“历史文化遗产是不可再生、不可替代的宝贵资源，要始终把保护放在第一位。”①

（四）发展繁荣发达的文化产业

社区文化产业作为社区经济的一部分，既可以有力地促进经济发展，也可以提高社区的文化品位。例如，北京的胡同、上海的里弄、苏州的小巷都发展了旅游业，这些伴随着城市的产生而产生，代表着城市过去生活真实写照的文化产业被开发出来，直接促进了城市经济的发展。

（五）开展丰富多彩的群众文化活动

群众文化，既指城市市民之间自娱自乐的文化活动，也指一些节庆文化活动、假日旅游活动、休闲文体活动、居民联谊活动等。群众文化是社区文化的重要组成部分，是建设文明社区的重要内容。健康向上、生动活泼、丰富多彩的群众文化活动，不仅可以陶冶人的情操，使居民得到美的享受，还可以提高社区整体文化建设水平。这些文化活

① 郑娜，苗春，赖睿，等. 习近平与中国文化遗产保护[N]. 人民日报（海外版），2020-5-19（07）.

动对于弘扬我们的传统文化，提高社区居民的文化修养，培育居民的文化意识，增强居民的归属感、认同感、亲情感，都有着不可低估的作用。

二、城市社区文化建设中存在的问题与对策

（一）存在的问题

经过多年发展，我国城市社区文化建设已经取得了丰硕的成果，培育了一批社区文化工作先进集体，培养了一批社区文化的优秀人才。但随着社会的发展、知识经济时代的来临，我国城市社区文化建设也出现了一些问题。

1. 城市社区文化活动资源未能得到有效整合

文化资源的所有权、管理权、使用权集中于某些“单位”，缺乏有效的方法予以调整和利用，造成了文化资源时而闲置、时而紧张的现象。即使利用现有的社区文化资源，也要“求熟人、托关系”，极其麻烦，此外还存在着“三多三少”现象：对有形资源重视多，对无形资产利用少；对现有资源使用多，对潜在资源挖掘少；对自家资源利用多，对盘活资源协商少。所以，有效整合利用社区文化资源是城市社区文化建设面临的一个严峻问题。

2. 社区文化设施的保有量不平衡

社区体育文化设施，如健身器材、健身场所、文化馆、图书室等相对不足，难以高标准地满足社区居民的需求。在一些经济条件较好的社区，领导比较重视，社区内有经济效益好的单位资助，其保有的文化设施数量较多，种类较为齐全，开展文化活动的质量往往也较高。而部分老旧的居民社区，其文化设施则比较落后，配套性差，活动难以开展。

3. 社区文化干部队伍人员不稳定，经费不足

文化干部队伍，是发展社区文化必不可少的人才保障。然而有的街道办事处没有专职的文化干部，有的虽有，却身兼数职形同虚设。现有的社区文化干部队伍，从年龄结构、文化底蕴方面来说，都满足不了社区文化的需求。而社区文化辅导员队伍不足，社区文化骨干队伍缺少专业培训，社区文化志愿者队伍建设刚刚起步，提高社区工作人员工资水平、改善他们的待遇是建立社区文化队伍的关键。

在社区，文化活动经费方面也存在着较多问题。大部分社区文化活动经费来源渠道狭窄、数额有限，导致社区文化服务活动难以长期有效开展。我国公共文化服务领域在中央政府与地方政府之间实行财政事权和支出责任划分。其中，中央政府财政拨款主要属于补助性质，对于全国数量众多的社区文化服务机构来说简直是杯水车薪。因此，地方政府财政理应承担大部分支出责任，但我国一些地方政府财政收支状况欠佳，对于这部分非紧迫开支力不从心。相当多的社区开展文化服务活动所需经费需要面向社会筹资。

4. 社区文化活动的参与程度低

目前，参加社区文化活动的群众积极性不高，意识不强。许多人认为参不参加对他们来说没有什么影响，他们认识不到自己既是社区文化的创造者，又是社区文化的受益者。这使社区文化的参与度始终处于低水平，2017 年对无锡市某社区的一项调查显示，

社区居民认为参与度“很高”的仅占 2.6%，近一半居民认为参与度低；关于对社区文化活动的关注程度，表示“经常”“有时”“偶尔”“从不”的居民分别占 7.8%、37.7%、33.8%、20.8%；关于居民实际参与社区文化活动方面，居民认为自己“积极参加”“较少参加”“不参加”的分别占 5.2%、48.1%和 46.8%。设施利用方面，认为利用率较高的仅占两成。①可见社区文化建设要充分发挥其功能，还有很大改进空间。

（二）解决问题的可行路径

1. 充分利用城市社区资源

针对各个社区资源条块分割的情况，应建立资源共享与利用机制。由市区级的文化局等部门对社区文化工作进行专项指导和协调，并充分利用各个社区的广场、公园、艺术场馆与相关基础设施。运用市场经济的办法进行运作，在无偿与有偿、低偿与高偿的使用中寻找一个平衡点和契合点。使每一个社区都成为一个开放的社区，既能享用其他社区的优势资源，也能为社会提供自己的优势资源，形成良性的社区资源利用模式。

2. 投资社区文化设施

建立多种投资体制，特别是依靠社会力量办城市社区文化，改变单纯由政府办文化的方式。政府应该重视利用社区的各种力量，以减免税费等优惠政策，鼓励物业管理公司、企业、学校、居民个人投资或利用现有资源兴办社区图书馆、娱乐室、健身房等社区文化设施，走“共识、共办、共荣、共享”之路，合社会之力办文化，还可以发展社区互联网网络体系，建立网上社区中心。

3. 建立一支高素质、高水平的城市社区文化工作队伍

城市社区文化队伍建设应包括三个方面：一是组织管理队伍的建设；二是文化艺术队伍的建设；三是群众文艺骨干队伍的建设。组织管理队伍要引进高层次人才，逐渐提高其待遇，解决其编制问题，以稳定人员。文化艺术队伍是专业文艺人才队伍，他们既是领导力量也是参与力量，对他们的培养也决定着社区文化事业的发展水平。群众文艺骨干队伍是社区居民参与社区文化建设的主要力量，它会内化为强大的凝聚力，带动社区居民参与文化活动。这三支力量都得到加强，社区文化建设事业才有保障。

4. 充分调动和发挥群众的积极性，引导群众广泛参与城市社区文化建设

城市社区居民是社区文化建设的主体。社区通过深入持久地开展文明家庭、文明单位、军民共建、警民共建等群众性文化活动，激发居民的参与热情。只有运用多种载体，采取群众喜闻乐见的形式，才能保持社区文化的活力，引导群众广泛参与。

三、城市社区文化建设的管理

城市社区文化建设的管理包括社区党组织对社区文化活动的组织领导、社区居委会

① 谌卉珺，潘竹君. 社区文化建设低度参与困境研究——以无锡市 Y 街道为例[J]. 吉林省教育学院学报，2017（12）：154-156.

对社区文化活动的组织实施、社区居委会对社区文化事业和文化经营单位的管理、社区文教部门和学校对社区教育的管理四个方面。

（一）社区党组织对社区文化活动的组织领导

首先，要大力弘扬主旋律文化，充分利用一切文化活动形式，宣传社会主义精神文明。其次，要把握社区文化发展的方向，对于行为取向不对的文化活动坚决予以取缔。而对有益于身心健康的文化活动则要大力扶持。最后，依靠社区群众，发挥社区各文化机关团体和工会、妇联、共青团的作用，及时掌握社区文化活动情况，对社区内各类有组织的文化教育活动进行指导，对分散的文化活动进行引导，保证社区文化活动有序开展。

（二）社区居委会对社区文化活动的组织实施

社区居委会是负责文化工作的主要组织机构，接受街道办事处领导。除此之外，设在社区的文化站、文化室等也是具体负责文化活动组织实施的机构，其职责是在社区党组织的领导和部署下，具体安排和协调社区文化活动，向社区单位和居民提供各类文化服务，并对社区文化活动进行检查评比。社区居委会应当积极组织实施社区文化活动，以形成活跃的文化氛围。

（三）社区居委会对社区文化事业和文化经营单位的管理

社区文化事业单位，如图书馆、博物馆、科技馆、文化教育宫、少年宫、俱乐部、展览馆、剧团等，是国家兴建和扶持的文化公益单位。文化经营单位，如迪厅、卡拉OK厅、录像厅、书店、书报刊摊点等属于营利性文化企业，是社区文化建设的重要补充。社区文化事业单位要引入竞争机制，搞好内部挖潜、革新、改造，为社区群众提供更多更好的服务；文化经营单位要健全相关设施，优化营业环境，提高经济效益。

（四）社区文教部门和学校对社区教育的管理

社区教育也是社区文化建设中的一项重要内容，各类岗位培训、职业技术培训、干部职工继续教育培训，以及各种形式的思想政治教育、道德品质教育、理想前途教育，对提高社区居民素质、美化社区环境有着重要意义。社区文教部门应对社区内分散的社区教育活动进行引导和支持，如提供活动场所、咨询、对外宣传等服务，并协助其招收学员、调剂场地、聘请师资，向其推广成功经验等。社区学校本身是教育单位，应当积极主动配合有关方面，为社区提供教室、教具、师资等培训条件，共同提高社区居民素质。

第三节　农村社区文化建设与管理

一、农村社区文化建设取得的初步成就

农村社区文化是由居住在农村的一定地域范围内（非严格的行政区划）的人们，通过一定的纽带和联系而形成的共同的价值观、生活方式、情感归属和道德规范等。农村

社区文化可分为三个层次：物质文化、制度文化和观念文化。物质文化，指农村社区文化建设所必需的文化设施、文化活动场所等，它是社区文化目标得以实现的依托和保证。制度文化，指社区文化管理制度，它既是社区文化的组成部分，又是社区文化建设的保障。观念文化，指社区居民具有的共同的价值观、社区意识、社区精神等，三者相互联系、相互促进，构成了社区文化统一体。

党的十一届三中全会以后，我国农村率先走上了改革的道路，原有的乡村政治组织结构开始发生变化，人民公社逐渐解体，农民生活的自主性空间增大，乡村社会的公共领域逐渐形成，农民开始有组织地开展各种文化活动，经过 40 多年的建设和发展，农村经济发生了翻天覆地的变化，社区文化建设也取得了长足的发展。尤其是 2015 年中共中央办公厅、国务院办公厅印发《关于加快构建现代公共文化服务体系的意见》以来，农村社区文化服务更是取得了令人瞩目的成就（表 10-1）。

表 10-1 近年来全国乡镇综合文化站活动情况

年份	组织文艺活动		举办展览		举办训练班	
	总量/次	占群众文化总体比重/%	总量/次	占群众文化总体比重/%	总量/次	占群众文化总体比重/%
2017 年	595 553	53.4	97 444	63.2	264 112	39.1
2018 年	652 823	67.9	99 904	77.4	285 151	59.9

资料来源：中华人民共和国文化部. 中国文化和旅游统计年鉴 2019. 北京：国家图书馆出版社；中华人民共和国文化和旅游部. 中国文化文物统计年鉴 2018. 北京：国家图书馆出版社.

改革开放以来，农村社区文化建设的成就主要是进行了公共文化服务体系建设，覆盖全国绝大部分农村地区的公共文化服务体系已基本建成。截至 2018 年底，全国共有 33 858 个乡镇综合文化站，共有从业人员 10.5 万人，其中专业技术人才 30 087 人。全国各级财政对乡镇综合文化站的经费投入力度也大幅增加，2018 年，全国各级财政对乡镇综合文化站的财政拨款达到 125 亿元，较 2017 年增加 32.4%；全国乡镇综合文化站共组织文艺活动约 65 万次，较 2017 年增加 9.6%；举办训练班约 28.5 万次，较 2017 年增加 8%；培训人数约 2053 万人次，较 2017 年增加 5.3%。[①]2019 年，全国 494 747 个行政村（社区）建成综合性文化服务中心。[②]

二、农村社区文化建设存在的问题

在看到农村社区文化建设取得的成就的同时，我们不能忽视一个事实，即农村社区文化建设在一定程度上落后于城市。有的农村社区甚至根本没有文化设施，有的虽然有，却没有得到合理地利用。许多地方有意无意地忽视文化建设，导致了文化建设的滞后甚至倒退，这主要表现在以下几个方面。[③]

① 中华人民共和国文化部. 中国文化和旅游统计年鉴 2019[M]. 北京：国家图书馆出版社，2019.

② 中国旅游报. 中华人民共和国文化和旅游部 2019 年文化和旅游发展统计公报[EB/OL]. http://whhlyt.nx.gov.cn/content_t. jsp?id=42248，2020-7-15.

③ 杨秀勇. 农村社区文化建设的问题及对策研究[J]. 中国集体经济，2017（1）：10-11.

（一）社区文化建设人才稀缺

（1）农村社区文化建设主体缺失。随着城市化的发展，越来越多的农村青壮年进城务工，很多农村变成空心村，只有老人和儿童常年居住于村中，导致农村社区文化建设的主体缺失。农村社区文化建设既服务于农民，也依靠农民，农村社区文化必须从农民中来，到农民中去。只有依靠农民产生的文化才会为农民所接纳，受到农民的欢迎。广大农村居民既是农村社区文化建设的主体，也是农村社区文化建设的基础，缺少农村居民的广泛参与，农村社区文化建设就无从谈起。

（2）农村社区文化建设缺乏高素质专业人才。当下我国农村社区文化建设过程中，专业人才缺乏，人才结构失衡问题严重。因为农村条件艰苦，很多年轻的文化工作者不愿意到农村中去，甚至不愿意到乡镇文化站工作，所以目前农村社区文化队伍中专业的文化工作者以老年人居多，中青年文化工作者凤毛麟角，并且在农村社区文化工作者中，大量文化工作者是兼职从事农村社区文化活动。专业技能好、素质高、业务能力强的社区文化工作者是农村社区文化建设的重要条件，农村社区文化队伍只有拥有优秀的人才，才会切实地推进农村社区文化建设的发展。

（3）农村居民受教育程度较低。受经济社会发展的制约我国农村居民的受教育程度普遍较低，而农村居民作为农村社区文化建设的主体，其素质直接影响农村社区文化建设程度。现阶段，我国广大农村中存在很多不良文化，如黄赌毒等，很大程度是由农民经济条件提高了而素质却没有得到相应提高造成的。同时，农民受教育程度也影响农民参与农村社区文化活动的积极性，一般而言，受教育程度高的农民参与农村社区文化活动的积极性高于受教育程度低的农民。

（二）社区文化建设的物质资源比较匮乏

（1）农村社区文化建设资金缺口较大。我国农村地域广大，农民居住得较为分散，因此国家对农村社区文化建设的资金投入较少，很多地方政府没有把农村社区文化建设的经费纳入到政府财政预算中，农村社区的文化活动经费没有固定的来源，这严重制约了农村社区文化活动的开展。很多农村社区由于没有文化活动经费，连续数年无法开展相应的文化活动，农村社区文化建设更无从谈起。

（2）农村社区文化基础设施不足。我国农村数量巨大，并且较为分散，因此无法像城市一样在每个社区都建立相对完善的文化基础设施；农村文化建设资金严重不足也制约了农村社区文化基础设施的建设，农村社区文化基础设施的建设需要大量的资金投入，只有充足的资金作为支撑，农村社区文化基础设施建设才会得到切实的发展；已建成的农村社区文化基础设施缺乏维护，导致大量农村社区文化基础设施损毁严重，无法发挥出其应有的作用。

（三）社区文化建设制度建设尚未完善

（1）一些地方政府忽视农村社区文化建设。由于我国对政府工作人员的考核指标侧重于经济方面，特别是国内生产总值（GDP）的增长，因此一些基层政府重视抓农村社区经济发展而忽视农村社区的文化建设。虽然一些基层政府重视改善民生，提高农民的生活质量，但没有注意到提高农民的生活质量不仅包括改善农民的物质生活条件，还包括丰富农民的精神生活，只有同时提高了农民的物质生活和精神生活才能切实改善民生。

（2）农村社区文化管理体制不健全。在“行政隶属乡镇政府领导，业务接受主管部门指导”的管理体制下，县级文化主管部门很多方面不能过问，也不便过问，使乡（镇）文化站处于一方不愿管，一方管不了的“两不管”境地；农村社区文化专职工作人员编制不清直接导致农村社区文化建设中人才流失严重，同时也无法吸引优秀的文化人才服务于农村社区文化建设。

三、加强农村社区文化建设的途径①

（一）加强政府的文化建设意识，转变过去重经济、轻文化的思想

在国家层面，文化是综合国力的重要标志，是国家发展的象征，在农村这一层面，农村社区文化建设水平则是农村社区发展的象征。因此某些地方政府必须转变思想，树立农村社区经济发展与文化发展并重的发展思路，一改过去重经济、轻文化的思想。一方面，某些地方政府应该改变过去固有的以经济发展为导向的发展思路，树立经济、政治、文化、社会和生态五位一体的发展观念，既要抓经济发展也不能忽视文化发展，要做到五位一体协调发展。另一方面，政府要加强对基层官员的思想文化教育，使其充分认识到文化的重要性，只有政府官员转变了思想，政府的发展思路才会转变（图 10-6）。

图 10-6　安徽省铜陵市及郊区检查组领导实地参观安铜办乡村学校少年宫孝道文化墙

资料来源：陶世友. 铜陵市文明办领导莅临安铜办检查乡村学校少年宫工作[EB/OL]. http://tl.wenming.cn/wmcj/wmdw/201610/t20161019_2887261.html，2016-10-19.

（二）完善农村社区文化管理体制，培养农村社区文化人才队伍

各级政府应该积极完善我国的农村社区文化管理体制，使农村社区能留住文化人才，使文化人才的作用得到充分发挥。首先，应该明确县、乡（镇）文化管理部门和农村社区文化站在农村社区文化建设中的职责和作用，改变农村文化站行政上归乡（镇）

① 杨秀勇. 农村社区文化建设的问题及对策研究[J]. 中国集体经济，2017（1）：10-11.

政府管，业务上则接受文化部门指导，最终导致谁都不愿意管的现象。其次，要通过改革农村社区文化管理体制，解决社区文化人才的编制问题。在农村社区文化建设中，吸引不到人才、留不住人才的现象，主要是由于在农村社区文化站工作无编制，工资也无法保证。因此要培养农村社区文化人才必须改革农村社区文化管理体制。最后，要建立健全乡（镇）农村文化骨干人员的人才库，逐步形成县、乡（镇）、村三级的文化骨干网络，以人才为支撑推进我国的农村社区文化建设。

（三）创新农村社区文化建设投入机制，完善农村文化基础设施

推进农村社区文化建设，一方面政府应该把农村社区文化建设资金纳入到政府财政预算中，保障农村社区文化建设的资金来源。只有保证农村社区文化建设资金具有可靠的来源，农村社区文化建设才不会中断、停滞，才能不断地完善农村社区文化基础设施，进而推进农村社区文化建设。另一方面，在农村社区文化建设中要引入社会资本，政府应该积极引导社会组织投资社区文化建设，通过优惠政策促进私人、集体或企业举办社区文化活动，兴办与社区文化有关的企业或公益组织，共同促进社区文化的发展，同时实现政府、企业和社区居民的共赢。

（四）尊重农民的社区文化建设的主体地位，促进农民积极参与

尊重农民的社区文化建设的主体地位，促进农民积极参与。首先，政府应该尊重农民在农村社区文化建设中的主体地位，充分发挥农民的主动性和积极性。例如，一方面政府可以在社区中搭建文化平台吸引农民参与其中，从而调动农民的积极性；另一方面政府可以定期举办社区文化活动，使农村社区形成良好的文化氛围，吸引农民的参与。其次，农民作为农村社区文化的主体应该积极主动地参与到农村社区文化建设中去，农村社区文化是由农民创造的，也是服务于农民的，因此农民在农村社区文化建设中应该具有主人翁意识。最后，要创新文化活动的形式，把农民自娱性文化活动与文化部门举办的送戏曲下乡、文艺会演、比赛以及大学生假期“三下乡”等活动有机结合起来，通过创新文化活动的形式，激发农民参与社区文化的热情（图 10-7）。

图 10-7 农民是农村社区文化建设的主体

资料来源：美好乡村建设铜陵样本：让乡村美了 农民乐了[EB/OL]. http://godpp.gov.cn/syjj/dfcz/ah/201508/t20150821_2812417.shtml，2015-8-21.

附录

《关于加快构建现代公共文化服务体系的意见》(节选)[①]
中共中央办公厅、国务院办公厅印发
(中办发〔2015〕2号)

近年来，在党中央、国务院高度重视下，我国公共文化建设投入稳步增长，覆盖城乡的公共文化服务设施网络基本建立，公共文化服务效能明显提高，人民群众精神文化生活不断改善，公共文化服务体系建设取得显著成效，呈现出整体推进、重点突破、全面提升的良好发展态势。但是，与当前经济社会发展水平和人民群众日益增长的精神文化需求相比，与基本建成公共文化服务体系的目标要求相比，公共文化服务体系建设水平仍然有待提高。在新的形势下，构建现代公共文化服务体系，是保障和改善民生的重要举措，是全面深化文化体制改革、促进文化事业繁荣发展的必然要求，是弘扬社会主义核心价值观、建设社会主义文化强国的重大任务。为贯彻党的十八届三中全会审议通过的《中共中央关于全面深化改革若干重大问题的决定》的有关要求，加快构建现代公共文化服务体系，现提出如下意见。

一、总体要求

(一)指导思想……

(二)基本原则……

(三)主要目标。到2020年，基本建成覆盖城乡、便捷高效、保基本、促公平的现代公共文化服务体系。公共文化设施网络全面覆盖、互联互通，公共文化服务的内容和手段更加丰富，服务质量显著提升，公共文化管理、运行和保障机制进一步完善，政府、市场、社会共同参与公共文化服务体系建设的格局逐步形成，人民群众基本文化权益得到更好保障，基本公共文化服务均等化水平稳步提高。

二、统筹推进公共文化服务均衡发展

(四)促进城乡基本公共文化服务均等化。把城乡基本公共文化服务均等化纳入国民经济和社会发展总体规划及城乡规划。根据城镇化发展趋势和城乡常住人口变化，统筹城乡公共文化设施布局、服务提供、队伍建设、资金保障，均衡配置公共文化资源。整合利用闲置学校等现有城乡公共设施，依托城乡社区综合服务设施，加强城市社区和农村文化设施建设。拓展重大文化惠民项目服务“三农”内容。加大对农村民间文化艺术的扶持力度，推进“三农”出版物出版发行、广播电视涉农节目制作和农村题材文艺作品创作。完善农家书屋出版物补充更新工作。统筹推进农村地区广播电视用户接收设备配备工作，鼓励建设农村广播电视维修服务网点。大力开展流动服务和数字服务，打

① 中共中央办公厅、国务院办公厅印发《关于加快构建现代公共文化服务体系的意见》[EB/OL]. http://www.gov.cn/xinwen/2015-01/14/content_2804250.htm，2015-1-14.

通公共文化服务“最后一公里”。建立公共文化服务城乡联动机制。以县级文化馆、图书馆为中心推进总分馆制建设，加强对农家书屋的统筹管理，实现农村、城市社区公共文化服务资源整合和互联互通。推进城乡“结对子、种文化”，加强城市对农村文化建设的帮扶，形成常态化工作机制。

（五）推动革命老区、民族地区、边疆地区、贫困地区公共文化建设实现跨越式发展……

（六）保障特殊群体基本文化权益。将老年人、未成年人、残疾人、农民工、农村留守妇女儿童、生活困难群众作为公共文化服务的重点对象。积极开展面向老年人、未成年人的公益性文化艺术培训服务、演展和科技普及活动。开展学龄前儿童基础阅读促进工作和向中小学生推荐优秀出版物、影片、戏曲工作。指导互联网网站、互联网文化企业等开发制作有利于青少年身心健康的优秀作品。将中小学生定期参观博物馆、美术馆、纪念馆、科技馆纳入中小学教育教学活动计划。加强乡村学校少年宫建设。实施青少年体育活动促进计划。公共文化服务机构要为残疾人提供无障碍设施。实施盲文出版项目，开发视听读物，建设有声图书馆，鼓励和支持有条件的电视台增加手语节目或加配字幕。加强对残疾人文化艺术的扶持力度。加快将农民工文化建设纳入常住地公共文化服务体系，以公共文化机构、社区和用工企业为实施主体，满足农民工群体尤其是新生代农民工的基本文化需求。

（七）建立基本公共文化服务标准体系……

（八）提升公共文化设施建设、管理和服务水平……

三、增强公共文化服务发展动力

（九）培育和促进文化消费……

（十）鼓励和引导社会力量参与。进一步简政放权，减少行政审批项目，吸引社会资本投入公共文化领域。建立健全政府向社会力量购买公共文化服务机制。出台政府购买公共文化服务指导性意见和目录，将政府购买公共文化服务资金纳入财政预算。推广运用政府和社会资本合作等模式，促进公共文化服务提供主体和提供方式多元化。鼓励和支持社会力量通过投资或捐助设施设备、兴办实体、资助项目、赞助活动、提供产品和服务等方式参与公共文化服务体系建设。推动建立健全公开透明的社会捐赠管理制度。鼓励党政机关、国有企事业单位和学校的各类文体设施向社会免费或优惠开放。创新公共文化设施管理模式，有条件的地方可探索开展公共文化设施社会化运营试点，通过委托或招投标等方式吸引有实力的社会组织和企业参与公共文化设施的运营。

（十一）培育和规范文化类社会组织。加强对文化类行业协会、基金会、民办非企业单位等社会组织的引导、扶持和管理，促进规范有序发展。制定完善关于文化类社会组织的规章，明确功能定位。鼓励各类公共文化服务机构成立行业协会，发挥其在行业自律、行业管理、行业交流等方面的重要作用。加快推进文化行业协会与行政机关脱钩，将适合由社会组织提供的公共文化服务事项交由社会组织承担。引导文化类社会组织依法依规开展公共文化服务。加大政府向文化类社会组织购买服务力度。加强政府管理和社会监督，严格执行社会组织年检制度和信息公开制度，开展运营绩效评估和社会信用评估，实现依法管理、依法运营。

（十二）大力推进文化志愿服务……

四、加强公共文化产品和服务供给

（十三）提升公共文化服务效能……

（十四）丰富优秀公共文化产品供给……

（十五）活跃群众文化生活。深入开展全民阅读活动，推动全民阅读进家庭、进社区、进校园、进农村、进企业、进机关。积极开展全民艺术普及、全民健身、全民科普和群众性法治文化活动。实施基层特色文化品牌建设项目，以富有时代感的内容形式，吸引更多群众参与文化活动。引导广场文化活动健康、规范、有序开展。推进民间文化艺术之乡建设。以“我们的节日”为主题，组织开展群众性节日民俗活动；传承和发展民族民间传统体育，广泛开展形式多样的群众性体育活动。鼓励群众自办文化，支持成立各类群众文化团队。通过组织示范性展演等形式，为民间文化队伍提供展示交流的平台。推进红色文化、社区文化、乡土文化、校园文化、企业文化、军旅文化、家庭文化建设，培育积极健康、多姿多彩的社会文化形态。促进边疆少数民族地区和其他地区群众文化交往交流交融。加强群众性文化活动的国际交流，支持群众文化走出去，形成多层次的对外文化交流格局。

五、推进公共文化服务与科技融合发展

（十六）加大文化科技创新力度……

（十七）加快推进公共文化服务数字化建设……

（十八）提升公共文化服务现代传播能力……

六、创新公共文化管理体制和运行机制

（十九）建立公共文化服务体系建设协调机制。立足当前公共文化服务体系建设实际，完善党委领导、政府管理、部门协同、权责明确、统筹推进的公共文化服务体系建设管理制度。以国家公共文化服务体系建设协调组为平台，由文化部门牵头，充分发挥各部门职能作用和资源优势，在规划编制、政策衔接、标准制定和实施等方面加强统筹、整体设计、协调推进。各地要根据实际，建立相应的协调机制。推进国家公共文化服务体系示范区（项目）创建。发挥基层党委和政府作用，建立统一的基层公共文化服务平台，加强各类重大文化项目的统筹实施，探索整合基层公共文化服务资源的方式和途径，实现共建共享，提升综合效益。

（二十）加大公益性文化事业单位改革力度。按照关于深化文化体制改革和推进事业单位分类改革的要求，理顺政府和公益性文化事业单位之间的关系，探索管办分离的有效形式。进一步落实公益性文化事业单位法人自主权，强化公共服务功能，增强发展活力，发挥公共文化服务骨干作用。全面推进人事制度、收入分配制度、社会保障、经费保障制度改革。创新运行机制，建立事业单位法人治理结构，推动公共图书馆、博物馆、文化馆、科技馆等组建理事会，吸纳有关方面代表、专业人士、各界群众参与管理，健全决策、执行和监督机制。完善年度报告和信息披露、公众监督等基本制度，加强规

范管理。加强和改进公益性文化事业单位党组织建设，充分发挥基层党组织的战斗堡垒作用和共产党员的先锋模范作用。

（二十一）创新基层公共文化管理机制。发挥城乡基层群众性自治组织的作用，推动开展公共文化服务参与式管理，推广居民、村民评议等行之有效的做法，健全民意表达和监督机制，引导城市社区居民和村民参与公共文化服务项目规划、建设、管理和监督，维护群众的文化选择权、参与权和自主权。调动驻村（社区）单位、企业和社会组织等多方面力量，统筹资源，共同参与基层文化的管理和服务，形成多元联动格局。扎实推进社区文化志愿服务。推进将公共文化服务纳入基层社区服务网格进行管理，培育城乡社区互助文化，营造社区和谐环境。

（二十二）完善公共文化服务评价工作机制……

七、加大公共文化服务保障力度

（二十三）加强组织领导……

（二十四）加大财税支持力度……

（二十五）加强基层文化队伍建设。进一步完善选人用人机制，着力培养一批具有现代意识、创新意识的公共文化管理者和基层公共文化服务人才队伍。按照控制总量、盘活存量、优化结构、有减有增的要求，研究制定公共文化机构人员编制标准，并根据业务发展状况进行动态调整。对实行免费开放后工作量大量增加、现有机构编制难以满足工作需要的公益性文化事业单位，要结合实际和财力，合理增加机构编制。加强对农村文化队伍的管理和使用，在现有编制总量内，落实每个乡镇综合文化站（中心）编制配备不少于 1 至 2 名的要求，规模较大的乡镇适当增加。设立城乡基层公共文化服务岗位，配置由公共财政补贴的工作人员。将公共文化服务专业人才培养纳入国民教育体系。稳步推进基层公共文化服务队伍培训，建立培训上岗制度，全面提高从业人员素质。乡镇综合文化站（中心）从业人员应熟悉广播电视技术，具备组织群众文化活动等多方面的服务能力。完善基层公共文化服务人才激励和保障机制。加强基层乡土文化人才建设。发展壮大社会体育指导员队伍。

（二十六）建立健全公共文化服务法律体系……

复习思考题

1. 什么是社区文化？
2. 社区文化的特征是什么？
3. 社区文化在社区建设中的作用有哪些？
4. 城市社区文化建设的内容是什么？
5. 如何加强对城市社区文化建设的管理？
6. 农村社区文化建设存在的问题是什么，怎样解决？
7. 试分析你所在的高校社区在文化建设和管理方面存在的问题并提出相应的解决对策。

8. 了解中共中央办公厅、国务院办公厅印发的《关于加快构建现代公共文化服务体系的意见》(中办发〔2015〕2号)的主要内容。

参考文献

谌卉珺,潘竹君. 2017. 社区文化建设低度参与困境研究——以无锡市Y街道为例[J]. 吉林省教育学院学报,(12):154-156.
党云峰. 文化建设是激活社区的金钥匙[N]. 中国文化报,2019-11-8(003).
龚贻洲. 1997. 论社区文化及其建设[J]. 华中师范大学学报(哲学社会科学版),(5):1.
谷中原,吴晓林. 2012. 农村社区建设与管理[M]. 北京:北京大学出版社.
韩晶. 2020. 新时期城市社区文化建设问题及对策研究[J]. 智库时代,(6):6-10.
李佳莹,吴理财. 2019. 单位型社区文化服务的区隔及其改善途径[J]. 城市问题,(8):79-85.
李笑. 2014. 社区文化建设实务[M]. 北京:经济管理出版社.
民政部基层政权和社区建设司. 2013. 全国农村社区建设重要资料选编(2012)[M]. 北京:中国社会出版社.
师坚毅. 2010. 新农村社区建设与管理[M]. 北京:中国社会出版社.
王列生. 2020. 论社区文化治理的自治向度[J]. 甘肃社会科学,(1):127-136.
吴雨才,朱振如,陆守明. 2003. 农村社区文化建设的思考[J]. 农村经济,(12).
杨萍. 2014. 城镇化进程中的社区文化建设[M]. 合肥:合肥工业大学出版社.
杨秀勇. 2017. 农村社区文化建设的问题及对策研究[J]. 中国集体经济,(1):10-11.
袁德. 2010. 社区文化论[M]. 北京:中国社会出版社.
张桂芳. 2004. 试论转型期农村社区文化建设[J]. 兰州学刊,(5):213-214.
张堃,何云峰. 2000. 社区管理概论[M]. 上海:上海三联书店.
郑娜,苗春,赖睿,等. 习近平与中国文化遗产保护[N]. 人民日报海外版,2020-5-19(07).
郑娜娜,许佳君. 2020. 易地搬迁移民社区文化治理的实践逻辑——以陕南G社区为例[J]. 云南大学学报(社会科学版),(1):87-95.

第十一章

社区教育及其管理

社区教育是在一定的地域范围内，充分利用各类教育资源，旨在提高社区全体成员整体素质和生活质量，促进区域经济建设、社会发展和教育自身发展的教育活动。社区教育的内容多种多样，有法治教育、道德教育、生态环境保护教育、人口教育、家政教育、家长教育、妇女教育、卫生教育、艺术教育、闲暇教育、健康教育等。

在社区发展史上，社区教育的开展是一项意义重大的事件。它广泛地凝聚着社区居民，以丰富的内容、灵活多样的形式推动着终身教育体系的构建和教育改革的进行。社区教育的根本功能在于促进社区发展。近年来，我国政府高度重视社区教育问题。2004 年 12 月 1 日，教育部发布《教育部关于推进社区教育工作的若干意见》。这是我国政府推进社区教育工作的一个十分重要的纲领性文件。此后 10 多年，这一纲领性文件得到较好的贯彻落实，我国社区教育蓬勃发展，探索出具有中国特色的社区教育发展方式和路径，形成了东部沿海发达地区广泛开展、中西部地区逐步推进的发展格局，建设了一大批国家级和省级社区教育实验区、示范区，社区教育参与率和满意度逐步提高。

为加快实现《国家中长期教育改革和发展规划纲要（2010—2020 年）》关于“基本形成学习型社会”的目标，服务全面建成小康社会的战略要求，2016 年 7 月 8 日，《教育部等九部门关于进一步推进社区教育发展的意见》（本章附录），就新形势下进一步推进社区教育发展作出了新的安排。

第一节　社区教育概述

一、社区教育的含义

社区教育思想最早可以溯源至丹麦人柯隆威 1844 年创办的第一所“民众高等学校”。而现代意义上的社区教育则是在 20 世纪初欧美一些国家出现的，至今已有近百年的历史。我国的社区教育在 20 世纪 80 年代开始兴起，至今已经粗具规模。在社区教育发展的过程中，不同的国家走上了不同的道路，体现出各自不同的特色，形成了对社区教育不同的理解。

第一种理解是把社区教育界定为“民众教育”。如北欧诸国于19世纪中叶创办“民众高等学校”，体现“为民众启蒙、为民众教育”的宗旨，以青年与成人为教育对象，实施以提高人文素质为主要目标的、灵活多样的教育活动。发展到今天，尽管北欧五国已形成各自特色，内涵也已超越了初始的民众教育，形式更是丰富多样，但在北欧却少见“社区教育”的提法，而“民众教育”则耳熟能详。

第二种理解是把社区教育界定为社会教育。如日本，社会教育几乎是社区教育的同义词。1949年，日本颁布的《社会教育法》明确地把社会教育定义为除《学校教育法》所规定的学校教育活动之外，面对全体社会成员所实施的有组织的教育活动。

第三种理解是把社区教育界定为向社区提供教育服务的非正规教育。如美国，社区教育就被认为是为社区不同种族、性别、年龄、职业、状况的所有成员提供非正规的社会教育服务。在社区学院内，教育内容非常宽泛，完全根据社区居民的实际需要来组织教学活动，教学形式与方法更是灵活多样，但一般不计学分、不发文凭，不授予学位。

对社区教育的含义之所以出现种种不同的理解，究其原因：一是因为现代社区教育的发展历史不长；二是因为现代意义上的社区教育体现的是—种全新的教育思想，是对传统教育观念的革命性发展，内涵具有前所未有的复杂性、包容性、边缘性和前瞻性，不是传统教育概念能够轻易概括得了的；三是因为社区教育的发展形式、快慢等直接由具体地区的社会发展水平的高低决定，而不会遵循统一的模式。

经过长期的实践开拓和切磋探讨，学界对社区教育的理解正在不断深化，并正在形成越来越多的共识。关于社区教育，人们已经形成了如下的共识。

（1）社区教育是由社区举办的教育，是社区内所有教育机构、教育力量的协同教育活动，是学校教育与社会教育的结合。

（2）社区教育是适应社会发展需要而产生的，它是为社区所有成员提供的教育服务。

（3）社区教育的内容不仅是专业学科的教育，而且已经发展成为扫盲教育、法治教育、道德教育、生态环境保护教育、人口教育、家政教育、家长教育、妇女教育、卫生教育、艺术欣赏、闲暇教育、健康活动等多形式、宽领域、全方位的教育活动。[①]

从这三个基本点出发来认识社区教育，我们能够发现社区教育既包括学校教育，也包括校外教育和家庭教育；既包括普通教育，也包括职业技术教育和成人教育；既包括青少年教育，也包括学前教育和继续教育，乃至终身教育；等等。就社区教育的机构来说，既包括社会组织开办的文化或技术学校，又包括各类私立学校；既包括社区办的学前班，又包括成人或老年人所需要的生活方式、健康锻炼方式的教育。就社区教育的内容来说，既包括科学技术知识的教授，又包括思想观念、伦理道德的培育。

根据这种情况，综合国内外对社区教育的定义，我们将社区教育界定为：在一定地域范围内，充分利用各类教育资源，旨在提高社区全体成员整体素质和生活质量，促进区域经济建设、社会发展和教育自身发展的教育活动。

---

① 傅忠道. 社区工作基础知识1000答[M]. 北京：中国青年出版社，2002.

二、社区教育对社区发展产生的作用

（一）作为强化社区功能手段的社区教育

（1）知识补充教育。知识补充教育包括对社区居民进行文化、社会、经济及公共事务等方面的专业和非专业的知识教育，它有利于弥补正规教育的不足和满足居民对新知识的需求。

（2）社会控制教育。社会控制教育主要指社区行为规范教育，包括道德、纪律、政策法令及文明风尚教育，它有利于不断提高居民的精神文明水平，维护社区的正常生活。

（3）社区发展教育。社区发展教育包括知识、行为、态度和价值观等与社区发展相关的基本素质教育，特别是人的全面发展教育。

（二）作为社区服务重要组成部分的社区教育

（1）家庭生活教育。从衣食住行、生老病死、家庭关系、子女教育到邻里沟通等都是社区教育的内容，其目的在于传播现代生活价值观念和技巧，提高社区居民家庭生活的质量。

（2）公民素质教育。为了充分发挥公民参与社会、经济、政治、文化等方面的积极性而进行的基本教育，如公民意识、法治意识、社会公德意识等。

（三）作为社区文化建设内容的社区教育

社区教育主要是带有本社区特色的教育。由于每个社区的地理位置、自然条件、人民历史、经济发展水平，以及人员构成不尽相同，因而所要解决的社会问题也不尽相同。各社区的教育重点、内容、模式等均具有社区特色。例如，我国经济特区深圳市宝安区沙井街道，总人口约 90 万，其中常住人口 36 万，户籍人口 2.88 万。[①] 显然，该街道社区教育的重点，应放在外来人口教育上。为此，该街道开办了外来人口学校，对外来人员分期分批进行培训，学习内容有法律、环保、安全、婚育、行为习惯等；与此同时，该街道还为外来人员提供学历教育服务，从整体上提高他们的文化素质。

三、社区教育的形式

社区成员构成的复杂性决定了社区教育形式的多样性。具体来说，灵活机动的教育形式包括：一年一度的“终身学习节”“朝夕教育公园”“双休日教育公园”“亲子学堂”等；有常年设立的讲课性质的教育形式，如“青年技能辅导站”“课外学校”等；有社区举办的专题讲座、竞赛、表演、展示、座谈、研讨、参观等各种形式的活动；有志愿者组织的环境保护教育活动、人口意识教育活动等；还有社区成员互动式教育，如敬老家庭评比、文明标兵评选等；有社区学校组织的学科教育活动，如“周日学校”等；有社区企业进行的公益宣传活动；有为青年人和老年人提供心理疏导的“谈心室”、专

---

① 宝安区沙井街道. 沙井街道基本情况简介[EB/OL]. http://www.baoan.gov.cn/sjjd/zwfw/sjgk/content/post_3513396.html，2020-7-31.

为特殊人群服务的教育，如为聋哑人学习交流提供服务的“周日无声沙龙”等（表 11-1、图 11-1 和图 11-2）。

表 11-1 多种多样的社区活动形式

<table>
<tr><th>分类</th><th>活动类型</th><th>活动形式</th></tr>
<tr><td rowspan="2">活动时间</td><td>临时活动</td><td rowspan="13">讲座、表演、竞赛、展示、座谈、研讨、培训、参观、郊游、谈心等各种形式</td></tr>
<tr><td>长期活动</td></tr>
<tr><td rowspan="2">活动地点</td><td>室内活动</td></tr>
<tr><td>室外活动</td></tr>
<tr><td rowspan="5">活动主办者</td><td>社区主办</td></tr>
<tr><td>志愿者组织</td></tr>
<tr><td>社区成员互动</td></tr>
<tr><td>社区学校主办</td></tr>
<tr><td>社区企业主办</td></tr>
<tr><td rowspan="4">活动参与者</td><td>幼儿</td></tr>
<tr><td>青年</td></tr>
<tr><td>老人</td></tr>
<tr><td>特殊人群</td></tr>
</table>

图 11-1 社区亲子教育活动

资料来源：浙江日报.聚英社区第三期“We 课堂”隔代亲子教育一班结课[EB/OL]. https://baijiahao.baidu.com/s?id=1655402748768617765&wfr=spider&for=pc，2020-1-11.

四、社区教育的职责划分

发展社区教育必须坚持以“三个服务”为目标，即为社区物质文明建设服务，为社区精神文明建设服务，为社区全体成员的自身发展服务。街道办事处和社区居委会承担着社区教育组织、管理的职责。

图 11-2　社区健康教育基地

资料来源：绍兴市中心医院. 绍兴市首个社区健康教育基地在柯桥成立[EB/OL]. https://www.sohu.com/a/215007876_374902，2018-1-6.

（一）街道办事处的主要职责

街道办事处要建立和完善社区教育组织体系，成立由社区党组织负责的社区教育委员会，成员由社区内的中小学校、机关、企事业单位、派出所等有关部门人员组成，形成一个集学校教育、机关教育、职工教育、社会教育于一体的区域性的社会化教育网络，为社区教育提供良好的环境氛围。

教育部门要努力提高教师队伍的整体素质，进一步改善教学环境，深入开展成人教育和劳动者的继续教育，使中小学校积极配合社区居委会开办家长学校、开展市民教育和青少年教育活动。文化部门要帮助社区建立图书室，成立书画班、棋社等趣味小组以丰富居民生活，陶冶思想情操。司法部门要在社区开展法治宣传和普法教育，使居民群众知法、懂法，自觉地遵守法律规范。精神文明办公室要在社区开展市民文明教育的活动，组织社区居民开展文明城市、文明社区创建活动。科技部门要指导社区开展科普教育活动，为社区提供科普教育的相关资料。妇联组织要在社区妇女中开展家庭美德教育、妇女普法教育、幼儿家庭教育，提倡妇女要自尊、自信、自立、自强。对下岗女工进行择业观教育，组织下岗女工参加技能培训，帮助下岗女工再就业。

（二）社区居委会的主要职责

（1）开辟社区教育基地。因地制宜，利用社区文化室、图书室、学校教室、机关、企事业单位的会议室定期或不定期地开展社区教育活动，或者厂区联办，或者校区联办成立市民教育培训基地。另外，还要利用广播、宣传栏、公共宣传板、固定宣传标牌等进行经常性的社区舆论宣传教育。

（2）建立一支社区教育志愿者队伍。由社区工作者、社区综合治理特派员、社区民警、社区居民中的教师、专业技术管理干部、机关干部等组成志愿者队伍，积极主动地开展具有社区特色的教育活动。

（3）注重社区教育与群众性创建活动相结合、家庭教育与社区教育相结合，以群众自我教育为主，以居民中的典型事例为题材，开展群众自评、互评的“五好家庭”“五好门栋”等活动，提供法律咨询服务和做好刑释解教人员的帮教安置工作。

（4）开办市民文明学校。围绕市民文明规范准则、市民礼仪家庭教育等内容开展群众性的教育活动，提高社区居民综合素质。

五、社区教育的功能

社区教育的根本功能就在于促进社区发展。具体来说，主要体现在以下几个方面。

第一，促进社区内的经济与科学技术的发展，提高人的综合素质，使人们更多地了解各方面的文化知识，更好地从事各项工作。对于下岗和再就业的社区居民而言，社区教育可以帮助他们开拓新的就业方向，改变自身命运，从而促进生产力的发展。例如，江苏省扬州市宝应县安宜镇莲花社区联合某职业培训学校为社区失业妇女提供育婴员技能培训服务，帮助她们学习育婴员的技能。培训结束以后学员可参加人社部门组织的统一的考核考试，合格者将会取得全国统一的育婴员资格证书。此类社区教育活动将技能培训的方向与社会需求缺口紧密结合起来，不仅可以提升学员技能水平，而且能够促进经济发展（图 11-3）。[①]

图 11-3　江苏省扬州市宝应县安宜镇莲花社区的再就业培训

第二，促进社区内文化教育事业的发展。社区教育的实质就是通过教育与社会相互沟通、双向服务，逐步使社区各方面力量都能对教育事业作出贡献，把教育的发展当成与社区的利益密切相关的事业来做，使社区教育成为社会主义文化教育事业发展的新形式。

第三，促进教育体制的改革。社会主义市场经济体制的建立和发展，要求教育体制与之相适应。在城市，一些地区在街道办事处建立了由经济、科技、教育、计划、劳动、人事等方面负责人参加的教育领导小组（或称教育委员会），统筹教育与经济、科技、社会的发展。于是，街道增加了教育职能，社区教育领导小组成为教育与社会一体化的桥梁和纽带。在农村，县、乡两级统筹各类教育，使经济、科技、教育相结合，更好地

① 安宜镇莲花社区：组织技能培训，助失业妇女再就业[EB/OL]. http://www.bywomen.org/article/showarticle.asp?articleid=7400，2018-9-19.

为当地经济建设和社会全面进步服务。社区教育的发展推动了教育体制的改革。

第四，促进学习型社会的创建。学习型社会是教育与学习贯穿任何时候、任何领域、任何过程中的社会，是人人学习、全时空学习、自主学习的社会。社区教育为社区成员提供了创建学习型社会的教育体系，打破了传统教育对入学者资格的限制，破除了空间、时间、教学形式、学习内容、学习方式、考核评价等方面的限制和障碍。立足社区、重视社区教育，有助于创建学习型社会。

第五，促进社区安定团结和政治思想建设。社区教育可以使大家的关系更为融洽和谐，有利于社区的安定团结。社区教育统筹了社区内各方面的教育因素，充分挖掘了社区内的教育资源，使学校对社区的文化辐射更为集中和有力，现代知识技术信息的传递速度更快，伦理道德价值观念的培养更为深入，舆论宣传对社区群众的熏陶更为直接，社区精神文明建设可以搞得更好。

六、建立和完善社区教育管理体制

社区教育管理就其本质而言是开发社区教育资源的一种沟通协调的组织行为。社区教育管理有经验管理、行政管理和科学管理三种行为模式。经验管理是传统管理方式，而行政管理是政府行为，只有科学管理才是最适合社区发展的管理模式。

科学管理，即“政府统筹领导，教育部门牵头，有关部门配合，社会积极支持，社区自主活动，群众广泛参与”的社区教育管理模式。地方政府要把社区教育工作纳入区域经济建设和社会发展规划，纳入教育事业发展规划，调动、统筹、协调各方力量，支持和参与社区教育工作，创造有利于社区教育工作的舆论氛围和政策环境；社区内的各类学校，应结合自身实际情况，通过多种途径和形式，最大限度地将学校教育资源向社会开放，有条件的学校要通过现代信息技术和远程教育网络，为社区居民提供多种多样的教育服务。社区内各有关部门和单位可以为学生提供社会实践机会和场所。社区内的图书馆、文化馆等教育、文化、科研、体育公共设施，应面向社区成员有序开放，为社区群众提供教育活动场所，形成资源共享、社会与教育双向互动的社区教育运行机制。

科学管理要求建立社区教育评价体系，社区教育评价应当遵循导向性、科学性、合理性和综合性原则。聘请专业人员组成社区教育评价组织，在评价中采用定量和定性分析相结合的方法，评价地方政府在社区教育方面的成绩，引导社区的发展。

第二节　城市社区教育及其管理

一、我国城市社区教育的发展历程

现代意义上的社区教育，兴起于 20 世纪二三十年代，而这一概念在国际上被广泛承认则是第二次世界大战结束以后的事情。到 20 世纪 80 年代中期，它才在中国受到应有的重视。80 年代初期，随着经济体制改革的深入，教育领域内的一些深层次矛盾日渐暴露，要求教育改革的呼声日益高涨，1985 年 5 月，中共中央作出了《关于教育体制改革的决定》，以此为契机，全国掀起了教育改革的新高潮，基础教育、职业技术教育、高等教育、成人教育，都在深化改革，社区教育也在改革中应运而生。20 世纪 80 年代中期，上海首先成立了社区教育委员会。

1999 年初，国务院批转教育部《面向 21 世纪教育振兴行动计划》明确提出："开展社区教育的实验工作，逐步建立和完善终身教育体系，努力提高全民素质。"2000 年 4 月，国家建立了首批 8 个社区教育实验区，2001 年底发展到 28 个实验区，2003 年底又扩大到 61 个实验区。[①]截至 2017 年底，全国已有 90%的省（市）、50%的区（县）开展了社区教育，21 个省（区、市）建立了社区教育指导中心，建设了 249 个国家级和 500 多个省级社区教育实验区、示范区，初步形成了城乡一体的三级社区教育办学网络。[②]这些社区教育主要是在城市开展的（图 11-4）。

图 11-4 西安市灞桥区创建省级社区教育示范区

资料来源：灞桥教育. 省教育厅专家组对我区创建陕西省社区教育示范区工作进行评估[EB/OL]. https://www.meipian.cn/1rq220ry，2018-11-29.

二、当前我国城市社区教育的主要内容

（一）大力开展丰富多彩的社区教育活动

城市社区教育要针对社区居民的需求，广泛开展针对不同类型人群的各类教育培训。尤其是针对城市社区企业职工比较多的情况，可以大力开展企业职工思想教育培训、职业技术培训、再就业培训、转岗培训、外来人口培训等。

（二）广泛开展学习型社区和学习型组织的创建工作

创建学习型社区和学习型组织是社区教育的重要内容。学习型社区是指以社区终身

① 杨静. 展社区教育 满足居民学习需求——全国社区教育实验工作经验交流会议在京召开[J]. 中国职业技术教育，2001（12）：1；教育部. 教育部关于确定第二批全国社区教育实验区的通知[EB/OL]. http://www.moe.gov.cn/srcsite/A07/zcs_cxsh/200312/t20031215_78910.html，2003-12-15.

② 教育部. 教育部对十三届全国人大一次会议第 4718 号建议的答复[EB/OL]. http://www.moe.gov.cn/jyb_xxgk/xxgk_jyta/jyta_zcs/201812/t20181229_365468.html，2018-9-17.

教育网络和学习型组织为基础，能保障和满足社区成员学习基本权利与终身学习需求，从而促进社区成员素质和生活质量提高，以及社区可持续发展的一种新型社区。学习型社区的特征有：①社区内基本形成了全民学习、终身学习的共识和氛围；②各类教育资源实现整合、开放、共享，基本满足社区成员多样化学习需求；③各种学习型组织普遍建立，如学习型家庭、学习型楼组、学习型企业、学习型事业单位、学习型社会团体和学习型政府机构等；④居民对社区终身学习有较高的认同感与满意度（图 11-5）。

图 11-5　上海市江桥镇推进学习型社区建设

资料来源：江桥镇召开 2019 年学习型社区创建与终身教育工作推进会[EB/OL]. http://www.jiading.gov.cn/jiaoyu/jyxw/xxdt/content_580369，2019-3-28.

（三）整合优化社区教育资源，建立社区教育网络

城市社区可以在统筹整合当地教育资源的基础上，建立融广播电视教育、现代远程教育、自学考试、各类成人教育和职业培训于一体的社区教育中心。以社区教育中心为社区教育办学网络的龙头，发挥对本地区社区教育工作的组织、协调、指导、服务、辐射、带动作用。

三、城市社区教育管理模式

（一）以街道办事处为中心进行的连动型社区教育模式

此类模式是目前我国社区教育的主要形式。此模式的内涵为：街道作为所辖行政区域的社区教育组织者、实施者、监督者、协调者，以社区服务及社区文化为着眼点进行各种休闲、文化、活动性的社区教育。运作方式为：①街道办事处相关职能科室按行政方式布置、检查社区教育工作。②成立社区教育委员会，联合有关职能部门及驻区单位参加社区教育工作，即建立街道牵头、社会参与、双向服务的工作模式。此模式带有较强的行政管理色彩，易于街道办事处发挥主导作用，并可在一定限度内调动社区各类资源，但也易于产生流于形式的弊端。

（二）以中小学校为主体进行的活动型社区教育模式

此模式是由教育系统内部发展起来的，现在正日渐完善的教育形式。此模式的内涵为：中小学校作为区域性社区教育的组织者、协调者，利用自身办学资源优势进行校外

活动。其运作方式为：①以学校为主体组织本校或社区内中小学生参加各种形式的课外教育活动。②由学校牵头组建社区教育协调委员会，定期研究校外教育工作，参与学校课外活动的协调与管理工作，并向社区居民开放校内文体活动设施，即建立“协调课外活动，开放文体设施”模式。

此模式能够较充分地利用中小学校办学资源，教育行为较为规范。但是，学校在调动社区资源方面存在组织层面的先天不足，社区资源整合作用微乎其微。社区居民将以学校名义开展的社区教育活动往往定位在保育或青少年课外活动层面上，难以真正起到应有的教育作用。此种模式近年来出现了一种新的变化趋势，即成人教育，如某些地区所属成人高等学校参与到区域性社区教育中来，并且日益凸显出其不同于中小学校的特有功能与价值。

（三）以社区学院为载体进行的综合型社区教育模式

此模式是近年来在北京、上海等地出现并日益引起关注，同时又引起较大争议的新型教育形式。此模式的内涵为：社区学院作为区域性社区教育的龙头单位，通过理事会和文明市民学校以及学历教育、非学历教育手段进行文化性、职业性、专业性社区教育。具体运作方式为：接受街道办事处、民政局或者区域内单位委托，通过专业开发、课程开发、项目开发等多种手段组织教育教学活动（图 11-6）。

图 11-6　河南省嵩县社区学院开展社区教育活动

资料来源：嵩县社区学院　城关镇社区学校举办健康知识讲座及义诊活动[EB/OL]. https://www.sohu.com/a/407933649_293149，2020-7-16.

此模式易于同区域内政府职能部门和辖区单位进行业务沟通，易于系统内资源重组，发挥成人高校办学优势。但是，此模式在整合社区教育资源方面也存在不足。此外，在与现有高教管理体制的相容性、传统学校教育综合改造、社区教育的投入与产出、社会各界对社区学院认可度、理事会作用发挥等诸多方面均存在较多难题，阻碍着它的正常发展。

（四）以地域为边界进行的自治型社区教育模式

此类模式近期亦有较大发展。此模式的内涵为：由社会各界共同组成的社区教育协调委员会对本社区教育进行总体协调和具体策划。运作方式为：由辖区各行各业较有影响力并且热心社区教育的单位，或由某一功能齐全单位牵头组成专门机构，利用各成员单位在各自行业的影响和资源，开展“社区是我家，建设靠大家”式的社区教育活动。

此模式中的辖区各界参与社区建设、社区教育的意识较强，居民自治意识初见端倪，然而由于组织松散，难以形成持久而有效的核心和合力。此模式较适用于行业主体单一，且占据辖区主导地位的单质社区。

（五）以社区大众传媒为平台的媒介型社区教育模式

此模式构建的平台是媒介，因而传播速度快，传输量大，教育效率高。另外由于借助了网络等现代化媒介，教育者和学习者的互动性增强，教育的针对性和实效性得以提高。但此模式对硬件要求较高，财力和人力投入大，不是每个社区都具备此条件。另外，它还要求社区成员有经常接触媒介的习惯，否则教育效果将大打折扣。

第三节　农村社区教育及其管理

一、我国农村社区教育的发展历程

20 世纪 80 年代以前，农村已经有零星的培训性质的活动，如送科技下乡活动等，但真正意义上的农村社区教育是在 20 世纪 80 年代以后才兴起的。随着改革开放的深入，农村经济快速发展，农民收入不断增加，农民开始追求与城市生活一样的高质量、高品位的生活。而第三产业的蓬勃兴起，也为城乡居民提供了更多的就业机会和门路，同时也要求人有更高的素质，农村的发展呼唤着社区教育。

20 世纪 80 年代以后，面向农民的技术培训学校，如农业机械修理、育种技术、果树栽培、特种养殖技术等培训班在各地陆续出现，这类培训班在经济发达地区较多，接受培训的人数也较多。许多农民经过培训后，掌握了现代技术，走上了富裕之路。在经济相对落后的地区，这种培训少一些，农民技术信息与市场信息都比较贫乏，常常出现种了东西卖不出去的现象。面对这种状况，90 年代以后，政府加大了对农村教育的支持力度，鼓励大学生到农村工作，使用各种方式传播现代技术和信息，促进农村的发展。

2000 年以后，农村社区教育走向了实验阶段。2003 年，江西省选择了 100 个自然村落进行试点。试点中，将农村社区定位在自然村或以中心自然村带周边小村落的范围，以此为载体组建社区志愿者协会，奔赴农村，进行社区教育。近年来的实践证明，农村社区教育可以有更大的发展空间，因为广大农民群众非常渴望得到教育。

2019 年，教育部开始研究制定《关于服务乡村振兴战略 进一步办好农村职业教育和培训的意见》，支持职业院校积极开展现代农民、农村实用人才带头人、村“两委”干部培训，重点培育农村基层组织负责人、乡村产业发展带头人和乡村社会服务带头人。引导推动职业院校、社区学校、各类涉农教育和培训机构，面向农村留守妇女、大龄低技能人员等，开展家政、养老、护工、育婴、手工等领域初级技能培训，使其掌握就业创业一技之长。[①]

---

① 教育部对十三届全国人大二次会议第 7720 号建议的答复[EB/OL]. http://www.moe.gov.cn/jyb_xxgk/xxgk_jyta/jyta_zcs/201911/t20191120_408966.html，2019-9-24.

二、农村社区教育的对象和内容

农村社区教育的对象具有全员性，不分男女老幼、不分学历都可以参加。

农村社区教育的内容具有全面性和全程性。不同规模、条件的农村社区，不同时期有不同的侧重点。当前，农村社区教育要把服务于农民增收致富、抓好农村劳动力转移培训、提高农民素质作为工作重点。

（一）服务于农民增收致富

就我国广大农村来说，发展农村生产力，切实增加农民收入，提高农民生活水平（首先是物质生活水平），是社区教育当前和今后一个时期的主要任务。现在许多农村社区教育实验单位，依托乡镇成人教育学校和各种教育培训机构，对农民进行技能培训，使农民逐渐走上致富之路。例如，山东诸城市紧紧围绕“提高农民综合素质，提升农民生产技能，助推农业农村发展”的目标，逐步建立常态化的新型职业农民培育制度，努力打造一支“爱农业、懂技术，善经营”的新型职业农民队伍，2018 年培训新型职业农民约 2 万人次，年推广约 20 项农业新技术和约 20 个农作物新品种，累计受益群众达 10 万多人，为发展现代农业提供了强有力的人才支撑。有针对性地邀请山东农业大学、青岛农业大学、山东农科院等高校和科研机构的专家来授课，主要对农作物栽培、蔬菜种植、果树病虫害防治等进行专题培训，此外还从全市龙头企业、专业大户、农民专业合作社中选择实践经验丰富的“土专家”上讲台现身说法。在组织技术培训的同时，向学员公布授课教师联系方式，建立授课教师随时为农民提供指导服务的机制，积极为学员提供从开始种养殖到最终受益的一条龙服务。做到短期培训与长期指导服务相结合，培训、指导、服务“三位一体”，切实提高新型职业农民的自我发展能力和在现代农业发展中的带动能力（图 11-7）。[①]

图 11-7 四川内江市东兴区太安乡旦家村的树莓种植技术培训现场

资料来源：董曲.东兴区太安乡“农民夜校”为村民送树莓种植技术[EB/OL]. http://nj.newssc.org/system/20170511/002178203.html，2017-5-11.

① 诸城市农业农村局加强职业农民培训 成效显著[EB/OL]. https://www.sohu.com/a/305659435_120056801，2019-4-3.

（二）抓好农村劳动力转移培训

农民受教育水平不高是农村落后的一个重要原因。据统计，农村劳动力平均受教育年限为 7.33 年，仅相当于初中一年级文化水平；在农村劳动力中，受过专业技能培训的仅占 9.1%。而据人力资源和社会保障部对北京、天津、大连等 26 个城市使用农民工较多的企业进行的调查显示：越来越多的用工企业开始对农民工的学历、专业技能提出要求，64.9%的岗位需要具备初中文化，23.3%的岗位需要具备高中文化，近 50%的岗位需要熟练工。我国农村劳动力素质状况已经严重落后于时代要求。因此，加大农村劳动力培训迫在眉睫。早在 2003 年，《国务院关于进一步加强农村教育工作的决定》（简称《决定》）就要求：以农民培训为重点开展农村成人教育，促进农业增效、农民增收。普遍开展农村实用技术培训，每年培训农民超过 1 亿人次；积极实施农村劳动力转移培训，每年培训 2000 万人次以上，使他们初步掌握在城镇和非农产业就业必需的技能，并获得相应的职业资格或培训证书。《决定》颁布以来，各级政府结合自身实际情况，积极出台地方性措施去落实《决定》的目标，取得了良好的成绩（图 11-8）。例如，江苏省盐城市大丰区西团镇社区教育中心灵活采用“请进来”与“走出去”相结合、“上联”与“下挂”相结合、“长班”与“短班”相结合、“技能”与“学历”提升相结合等模式，在农村劳动力转移培训方面取得了突出成效。近几年共开展各种技能培训 8000 多人次，发放新型职业农民证书 1428 张，特种作业操作证 1583 张，587 人取得成人中专毕业证书，1865 人获得技能等级证书（其中高级工证书 85 张）。[①]

图 11-8 云南省禄丰县黑井镇大树村开展农村贫困劳动力转移培训

资料来源：黑井镇大树村村委会开展农村贫困劳动力转移培训[EB/OL]. http://www.ynlf.gov.cn/info/1042/32083.htm，2020-06-17.

（三）提高农民素质

由于历史的原因，农村地区人口的社会关系仍然多以血缘、亲缘为纽带，大多有着

① 朱春涛. 农村劳动力转移培训服务的探索——以西团镇社区教育中心为例[J]. 中国农村教育，2019（16）：28-29.

相同或相近的行为习惯、思维方式、心理特征和价值观念，加之，农村地区信息化程度低，农民家庭拥有电脑比例、会使用电脑的人员比例较低，人群的文化素质普遍低于城市；思想意识也比较保守，他们继承了祖辈延续下来的思想观念、生活方式、风俗习惯，对新思想、新文化接受程度有限。只有坚持不懈地抓好农民的教育和农民综合素质的提高，对农民进行文化科学知识、职业技能等方面的培训，才能真正促进农村的发展。一大批新型农民诞生之日，才是农村小康、农村现代化实现之时。例如，浙江省实施“千万农民素质提升工程”，2019 年全年培训农民 56 万人次，培训农村实用人才 13 万人、高素质农民 2.4 万人、基层农技人员知识更新 5000 人，高职扩招共录取农民和高素质农民 3625 人。①

三、农村社区教育的管理模式

目前，我国农村社区教育已经形成的主要类型有：政府统筹型、学校辐射型、厂矿单位中心型、“学校-家庭-社会”三结合型、“学校-学校”联合体的教育园区（小区）型、政府机构与社区合作办学型、以社会为主体的社区学校实体型等。其中，适合农村社区教育的主要是政府统筹型和学校辐射型。

政府统筹型是以地区为中心，通过政府协调、社会参与、双向服务的形式举办社区教育。在这种类型中，以政府为主体，由政府机构出面牵头，以行政力量为主导，其具体的组织形态是社区教育委员会，通过其下设的办事机构——社区教育办公室具体负责实施，既具有沟通、协调、指导的一面，又具有行政指挥的一面。这种模式具有权威性高、统筹性强、覆盖面广的特点，但要求地方乡镇政府对社区教育有充分认识并给予重视，还需有必要的人力、财力投入，而且这种模式下学校的主体性不强，学校只能在行政力量的统筹下组织社区教育。

学校辐射型是以学校为中心，由学校辐射延伸到社区内的各个单位，联系各方面的社会力量组织社区教育的一种类型。这种模式以学校为主体，通过横向结合、协同参与，形成社区教育组织网络，具有开放式教育社会化中介服务性质，这种类型能较大限度地发挥学校的主动性，按照区域需求来开展社区教育，政府主要起指导、帮助作用，而一般不直接参与社区教育环节。这种类型更加适合农村社区教育起步阶段。

农村社区学习中心项目是学校辐射型模式的一个范例。它是联合国教科文组织亚太地区教育局 1998 年提出并实施的项目，包括中国、印度、泰国等 20 多个国家参与了该项目的研究工作。旨在通过项目的实施，促进农村摆脱贫困、发展生产、改善环境、提高农村人口生活质量、实现农村经济社会可持续发展。与我国传统的农村成人文化技术学校不同，农村社区学习中心有着全新的理念。它面对农村社区的所有成员，为社区的每个成员提供学习的机会，并尊重学习者的学习选择；它是一所开放的学校，社区内的所有单位和设施都是农村社区学习中心可利用的资源；它相信每个人都有学习和提高自己生存质量的能力，能自觉主动地参与到公共社会生活中去，并有尊严的生活。在联合国教科文组织的指导下，经过几年的努力，该项目取得了显著成绩（图 11-9）。

---

① 省统计局．2019 年浙江省国民经济和社会发展统计公报[EB/OL]. http://tjj.zj.gov.cn/art/2020/3/5/art_1525568_42098616.html，2020-3-5.

图 11-9　2019 年全国农村社区学习中心（CLC）能力建设项目研讨会在新郑召开

资料来源：新洲区政府网。刚刚！新洲这两个人被联合国表彰！全新洲为你骄傲！[EB/OL]. https://www.sohu.com/a/343209561_721514，2019-9-24.

农村社区教育要与当地的经济、社会发展状况和教育发展水平相适应，灵活采用各种模式，因地制宜、循序渐进、逐步推广。有条件的乡镇、沿海地区可以通过政府牵引型、学校组织型、社会联合型等灵活多样的运行机制，建立和完善组织体系和运作机制，制定科学的实施、发展计划和评价制度，不断深化、不断改进，努力提高综合效益。在发展初期，政府行为会难免多一些，但从长远看不符合教育发展规律，因此政府只能进行宏观指导，不宜进行微观管理，但实施初期在组织领导方面离不开社区政府的支持。进入发展成熟期后，农村社区教育资源将越来越发挥基础性作用。因此，在实施过程中要充分发挥农村学校等社会教育培训部门的积极性和创造性。

☞ 附录 》》

《教育部等九部门关于进一步推进社区教育发展的意见》①

教育部等九部门

教职成〔2016〕4 号

社区教育是我国教育事业的重要组成部分，是社区建设的重要内容。近年来，我国社区教育蓬勃发展，探索了具有中国特色的社区教育发展方式和路径，形成了东部沿海发达地区广泛开展、中西部地区逐步推进的发展格局，建设了一大批全国和省级社区教育实验区、示范区，社区教育参与率和满意度逐步提高。为加快实现教育规划纲要关于

① 教育部等九部门关于进一步推进社区教育发展的意见[EB/OL]. http://www.moe.gov.cn/srcsite/A07/zcs_cxsh/201607/t20160725_272872.html，2016-7-8.

基本形成学习型社会的目标，服务全面建成小康社会的战略要求，现就进一步推进社区教育发展提出如下意见。

一、总体要求

（一）指导思想

全面贯彻落实党的十八大和十八届三中、四中、五中全会精神，深入学习贯彻习近平总书记系列重要讲话精神，牢固树立创新、协调、绿色、开放、共享的发展理念，按照协调推进“四个全面”战略布局的要求，以促进全民终身学习、形成学习型社会为目标，以提高国民思想道德素质、科学文化素质、健康素质和职业技能为宗旨，以建立健全社区教育制度为着力点，统筹发展城乡社区教育，加强基础能力建设，整合各类教育资源。充分发挥社区教育在弘扬社会主义核心价值观、推动社会治理体系建设、传承中华优秀传统文化、形成科学文明生活消费方式、服务人的全面发展等方面的作用。

（二）基本原则

坚持以人为本，需求导向。以学习者为中心，以学习需求为导向，为社区内不同年龄层次、不同文化程度、不同收入水平的居民提供多样化教育服务。体现社区教育的普惠性，促进社会公平。

坚持社区为根，特色发展。立足城乡社区，面向基层，办好居民家门口的社区教育。从东中西部区域发展的实际出发，推进社区教育特色发展。鼓励各地结合当地历史、人文资源和经济发展状况，因地制宜、因势利导开展社区教育活动。

坚持统筹协调，整合资源。发挥党委政府的推动引导作用，把社区教育切实纳入区域经济社会发展总体规划。以城带乡，统筹城乡社区教育协调发展，着力补足农村社区教育短板。整合学校教育资源和其他社会资源服务社区居民学习。

坚持改革引领，创新驱动。注重顶层设计与基层创新良性互动、有机结合。培育多元主体，引导各级各类学校和社会力量积极参与社区教育。充分运用现代信息技术手段，创新服务模式。推动社区教育融入社区治理，不断丰富社区建设的内容。

（三）总体目标

到 2020 年，社区教育治理体系初步形成，内容形式更加丰富，教育资源融通共享，服务能力显著提高，发展环境更加优化，居民参与率和满意度显著提高，基本形成具有中国特色的社区教育发展模式。建设全国社区教育实验区 600 个，建成全国社区教育示范区 200 个，全国开展社区教育的县（市、区）实现全覆盖。

二、主要任务

（一）加强基础能力建设

1. 建立健全社区教育网络。通过整合资源，建立健全城乡一体的社区教育县（市、区）、乡镇（街道）、村（社区）三级办学网络。各省、市（地）可依托开放大学、广播电视大学、农业广播电视学校、职业院校以及社区科普学校等设立社区教育指导机构，统筹指导本区域社区教育工作的开展。研究制定社区教育办学机构指导性要求。

2. 明确社区教育机构职责定位。县（市、区）社区教育学院（中心）负责课程开发、教育示范、业务指导、理论研究等。乡镇（街道）社区学校负责组织实施社区教育活动，指导村（社区）教学站（点）的工作。村（社区）教学站（点）为居民提供灵活便捷的教育服务。

3. 推动各类学习型组织与学习共同体建设。广泛开展学习型乡镇（街道）、学习型社区、学习型家庭等各类学习型组织创建活动，推动学习型城市建设。鼓励和引导社区居民自发组建形式多样的学习团队、活动小组等学习共同体，实现自我组织、自我教育、自我管理、自我服务，不断增强各类组织的凝聚力和创新力。

4. 加强社区教育实验区和示范区建设。继续推动社区教育实验区、示范区建设，充分发挥社区教育示范区在体系构建、资源共享、投入机制、队伍建设、信息化应用、市民学分银行建设等方面的示范引领作用，进一步提升社区教育服务能力和水平。各地要建立和完善相应工作机制，提出建设目标。

（二）整合社区教育资源

5. 开放共享学校资源。鼓励各级各类学校充分利用场地设施、课程资源、师资、教学实训设备等积极筹办和参与社区教育。充分发挥县级职业教育中心、开放大学、广播电视学校、科普学校在农村社区教育中的骨干和引领作用。加快乡镇成人文化技术学校的转型发展，鼓励其成为农村社区教育的重要载体。推动普通中小学有序向社区居民提供适宜的教育服务。

6. 统筹共享社区资源。注重社区教育机构与城乡社区综合服务中心（站）、社区文化中心等机构的资源共享，拓展社区综合服务中心（站）的社区教育功能，推动社区教育机构与社区综合服务中心（站）设施统筹、信息共享、服务联动。充分利用社区文化、科学普及、体育健身等各类资源，发掘教育内涵，组织开展社区教育活动，实现一个场所、多种功能，促进基层公共服务资源效益最大化。

7. 充分利用社会资源。提高图书馆、科技馆、文化馆、博物馆和体育场馆等各类公共设施面向社区居民的开放水平。鼓励相关行业企业参与社区教育。引导一批培训质量高、社会效益好的社会培训机构参与社区教育。探索开放、可持续发展的资源共享模式，不断扩大社区学习资源供给。

（三）丰富内容和形式

8. 丰富社区教育内容。广泛开展公民素养、诚信教育、人文艺术、科学技术、职业技能、早期教育、运动健身、养生保健、生活休闲等教育活动，提升居民生活品质，推动生活方式向发展型、现代型、服务型转变。积极开展面向社区服务人员、社区志愿者、社区社会组织成员的教育培训，增强其组织和服务居民的能力。

9. 创新社区教育形式。创新教育载体和学习形式，培育一批优质学习项目品牌。在组织课堂学习的基础上，积极开展才艺展示、参观游学、读书沙龙等多种形式的社区教育活动，探索团队学习、体验学习、远程学习等模式。通过开设学习超市、提供学习地图等形式方便社区居民灵活自主学习。推动各地建设方便快捷的居民学习服务圈。

10. 推进社区教育信息化。结合实施“宽带中国”战略和“互联网+城市”“互联网+科普”计划，充分利用现代远程教育体系，结合或依托社区公共服务综合信息平台建设，建立覆盖城乡、开放便捷的社区数字化学习公共服务平台及体系。有条件的地方，鼓励形成网上学习圈。鼓励各级各类学校和社会教育培训机构向社区开放数字化学习资源及服务，推进各地网上学习平台互联互通和社区教育数字化学习资源的建设与共享，为居民提供线上线下多种形式的学习支持服务。

（四）提高服务重点人群的能力

11. 大力发展老年教育。将老年教育作为社区教育的重点任务，结合多层次养老服务体系建设，改善基层社区老年人的学习环境，完善老年人社区学习网络。建设一批在本区域发挥示范作用的乡镇（街道）老年人学习场所和老年大学。努力提高老年教育的参与率和满意度。

12. 积极开展青少年校外教育。推动实现社区教育与学校教育有效衔接和良性互动。社区教育机构要紧密联系普通中小学、青少年校外活动场所、社会组织等，充分利用社区内的各类教育、科普资源，开展校外教育及社会实践活动，为青少年健康成长提供良好的社区教育环境。开展形式多样的早期教育活动，有条件的中小学、幼儿园可派教师到社区教育机构提供志愿服务。充分发挥共青团、少先队组织在青少年校外和社区教育中的作用。

13. 广泛开展各类教育培训。主动适应居民实际需求，有针对性地开展法治社会、科学生活、安全健康、就业再就业、创新创业、职业技能提升等教育培训活动。积极面向学生家长开展教育理念、教育方法等方面的家庭教育指导。重点面向城镇化进程中的失地农民和农民工，积极开展职业技能、思想道德、民主法治、文明礼仪、生活方式等方面的教育培训，通过社区学习与交流活动，增强社区归属感和认同感，加快其融入城镇社区生活的进程。重视弱势人群提高生存技能的培训，积极为社区各类残疾人提供学习服务。

14. 重视农村居民的教育培训。各级各类学校教育资源要向周边农村居民开放，用好县级职教中心、乡（镇）成人文化技术学校、开放大学、广播电视学校、农村致富技术函授大学和农村社区教育教学点。结合新农村和农村社区建设，有效推进基层综合性文化服务中心、图书馆、文化馆、博物馆、农家书屋、农村中学科技馆等资源共享，提升农村社区教育服务供给水平。广泛开展农村实用技术培训和现代生活教育培训。大力开展新型职业农民培训。加强农村居民家庭教育指导，为农村留守妇女提供社会生活、权益保护、就业创业等方面的教育培训。重视开展农村留守儿童、老人和各类残疾人的培训服务。

（五）提升社区教育内涵

15. 加强课程资源建设。国家组织编写一批社区教育通用型课程大纲。鼓励各地开发、推荐、遴选、引进优质社区教育课程资源，推动课程建设规范化、特色化发展。鼓励引导社区组织、社区居民和社会各界共同参与课程开发，建设一批具有地域特色的本土化课程。课程设计应与居民需求、科学普及、文明素养、社区发展等紧密结合，促进课程设计与社区治理和服务实践有机融合。

16. 提高社区教育工作者队伍专业化水平。社区教育学院（中心）、社区学校应配备从事社区教育的专职管理人员与专兼职教师。省级教育行政部门应根据教育部《社区教育工作者岗位基本要求》制定实施细则，省级人社、教育行政部门共同制定社区教育专职教师职称（职务）评聘办法。加大社区教育工作者培训力度。发挥社会工作专业人才在社区教育中的作用，探索建立社区教育志愿服务制度。鼓励高等学校、职业学校开设社区教育相关专业，鼓励引导相关专业毕业生从事社区教育工作。

三、保障措施

（一）加强组织领导。推动形成党委领导、政府统筹、教育部门主管、相关部门配合、社会积极支持、社区自主活动、市场有效介入、群众广泛参与的社区教育协同治理的体制和运行机制。教育行政部门要把开展社区教育纳入教育发展整体规划，主动联系有关部门，牵头做好社区教育发展规划、相关政策的制定和完善工作，建立目标责任和考核机制，确保社区教育改革发展目标落实到位；民政部门要把社区教育作为街道管理创新、乡镇服务型政府建设和城乡社区建设的重要内容，纳入城乡社区服务体系建设规划；财政部门要结合实际，逐步加大对社区教育的支持力度；人社部门要加大对社区教育的支持力度，并结合工作实际，充分发挥社区教育在职业技能培训中的重要作用；文化部门要通过公共文化服务体系为社区教育提供必要支撑；科技部门要将《科普法》《全民科学素质行动计划纲要》的实施及国家科普能力建设与开展社区教育工作紧密结合起来；体育部门要将《全民健身计划纲要》的实施与开展社区教育工作紧密结合起来。鼓励建立社区教育联席会、理事会或社区教育协作会等制度。在村（社区）开展的社区教育活动应主动接受社区自治组织的指导。

（二）拓宽经费投入渠道。各地要建立健全政府投入、社会捐赠、学习者合理分担等多种渠道筹措经费的社区教育投入机制，加大对社区教育的支持力度，不断拓宽社区教育经费来源渠道。推动社区教育服务社会化，推进社区教育领域政府购买服务的试点工作，探索通过政府购买、项目外包、委托管理等形式，吸引行业性、专业性社会组织、社区社会组织和民办社会工作服务机构参与社区教育。鼓励社会资本通过兴办实体、资助项目、赞助活动、提供设施、设立社区教育基金等方式支持社区教育发展。鼓励自然人、法人或其他组织捐助社区教育或举办社区教育机构，并依法享受有关政策优惠。

（三）完善督查评价机制。各级教育督导部门要把开展社区教育督导作为推进教育现代化的重要内容。科学制订社区教育评价标准，建立和完善社区教育统计制度，加强对社区教育发展状况基本信息的收集和分析。逐步完善社区教育实验区、示范区进入和退出的动态管理机制。建立社会第三方对社区教育发展的评价与反馈机制，定期开展社区居民对社区教育满意度的测评。

（四）推进学习成果积累转换。鼓励有条件的省级和市（地）级教育行政部门先行先试，探索建立居民个人学习账号，开发、研制具有学时记载等功能的社区学习卡，记录学习者注册报名、培训考勤、线上线下学习学时等具体信息，形成居民终身学习电子档案，探索建设社区教育学分银行。积极探索建立和完善社区教育学习成果认证、积累和转换制度及激励机制。

（五）营造全民终身学习的社会氛围。充分利用报刊、广播、电视、网络等媒体，加大对社区教育重要意义和发展成绩的宣传，总结推广全国社区教育实验区、示范区以及各地的典型经验。重视社区教育理论研究和学科建设。坚持办好“全民终身学习活动周”，深入宣传全民学习、终身学习的理念，凝聚社会共识，形成发展合力。不断提高社区教育的认知度和参与度，提高社区居民的满意度和获得感。

教育部 民政部 科技部
财政部 人力资源社会保障部 文化部
体育总局 共青团中央 中国科学技术协会
2016 年 6 月 28 日

复习思考题

1. 社区教育的含义是什么？
2. 社区教育有何种功能？
3. 当前城市社区教育的主要内容是什么？
4. 城市社区教育的管理模式有几种？
5. 当前农村社区教育的重点是什么？
6. 适合当前农村社区教育的管理模式是什么？
7. 了解《教育部等九部门关于进一步推进社区教育发展的意见》（教职成〔2016〕4 号）的主要内容。

参 考 文 献

陈乃林，刘建同. 2010. 学习型社会建设中的社区教育发展研究[M]. 北京：高等教育出版社.
陈乃林. 2013. 中国社区教育的实验探索[M]. 北京：高等教育出版社.
陈伟光，蔡歆，史士本. 2004. 社区教育的普遍特点和三种显著模式分析[J]. 中国成人教育，（1）：88-91.
李水山，梁小伊，刘红斌. 2004. 我国农村社区教育运作机制探析[J]. 职教论坛，（13）：45-46.
马金东. 2011. 终身教育体系下社区教育实践研究[M]. 北京：高等教育出版社.
吴戎贤. 2013. 农村成校社区教育的实践探索[M]. 宁波：宁波出版社.
杨海华，吴扬，李斌. 2019. 乡村振兴背景下政府购买农村社区教育服务项目制的理论与探索[J]. 职业技术教育，（33）：38-43.
叶忠海，朱涛. 2009. 社区教育学[M]. 北京：高等教育出版社.
张胜军，陈方. 2020. 保障农村社区教育的公益性[J]. 江苏大学学报（社会科学版），（2）：39-48.
张燕农，张琪. 2011. 社区教育发展模式的理论与实践研究[M].北京：首都师范大学出版社.

第十二章

社区治安管理

社区治安管理是社区管理的重要内容，它分为城市社区治安管理和农村社区治安管理。

本章分析了社区治安管理的概念、范围、基本方法，并根据城市社区和农村社区的不同特点，分别讨论了城市社区和农村社区治安管理存在的问题、社区治安管理的职责分工，并分别探讨了完善城市社区和农村社区治安管理的具体措施。

第一节　社区治安管理概述

一、什么是社区治安管理

（一）社区治安管理的概念

治安，从字义上讲，是治理或管理的意思；安是安全、安稳或安定的意思。治安管理，即治安行政管理，是指国家公安机关为了维护社会治安秩序、保障社会生活正常进行，而依法进行的治安行政管理活动。

社区治安管理也可以称为社区治安，它是指在一定地域内对社会治安问题进行治理，是社区治安管理主体依靠社区群众，协同公安、司法机关，对涉及社区的社会秩序和人民群众生命财产安全的问题依法进行治理，促进社区秩序安定有序的过程。社区治安管理是社区管理的一项极其重要的内容。社区治安管理的主体有广义、狭义之分。狭义的社区治安管理主体是指隶属上级公安机关的派出所、治安队、特警队、交通队、消防队、治安检查队等；广义的社区治安管理主体除上述机构外，还包括与治安管理工作密切相关的基层政府组织，如城市的街道办事处、群众自治组织、农村的村委会、社区内企事业单位的保卫部门及社区居民个人等（图 12-1）。

社区治安管理的目的是保障国家的法律法规及党的路线、方针、政策在社区顺利实施，维护社区秩序，促进社会稳定，为社区居民创造良好的生活环境。

图 12-1 社区治安管理需要民警和居民共同努力

资料来源：武汉文明网. 武汉“好民警”沈胜文 扎根社区奉献多年无怨无悔[EB/OL]. http://hbwh.wenming.cn/jiaodiandt/201503/t20150326_1649962. html，2015-3-26.

（二）社区治安情况的特点

我国多数社区的治安情况有如下特点。

（1）违法犯罪和灾害事故数量巨大。

（2）很多犯罪呈现团伙性、流窜性、智能化、低龄化等特点。

（3）一些犯罪的暴力性、残忍性很突出。

（4）案例类型从入室盗窃、抢夺转化为抢劫、盗窃机动车、诈骗等案件。

（5）作案成员中外来人员占的比重大，青少年犯罪率呈上升趋势。

（6）多以居民住宅、单位内部和公共场所的财物、车辆等为作案目标。

（7）作案时间，白日案件多发生在下午 2～4 点，居民区盗窃机动车案件多发生在晚上 6～10 点。

（8）案件多发生在防范设施缺乏、防范制度不严、防范措施执行不力、防范意识薄弱的住户、小区、单位等场所。

（9）因矛盾纠纷激化而形成的恶性案件占一定比例。

（三）新时期社区治安管理中的新问题

新时期我国社区治安管理中出现了一些突出的新问题。

一是管理事务更加具体和多元。在新时期，治安管理的事务不仅包括传统的治安案件和户籍管理，而且还牵涉一些具体的事务，如邻里纠纷、网络舆情、管理预警等，更为重要的是在管理中一些具体的事务已经超越了治安管理的范畴，但是基于“有困难找警察”这一理念的深入人心，新时期的治安管理内容增加了不少，而且都具有一定的特点。要解决这些问题不仅要求公安人员具备专业素养，而且要具有服务民众的态度，将管理转变成服务。

二是管理对象更为隐蔽。当下的治安管理由于公民的维权意识和法律意识增强，另外随着互联网的发展，人们的圈子逐渐缩小，一些管理的内容变得更加隐蔽。比如，公民的网络行为，或者是网络纠纷中的当事方，他们的身份更隐蔽，并不利于管理，因此，社区治安管理既要掌握现代信息技术，又要具有丰富的法律知识，才能依法执法。

三是管理环境逐渐弱化。尽管是社区治安管理，但是社区治安管理环境却正在逐渐弱化。一方面是管理的范畴已经超越了常规的范畴，另一方面是在管理中，随着服务理念的渗透，民众对警察的要求也更高了，稍有不慎就可能被投诉。因此在治安管理中，不仅要运用合理的管理手段，而且还需要精准掌握社区基本情况并具备丰富的综合知识。

四是管理效能低下并有潜在风险。管理效能低下是因为公民的维权意识增强，治安管理的事务增加，往往导致效率低下。有些社区治安管理机构不能应对当前较为集中的社区治安管理事务。另外一些潜在警民关系也表现得较为紧张，互联网的快速发展，导致在社区治安管理中如果处理不得当，很可能被民众的自媒体曝光，这就为治安管理工作带来了较大的风险隐患。①

二、社区治安管理的范围

社区治安管理的范围包括社区秩序管理、特种行业管理、危险物品管理、群众性治安事件管理、户口和居民身份证管理、道路交通管理、消防管理、单位内部安全管理、流动人口管理、境外人员居留问题管理等。

（一）社区秩序管理

社区秩序管理是指对社区公众活动秩序的维护及对危害社区秩序的刑事违法犯罪行为进行查处。社区公共秩序包括社区街道、里弄、居民住宅区、村落公共活动秩序；社区繁华路段、交通路口治安秩序；社区文化娱乐、体育场所、公园广场等公众活动秩序；社区内商业、服务业、集贸市场秩序；等等。这些场所是人们经常聚集和活动的地方，是社区居民生活不可缺少的地方。若没有良好的秩序，则容易造成争吵、拥挤、混乱和伤亡，各类不法分子也易混杂其中进行违法犯罪活动。社区社会秩序的好坏很大程度上取决于公共秩序治理的好坏。社区公共秩序管理包括建立健全安全责任制，检查、消除各种隐患，防止治安灾害事故的发生，维护群众的正常活动；防范赌博、卖淫嫖娼、吸毒，以及走私、制作、贩卖、传播淫秽物品等毒化社会风气的行为；制止封建迷信活动；收容乞丐、管理精神病患者等。

（二）特种行业管理

社区特种行业包括旅馆业、出租屋、发廊、美容中心，以及印铸刻字业、旧货业等行业。这些行业既为国计民生所必需，又容易被犯罪分子利用做藏身、落脚之处或进行伪造、销赃等违法犯罪活动。因此，特种行业管理是同违法犯罪分子作斗争的一项基础工作。主要管理内容包括开业审批与登记；督促特种行业建立、健全内部治安管理制度，并经常检查其落实情况；发动和依靠特种行业广大职工，做好防范工作，并提高其安全防范意识和与违法犯罪活动作斗争的能力。

① 谢添龙. 浅谈社区治安管理中的新问题[J]. 山西农经，2018（16）：113-114.

（三）危险物品管理

危险物品，一般指有杀伤、爆炸、剧毒、易燃易爆等性质的物品。社区危险物品的管理主要是对枪支的管理、弹药的管理、各种列为管制刀具的管理、爆炸物品管理、剧毒物品管理、放射性物品管理、易燃易爆危险品管理等。主要包括对生产、销售、运输、使用等环节的安全监督、登记、审批和发证等工作。

（四）群众性治安事件管理

群众性治安事件管理是指一定数量的人为了某种目的或利益集合在一起违反治安管理的行为，如聚众械斗、聚众哄抢、球迷闹事等。目前，群众性治安事件是影响社会安定的一个重要因素，它对社会造成的破坏和影响都很大。群众性治安事件一方面应加强普法宣传教育，另一方面要通过对辖区社会情况的调查，掌握社会动态，及时采取有效措施，将事态控制在最小限度内。在事件发生后，应有效预防群众性治安事件的再次发生。

（五）户口和居民身份证管理

户口和居民身份证管理是社区治安管理的基本工作。它主要包括户口登记、户口迁移、户口调查；流动人口管理；重点人口管理，如对各种犯罪可疑人、危害社会治安可疑人、行凶闹事可疑人、依法管制人员、假释人员、监外执行人员、取保候审人员，以及刑满释放人员的管理；户口档案、户口统计、人员卡片管理；居民身份证申领管理；等等。

（六）道路交通管理

道路交通管理是同交通事故作斗争的一个专项工作。其包括对社区道路设施进行维护管理，对进出社区的机动车辆进行行车安全管理，对进出社区的机动车辆进行登记、停放、看护管理，对社区居民进行交通安全宣传教育，等等。

（七）消防管理

消防管理工作的主要任务包括火灾预防、火灾扑救和火灾事故的调查与处理，具体包括加强对社区消防队伍的建设与管理，加强社区消防设施建设与管理，加强社区居民消防安全知识教育的管理，加强对社区内发生火灾后灭火救护工作的管理，等等。消防工作是保卫社会主义现代化建设，保护公共财产和公民生命财产安全的一项重要工作。“以防为主，以消为辅”是社区消防管理工作应具有的指导思想。

（八）单位内部安全管理

单位内部安全管理，包括对社区单位内部职工等进行法治和治安教育，发动群众做好安全防范工作，协助有关部门做好社会帮教、监督改造工作。

（九）流动人口管理

流动人口是指离开户籍所在地的县、市或者市辖区，以工作、生活为目的异地居住的人员。人口流动主要是由农村流向城市，由经济欠发达地区流向经济发达地区，由中西部地区流向东部沿海地区。流动人口可以分为流入人口和流出人口，流入人口是指来到该地区的非户籍人口，流出人口是指离开该地区到其他地方居住的户籍人口。对流动人口的管理是社区治安管理的重要内容之一，对北京、上海、广州、深圳等流动人口众多的大城市而言更是如此。要“把流动人口管理和服务纳入流入地经济社会发展总体规划之中，为人口流动迁移创造良好政策和制度环境”[①]（图 12-2）。

图 12-2　流动人口均需办理居住证，已婚流动人口均需办理婚育证明

（十）境外人员居留问题管理

社区境外居留人员，是指根据我国法律规定居住或停留在社区内的境外人员。社区境外人员居留问题管理的主要内容，包括境外人员证件和签证管理、旅行管理、居留管理、临时住宿登记等。社区治安管理要在熟知社区内境外人员底数的基础上，保障境外居留人员在社区的人身财产安全，发现、控制和打击境外居留人员的违法犯罪活动。

三、社区治安管理的基本方法

（一）完善治安管理的法律体系，依法加强社区治安管理

治安管理法规是由国家制定，体现国家意志和利益，由国家强制力保证实施的社会行为准则，是社区治安管理工作的根本依据。在社区治安管理中坚持依法管理，就是要保护合法，取缔非法，打击违法。

第一，根据社区治安管理的地域性特征，将实践证明行之有效的治安管理措施、规定和要求逐步加以完善，并上升为地方性法规，提高其权威性。

第二，将社区治安管理的制约监督机制纳入法治化轨道，建立一套行之有效的监督机制，防止权力滥用，提高社区治安管理的效率。

第三，坚持将居民自治管理、政府行政管理和治安管理紧密结合起来，建立法治化的社区治安防范和管理体系。

第四，在处理具体问题时，要查明事实，分清性质，严格依法处理，真正做到以法律为准绳。

① 新华社. 胡锦涛强调加强任务落实不断开创人口工作新局面[EB/OL]. http://www.gov.cn/ldhd/2011-04/27/content_1853485.htm，2011-4-27.

（二）依靠社区各方力量，搞好社区治安管理

第一，要加强宣传，增强社区的凝聚力。通过向居民印发宣传资料、组织社区文体活动、开展志愿者服务等多种方式，不断增强社区的凝聚力，调动社区居民参与社区治安管理的积极性。

第二，充分发挥治安积极分子的榜样示范作用，采取滚雪球的方法，不断发展、壮大社区治安管理队伍，营造群防群治的良好氛围。

第三，要挖掘现有社区人力资源。充分利用现有的社区力量，将社区治安防范工作寓于卫生、物管、计生、文化、保障等工作中，使计生宣传员、卫生监督员、治安防范员都能成为社区防范力量，承担起保卫社区平安的责任。

第四，要整合社区治安资源。按属地管理原则，加大协调管理力度，调动社区各共建单位和社会各方面力量参与社区治安综合治理工作的积极性，使各单位和居民不断增强归属感和认同感，从而在人力、物力、财力上对社区治安综合治理给予支持和帮助。

第五，加强对社区工作者的教育培训，不断提高其业务能力。对社区工作者进行培训，提高社区工作人员的法律、治安防范业务水平，增强基层组织开展群众治安防范的能力。

第六，要将社区各项工作有机结合起来，提高综合效能。充分运用“社区党建”“社区双挂”等形式，把更多的党员干部组织起来，壮大社区治安志愿者队伍，借助于双挂单位的人力、物力，不断提升社区治安防范的能力，使社区各项工作齐头并进、共同发展。

第七，利用先进科技手段，加快智能化社区建设步伐，提高科技防范能力。

（三）加强社区治安管理基层组织建设

社区治安管理基层组织，是指具体执行社区治安管理业务的第一线组织（图 12-3），包括公安派出所、公安巡逻队、物业管理公司保安队，以及社区居委会治保会、农村治

图 12-3　社区治安管理需要专业化的队伍（实地调研拍摄）

保会。他们处在社区治安管理工作的第一线，是社区治安情况和治安动态的最广泛、最直接的信息源，是宣传群众、组织群众的基本阵地，是各项治安管理法规的具体实施者，是处理违反社区治安管理行为的执行者。加强对社区治安管理基层组织建设，要根据社区治安管理的需要，建立相应的治安基层组织，加强对社区民警、物业管理公司保安人员、居委会（村委会）治保人员的培训，提高其政治素质和业务素质。建立岗位责任制、考核奖惩制度，以调动各方面治安管理者的积极性。

（四）加强社区治安管理基础工作建设

社区治安管理基础工作包括各种调查研究、情报信息、群众工作、档案资料、秘密力量、物质装备、人口信息等方面的建设性工作。社区治安管理各基层组织的主管部门，要对社区治安管理工作进行有针对性的指导。通过建立健全各项治安管理规章制度，制订基层治安管理工作计划、明确指标要求，印发治安管理宣传资料，学习参观社区治安管理先进单位，总结、推广基层治安管理典型经验，等等，使社区治安管理基层组织更好地开展工作。

四、重视互联网时代社区治安管理的新兴业态

随着信息通信技术、生物技术、新材料技术等高新技术的发展，大批传统行业借助“互联网 +”形成新兴业态。2019 年 3 月 25 日，国务委员、国家反恐怖工作领导小组组长、公安部部长赵克志在国家反恐怖工作领导小组会议暨全国反恐怖工作视频会议上指出：“要进一步强化立体防控和应急处置工作，筑牢社会面整体防控的铜墙铁壁。……加强对新兴业态和寄递物流的隐患排查与安全监管。”由此可以，新兴业态所带来的治安管理方面的挑战已引起我国公安管理部门的高度重视。当前社区治区管理问题主要体现为：一方面，新兴业态高速发展，存在大量的治安隐患；另一方面，传统的治安管理要求、手段与工作机制难以适应新兴业态的形势变化。

（一）新兴业态的特点

以“互联网 +”为主要依托，行业创新力和生产力迅猛发展。在新一轮科技革命的推动下，大批传统行业通过“互联网 +”，在信息通信技术、生物技术、新材料技术等高新技术助力下形成大批新的业态形式，如民宿业、网约车、互联网医疗、在线教育等。借助互联网，新兴业态得以在全球范围内快速发展。

（二）互联网时代新兴业态的治安问题

新兴业态在快速发展的同时，也给社区治安管理部门带来新的挑战。例如，2018 年我国 50.8%的网民表示遇到过网络安全问题。其中，虚拟中奖信息诈骗是最常见的网络诈骗类型，占比为 61.3%。此外，网络购物诈骗、利用虚假招工信息诈骗和钓鱼网站诈骗也较为常见。“互联网 +”时代下，如何加强治安管理，营造新兴业态的市场秩序与发展环境、保障用户权益，成为一项迫切任务。目前主要存在的问题及相关案例列举如下（表 12-1）。

表 12-1 互联网时代新兴业态治安问题及案例

存在问题	案例
部分单位违法经营，游走在法律边缘	近年来大量的 P2P 网贷平台由于门槛低，呈现野蛮疯狂发展态势，市场鱼龙混杂，资金池、非法自融、虚假宣传、线上线下各种经营方式大行其道，使风险不断积聚。据 2018 年 7 月的统计数据，上海市 P2P 平台有数百家，其中问题平台数量占 1/3。2018 年至 2019 年上半年该市出现了 P2P 平台倒闭潮，投资者损失惨重
从业人员复杂，网络平台审核不严	根据 2019 年 5 月上海市交通管理部门的统计数据，某网约车公司在上海市已经有 41 万名驾驶员，其中拥有该市户籍的驾驶员不到 1 万人，另外有 4.3 万人的背景与车辆存在瑕疵，其中部分人员为有吸毒前科、犯罪前科人员，存在严重的治安隐患。近年来，该网约车公司的司机已引发多起强奸案，有的司机甚至杀害乘客，让全国网民震惊。其中，平台监管缺失是该类事件发生的重要原因
内部管理手段与措施缺失，治安隐患较多	民宿业的业主普遍存在内部管理制度缺乏、没有设置消防通道、对入住人员信息登记不全等问题，一些违法犯罪人员混迹其中，带来大量的治安问题。比如，“闪送”是一种新型的快递模式，从取件到送达，全程只由唯一的“闪送员”专门完成，平均送达时间在 60 分钟以内。一些不法分子趁机利用“闪送”平台，快递毒品。自 2017 年以来，上海市公安机关相继破获多起利用“闪送”平台运送毒品的案件。随着微信、支付宝、“闪送”等的广泛使用，毒品贩卖网上交易、快递送货上门行为日渐增多，这不仅仅增加了毒品交易的隐蔽性，也增加了公安机关调查取证的难度
网民个人信息泄露，遭遇非法利用	2018 年 4 月，媒体曝光某外卖平台用户信息被泄露，卖家、网络运营公司以及外卖骑手参与其中。一些网络外卖送货人员由于工作的需要，掌握着大量的客户居住地址信息，其中有的不法分子借机进行踩点，之后再趁机实施盗窃、抢劫甚至强奸等违法犯罪行为
信息数据造假，客户遭遇欺诈	一些网络平台，为了获得人气，便进行数据造假。例如，有的网络直播平台由于缺乏人气，便采用刷单造假的方式，雇用粉丝进入直播间围观，营造氛围，并对自家主播进行打赏，引诱网友不断打赏。网络直播平台另一个突出问题是，利用平台销售禁止出售的物品。近三年来，上海市警方连续破获多起利用网络平台售假的案件。2018 年 4 月上海市警方就破获一起涉案金额累计达到 7 亿元的跨境网络售假大案

资料来源：何银松，蔡东，高丽琼. 互联网时代新兴业态治安管理研究——以智慧公安建设为视角[J]. 上海：上海公安学院学报. 2020（2）：12-20.

第二节　城市社区治安管理

城市安全关系到城市各项事业的顺利开展。良好的城市社区治安是市民安居乐业和社会主义现代化建设顺利开展的重要保证，是城市社区发展的前提条件。本节主要分析城市社区治安的主要特点与问题、城市社区治安管理中的职责分工，探讨如何健全社区治安防范体系，同时对城市社区治安管理的实践与探索进行阐述。

一、城市社区治安的主要特点与问题

（一）城市社区治安的主要特点

1. 城市社区安全受到社区成员异质化的制约

城市居民在职业上、文化上、身份上、信仰上、背景上、地位上呈现出明显的异质性。同时，由于社区资源不足，它难以为大多数社区成员提供各种支持和发展的机会，社区成员必须从社区外部寻找支持和帮助，因此，必然导致社区居民缺乏社区参与意识、归属感和责任意识，缺乏对邻里、对社区整体安全利益的关注，因此社区安全明显受到社区成员异质化的制约。

2. 城市社区安全受到社会大环境的制约

社会大环境与社区安全有着直接的关系。社区不是独立于社会之外的孤岛，社区是社会的一部分，社区安全问题与整个社会治安问题，与社会转型、经济转型以及国家制度和政策制定密切相关。当前，贫富悬殊和社会不公成为威胁社会安全的最大问题。在一部分人的消费和发展空间无限扩张的同时，另一部分人的生存和发展权利却不断受到挤压。如果社会中一部分人的基本生存需要得不到保障，其渴望发展的要求得不到实现，必然从总体上影响到社会安定，从而会产生更多的社会治安问题。

3. 城市社区治安管理具有多主体性

城市社区治安管理是国家公安职能的延伸和彰显，但社区治安的维护仅靠政府职能部门“一肩挑”是不够的。城市社区治安管理具有多主体性的特点。社区治安管理的主体是广泛的，需要全社区力量的参与和支持。社区内的每个组织和居民个体都有义务和权利参与到社区治安管理中。这生动体现了“从群众中来，到群众中去”的特点。

4. 城市社区治安管理具有长期性

城市社区治安管理不仅在“治”，而且在于“防”。既要依法治理扰乱社区治安的行为，又要持续关注并及时消除诱发治安问题的隐患。“发案少、秩序好、社会稳定、群众满意”是城市社区治安管理的工作目标。只要影响社区秩序和社会稳定的因素还在，城市社区治安管理就有发挥作用的空间。城市社区治安管理一直在路上。①

（二）当今城市社区治安面临的主要问题

1. 社区违法犯罪

社区违法犯罪是影响社区治安的重要因素。在各种犯罪中，盗窃和抢劫是目前危害社区安全的最主要的犯罪行为。社区犯罪有些是社区外部因素引发的，如盗窃、抢劫掠夺，包括入室抢劫、拦路抢劫、盗窃机动车和自行车等，有些是社区和家庭内部矛盾引发的犯罪，如重婚罪、虐待罪、遗弃罪等。

在社区内发生的违法行为多属于治安案件。治安案件虽然不如刑事犯罪对社会的危害程度大，但在发生数量上往往超过刑事案件发案数，而且往往是引发刑事犯罪的一个重要因素。在社会转型中，群众性治安事件也呈现出上升趋势。

2. 社区矛盾

传统的社区矛盾主要表现为婚姻家庭矛盾、邻里之间的矛盾等。近年来的社区矛盾越来越表现出群体化的趋势，如业主与物业管理部门之间的矛盾冲突、居民与政府职能部门之间的矛盾冲突等。社区矛盾就其绝大多数而言，属于人民内部矛盾，但由于各种原因，社会矛盾的性质易发生变异。例如，发生在社区内的婚姻家庭矛盾，如果不及时调解，就有可能被激化，导致伤害、杀人等犯罪行为在家庭内发生，给社会带来许多不稳定因素。

---

① 李朝伟. 城市社区治安管理研究[J]. 湖北经济学院学报（人文社会科学版），2018（8）：10-12.

3. 灾害事故与安全事故

社区内所发生的各种灾害事故及安全事故，直接影响到区域内家庭、居民的人身财产安全。社区灾害事故和安全事故主要包括以下几个方面：一是与居民生活有关的煤、电、气引发的灾害事故；二是公共娱乐场所因管理不善而造成的火灾等责任事故；三是自然灾害引发的事故，如冰雹、洪灾、地震等不可抗拒的自然灾害引发的人员伤亡和财产事故等；四是交通安全事故，在城市化扩张中，由于人的素质不高、交通管理不到位和交通基础设施建设滞后，城市交通安全事故呈多发趋势。

二、城市社区治安管理中的职责分工

城市社区治安管理的基本力量有政府部门、政法机关、社区居委会、社会组织和居民个人等。

（一）政府在城市社区治安管理中的职责

政府利用行政力量对社区治安管理起着主导作用。社区治安管理的许多工作要靠政府去组织实施，政府对社区治安管理负有领导和组织责任。街道办事处是区政府的派出机关，对辖区的治安管理负总责，对城市社区安全建设负有直接领导和组织责任。政府在城市社区治安管理中的职责有以下几方面：一要把维护社区治安作为社区服务的一项重要工作，有条件的要成立综合治理办事机构，或设专人负责；二要开展多种形式的治安防范工作，防止居民住宅被盗；三要搞好民事调解，及时化解各种矛盾纠纷；四要通过多种形式和途径作好刑释人员、解戒人员和社区矫正对象的安置工作与帮教工作，做好对各类监外执行人员的监督改造工作和对有轻微违法犯罪行为的青少年的帮教工作，减少违法犯罪；五要经常检查、清理社区不安全隐患，防止治安灾害事故的发生。

同时，政府基层有关行政职能部门，如宣传、文化、广电、教育、民政、建设、工商管理等部门对社区治安管理都负有或直接或间接的责任。例如，宣传部门应发挥在社区法治宣传教育中的指导作用。文化部门要加强对文化市场的管理。教育部门要组织中小学校加强对青少年学生的法治宣传教育。建设部门要将必要的安全防范设施纳入社区住宅设计标准，加强市政设施建设，把城市建设监察管理和城市治安管理结合起来；工商行政管理部门要加强对社区集贸市场的监督管理，配合公安部门维护好社区集贸市场的正常秩序等。

（二）政法机关在城市社区治安管理中的职责

公安机关作为政府专门机关，在社区治安管理中起着主力军的作用。其中，派出所是公安机关的派出机构，处于社区治安管理的第一线，对本辖区的社区治安秩序负有直接责任。此外，公安消防和交警部门则主要对社区消防和社区交通安全工作负有监督、指导、管理等责任。

司法机关主要是通过在其职权范围内，依法处理各种案件，包括刑事案件、民事案件、行政案件、经济案件等，以解决法律纠纷、惩罚违法犯罪、保障公民和社会组织的合法权益、维护社会稳定。此外，人民法院和人民检察院还要加强对社区人民调解委员会的指导，加强对社区法治宣传和教育活动的指导；接受和处理群众来信来访，疏导社会矛盾；发挥其检察活动和审判活动的法治宣传与教育作用。

（三）社区居委会在城市社区治安管理中的职责

社区居民委员会是我国宪法规定建立的群众性自治组织，宪法赋予社区居委会“调解民间纠纷，协助维护社会治安”的职能。社区居委会在城市社区治安管理中的职责有以下几点。

（1）积极开展社区治安服务工作。根据社区实际需要，设立人民调解、治安保卫、公共卫生等委员会，或者确定社区居委会的成员分工，指定专人负责社区治安工作，还可以分设若干居民小组，以完成居委会交办的社区治安任务。

（2）协助有关机关预防和打击各种形式的违法犯罪活动。协助公安机关搞好治安联防，维护社区秩序；协助社区各部门对有违规和轻微犯罪行为的居民进行帮扶教育，做好不良青少年的挽救工作；协助公安机关制止、打击违反社会治安管理法规的行为；协助公安机关依法对被管制、剥夺政治权利或假释、缓刑、保外就医以及被监视居住的人进行监督、考察、教育等；维护案发现场，及时报案，协助公安机关调查线索，破获案件。

（3）宣传宪法、法律、法规和国家政策，维护居民的合法权益。教育全社区居民认真学习法律知识，增强法律意识，同社区里的违法犯罪行为作坚决的斗争；鼓励、支持对民事侵权和民事违约行为提起诉讼；鼓励社区居民揭发、检举刑事犯罪分子，及时发现、报告各种刑事犯罪行为。

（4）沟通社区居民与相应管理机关的关系，反映社情民意，调节居民间的纠纷。妥善处理好家庭之间、邻里之间、居民与政府管理部门之间、管区与管区之间的矛盾，防止矛盾激化。

（四）社会组织在城市社区治安管理中的职责

社会组织与第三部门、非营利组织是同义词，在我国社会管理语境下通常使用社会组织和非营利组织的概念，包含一切政府与企业之外的民间团体、组织，不限于是否在民政部门注册登记，但必须具备组织性特征。社会组织相对于政府与政法机关而言，具有民间性、非营利性、互益性等特性，在面对社会治安事务时更具灵活性和创新性。只有大量的社会组织参与到城市社区治安管理中来，才能弥补政府在社区治安管理上的死角和空白，缓解政府治安管理压力。依社区居民所需，有针对性地、有效率地调动各类社会资源，提供治安管理服务。

社会组织在促进政府与民间治安共治结构建立上具有鲜明的优势，其在社区治安管理中的职责是：第一，配合政府、政法机关及社区居委会的治安管理与宣传工作，动员和组织社区成员参与社区治安管理活动；第二，发挥灵活性和创造力，整合社区内学校、企业、机构、个人等各类资源，同时利用好自身优势，为社区居民开展多种形式的治安教育与服务，推动社区治安管理机制创新。

（五）居民个人在城市社区治安管理中的义务和责任

城市社区安全是社区群众自己的事业，维护城市社区治安秩序是每个社区居民的义务。在社区管理中，社区居民应该积极参与社区安全建设，提高自身安全防范意识，搞好家庭安全防范，参加各种形式的群防群治队伍，搞好邻里关系，协助人民调解委员会调解民间纠纷，对周围的人和事，以及各项社会管理和社会活动提出建议，以减少管理上的漏洞和犯罪行为的发生。

三、健全城市社区治安防范体系

自2009年以来，公安部提出要通过社会治安防控网络建设，实现对动态社会全方位、全天候、无缝隙、立体化的覆盖，建立打、防、管、控结合，人防、物防、技防结合，点、线、面结合，网上网下结合的社会治安防控网络。2015年，中共中央办公厅、国务院办公厅印发《关于加强社会治安防控体系建设的意见》，提出创新立体化社会治安防控体系，要求建立"五张网"和"四项机制"，即社会面治安防控网、重点行业治安防控网、乡镇（街道）和村（社区）治安防控网、机关和企事业单位内部安全防控网、信息网络防控网，健全社会治安形势分析研判机制、实战指挥机制、部门联动机制和区域协作机制。①中共中央办公厅、国务院办公厅所提出的这些要求对健全城市社区治安防范体系尤为重要。

美国"地区自力更生学会"的创建人戴维·莫里斯在其文章《有本地特色的经济》中指出："预防疾病比医治疾病容易并且花费较少。同样，预防犯罪也比处理犯罪容易和较少花费。"②因此，加强社区治安管理必须走"打防结合，预防为主"之路。处理社区违法犯罪问题要以预防为主，只有这样才能从根本上维护社区安全。健全城市社区治安防范体系可以从以下几个方面着手。

（1）理顺派出所和街道办事处、驻区民警和社区居委会的关系。为了贯彻社会治安综合治理的方针和警民合作的原则，可以由各派出所的负责人兼任街道办事处、乡镇的政法工作，社区民警担任社区居委会领导职务；建立起由社区居委会、派出所、驻区单位、群众代表组成的社区治安综合治理委员会，使其作为责任主体，全权负责社区治安工作。

（2）加强社区警务工作，在社区建立警务室，健全"一区一警"制和实行社区民警轮班制，根据新的社区情况，重新调整责任区民警的管辖范围，使民警的责任区与社区相对应，密切民警与社区的协作关系。加强各大中城市的"110报警服务台电话"系统与社区警务工作的联系，使之成为居民可依赖的综合性紧急救助系统。

（3）以建立和完善基层司法所为依托，在街道办事处建立安置帮教工作站，对刑满释放人员建立档案，实行结对帮教。建立社区矛盾调解中心和社区法律援助等机构，为经济困难或特殊案件的当事人减免费用，为社区的弱势群体提供法律帮助。

（4）健全社区各类治保、民调组织，组建社区治安联防队、治保会、巡防队、看门望户队、群防群治队伍，选聘协警员、巡逻员和治安员等。发挥市场经济条件下物业管理公司参与社区安全管理的作用，大力发展保安服务事业。开展创建"安全小区"活动，制定安全文明社区公约和实施方案。

---

① 新华社. 中共中央办公厅、国务院办公厅印发《关于加强社会治安防控体系建设的意见》[EB/OL]. http://www.gov.cn/xinwen/2015-04/13/content_2846013.htm，2015-4-13.

② 戴维·奥斯本，特德·盖布勒. 改革政府：企业家精神如何改革着公共部门[M]. 周敦仁，等译. 上海：上海译文出版社，2006.

（5）因地制宜，根据社区治安的实际情况和需要将人防、物防和技防三者相结合，建立自由电话对讲系统、电子监视系统和治安警卫系统等构成的社区（小区）保安系统，保证小区道路和住宅楼道明亮化，做到人防到位有力、物防扎实有效、技防严密可靠。

四、城市社区治安管理的实践与探索

城市社区治安管理是一项实践性的工作。近几年来，各地通过实践和探索，积累了许多成功做法和经验，并在全国铺开。

（一）加强现代科学技术应用，走科技创安之路

科技创安，就是用科技手段预防刑事案件和治安案件的发生，当违法犯罪行为发生时能够通过科技手段和设施报案、接案、处置案件，并利用科技防范设施收集证据帮助破案。随着科技发展和进步，科技成果越来越多地被应用于社区安全管理和防范中。从20世纪90年代初开始，楼寓对讲电控防盗门开始应用，近几年在居民住宅小区中已基本普及。从20世纪90年代中期开始，用技术防范系统作为主要防范手段的住宅小区已开始出现，适用于城市居民小区的小区智能化防范系统不断被开发出来。例如，北京市制定实施了科技创安工作规划，推动图像信息管理三级平台建设，通过视频监控系统建设将重点地区全部纳入监控范围，建成视频防控“天网”。在居民社区、金融单位安装楼宇对讲、防盗门、防盗锁、入侵报警系统、停车库管理系统等物防、技防设施，减少了可防性案件的发生。再如，近年来深圳市公安部门面对以大数据、互联网、人工智能为代表的新一轮科技革命浪潮，积极在技术研发、数据共享、安全保护等方面进行前瞻性探索，将科技转化为实用工具，为基层治安防控工作配上最精良的“装备”，宝岗派出所下辖的新雪社区警务室就是其中的一个典型。该社区警务室有结合虚拟现实（VR）、增强现实（AR）智能电视等科技元素，建成占地300平方米的“五防体验馆”（图12-4），

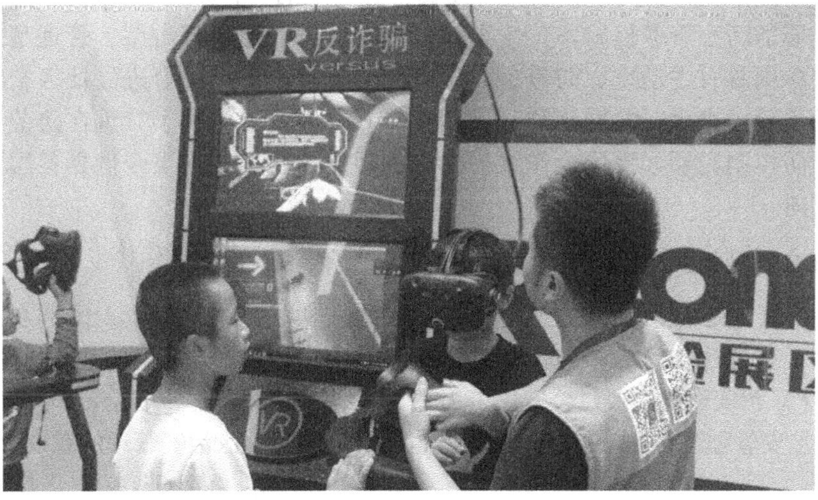

图12-4　深圳市新雪社区警务室“五防体验馆”工作人员协助群众进行VR体验

资料来源：饶云伟，张文彬，刘威华. 宝岗派出所：创新引领警务 科技助力民生[J]. 派出所工作，2020（1）：13-19.

还在辖区内的百人以上企业都建立了内部保卫机构，把辖区商铺小店经营者发展为街区邻里守望的治安新生力量，把“红马甲”义工队伍和快递小哥都纳为群防群治力量。①

科技创安在安全防范中的影响和作用正逐渐增大，但也还存在一些问题需要解决。

第一，社区科技监控不利于隐私保护。公共场所全天候无死角的监控以及网络舆情监管往往会披露部分个人信息，不利于隐私的保护。社区治安管理信息终端应妥善保管好居民信息，防止个人信息的泄露，不给不法分子利用信息犯罪的机会。

第二，解决科技创安的资金问题。对于国家而言，应随着经济和社会的发展，将更多的资金投入到科技预防犯罪上；对于有关企业而言，则应在降低成本上作努力，制作物美价廉的防范设备；对于使用单位而言，也应高度重视科技创安的重要性，为社区的稳定、和谐服务。

第三，制定社区科技创安的标准。对城市房屋、道路、灯光、交通等的建设提出具体、明确的建设标准和科技创安要求；对商场、银行、学校、工厂、部队、居民住宅等，都应针对不同类型的特点制定科技创安标准和内容；对企业所生产的科技创安产品设备和设施也应当有具体的国家质量标准和要求。为确保科技创安标准的推广，必须实施科技创安产品的生产和销售的许可证制度。

（二）加强警务建设，确保社区安全

1. 实施社区警务战略

公安部党委作出了在全国实施社区和农村警务战略的决策，尤其在城市，以社区为代表，划分警务区，配置社区民警。所谓社区警务，简单地说，就是把警务室设在社区，广大民警融入人民群众中去，零距离防范犯罪，零距离地服务群众，第一时间化解各种社会矛盾

社区警务是城市社区改革产生的新事物，向我们昭示了全新的警务理念。社区民警取代了片警，立足于社区，成为居民真正意义上的“管家”。社区警务是一种立足于预防犯罪的新型警务模式。传统警务模式具有被动型、打击型、管理型的特点，而社区警务则具有主动型、防范型、服务型的特点。派出民警进驻社区，将警务前移，有助于警民携手，共同预防、遏制犯罪。社区警务体现了“重在防范、重在治本”的预防控制犯罪和警民合作维护治安的思想，已经成为当今世界各国警务改革的基本方向。

2. 建立社区治安巡逻体制

社区治安巡逻是治安部门为了维护社区治安秩序，维护广大人民群众的合法权益，限制、查处违法行为，防范和打击犯罪活动而组织和实施的一种巡查警戒活动（图 12-5）。治安巡逻主要以公安民警为主，组织治安联防队、社区保安队实施。它是城市社区治安管理工作的一项重要内容，也是开展城市社区治安管理的有效手段。

---

① 饶云伟，张文彬，刘威华. 宝岗派出所：创新引领警务 科技助力民生[J]. 派出所工作，2020（1）：13-19.

图 12-5　适合于社区巡逻的电动巡逻车（实地调研拍摄）

治安巡逻具有以下几个作用。①治安巡逻是预防违法犯罪活动的有效措施。一方面，治安巡逻作为控制时空的一种重要措施，通过全天候、全方位的巡逻活动，压缩违法犯罪分子活动的时间和空间，可以有效预防违法犯罪行为的发生；另一方面，通过强化治安巡逻，增加巡逻密度，客观上造成了警察无所不在的印象，给违法犯罪分子一种“法网恢恢，疏而不漏”的感觉，对其产生威慑作用，从而减少违法犯罪行为的发生。②治安巡逻是及时打击现行违法犯罪活动的重要措施。治安巡逻通过对社会面的有效控制，可以及时发现、控制、打击各种违法犯罪活动，查获违法犯罪分子，减小其造成的危害，同时，还能在无形中增强公众的安全感，使公民生活安宁、心理健康，有助于社会的稳定发展。

（三）注重群防群治，维护社区安全

群防群治是群众性自防自治活动的简称。具体说来，是指在各级党委、政府领导和专门机关指导下，群众自己组织起来，预防违法犯罪，维护所在地区或单位治安的一种活动（图 12-6）。群防群治活动有以下四个特点：一是有比较固定的组织形式。各种各样的群防群治都有固定的名称、负责人、组成人员以及隶属关系。二是有明确的活动范围。无论哪一种群防群治组织都是依据治理某一类特定治安问题的需要而产生的，其活动范围自始至终是十分明确的。例如，治安联防队，活动的地域范围是本社区或本单位，职能范围仅限于协助公安、保卫部门搞好社会面控制，处理简单的治安问题。三是有比较严格的行为规范。群众自治的主要组织形式，如居委会、治安保卫委员会、人民调解委员会等都有专门的法律、法规对其主要的行为方式作出明确的规定。例如，治安联防队、护厂队、护校队等群防群治组织也都有一套可供遵循的规章制度。四是有比较健全的监督制约机制。群防群治组织都毫无例外地被置于党委和政府的领导之下，接受专门机关的业务指导和监督。

图 12-6 警方指导之下的群防群治

资料来源：梧州市公安局.广西公安一甲子|亮剑护民安，丹心写忠诚——追求卓越的梧州警方[EB/OL]. http://www.sohu.com/a/279038315_786976，2018-12-1.

群防群治工作的主要内容包括以下几点：一是保护人民的生命和财产免受不法侵害；二是协助专门机关打击违法犯罪活动，净化治安环境；三是协助有关部门管理治安事务，维护社会治安秩序；四是调解民间纠纷，疏导各种矛盾，消除不安定因素；五是开展法治宣传教育；六是帮教有轻微违法犯罪行为的青少年，协助有关部门开展对刑满释放人员的安置教育工作以及对监外执行罪犯的监督教育工作。

群防群治工作在协助打击犯罪、落实预防犯罪的措施方面发挥了重要的作用，但传统的群防群治工作也存在着一些问题。例如，群防群治工作主要通过行政手段来调节，忽视了经济手段的作用，特别是它缺乏经费保障，严重地制约了其在市场经济条件下的发展。在这种形式下，一种新的群防群治工作队伍——保安组织应运而生。

（四）实行保安制度，巩固社区安全

社区保安是在新的社会背景下，随着社区物业管理的发展而产生的非官方的保卫力量，在现代城市社区特别是居民小区中常见保安的身影。社区保安与传统的群防群治组织的最大区别在于，保安开展的是专业化的有偿服务。1984 年 12 月，深圳市蛇口保安服务公司的成立标志着中国保安服务业的诞生。目前，保安服务产业已集门卫、守护、巡逻、随身护卫、押运、安检、技防、消防、安全风险评估、安全培训于一体（图 12-7）。截至 2019 年上半年，全国已拥有 9500 多家保安服务公司、515 万名保安员①。

① 澎湃新闻. 全国保安服务业已拥有 9500 多家保安公司、515 万保安员[EB/OL]. http://news.sina.com.cn/o/2019-07-24/doc-ihytcitm4341932.shtml，2019-07-24.

图 12-7　社区保安进行消防训练

资料来源：何强.名都社区开展保安消防安全演练培训[EB/OL]. http://www.yidu.gov.cn/content-129-706685-1.html，2015-03-13.

各地在社区保安工作上进行了不同的尝试，取得了一定的效果，主要有以下几种方法。

（1）联合物业管理机构推行“邻里守望”。现代的单元楼房建筑，使家庭和个人有了独立的空间，但同时也隔断了邻里的联系，使居民之间相互隔膜，形同路人。他们因此无法区分本区域的合法使用者和陌生人，以至于陌生人或犯罪分子随意出入而无人过问。事实上，如果一个社区严重解体，居民不团结，该社区就容易成为犯罪分子侵害的对象。推行“邻里守望”，就是要打破居民之间的隔膜，增强邻里之间的联系，达到互相照看的目的。例如，美国的社区，在大楼每层增设了公共洗衣房，家庭妇女在这里可以接触和交流，增进了解，融洽了关系，这是减轻“现代都市冷漠病”的一种方法，同时对预防犯罪大有好处。

（2）财物标刻法。堵塞销赃渠道是减少财产犯罪的重要方法，如公安机关对废旧收购业等特种行业的管理和地下交易的打击是这一方法的具体实施。在实践中，一些交易物品往往难以判明是否非法。公安机关查获的一些赃物常常找不到失主，有时查找失主比查获罪犯更为困难，各公安局、派出所堆放的自行车就是明证。标刻法能很好地解决以上问题，这种方法几乎不花钱。物主可以自行标刻，也可由公安机关协助标刻。英国的警察局都备有标刻用的刻刀，公民可以随时借用。标刻法的具体做法是在贵重物上标刻上物主姓名、地址、邮编。对珠宝、金银、首饰、古董等用彩色摄影存证法，即把存证物品放在一个单一背景前，进行彩色摄影存证（金银首饰旁应放上一把尺子，以显示首饰的大小尺寸）。这种方法的好处是显而易见的：①对犯罪者有心理震慑作用，可削减作案动机；②不利于其销赃；③有利于警方侦破案件和及时找到失主。公安机关应规定废旧物品、二收物品收购等部门，对卖主身份与物品标刻不相符的、标刻涂改过的拒绝收购或要求其说明物品来源，并向公安机关报告。

（3）设安全常识班，发放多种宣传手册。一些案件和意外的发生是由于被害人的疏忽或缺乏常识造成的。社区保安可以借助保安公司积累的大量案例，组织有经验、有较高理论水平的保安讲授一些防范知识。例如，教授妇女自卫术课程，组织保安和专家编写《如何防止被劫》《怎样减少被盗》《单身女性如何保护自己》等图文并茂的小册子发放给居民，内容力求简洁、具体、有可操作性。

（4）在社区中定期或不定期开展典型案例分析。发生在身边的案件更容易引人注意，对社区中案件的分析可以帮助居民了解所在社区的安全状况，从案件中汲取经验教训，提高防范意识和防卫能力。例如，某社区，接连发生多起入室盗窃案，犯罪者是利用下层（如一二楼）的突出墙体爬上高层（如三四楼）的。社区保安利用该系列案件对居民进行宣传说服，全面改造了不合要求的防盗窗，解决了长期悬而未决的问题，也切实增强了居民家庭的防盗意识。

（5）设立紧急求助电话。公安机关虽然设有“110”报警服务电话，但有的案件千钧一发，与公安机关相比，社区保安就在社区内，能够做到更快反应、更早到达。

社区保安组织作为专业化的、有偿的服务形式参与社会治安防范工作，将市场经济机制引入社会治安防范领域，它通过创造经济效益既克服了传统的群众治安防范组织缺乏经济保障的弊端，又在一定程度上满足了社会各界不同层次的安全需要，在城市社区治安管理中扮演着重要角色。

第三节　农村社区治安管理

农村社区治安管理在维护农村稳定、巩固新农村建设的各项成果中起着十分重要的作用。本节在分析现阶段农村社区的特点及由此引起的治安问题和农村社区治安管理中的职责分工的基础上，对加强农村社区治安管理的主要措施进行探讨，并介绍几种关于农村社区治安管理的新方法。

一、现阶段农村社区的特点及其由此引起的治安问题

（一）现阶段农村劳动力大量流动引起的问题

农村地广人稀，居住分散，经济欠发达，生产带有明显的季节性，随着我国从计划经济体制向市场经济体制的转型，建立在原有计划经济之上的群防群治各项措施在价值观和市场运行机制的冲击下，失去了原有的作用。打工经济的产生和小城镇建设步伐的加快，许多农村出现了人员稀少的现象，且留守的大多还是老人和儿童。这样一来，就给农村的社会治安带来了不良影响，一旦发生案件，更是难以侦破。同时，治安案件总发生率更呈上升趋势。

此外，农村劳动力的向外转移，如在大部分农村，大量青壮年外出务工，这就造成了长时间的夫妻分离，导致夫妻感情的淡薄，从而出现了为数不少的婚外情、婚外恋，离婚率大幅度攀升，随之而来的是家庭暴力、财产分割、老人孩子的赡养等一系列社会矛盾纠纷和治安问题，存在着较大的治安隐患。

农村劳动力的流动，如大批青壮年夫妻或成人外出务工，留在农村的，大部分为老人和孩子，由于知识、阅历的不同，辈分间隔的情感差异，老小相处间的许多不和谐因

素产生，长辈埋怨孙辈不懂事理，孙辈怨恨长辈管教太严，代沟越来越深，给社会治安的管理与防范也带来了不小的难度。

（二）农村宗族势力的影响

农村宗族尽管在组织形式和规模上与旧宗族相比有一定区别，但已经成为一股影响农村改革、发展、稳定的不可忽视的破坏性力量。主要表现为：①有的与基层政权组织明争暗斗、讨价还价，唯恐天下不乱，严重危及基层稳定；②有的维护私人、宗族以及小团体的不正当利益，阻挠和破坏党与政府方针政策的落实；③有的插手民间纠纷，煽风点火，故意扩大事态，使其恶性化、暴力化，严重影响社会治安秩序。农村宗族虽然在一定程度上满足了村民的精神需求，但它的存在也会给村级民主自治和农村法治建设造成负面影响。例如，宗族之间以及其内部小团体之间的利益冲突，会严重阻挠和破坏党和政府方针政策的落实，为农村社区的治安埋下隐患。

（三）部分农民的法治意识淡薄

主要表现在以下几个方面：①许多人不知法、不懂法，不能运用法律武器保护自己的合法权益；②由于文化素质低下，缺乏辨别是非的能力，容易受人挑唆和蛊惑，从事非法活动；③为政法部门的执法活动设置障碍，增添阻力，刁难政法公安人员，对抗执法行动；④黄赌毒在一定程度上蔓延。在读书无用论和一切向钱看等不正确思想的误导下，贫乏的农村社会文化生活、充裕的农闲时间，为黄赌毒提供了便利条件。最为突出的是一些地方赌博风气盛行，参赌范围广、赌资大，赌博易上瘾，很难自拔，易造成赌债高筑，诱发盗窃、抢劫、杀人等犯罪行为，影响社会治安（图 12-8）。

图 12-8 被警方查禁的某农村聚赌窝点

资料来源：达州新报达州警方夜袭乡村移动赌博窝点，组织者每天“抽水”一万元以上[EB/OL]. https://www.sohu.com/a/216252139_100100390，2018-1-12.

（四）邪教组织屡禁不止，成为影响农村社区稳定的潜在因素

近年来，虽经多方治理，邪教组织得到了很好的遏制。但是，在一些经济文化比较

落后、基层政权组织力量相对薄弱的农村地区，一些邪教组织卷土重来。一些邪教组织打着祛病强身、积德行善的幌子，经常深入到边远山区的农户家中，对老弱病残者进行大肆宣讲，行踪不定，难以查处。因而，一刻也不能放松对邪教组织的警惕。

（五）农村人口贫富分化成为农村社区产生治安问题的根源之一

改革开放以来，农村经济得到了迅速发展，生产方式的转变激发了农民的积极性，农村的工业也得到了迅猛发展。但是，经济体制的转变不可避免地带来了社会分化。从社会分层上看，根据著名社会学家陆学艺先生的理论，我国农村阶层可以划分为八个层次，其中最下面的几个层次处于社会最底层，他们社会地位最低、收入最微薄，而且缺乏社会保障。这也引发了一些社会治安问题，给农村社区带来了很多的不稳定因素。

二、农村社区治安管理中的职责分工

（一）乡镇党委、政府在农村社区治安管理中的职责

（1）乡镇党委、政府要有专门机构或专人负责社会治安综合治理工作。

（2）加强基层党政组织和治保组织建设，搞好群众性治安联防和护场、护青工作。

（3）加强集镇和农贸市场的治安管理。

（4）认真及时地疏导由宅基地、承包土地、山林、水利等引起的民事纠纷，防止矛盾激化酿成案件。

（5）大力开展社会主义法治教育和农村基层文化活动，移风易俗，祛除封建迷信、赌博等社会丑恶现象的影响。

（二）村民委员会在农村社区治安管理中的职责

村委会是依法建立的基层群众性自治组织。在农村社区治安管理中，村委会的主要任务有以下几个方面。

（1）对村民进行法治教育。通过宣传法律、法规和国家的政策，教育和引导村民行使法律赋予的权利和履行法律规定的义务，维护村民的合法权益。

（2）协助有关部门教育依法被判处剥夺政治权利或缓刑、假释的犯罪分子；帮助教育有轻微违法犯罪行为的人员；安置和教育刑满释放的人员，防止其重新违法犯罪。

（3）充分发挥治安保卫委员会的作用，动员和组织群众维护本地区社会治安，认真落实治安承包责任制，经常进行防火、防盗安全检查。

（4）及时调解民间纠纷，疏导矛盾，促进村民之间、村与村之间的团结和互助；开展多种形式的精神文明建设活动，最大限度地消除不安定因素。

（5）按照群众“自我管理、自我教育、自我服务”的原则，制定乡规民约，实行依法治村、民主管理。

（三）农村治保会在农村社区治安管理中的职责

农村治安保卫委员会，简称农村治保会，是我国宪法确定设置在基层单位的群众自治性质的治安保卫组织。农村治保会是公安机关贯彻群众路线的主要形式，是依靠

和组织群众维护社会治安的桥梁和纽带，是开展群防群治的骨干和助手。农村治保会在农村社区治安管理中的职责分为以下几个方面。

（1）宣传、教育群众，增强其法治观念和安全防范意识，组织群众开展治安巡逻、安全检查等群防群治工作，落实防盗、防火、防破坏和防其他治安灾害事故的安全防范措施。

（2）及时向政府及公安机关反映敌情动态和有可能危害社会治安的民间纠纷与闹事苗头，并协助政府和有关部门做好教育疏导工作。

（3）对有违法犯罪行为的人进行帮助、教育、考察、监督。

（4）协助公安机关保护作案现场，积极提供破案线索，对现行违法犯罪分子进行控制或扭送公安机关。

（5）协助公安机关管理人口、租赁房屋，协助公安派出所进行出生、死亡、迁出、迁入登记和人口统计、居民身份证管理。向政府及公安机关反映群众对社会治安管理工作的意见、建议和要求。

（四）农村治安联防队在农村社区治安管理中的职责

农村治安联防队（简称联防队）是村委会领导下成立的群防群治组织，是维护农村社区治安的重要力量，在村治保会和公安派出所指导下开展安全防范工作（图 12-9）。联防队的主要职责分为以下几个方面。

（1）向村民及外来暂住人口进行法治宣传和遵守公共秩序的教育。

（2）协助公安人员堵截通缉、通报的各类违法犯罪嫌疑人；协助公安人员清理和收容流浪露宿、乞讨要饭、精神病、智障人员，协助公安机关及有关部门对被政法机关裁决的缓刑、假释、监外执行、保外就医、管制等违法犯罪人员，进行定期考察、谈话教育。

图 12-9　广东省阳山县青莲镇寺山村治安联防队员在巡逻

资料来源：平安阳山. 乡村治安巡逻队保平安 有力助推平安青莲建设[EB/OL]. https://3g.163.com/local/article/F27OAUC404179HVT.html，2020-1-6.

（3）对有扰乱治安管理行为，情节轻微者，进行劝阻教育，对不服教育或情节严重需要处理的，送交公安机关处理。

（4）积极参加抢险救灾等维护社会、群众安全的工作，帮助群众排忧解难。

（5）协助村外来人口管理站做好外来人口管理工作，协助治保会对刑满释放人员做好帮教工作。

三、加强农村社区治安管理的主要措施

（一）防范

加强治安防范和管理，消除影响农村治安的不安定因素。

（1）加强对剩余劳动力的管理，促进人口的合理有序流动。要为外出务工、经商的农民提供方便，促进其有序流动。同时要掌握外出人员的流向和活动情况，加强对外出人员的法治宣传教育。要与流入地和流出地的公安机关取得联系，加强配合，打击流动人口中的违法犯罪分子。

（2）加强枪支和爆炸物品的管理，坚决收缴散失在民间的枪支和爆炸物品。加大力度经常对矿山、煤窑等常用爆炸物品的单位进行清理和整顿，建立严格的管理制度。对爆炸物品的生产、运输、销售、使用各个环节实行严格管理与监督，从源头上预防和控制涉枪涉爆案件和重特大恶性事故的发生。

（3）做好对刑满释放人员和违法青少年的帮教工作。派出所要会同治保人员和治安积极分子切实把刑满释放人员的帮教工作落到实处。在做好帮教工作的同时，尽可能帮助他们解决就业、上学、生活上的困难，防止他们重新犯罪。

（4）积极预防因人民内部矛盾引发的群体性事件。公安机关坚持在党委、政府的领导下，配合有关部门多做化解矛盾的工作，坚持“可善不可聚，可解不可结，可顺不可激”的原则和按照“区分性质、讲究策略、把握时机、严格执法、冷静稳妥”的要求进行积极预防和妥善处置。

（二）打击

严厉打击侵害农民利益的犯罪，大力整治农村社会治安秩序。

（1）严厉打击邪教、非法宗教活动，遏制其在农村发展蔓延的势头。坚持“保护合法，制止非法，打击犯罪，抵制渗透”的原则，在邪教、非法宗教活动猖獗的地区，适时组织力量开展专项斗争，露头就打，同时还要教育人民群众自觉抵制邪教和非法宗教活动，绝不让邪教、非法宗教有藏身之所。

（2）严厉打击、及时铲除危害一方的农村黑恶势力犯罪。在一些农村地区，以流氓、恶棍、刑满释放人员为主组成的犯罪团伙，依仗人多势众，强取豪夺，敲诈勒索，无恶不作，称霸一方，群众既恨又怕，成为治安混乱的祸根。政法部门要及时予以坚决打击。

（3）严厉打击严重危害农民生命、财产安全和侵害农民利益的犯罪，保障农民的合法权益。坚持依法从重从快的方针，严厉打击盗窃、抢劫、杀人、强奸、伤害、车匪路霸等刑事犯罪活动。定期或不定期排查治安混乱的集镇、路段，组织力量集中整治。对

于制贩假农药、假化肥、假种子，坑农害农、破坏生产、严重侵害农民利益的案件，坚决予以严厉打击。

（4）打击和扫除黄赌毒等社会丑恶现象。密切关注卖淫嫖娼、赌博、吸贩毒现象向农村渗透、蔓延的动向，加大对城乡接合部、公路沿线、路边店以及集镇的宾馆旅店、发廊、舞厅等公共复杂场所的清查、整治力度，及时、持续地打击、查禁卖淫嫖娼、赌博、吸贩毒等违法行为。

（三）建设

（1）加强农村基层政权组织建设、民主建设和法治建设。加强和巩固农村基层组织建设，配齐配强村治保干部，提高干部素质，改善干群关系，增强基层组织的凝聚力、号召力。建立健全农村治保会工作制度，加强对治保干部的管理和教育，使其真正发挥化解矛盾、维护稳定的作用。按照“谁主管、谁负责”的原则，进一步在农村推进社会治安综合治理工作。只有这样，农村治安稳定工作才有组织保证。

（2）大力加强农村派出所建设。按照精简、规范、效能的原则，加强农村派出所的规范化建设，合理配置警力，加强领导，加大投入，在人力、物力、财力上予以支持。做大做强派出所，保障派出所正常工作所需经费、办公用房和必要的交通、通信工具，使其最大限度地投入维护农村稳定工作之中。

四、农村社区治安管理的新探索

随着社会主义新农村建设和乡村振兴战略地深入开展，农村社区治安管理工作得到更多的重视，近几年来，各地农村通过实践和探索，积累了许多成功做法和经验，为确保农村社区的繁荣稳定作出了贡献。

（一）设立“治安中心户”①

随着农村地区经济的快速发展，影响农村稳定的不和谐因素也大量增加，农村治安情况变得复杂。在这种情况下，必须思考如何建立一套新型的农村治安防控体系。湖北恩施市在这一问题上进行了新的探索，即建立了治安中心户。

建立治安中心户是一项系统性的工作，基本内容是建立以社区治安综合治理办公室和派出所为龙头，治保会为桥梁，治安中心户为载体的三级治安防控体系，主要做法有以下五个方面。

（1）以地缘管理为基础，设立治安片区。按照群众地理居住环境，把相对毗邻的农户划分为同一个治安片区，因地制宜，少的5～10户，多的30～50户，每一个治安片区推选一个治安中心户。这种按地缘来划分治安片区的做法，使相对聚居在一起的农户成为一个小的治安单元，有利于各项管理措施的落实，也便于户长开展工作。

（2）以群众意愿为基础，推选户长。户长主要是由片区群众推选和组织推荐相结合的方式产生的。由于户长的产生充分尊重了群众意愿，选出来的户长都是那些在农村有

① 谭志国. 湖北恩施市新探索：发展“治安中心户”确保农村和谐稳定[J]. 中国经济周刊，2005（21）：28-29.

组织能力、家庭条件好、个人声望高和有办事能力的人员，因而得到了当地群众的拥护和支持。

（3）以村民自治为基础，明确户长职责。户长这个角色十分特殊，他们来源于农村，生活在农村，处理农民身边的事务，实质上是发动和引导农民自己处理自己的事务，属于村民自治的范畴。从这一角色定位出发，治安中心户长应有两大主责：一是反映社情民意；二是化解矛盾纠纷。治安中心户还有六大辅责，即警民联系、法治宣传、治安防范、交通协管、帮教转化、权益维护。

（4）以三级防控为基础，规范运作模式。为了确保治安中心户的工作井然有序，建立以社区治安综合治理办公室和派出所为龙头，治保会为桥梁，治安中心户为载体的三级治安防控体系。治安中心户的工作在乡社区治安综合治理办公室的协调下，由派出所责任区民警和村治保会进行管理，户长掌握的情况向治保会或派出所报告，一般纠纷由户长处理，较大纠纷由治保会与户长共同处理，案件交派出所处理。

（5）以非物质性待遇为基础，建立激励机制。户长的工作是义务性的，为使户长有人干、有人争着干，只有通过精神奖励的方式，才能有效地在农村营造一种户长高尚、户长光荣的社会氛围。

（二）建立"邻里守望"机制，发挥社区关联的积极作用

在我国部分农村地区，特别是那些分散居住的山区农村，"邻里守望"是村民间日常治安防范的重要手段，成为构筑平安农村社区的助推器。结合我国农村的实际情况，在农村社区内建立"邻里守望"治安防控网络，首先需要密切社区村民之间的人际关系。

（1）推行"邻里守望卡"，在卡片上留下姓名、联系方式、家庭基本信息等，增进村民间的相互信任，也可以通过开展集体性文化娱乐活动，消除彼此间的冷漠感。

（2）建立合理可行的"邻里守望"机制，通过发放倡议书或者召开居民座谈会的方式，让村民群众了解建立邻里守望制度的目的、意义和实施方案，提高他们参与的自觉性和积极性。

（3）培养和建立由农民自愿参加的"邻里守望"队伍，积极参与社区治安防范和化解居民矛盾，并邀请专业治安民警为他们进行专题培训，提升处置各类治安问题的能力。

（三）借助移动互联技术，建立"智慧型联户联防机制"①

市场经济条件下的社会治安形势，给农村社区的治安防范工作提出了更高的要求，传统的联户联防工作模式已经严重滞后于当前农村治安形势的需要，农户在参与社会治安防范工作时的积极性和自觉性受到了一定的影响和干扰，联户联防在农村的大部分地方其实已经徒有虚名。在现实和传统模式面前，各地应积极探索新的农村治安方法。在当今互联网技术迅猛发展的形势下，加强各类治安防控 APP 的研发，可形成新型的、智慧化的联户联防机制。

以贵州省六盘水市钟山区为例，该社区自 2016 年以来，通过信息化技术来引领农

① 黄玉驹. 新农村建设中的社会治安防控体系构建研究——以六盘水市钟山区为例[D]. 武汉：华中师范大学，2018.

村社会治安防控体系建设工作，主要以综治中心平台建设为载体，进一步推进综治信息平台建设和信息研判技术应用。其中钟山公安局研发出“钟山民生 APP”，充分利用大数据信息，群众在需要政府帮助时仅通过该APP的一键操作功能，便可以将信息反馈给政府部门，实现了快捷、精准的社区联户联防；钟山区人民检察院充分发挥12309网上、网下一体化服务平台优势创新推进“智慧检务”建设，将信息采集、网络传输、信息管理、信息应用等环节相结合，加强信息管理体系建设，全力打造“指尖上的检察院”；钟山区人民法院充分运用现代化信息技术，积极引用大数据审判系统、远程视频系统等信息化工作平台，同时在工作过程中，围绕大数据展开一系列的活动，把审判执行工作同人工智能、云计算、大数据等进行有机结合，统一司法尺度，强化审判监督，实现了公、检、法数据共享，促进了司法公正，同时取得了对村民进行网络普法宣传的效果，已将其打造成为一个全体村民讨论犯罪、共同打击犯罪的网络防控平台。

复习思考题

1. 简述社区治安管理的含义。
2. 简述社区治安管理的范围。
3. 简述社区治安管理的基本方法。
4. 城市社区治安的主要特点有哪些?
5. 简述城市社区治安管理中的职责分工。
6. 现阶段农村社区的特点及由此引起的治安问题有哪些?
7. 简述农村社区治安管理中的职责分工。

参考文献

陈周旺. 2011. 社区中的国家：中国城市社区治安体系研究[M]. 上海：复旦大学出版社.

李朝伟. 2018. 城市社区治安管理研究[J]. 湖北经济学院学报（人文社会科学版），（8）：10-12.

李骥，王刚. 2009. 农村社会治安综合治理[M]. 兰州：甘肃文化出版社.

刘海亮. 2014. 新社区警务[M]. 北京：法律出版社.

皮克. 2011. 社区警务战略与实践（第五版）[M]. 刘宏斌译. 北京：中国人民公安大学出版社.

王均平，唐国清. 2010. 社区治安体系理论选择及模式研判[M]. 北京：中国人民公安大学出版社.

萧鸣政，唐秀锋，郭晟豪. 2017. 我国城市社区治理存在的问题及其改革建议—以北京市的样本调查为基础[J]. 福建行政学院学报，（5）：91-100.

谢添龙. 2018. 浅谈社区治安管理中的新问题[J]. 山西农经，（16）：113-114.

袁振龙. 2009. 社会资本与社区治安[M]. 北京：中国社会出版社.

第十三章

社区管理方法

本章阐释社区管理方法的含义、特征与价值功用，并着重探讨当前社区管理方法体系的基本构成。

第一节　社区管理方法概述

社区管理是一项日趋重要而复杂的现代社会活动，其具体管理事务、管理模式与管理情境等因素也越来越具有高度多元性、关联性和变动性的特点。对社区管理方法的含义、特征与价值功用等基础性要素进行阐释，有助于对该方法体系的整体把握。

一、社区管理方法的含义

社区管理方法是指社区管理主体为了正确贯彻社区管理理念，依法履行社区管理职能，顺利实现社区管理目标和有效提高社区管理功用，在一定的客观规律、原则的指导下所采用的一系列管理与服务方式、手段、程序和步骤的总称。

社区管理方法的产生、运用及其发展，都取决于现实社区管理活动的客观需求，受到社区管理活动规律的制约以及社区管理原则的规范，因此，社区管理方法的使用必须与特定管理事务、管理对象，以及主客观条件的性质、特点及其发展演变规律相适应。

社区管理方法具有管理和服务双重属性：一方面，社区管理主体面对着各类社区性的公共事务和公益事业，必须对其采取高效能的有序管理；另一方面，社区管理主体面对着大量社区居民、企事业组织等社区成员，必须为其提供高品质的服务。因此，在日常的社区管理过程中，刚性的管理方式与柔性的服务技巧的综合运用，是构建和保有规范而和谐的现代社区的内在要求和基本途径。

社区管理方法是一个多元而系统的应用工具体系（图 13-1），主要有普遍适用且实效显著的行政指令方法、经济诱导方法、法律规制方法和心理行为方法等定性的社区管理行政方法，以及建立工作关系、社区资料收集与分析、制定社区发展计划和社区项目评估等社区管理专业方法。此外，还包含社区政务信息化、社区管理信息化、社区服务信息化和小区与家庭信息化等具体内容的社区信息化管理方法。在可预见的未来，这一方兴未艾的智能化管理方法的普及运用对于显著提升社区管理活动的效能和形象均具有重大助推作用，本章也将对其有关内涵和类型作具体介绍。

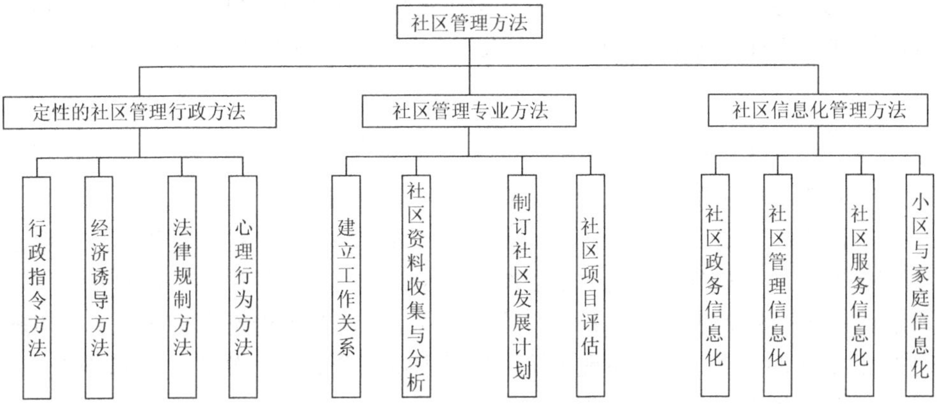

图 13-1　社区管理方法的基本框架

二、社区管理方法的特征

（一）综合性

社区管理方法是一个广泛吸纳哲学、经济学、社会学、人类学、管理学、法学、心理学和行政学等多学科的理论素养及其实践方法整合而成的多视角、多层次的综合性方法体系。在一定程度上，我国社区管理理论的勃兴和系统化与公共管理和社会工作等学科专业的理论发展密切相关，其实践的推广与功效的提升也得益于对公共管理方法和社会工作方法（尤其是社区工作方法）的探索，因而在方法体系上大量融入了公共管理和社会工作领域中行之有效的方法与手段。

（二）区域性

社区通常具有独特的区域性环境因素，如经济型、文化型、旅游型和居住型等各类社区均具有较为显著的区域特色，对社区管理活动产生或直接或间接的影响，使得特定社区的各类管理主体面对具体社区事务，必须结合相关的区域性环境因素，运用与之相契合的操作方法与手段，开展具有高度区域针对性的自我管理和自我服务。

（三）中介性

社区管理方法是连接社区管理理论与实践的桥梁和纽带，其价值就在于将抽象的社区管理价值理念和理论观点转化为具体的社区管理实践活动，并产生出良好的管理效能和服务品质，这就形成了社区管理方法的中介性特征。科学、合理的社区管理方法的弹性运用有助于确立和保障社区管理理论的实践导向，使之免于陷入主观僵化的境地，从而提高其实际操作的可行性和价值。

（四）发展性

从国内外范围来看，社区管理理论与实践正处于快速变革、发展的成长阶段，其具体操作方法与手段也在不断地丰富、更新，其方法体系将进一步突破社区管理学科领域，更为广泛、深入地汲取人文科学、社会科学、自然科学、电子信息科学等领域的最新方法理念与技巧，进而创立、引入各种更具操作效能的现代社区管理方法，充实其方法体系。社区管理方法日趋科学化、专业化和技术化，必将大力推动社区管理活动的现代化、高效化。

三、社区管理方法的价值功用

社区管理方法的价值功用主要体现在以下四个方面。

（1）社区管理方法有助于社区管理理论转变为实践实效。社区管理思想、理念和原则在付诸实践之前均只具有理论上的思维价值与逻辑意义，各种具体化的方法与手段的运用则使之具有了操作上的行动价值与应用意义。社区管理理论唯有获得了具体操作方法与手段的中介性支撑，才能在现实社区生活中得到全面贯彻落实，从而取得应有的实际效用，避免“纸上谈兵”式的理论空想。

（2）社区管理方法有助于实现社区管理目标。社区管理目标能够为社区管理方法的有效运用提供正确的价值导向，而社区管理方法则能够为社区管理目标的顺利实现提供科学的工具保障。社区管理方法的科学、合理适用与否，通常是决定社区管理目标能否实现及其实现程度的关键。

（3）社区管理方法有助于提高社区管理效能。社区管理效能的产出与提升不可避免地受到相应管理体制、管理模式、组织机构、人力资源、法治规范和财务保障等诸多因素的影响。在相对稳定、明确的上述影响因素中，社区管理方法的具体运用通常成为实质性地制约着社区管理各环节、各阶段的现实效能能否产出与提升的最关键因素。因此，社区管理方法的核心作用就在于通过尽可能低的社区管理成本投入来实现尽可能多的社区管理效能产出。

（4）社区管理方法有助于加速现代社区的构建进程。社区管理方法内含的发展性特征意味着其方法体系将日趋科学化、专业化和技术化，这一客观趋势必然能够有效促进社区管理活动更为准确、灵敏地适应社区管理内外部环境的改变及其需求，更为科学、合理地遵循社区发展、变革的客观规律和准则，强化现代社区构建的工具性保障和支撑，切实加速社区生活现代化的发展进程。

第二节　社区管理行政方法

在我国社区管理活动中，街道办事处、居委会和村委会等社区基层政权组织、被授权或被委托组织发挥着相当重要的主导性作用，其所运用的管理方法一般具有不同程度的政府性或准政府性色彩，因而统称其为社区管理行政方法。

一、社区管理行政方法的含义

社区管理行政方法，是指社区管理主体，通常是获得有关行政授权或委托权的社区行政管理主体，为履行社区行政管理职能、实现社区管理目标，遵循一定的规律、原则以及法规、政策而采用的各种政府性或准政府性的操作方式、手段、措施和技巧的总称。

社区管理行政方法涉及特定的行政授权或委托权的行使，以实现既定的社区行政管理职能目标为宗旨，往往会对社区公共生活、公共资源和公共利益产生或直接或间接的影响。社区管理行政方法是否运用得当，将在相当大程度上影响着社区事务的整体管理成效以及社区基层政权组织及其上级主管部门的形象与声誉。

二、社区管理行政方法的具体类型

社区管理行政方法按其性质分类，大体上可以划分为两类，即定性的社区管理行政方法和定量的社区管理行政方法。前者具体包括行政指令方法、经济诱导方法、法律规制方法和心理行为激励等；后者则具体包括数学规划、随机理论、决策分析理论、预测研究理论、系统理论、网络规划和戴明循环等。[①]下面仅介绍各种定性的社区管理行政方法。

（一）行政指令方法

作为一种最为重要的、传统公共行政管理方法，行政指令方法同样适用于现代社区管理活动。就该领域而言，行政指令方法是指社区行政管理主体凭借行政权威，依靠自上而下的行政组织系统，运用指令、计划、政策、决议、条例和规章制度等方式，领导、组织、管理社区公共事务的管理方法。行政指令方法具有控制、规范和协调社区重大事务与利益关系，保证基层社区政令统一、和谐有序、健康发展的重要功能。

行政指令方法具有权威性、强制性、垂直性、简便性、无偿性和稳定性等特点，因此，运用行政指令方法开展社区管理活动通常能够产生令行禁止、集中统一、简便快捷、成本低廉、高效稳定的实践效果。尤其是在处理全局性、根本性和突发性的社区公共事务时，行政指令方法更是不可替代的主导手段。

但是行政指令方法也相应地存在缺乏平等、协商的民主精神，不利于调动居委会等下级组织和社区居民的自主性、积极性和创造性，以及存在信息传递迟滞、横向沟通协作困难等内在局限性。因此，必须结合社区管理活动的客观规律及其公益性、服务性等内涵，严格限制行政指令方法的适用范围，合法、合理地加以运用，防止滥用职权、强迫命令、主观专断等错误做法，以构建公正规范、和谐稳定的现代社区。

（二）经济诱导方法

当前，我国社会主义市场经济体制改革正处于渐进、稳步发展过程之中，社区经济作为其中一种具有重要意义的基层经济形态，正在不断地凸显社区管理内容及其方法的市场化变革趋向，因此，经济诱导方法在社区管理领域中的地位和作用也持续地得到显著提升与强化。

在社区管理活动中，经济诱导方法是指社区行政管理主体依据市场经济规律和物质

① 娄成武，孙萍. 社区管理[M]. 北京：高等教育出版社，2003.

利益诱导原则，利用价格、信贷、利率、税收、工资、奖惩以及经济合同、经济责任制等各种经济杠杆或其组合方式，依法管理社区经济主体及其经营活动，合理调节各种社区利益关系，以实现较高的经济效益和社会效益的管理方法。经济诱导方法在本质上是通过物质利益诱导措施，力求均衡地处理经济利益与经济责任的关系问题，遵循等价交换原则，利用各社区经济主体及其经营活动的经济利害关系来间接规范各类社区经济事务，从而合理调控社区经济运行，并推动其健康、持续发展。

对于现阶段我国市场经济体制改革目标而言，经济诱导方法的有效运用有助于激发社区经济主体的主观能动性，也有助于切实推进政企分开、政事分开和政社分开改革，转变、优化社区行政主体的经济管理职能，使之更好地为推动社区经济发展服务。

（三）法律规制方法

在社区管理实践中，法律规制方法是指社区行政管理主体依据相关法律、法规等实体性和程序性规范文件，调整自身、社区组织与公众之间的各种法律关系而实施的具有刚性法律效力和普遍约束力的管理方法。法律规制方法适用于非常广泛的社区事务管理范围，尤其是社区治安、商贸、交通、食品、卫生和环保等领域的社区管理活动，通常被视为其他社区管理方法得以有效运用的保障手段，实际上也应被视为其他社区管理方法得以规范、合理运用的约束手段。

（四）心理行为方法

就社区管理而言，心理行为方法是指社区管理主体依据现代人本主义管理理念，通过对被管理者的心理诱导和行为激励等方式来实现特定社区管理目标的管理方法。基本特点在于，通过管理主体的谆谆教导和循循善诱，促使被管理者积极主动、和谐创新地开展适应社区管理目标的行为活动。在此主要介绍思想教育方法和行为激励方法。

思想教育方法是指通过对社区被管理者进行确定的、有目的的、系统的感化与劝导，使之在身心上养成管理者所希望的思想和品质，引导其自觉地为实现既定社区管理目标而努力的管理方法。具体的思想教育工作通常可以采用以下几种途径：①情理结合法，即对被管理者动之以情，晓之以理，循循善诱地进行真诚细致的说服教育。②自我教育法，即鼓励被管理者自觉学习、自我完善，努力提升自身的思想水平、道德品质、法治观念和工作能力等内在素养。③典型示范教育法，即树立社区生活和工作中的学习榜样，灵活地开展示范性宣传教育，发挥其模范辐射作用。④综合配套法，即为思想教育工作提供明确有力的法治、纪律保障，适时适地结合其他社区管理方法加以权变运用，以取得系统配套、刚柔相济的综合成效。

行为激励方法是指为配合预设社区管理目标的实施，运用行为科学理论、方法和技巧，通过有计划地设置一定的条件和刺激，合理激发被管理者的行为动机，并使之产生特定的积极行为反应的管理方法，其实质是在合理满足被管理者个体需要的同时顺利达成组织整体目标。相对于侧重影响人的内在品质的思想教育方法而言，行为激励方法侧重于影响人的外在行为。具体的行为激励工作主要包括以下几种方式。①目标激励法，即根据被管理者的正当需求，设置一定的目标作为诱因，激发被管理者的行为动机去努力追求之。②奖惩激励法，即通过鼓励性的奖励手段或抑制性的惩罚手段来引发被管理者的行为动机，促成发扬成绩、纠正错误的行为，以达到奖功罚过、褒勤贬懒、扬善弃恶的目的。③竞争激励法，即依据优胜劣汰原则，在社区管理过程中形成某种集体强化的自觉机制，引导被管理者开展公平、公开、合理的竞争活动，以提高社区管理成效。

第三节 社区管理专业方法

社区管理活动的顺利开展有赖于专门性社区组织、职业化人员的介入以及专业性方法的采用，前述社区管理行政方法的有效运用也同样离不开各种专业性方法的支持和辅助，因此，本书将此类专业性方法统称为社区管理专业方法，以便于区别和理解。本节主要结合专门性社区组织介入后的社区管理活动的基本流程，渐进性地依次介绍各项具体的社区管理专业方法。

一、社区管理专业方法的含义

社区管理专业方法，是指特定社区管理主体（通常包括各种福利性、服务性、慈善性和中介性的专业社区组织）为实现专门性的社区管理目标，依据一定的社区问题介入与解决准则、模式和流程，在具体管理过程中所运用的各种专业性方式、手段、措施和技巧的总称。

各种福利性、服务性、慈善性和中介性的社区管理主体通过有计划地介入社区公共事务，组织社区活动，满足社区需求，并在此过程中，帮助社区居民建立社区归属感、增强责任感和凝聚力，培养其参与社区事务决策与执行的意识及能力，从而促进社区自我管理、和谐发展。因此，相关社区管理在活动领域、宗旨等方面与社区工作具有较多的一致性，并可借助后者业已高度系统化、规范化的具体操作方法来显著地提高社区管理活动的专业水准与成效。

二、社区管理专业方法的基本流程

社区管理作为一项具有较高专业性色彩的系统工作，可以划分为若干个阶段，而每一阶段工作的具体开展，均可视为一种特定的专业方法的应用过程。借鉴朱眉华和文军有关社区工作五阶段划分理论[①]，下面将从建立工作关系、社区资料收集与分析、制订社区发展计划、采取社区行动和社区项目评估等方面来探讨具体的社区管理专业方法。

（一）建立工作关系

建立工作关系是社区管理活动的起点，一般是指社区管理主体寻求融入特定的社区氛围和事务，积极与社区居民、团体，以及各团体的领导人物、各界代表人物和知名人士进行有效沟通，增进相互了解，并针对社区中存在的客观问题与服务需求达成一定的共识，建立互信、协作的良性业务关系。建立工作关系的基本流程，如图 13-2 所示。

---

① 朱眉华，文军. 社会工作实务手册[M]. 北京：社会科学文献出版社，2006.

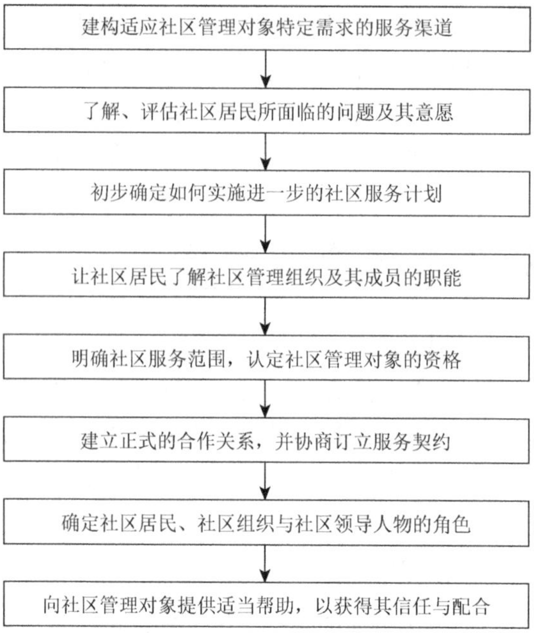

图 13-2 建立工作关系的基本流程

资料来源：徐震，林万亿. 当代社会工作[M]. 台北：五南图书出版公司，1999.

建立工作关系通常从拜访在区域中具有较大影响力的社区团体和重要人物入手，以便较为全面地了解社区信息，掌握社区管理线索，获取较高层次的支持与配合，奠定开展后续管理工作的良好基础。此外，社区管理者还有必要面向社区居民举办各种宣传活动，合理展示社区管理工作的理念宗旨、服务目标及其功能意义，从而在社区居民中广泛吸引支持者和参与者。

（二）社区资料收集与分析

在建立社区管理工作关系阶段中，社区管理主体已初步地了解了社区的基本情况，社区资料收集与分析便是在此基础上，进一步运用文献调查和实证调查等手段，全面、深入地收集专门性的社区资料，并加以系统的科学分析，全方位、多视角、深度拓展地探索和把握社区问题以及居民需求，为正确、有效地开展社区管理活动，尤其是为相关决策工作提供客观、翔实的信息支持。

社区资料收集的主要内容通常包括以下四个方面的信息。①社区基本资料，包含社区自然条件、地缘环境、人口结构、经济状况、文化水平、生活方式和人际关系等因素。②社区资源，包含社区范围内的文化教育、医疗卫生、休闲娱乐、福利救济等方面的基础设施及其利用情况。③社区问题，包含社区居民面临的困难以及社区机构、居民大体一致认为社区生活中存在的弊端与不足。④社区评估，即针对社区需求与资源所作出的分析和判断。收集上述社区资料一般可以采用社会调查研究活动中常用的各种方法，如文献法、问卷法、访谈法、咨询法和观察法等，或这些方法的组合（图 13-3）。

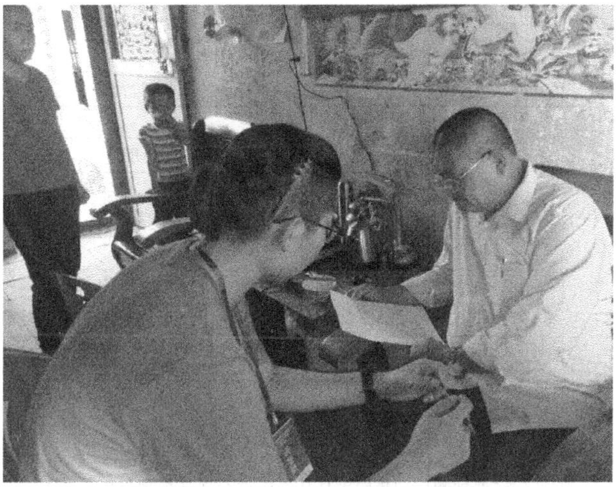

图 13-3　深入到农村社区的农户家中走访调研（实地调研摄影，2019-10-26）

明确、务实把握社区问题与需求对于推进社区管理活动具有相当重要的导向作用，这就必须运用专业方法与技巧对此前所收集的各类社区资料进行科学梳理、分析，并借此客观、精确地描述、界定社区问题与需求，深刻探讨解决相关问题和满足特定需求的关键所在，从而为下一阶段开展制订社区发展计划和采取社区行动等后续工作提供坚实、可靠的信息支撑。在社区资料分析过程中，社区管理者应当力求全面细致、客观务实，避免出现先入为主、以偏概全、以点代面等思维和操作失误，始终保持科学、理性的工作方向。

（三）制订社区发展计划

社区发展计划是有效推进社区管理活动的理性规划愿景和行动策略系统，通常是指社区管理主体联同有关社区团体与人员协商制定的关于社区建设与发展的目标指引和实施方案体系。基本功能在于依据社区资料收集与分析成果，通过科学、可行的社区发展目标设置与方案策划，为有计划、有步骤地合理解决社区问题和引导社区发展提供系统的目标导向与操作指南。

社区发展计划一般可分为以下两种类型。①社区发展战略计划，即针对社区角色定位、功能选择、产业规划、发展模式等宏观性、全局性和长期性的重大管理事务作出具有战略统御意义的整体规划。②社区发展策略计划，即在遵循既定社区发展战略计划的前提下，针对社区管理工作中亟待解决的特定现实问题制订明确、具体的项目方案。就两者的内在关联而言，社区发展战略计划对社区发展策略计划具有方向、宗旨和原则上的指引与规制意义；社区发展策略计划则是社区发展战略计划的事务性分解和具体化落实。

制订社区发展策略计划在社区管理实践中更为普遍且易于操作，图 13-4 显示了制订社区发展计划的大体步骤。应当注意的是，在社区发展计划的实施过程中，还有必要根据社区内外实际情况适时对其作出灵活调适，以提高其操作的可行性与实效性。

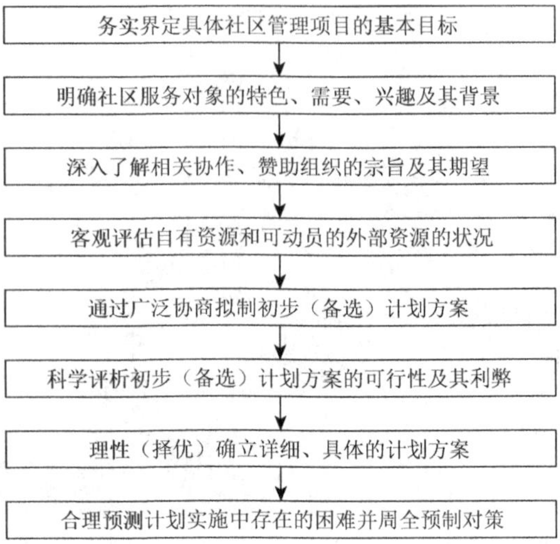

图 13-4 制订社区发展计划的基本步骤

资料来源：徐永祥. 社区工作[M]. 北京：高等教育出版社，2004.

（四）采取社区行动

采取社区行动，即贯彻落实既定的社区发展计划，是指社区管理主体依据有关计划方案，有效激发社区居民、团体的变革意愿和参与意识，合理组织、运用社区力量和各方资源，依照一定程序采取具体措施，解决特定社区问题，促进社区建设与发展的活动过程。采取科学、合理的社区行动，有助于协调社区内部和各方的利益关系和行动步骤，保障乃至增进社区公共权益，因而被视为提升社区管理成效的关键环节，并因其各种操作方法的综合性应用而自成一个较为完整的方法体系。

作为一个最具有实践色彩和操作意义的社区管理阶段，采取社区行动往往意味着以下一系列具体操作方法得以系统而灵活的应用。①召开社区会议，即由社区管理主体邀请相关社区团体、居民代表进行直接协商，就特定社区问题达成共识以推动社区合作。②社区宣传与教育，即运用传媒、公告、展览和家访等多种方式，广泛宣传社区管理工作的内容、意义及要求等事宜，引导社区居民理解、支持和参与社区事务，保障既定社区发展计划的顺利实施。③人力资源开发，即秉承社区管理属地化的理念，有计划、多层次地培养社区领导者和志愿者，就地为社区的可持续健康发展提供稳定、充沛的人力资源保障。④社区资源整合，即针对社区资源分布不均的现实状况，通过行政、法律和经济等途径，尽可能均衡地配置社区资源，彰显资源共享的社区发展真谛，提升社区管理的凝聚力。⑤社区关系协调，即以和谐沟通、真诚协作的“人本主义”管理理念与技巧来理性处理社区管理主体、社区团体以及社区居民之间的多元关系互动，消弭社区冲突，切实提高社区管理成效。

（五）社区项目评估

社区项目评估主要是针对具体事务性的社区发展策略计划实施成效的检验与评价，即客观考察特定社区管理项目方案的实施状况以及预期目标的实现情况（图 13-5）。社区项目评估在整个社区管理过程中起着承上启下的衔接作用：有助于总结、展示社区管理成效，争取社区居民、团体更大的信任与支持，提升社区管理者的职业成就感；有助于及时发现、正视特定社区管理工作的不足与弊端，修正社区发展目标和计划方案；此外，还有助于科学预测、因应社区管理需求和变革趋势，保持社区发展的长期合理性与稳定性。社区项目评估通常采取事中评估和事后评估两种方式，比较而言，事后评估的应用率更高。

社区项目评估及其结果关乎社区管理的全局与未来，意义相当重大，因此在实际操作过程中必须严格遵循以下各项基本准则。①始终秉持客观全面、严谨透明和忠于公益的价值理念。②科学运用各种评估方法，确保评估结果定性得当、定量精确。③在规范开展内部自我评估的同时，尽量引入外部专业评估和社区居民、团体评估，保证评估结果的科学性、客观性和真实性。④评估指标与结果应当能够综合反映社区发展策略计划的项目意义和社区发展战略计划的全局意义。

图 13-5　河北区 2017 年创建“天津市美丽社区”评估工作会

资料来源：天津市社会工作协会.2017 年创建美丽社区评估工作全面展开[EB/OL]. https://www.sohu.com/a/206412519_678606，2017-11-24.

第四节　社区信息化管理方法

20 世纪 90 年代中期以来，现代信息技术在发达国家社区管理活动中的广泛应用催生了社区信息化热潮。我国在 20 世纪 90 年代末开始了相应的理论研究和实践推广，业已在部分城市地区构建了较为成熟的社区信息化网络平台，并取得了一定的应用成效。2006 年中共中央办公厅、国务院办公厅印发的《2006—2020 年国家信息化发展战略》明确提出，务必加快推进我国社区信息化，服务和促进社区建设与发展。社区信息化管理方法即发端于此。习近平高度重视信息化管理方法在城市管理中的运用。他指出：“推进国家治理体系和治理能力现代化，必须抓好城市治理体系和治理能力现代化。运用大数据、云计算、区块链、人工智能等前沿技术推动城市管理手段、管理模式、管理理念创新，从数字化到智能化再到智慧化，让城市更聪明一些、更智慧一些，是推动城市治理体系和治理能力现代化的必由之路，前景广阔。”①

一、社区信息化管理方法的含义

社区信息化管理方法，是指在社区管理活动中普遍运用现代信息通信技术，特别是电子计算机和互特网技术，有机联系现实社区系统，科学构建社区政务信息化、社区管理信息化、社区服务信息化、小区与家庭信息化等方面的信息技术应用平台和信息沟通服务渠道，充分高效地开发、共享和利用社区信息资源，以促进社区协调发展，提高社区生活质量。

社区信息化管理方法的应用离不开社区网站的创建与运作，但并不局限于社区网站的简单创建，其核心要义在于相关社区信息资源的公开透明、交互共享和高度利用，即通过实现当今时代的核心资源——信息的效用最大化来实现社区经济、教育、交通和生活等各领域事务的整体发展与效能最优化。目前，上海、北京、青岛、南京、广州等城市的社区信息化管理工作已走在了全国大中城市社区信息化管理的前列。1998 年底，我国第一家街道社区服务计算机网络系统——上海市静安区石门二路街道“社区服务电脑网络中心”正式挂牌投入使用，有效地满足了社区居民在劳动就业、社会救济、医疗保障、科技教育和参与社区民主管理等方面的需求，这一创新社区管理平台和手段为该街道的社区现代化发展注入了巨大的能量。上海自 2019 年 12 月上线试点，“社区云”目前已在浦东、黄浦等 9 个区、20 多个街道试点，“预计到今年底，上海将实现‘社区云’在全市 6077 个居村委会全覆盖”②，这为广大社区居民参与社区服务管理提供了便利（图 13-6）。

图 13-6 上海基层社区治理创新网上直播互动平台开启全民参与模式

资料来源：上海市民政局. 基层社会治理创新展示进入复选环节，网上直播互动平台开启全民参与模式[EB/OL]. https://mzj.sh.gov.cn/2020bsmz/20200703/1daf4c8f373f4c0588406b8e7e88383c.html，2020-7-3.

---

① 新华社. 习近平在浙江考察时强调 统筹推进疫情防控和经济社会发展工作 奋力实现今年经济社会发展目标任务[EB/OL].http://www.xinhuanet.com/politics/leaders/2020-04/01/c_1125799612.htm.2020-4-1.

② 上海“社区云”实现基层治理与服务智能化[N]. 中国社会报，2020-7-3（03）.

二、社区信息化管理方法的具体类型

社区信息化管理方法的具体类型，在一定意义上而言，是指社区信息化建设过程中所构建的信息化内容平台类型及其所采用的具体构建手段类型的综合，由此可参照社区信息化系统中的各项信息化子系统构成情况，将社区信息化管理方法大体上划分为社区政务信息化、社区管理信息化、社区服务信息化和小区与家庭信息化等四种类型。一般而言，社区政务信息化和社区管理信息化具有较为明显的行政性色彩而有赖于行政指令手段来推行；小区与家庭信息化具有较强的市场性色彩而有赖于经济诱导手段来推行；社区服务信息化则具有双重色彩而有赖于两种手段来配套推行。

（一）社区政务信息化

社区政务信息化，是指在街道办事处内部各职能部门（即科室）之间建立电子办公网络平台，并通过专用计算机网络与上级政府有关职能部门实行互联，建立健全社区政务联系机制和专业数据库，利用高度智能化的网络信息技术实现办公自动化、管理信息化和决策科学化，实现办事处组织结构和工作流程的优化重组，突破时间、空间和层级、部门划分的制约，系统构建精简、高效、廉洁的现代社区政务运作模式。

在实际操作中，社区政务信息化系统一般包括主要以街道办事处内部工作人员为服务对象的社区政务内网（通常也面向上级政府及相关职能部门）和主要以社区居民、企事业组织为服务对象的社区政务外网两个子系统，同时还可依据其实践联系对象和机制进一步划分为以下三个有机构成部分，如图 13-7 所示。

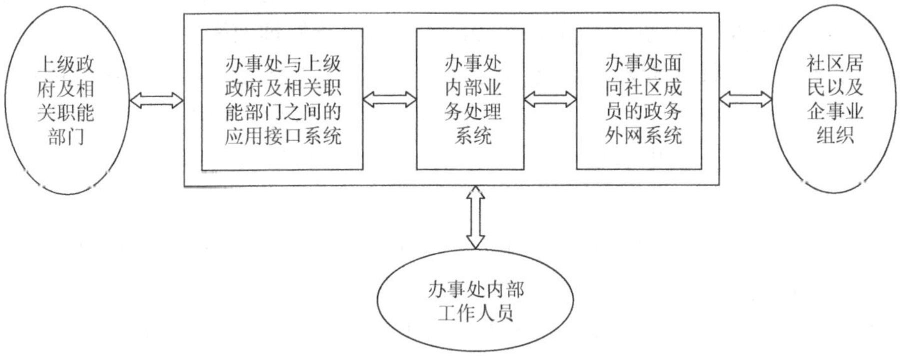

图 13-7 社区政务信息化系统结构图

资料来源：刘杰，彭宗政. 社区信息化理论与实务[M]. 北京：清华大学出版社，2005.

（1）街道办事处内部业务处理系统。具体包括：办事处内部的公文流转、审核与处理系统；办事处内部的公文管理、会议管理及财务管理等专项业务管理系统；面向街道办事处各级管理层的统计、分析系统；关于办事处各职能部门的各类数据管理系统。

（2）街道办事处与上级政府及相关职能部门之间的应用接口系统。具体包括：两者间的公文传递、审核系统；两者间的数据交换、共享等政务信息应用平台；此外还包括同级办事处间的公文传递、信息交换等应用平台。

（3）街道办事处面向社区成员的政务外网系统。具体包括：相关管理法规、文件、决策和施政等方面的对外信息发布与查询系统；面向社区成员的各类信访、建议以及数据收集与统计系统；面向社区成员的各类事务申报、申请以及处理反馈系统。

在市政及社区管理现代化的推动下，获得政府较多政策支持和财政保障的城市社区政务信息化取得了明显的成效。如 2015 年深圳市民政局积极推进“社区家园网”建设，打造面向全体社区居民、覆盖全市所有社区的服务信息网络平台，截至年底，完成全市统一后台的搭建和市级门户网站建设，开发若干个不同的社区站点模板，并在社区进行试点建设，全市建设“社区家园网”总数 642 家，社区服务基本实现市、区、街道“三级连通”和社区服务信息网、热线电话网、实体服务网的“三网联动”①；2000 年 12 月，广州开始重点抓社区信息化，将政府信息网络延伸到街道和居委会，到 2011 年 80% 的街镇和 1182 个社区接入了广州电子政务系统，社区联网覆盖面约 50%②，2019 年我国形成了覆盖“市、区、街道、社区、网格”五级调度体系，信息资源充分融合，共享共用，办事流程一体化，实行综合受理，“一网通办”延伸到基层。

（二）社区管理信息化

社区管理信息化，是指街道办事处依据特定社区管理职能，对外提供社区网络信息平台和互动渠道，实现办事处各职能部门与社区居民和企事业组织之间的社区管理信息的共享共用，以提高社区管理效能，加强外部民主监督，落实社区政务公开。

城市街道社区管理信息化的主要服务对象是街道办事处内设的管理部门和社区居民、居委会、企事业组织等社区成员。主要目标是通过网上申请、审批等功能的实施，借助信息化网络在各职能部门与社区成员之间进行双向信息交流，有效实现各职能部门与社区成员之间的交互式办公，提高各职能部门的业务处理效率，并整体性地提升办事处的管理水准。街道社区管理信息化的实质在于，促进社区基层行政组织职能由“管理型”模式向“管理服务型”模式转变，以信息技术手段强化街道办事处在现代城市管理“两级政府、三级管理与四级网络”体系中的第三级管理层次的基本功能，并有力提高其实际效能。

社区管理信息化通常以各项具体的社区管理事务为中心，对其进行科学合理的分类、梳理和优化，实行事务处理应用系统的模块化设计，构建一个向上连接市、区级政府及其相关职能部门，向下连接社区事务受理中心、居委会以及社区成员的信息化网络平台，通过“一站式”的网上业务处理系统（社区管理信息化应用系统及其运作流程，如图 13-8 所示），满足街道信息化管理的多元、复杂需求。实践表明，具体应用于微观社区事务的信息化管理方法完全可以产生显著的成效。2004 年底，广州市白云区出租屋和流动人口管理信息系统建成启用，该系统基于区政府电子政务平台和社区信息化平台而构建，高效实现了区政府出租屋管理办公室、各街道出租屋管理中心和各相关职能部门之间的实时信息交换与处理。截至 2006 年初便已完成了对超过 20 万间出租屋以及 100 万名流动人口的信息录入和日常信息更新管理。在 2020 年的新型冠状肺炎疫情背景下，

---

① 深圳市史志办公室.社会生活[EB/OL]. http://www.sz.gov.cn/cn/zjsz/nj/content/post_1356185.html，2017-7-19.

② 广州市科技和信息化局. 广州 创新驱动 智慧引领 着力打造便民服务新社区[J]. 信息化建设，2011（9）：16-18.

由于广州市白云区太和镇大源村的每栋出租屋楼下，都安装了与“平安白云”联网的蓝牙门禁系统，在复工复产时，能对来自重点疫区的出租屋住户进行管理，包括精准掌握其返穗时间和位置，从而守住了农村社区的第一道防线。[①]

图 13-8　社区管理信息化应用系统及其运作流程

资料来源：根据刘杰，彭宗政. 社区信息化理论与实务[M]. 北京：清华大学出版社，2005 整理完成。

（三）社区服务信息化

在社区信息化管理方法的各具体类型中，社区服务信息化是最早得到广泛运用的，社区政务信息化与社区管理信息化等均是在社区服务信息化的基础上发展延伸的产物。社区服务信息化，通常是指运用电话、传真和计算机网络等各种现代化通信手段，有机连接街道办事处的社区服务中心（即社区事务受理中心）、社区成员以及社区服务供应商，快捷、准确的传递社区服务供需信息，并高效处理相关业务，通过“一站式”的社区服务智能化系统，向社区成员提供各方面的社区生活便利与实惠（图 13-9）。

社区服务信息化的实质是将交通、饮食、就业、医疗、家政、文娱、征婚及购物等社区生活服务项目拓展至信息化互动平台，系统整合各种社区服务资源，及时沟通社区服务信息，实现社区服务计算机网络、电话热线网络与实体服务网络的“三网联动”，以及信息服务与实体服务的“虚实结合”，不仅显著丰富了社区服务的内容和形式，而且大大提高了社区服务的便利性与实效性。社区服务信息化系统的应用，有助于推动传统的地域式、单一性的社区服务模式转型为现代的网络式、综合性的社区服务模式，对于现阶段我国逐步构建和共享包含着更为广阔内涵与深度的“大社区服务”体系具有相当重大的促进意义。

在 2020 年上半年的抗疫工作中，探索以信息化手段创新“三社联动”“线上抗疫模式”，通过精准链接心理、医务等专业志愿者，做好疫情的社区防控和心理疏导、危机干预、情绪疏解和心理支持等专业服务工作，建立“三级核心服务群、四类线上防控支持群”，形成了社区防控互助体系（图 13-10）。

---

① 李灵娜. 20 万流动人口大村的疫情防控战[EB/OL]. http://www.ccdi.gov.cn/yaowen/202003/t20200326_214236.html，2020-3-26.

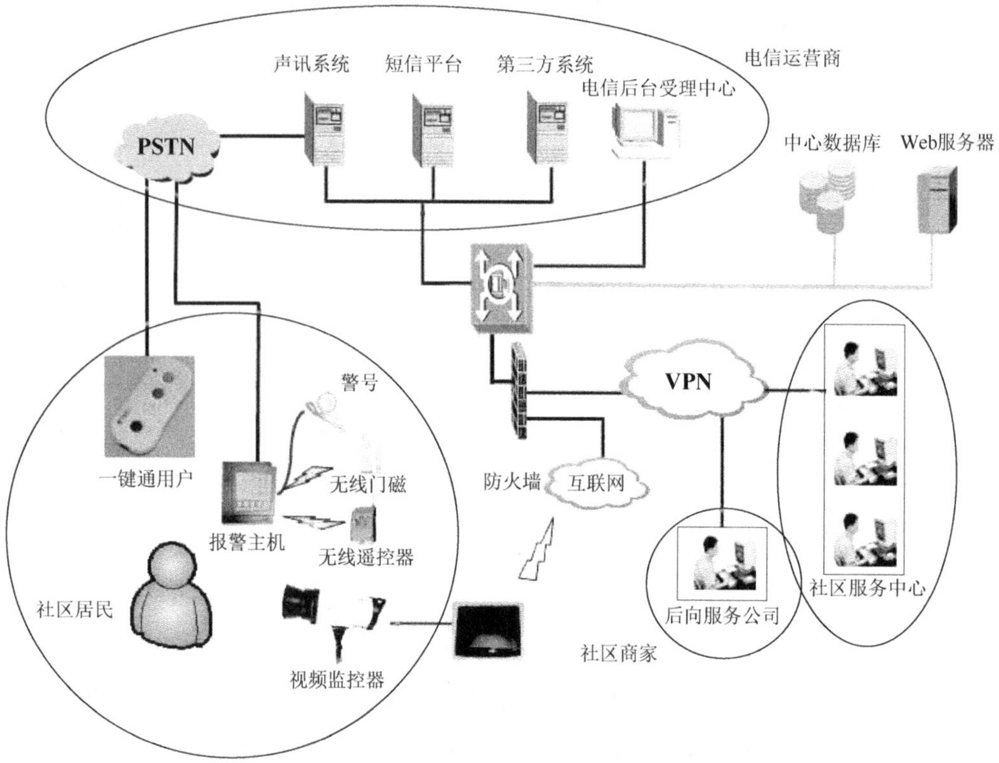

图 13-9　社区服务信息化的架构

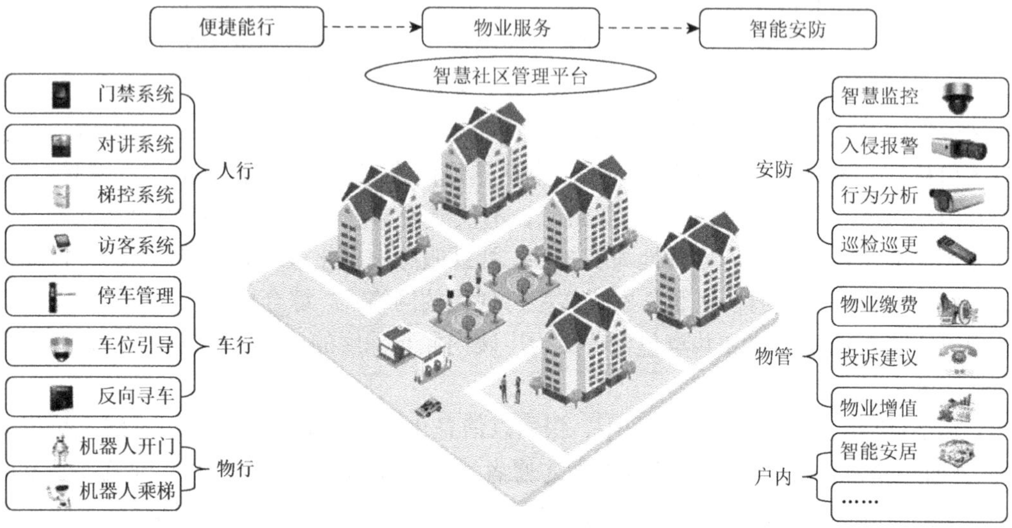

图 13-10　旺龙智慧社区方案全景图

资料来源：深圳市旺龙智能科技有限公司. 旺龙 • 打造空间人机无感通行解决方案——智慧社区篇[EB/OL]. http://www.itlong.com.cn/Smart-offline.html.

（四）小区与家庭信息化

住宅小区和家庭是街道社区的基本构成要素，计算机网络技术应用的普及与发展为小区与家庭信息化提供了高性能、低成本的基础设施和技术平台。当前，小区与家庭信息化正日益与社区政务信息化、管理信息化和服务信息化融会贯通，共同构成社区信息化管理方法的整体应用系统。

小区信息化，一般是指在住宅小区范围内，融合现代建筑技术与计算机技术、信息网络技术和自动化控制技术，统一规划、建设小区信息基础设施，运用统筹方法将多个具有相同或不同功能的建筑物、区域等在功能上进行智能化、网络化和数字化链接，以使小区管理机构、家庭等用户能够通过计算机、电话、传真和电视等多种媒体以及图文、声音和视频图像等多种形式实现信息获取和交换，进而提升小区在安全保卫、卫生防疫、物业管理及休闲娱乐等方面的信息化管理效率和水平。简而言之，小区信息化的目的在于建设以信息网络为基础、以信息资源开发共享为手段、以信息化服务为宗旨的居民社区，从而在创建安全、舒适、便捷、环保和可持续发展的生活环境的同时，实现小区各类资源的统一管理和交互共享。

家庭信息化是现代信息技术进入家庭并优化家庭生活的客观形式，主要是指在居民家庭中有机集成计算机、互联网、智能家电、数字电话、移动通信和广播电视等相关设备、技术，通过家庭内部网络系统无缝连接各种与信息有关的住宅设备，并保持设备与住宅的协调融合，从而构建以家庭为单位的安全、舒适、节能的信息化居住空间，以适应居民在快节奏、开放性和变动性的信息社会中的多元生活需求（图 13-11）。

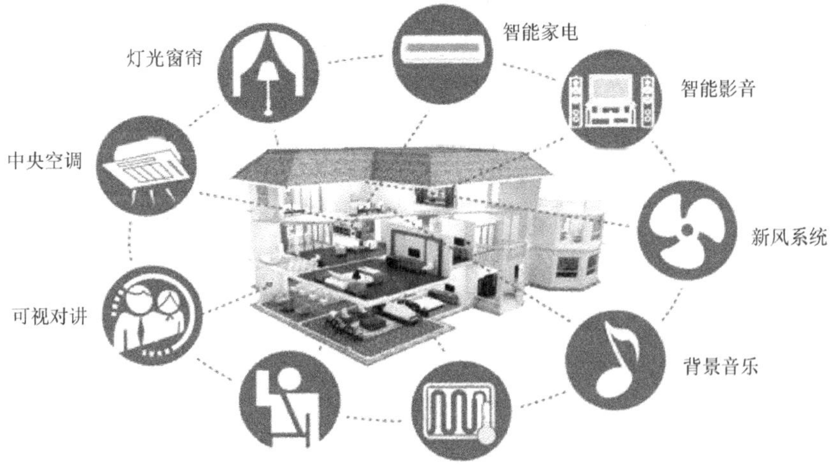

图 13-11 实现了信息化控制的智能家庭

资料来源：舒适 100 网. 海尔 u home 智能家居—海尔 u home 智能家居包括的子系统
http://www.shushi100.com/article/xitong/article-145202.html，2017-10-23.

复习思考题

1. 简单描述社区管理方法的基本特征及其主要作用。

2. 请结合实践，理解社区管理的行政指令方法在现实运用中的注意事项。
3. 请联系实际深入思考社区管理的法律规制方法的重要意义。
4. 请结合相关案例系统地理解社区管理专业方法的具体运用。
5. 请联系相关实际操作深入理解社区项目评估活动的基本原则。
6. 结合实际，阐释社区信息化管理方法的应用对推动社区管理现代化的意义。
7. 理解社区政务信息化与社区管理信息化的内在关联与区别。
8. 结合实际，探讨开展社区信息化管理活动的改进举措。

参 考 文 献

蔡大鹏. 2009. 社区管理信息化[M]. 北京：北京工业大学出版社.
陈亚萍. 2020. 新型智慧社区：基层社会治理模式创新[M]. 北京：人民日报出版社.
陈钟林. 2004. 社区工作方法与技巧[M]. 北京：机械工业出版社.
江立华. 2009. 社区工作[M]. 武汉：华中科技大学出版社.
李林. 2005. 数字社区信息化系统工程[M]. 北京：电子工业出版社.
刘杰，彭宗政. 2005. 社区信息化理论与实务[M]. 北京：清华大学出版社.
美国德鲁克基金会. 2006. 未来的社区[M]. 魏青江，等译. 北京：中国人民大学出版社.
王建军，夏志强，王建容. 2008. 社区管理的理论与方法[M]. 成都：四川大学出版社.
温平川. 2011. 社区管理信息化应用技术规范研究[M]. 北京：人民邮电出版社.
吴建南. 2006. 公共管理研究方法导论[M]. 北京：科学出版社.
张兴杰，朱生伟. 2008. 公共行政学[M]. 北京：中国农业大学出版社.
朱眉华，文军. 2006. 社会工作实务手册[M]. 北京：社会科学文献出版社.